AF453369

DICTIONNAIRE
ÉLÉMENTAIRE
DE BOTANIQUE,

OU

EXPOSITION PAR ORDRE ALPHABÉTIQUE,
des Préceptes de la Botanique, & de tous les Termes, tant françois que latins, consacrés à l'étude de cette Science;

Par M. BULLIARD.

[Les Figures dont cet Ouvrage est enrichi, ont été dessinées par M. BULLIARD, & gravées & imprimées en couleurs à l'imitation du pinceau, sous ses yeux & à ses frais, dans le même genre que les plantes qui composent L'HERBIER DE LA FRANCE, à l'introduction duquel cet Ouvrage est principalement destiné.]

Il se distribue séparément. Prix 15 liv.

A PARIS,

Chez l'AUTEUR, rue des Postes, au coin de celle du Cheval-Vert;

Et chez { DIDOT le jeune, Libraire-Imprimeur de MONSIEUR, quai des Augustins.
 BARROIS le jeune, Libraire, quai des Augustins.
 BELIN, Libraire, rue S. Jacques.

M. DCC. LXXXIII.

AVEC APPROBATION, ET PRIVILÈGE DU ROI.

DISCOURS
PRÉLIMINAIRE.

J'ANNONÇAI en 1780, que, defirant concourir à rendre familière l'étude de la Botanique, j'allois donner fucceffivement, fous le titre général d'HERBIER DE LA FRANCE, les plantes du royaume coloriées au *moyen de l'impreffion*, & accompagnées des détails caractériftiques par lefquels nous pouvons le plus fûrement les diftinguer à l'aide des méthodes. J'ajoutai que j'y joindrois leurs noms françois & latins, avec citation des ouvrages le plus avantageufement connus, & une courte defcription fur l'anatomie de chaque plante, fur fes propriétés en médecine & dans les arts, fur le temps de fa floraifon, les lieux qu'elle habite, fon odeur, fa faveur, &c.

Tout le monde s'occupe des moyens d'étendre l'empire de la Botanique ; moi, c'eft ce dont je m'occupe le moins : je n'envifage cette fcience que du côté de fon utilité ; mon objet eft de mettre fur la voie des découvertes importantes qu'il refte à faire dans cette partie de l'Hiftoire naturelle, plufieurs claffes de citoyens utiles, qui n'ont pas plus de temps qu'il leur en faut pour s'acquitter convenablement des devoirs de leur état. Je n'emploie pour cela ni le choix des mots, ni le tour des phrafes : mon crayon me fuffit pour remplir la tâche que je me fuis impofée.

J'aurois pu donner, à l'exemple de tant d'autres, un fyftême nouveau ou quelque méthode rajeunie, qui, promettant les plus grands avantages, auroit été avidement faifi de tout le monde ; mais, de bonne foi, à quoi cela eût-il fervi ? N'exifte-t-il pas déjà affez de méthodes botaniques, fans chercher encore à en créer de nouvelles ? Je penſe qu'il vaut mieux s'occuper à perfectionner & à ſimplifier celles qui ſont reçues : il en eſt pluſieurs qui ſont ſuſceptibles de la dernière perfection , & qui deviendront infaillibles , ſitôt que l'on aura pris le parti de joindre à chaque deſcription , une image exacte de chaque plante.

En vain l'on s'efforceroit de prouver que ſur de ſimples deſcriptions, celui qui fait les premiers pas dans la carrière de la Botanique , peut apprendre à connoître les plantes : ſans le ſecours des figures , l'ouvrage le plus méthodique n'eſt pour lui qu'une étincelle électrique , dont l'éclat auſſi vif que peu durable , vient échauffer pour un moment ſon imagination , mais ne la ſatisfait point.

J'ai diviſé l'Herbier de la France en pluſieurs parties , leſquelles feront , au beſoin , autant d'ouvrages particuliers , afin que celui qui ſe trouve forcé de meſurer ſes deſirs à ſes facultés , ſoit libre de ne prendre de cette collection , que ce qui lui ſera néceſſaire.

La première partie de l'HERBIER DE LA FRANCE (l'*hiſtoire des plantes vénéneuſes du royaume*) , eſt finie ; le diſcours qui doit la précéder , ainſi que ſa table & ſon titre , vont être mis inceſſamment ſous preſſe. La ſeconde partie de cet Ouvrage (l'*hiſtoire des plantes médicinales du royaume*) , ſera faite ſur le même plan. On verra paroître ſucceſſivement la troiſième partie (l'*hiſtoire des champignons*) avec une petite méthode pour cette partie de la Botanique ſeulement. La quatrième (la *collection des plantes graſſes*) , c'eſt-à-dire , la collection des plantes qu'on ne peut conſerver en herbier , parce qu'elles ne ſont pas ſuſceptibles de deſſiccation. La cinquième (la *collection des frumentacées & des plantes qui peuvent faire les meilleurs fourrages*) , & ainſi de ſuite.

Ce plan de diviſion ne nuira en rien aux perſonnes qui auront la collection entière. Comme chaque épreuve porte ſur la même
feuille ,

feuille, & l'image de la plante, & fa defcription, il eft facile à chaque perfonne, de diftribuer ces plantes à mefure qu'elle les reçoit, felon fa volonté, fa méthode particulière, ou fuivant les principes d'une des deux méthodes dont elle trouvera l'expofition dans cette Introduction élémentaire, comme elle pourroit faire des plantes mêmes qu'elle recueilleroit à la campagne, dans l'intention de s'en faire un Herbier, fuivant les principes de telle ou telle méthode botanique.

Dès les premiers temps que l'Herbier parut, le plus grand nombre des perfonnes qui fe le procurèrent, me firent part du defir qu'elles avoient qu'il y eût en tête de cet Ouvrage, une Introduction élémentaire qui pût familiarifer avec le langage de la Botanique, rendre plus facile l'étude des principes de cette fcience, tracer un plan méthodique à celui qui defire la cultiver, & remplir à peu près le même objet que des démonftrations. en employant pour cela un certain nombre de figures, deftinées à faciliter l'intelligence de chaque précepte, & à aider le commençant à en faire de lui-même une jufte application.

Si j'ai fi long-temps différé de fatisfaire à leur defir, ce n'étoit pas que je n'euffe, avant même de commencer l'Herbier de la France, recueilli fuffifamment de matériaux pour faire l'expofition la plus complette de tout ce qu'on peut regarder comme notions élémentaires de Botanique. Mon goût pour cette belle partie de l'Hiftoire naturelle, & le defir d'y acquérir quelques connoiffances, m'ont fait rechercher de tout temps avec le plus grand empreffement, ce qui pouvoit fervir à mon inftruction ; mais la néceffité d'ajouter de bonnes figures à un Ouvrage de cette efpèce, & la grande difficulté de les faire exécuter au moyen de l'impreffion, avec toute l'exactitude, toute la précifion qu'exigent des détails de cette nature, voilà ce qui en avoit retardé jufqu'ici la publication.

On fe rappellera fans doute, que lorfque j'annonçai que mon intention étoit de faire fervir à l'exécution de l'Herbier de la France,
l'art de la gravure, & celui de l'impreffion en couleur, pour fuppléer
à l'ufage du pinceau, on regarda ce projet comme un excès de dé-
mence: on avoit raifon, c'en étoit un en effet : un fimple particulier
qui fait à fes frais une telle entreprife, eft un véritable fou ; mais nous
vivons dans un fiècle où le defir de concourir à l'avancement des
fciences & aux progrès des arts, excite parmi nous une noble émula-
tion ; nous tenterions l'impoffible ; n'obtiendrions-nous qu'une lueur
de fuccès, rien n'égale notre fatisfaction, & dès cet inftant-là, nous
ne fongeons plus à ce qu'il nous en a coûté de peines & de dépenfes.

J'ai cru devoir adopter de préférence l'ordre de Dictionnaire dans
l'expofition des notions élémentaires de la Botanique, parce que cet
ordre m'a paru celui qui rempliroit le mieux mon objet. Un dictionnaire, lorfqu'il eft bien fait, peut faire germer le talent dans les
efprits fufceptibles de culture, & fuppléer en même temps à la privation du talent : il épargne des recherches toujours arides & fouvent
infructueufes, & nous rappelle ce que le laps de temps a effacé de
notre fouvenir ; d'ailleurs, le feul moyen, à mon avis, de fe familiarifer avec les termes confacrés à l'étude de la Botanique, c'eft de profiter de l'occafion où un terme, dont on ignore la fignification, fe préfente pour apprendre dans quel cas on doit employer ce terme, &
quelle eft au jufte l'acception felon laquelle il eft le plus généralement
reçu ; quelque attention qu'on apportât à une étude méthodique de
ce langage barbare, on ne l'auroit pas plutôt appris qu'il feroit ou-
blié ; c'eft l'ufage feul qui a le droit de nous le rendre familier.

Comme il étoit cependant effentiel pour ceux qui defirent fe faire
un plan d'étude, de trouver ces notions élémentaires dans leur pro-
greffion naturelle, & tout ce qui a un rapport immédiat à la Botanique

lié à l'expofition des faits & au développement des préceptes , j'ai fait enforte que cet ouvrage pût procurer en même temps, & les avantages d'un Dictionnaire , & ceux que l'on doit attendre d'un difcours fuivi.

A l'article VÉGÉTAL , on trouvera un tableau détaillé , où j'ai rappelé par ordre progreffif, tout ce qui conftitue effentiellement la partie élémentaire de la Botanique, en montrant les développemens fucceffifs d'une plante , depuis le premier inftant de fon exiftence jufqu'au dernier.

A l'article PRINCIPES , on pourra voir de quelle manière il faut s'y prendre pour s'engager avec fuccès dans la carrière de la Botanique , foit que l'on fe trouve à même de profiter des fecours d'un jardin botanique , d'un herbier naturel ou artificiel , ou foit qu'abfolument éloigné du commerce des lettres , on n'ait aucunes de ces reffources à fa difpofition.

A l'article MÉTHODE , j'ai fait voir qu'une méthode botanique , pour être bonne , ne doit être qu'un tranfparent , au travers duquel on puiffe reconnoître aifément tous les objets : j'ai fait voir qu'une méthode eft d'une néceffité indifpenfable ; que c'eft un fil qui nous guide , nous ramène au but lorfque nous nous égarons ; mais j'ai montré en même temps l'abus que l'on ne fait que trop fouvent des méthodes , & combien , en changeant tous les jours la furface de la Botanique , elles s'oppofent à ce qu'on puiffe diriger cette fcience vers l'utilité publique.

On trouvera auffi dans cet article l'expofition des principes généraux de la Méthode de Tournefort , & du Syftême fexuel de Linnæus , avec une figure prife au hazard parmi celles qui compofent l'Herbier de la France , afin que le commençant puiffe apprendre de lui-même à mettre ces méthodes en pratique.

Pour ne rien omettre de ce qui pouvoit rendre cet Ouvrage plus

complet, j'y ai ajouté la traduction du *Termini Botanici* de Linnæus,
& des meilleurs Ouvrages latins que nous ayions fur cette partie de
l'Hiftoire naturelle, afin que celui qui voudra étudier fur des Ouvrages écrits en langue latine, puiffe trouver la fignification d'un
grand nombre de termes techniques, qu'il chercheroit en vain dans
les Dictionnaires claffiques.

Il n'y a pas encore eu jufqu'ici d'Ouvrage élémentaire fur cette
fcience, où l'on ait autant multiplié les exemples & les figures, que
dans celui-ci; mais, fans le fecours des exemples, toute traduction de
cette efpèce devient inutile; fans le fecours d'une figure, un terme que
l'on n'entend pas, fe trouveroit traduit par un autre terme que l'on
n'entendroit pas mieux; c'eft pourquoi je me fuis principalement attaché à donner un exemple pris fur la nature, pour tout ce qui m'a
paru en avoir befoin.

Trop heureux fi je puis me flatter d'avoir fait en faveur ͏̃s
commençans, ce que j'aurois defiré que l'on eût fait pour moi lorfque
je m'engageai dans les routes tortueufes de la Botanique ! La fupé-
riorité de la nature fur l'art; la multiplicité des objets; la difficulté
d'accorder fur un grand nombre de points les différens Auteurs qui
ont écrit fur la Botanique, & fouvent même un Auteur avec lui-
même, font des obftacles qu'il n'a pas toujours été en mon pouvoir
de vaincre; cependant j'efpère que les foins que j'ai pris, rendront
cet Ouvrage élémentaire auffi utile que je le defire.

DICTIONNAIRE

DICTIONNAIRE

ÉLÉMENTAIRE

DE BOTANIQUE.

A.

ABRI des plantes, *plantarum suffugium.* Il y a des abris naturels pour les plantes , & il y a aussi des abris artificiels. Dans les uns, elles trouvent réuni tout ce qui doit favoriser leur accroissement, & c'est de la nature seule qu'elles reçoivent les secours qu'elles attendroient en vain des soins du plus vigilant Jardinier ; dans les autres , c'est à l'art qu'elles doivent leur asile ; c'est lui qui les défend contre les injures du temps , la rigueur des saisons , & de lui seul dépend presque toute leur existence. On peut regarder aussi les CALICES , les BOURGEONS, & les CAYEUX , comme des abris particuliers.

ACCOLER , terme d'agriculture, qui signifie attacher une plante à un corps quelconque. Il y a des plantes , telles que la vigne , le houblon , qui s'accolent d'elles-mêmes à d'autres plantes pour étayer la foiblesse de leurs tiges , soit en s'y entrelaçant, soit en s'y accrochant au moyen de leurs VRILLES. *Voyez* ce mot.

ACCROISSEMENT des plantes, *plantarum incrementum ;* c'est le développement successif des parties du végétal , depuis l'instant de sa germination , jusqu'à la première époque de son dépérissement.

A

On donne à l'accroiffement des plantes le nom d'accroiffement par *intus-fufception*, parce qu'il fe fait à l'aide des fucs nourriciers qui ont été préparés intérieurement par des organes, & chariés par des vaiffeaux deftinés à cet ufage.

Le premier degré du développement d'une plante s'annonce par un gonflement fenfible de fa graine ; fa tunique propre *A*, *B*, *C*, *fig. 6*, *7*, *8*, *pl. V*, fe déchire ; la radicule *D*, *fig. 9* s'enfonce dans la terre ; les lobes *E*, *fig. 9*, & *H*, *fig. 10*, s'écartent, livrent paffage à la plantule *F*, *fig. 9*, *L*, *fig. 11*, & la jeune tige continue de s'accroître jufqu'au moment où les fluides ceffant d'être en jufte proportion avec les folides, la plante décroît, pour ainfi dire, au lieu de croître. *Voyez* AGE.

ACOTYLEDONE, *voyez* EMBRYON.

ADHÉRENT, *voyez* PÉTIOLE.

AGE des plantes, *ætas plantarum*. Il y a des plantes qui ne vivent que quelques heures ; d'autres qui naiffent & meurent dans l'efpace d'un jour ; d'autres qui durent un, deux ou trois ans ; d'autres enfin qui vivent un grand nombre d'années, même pendant plufieurs fiècles. *Voyez* PLANTES ÉPHÉMÈRES, PLANTES ANNUELLES, BISANNUELLES, TRISANUELLES, VIVACES.

Les plantes varient néceffairement par l'âge ; il y en a même qu'on a de la peine à reconnoître d'un âge à l'autre ; mais la grande habitude d'obferver, apprend à l'homme à déterminer, à la fimple infpection, l'âge des plantes ; les couches concentriques du bois indiquent celui des arbres.

On diftingue trois âges dans les plantes ; 1°. celui pendant lequel la plante croît ; 2°. celui pendant lequel elle ne croît plus ; & 3°. celui pendant lequel, après avoir ceffé de croître, elle dépérit & meurt.

AGRAFFES, *hami ;* on donne ce nom à des poils durs plus ou moins longs, & recourbés en hameçon : on les nomme auffi poils crochus, *pili hamofi*.

AGRÉGATION, affemblage, amas de plufieurs parties qui n'ont point entre elles de liaifon naturelle.

AGREGÉES, *voyez* FLEURS AGREGÉES.

AGRESTES, *voyez* PLANTES.

AGRICULTEUR, *Agricultor ;* celui qui par état, par goût ou par économie, s'occupe de l'agriculture ou de la culture des terres (des *champs*). Le Laboureur, le Vigneron font des Agriculteurs ou des Cultivateurs ; mais le Pepiniérifte, le Jardinier, le Fleurifte font des Cultivateurs & non pas des Agriculteurs : Agriculteur & Cultivateur ne font donc pas toujours fynonymes.

AGRICULTURE , *agricultura*, l'art de cultiver la terre ou les champs. C'eſt le plus ancien & le plus précieux des arts ; il multiplie les plantes qui ſervent continuellement aux beſoins des hommes , & les force , pour ainſi dire , de produire les grains & les fruits dont ils attendent preſque toute leur exiſtence.

AIGRETTE, *pappus* ; c'eſt un aſſemblage de ſoies, de poils ou de filets, qu'on rencontre ſur les graines d'un très-grand nombre de plantes ; elles ſont deſtinées , à n'en pas douter, à faciliter la diſperſion des ſemences des plantes à qui elles appartiennent : la nature inépuiſable dans ſes reſſources , ſemble avoir fait un effort de plus en faveur de ces plantes pour que rien ne pût s'oppoſer à ce qu'elles fuſſent ſemées ſur certains points de la terre , où d'autres graines n'arrivent jamais par des moyens naturels. *Voyez* SEMENCE aigrettée.

On appelle aigrette pédiculée , *pappus ſtipitatus*, *fig. 14, 16, pl. V*, celle qui eſt portée par un pédicule ; aigrette feſſile, *pappus ſeſſilis*, *fig. 13 , pl. V*, celle qui n'a point de pédicule ; aigrette ſimple, *pappus ſimplex*, *fig. 13 A , 14 B , pl. V*, celle qui n'eſt compoſée que d'un ſeul faiſceau de poils ; & aigrette plumeuſe, *pappus plumoſus*, *fig. 16 A, pl. V*, celle dont chaque poil en porte pluſieurs autres diſpoſés en barbes de plume .

AIGRETTÉE, *voyez* SEMENCE aigrettée.

AIGUËS, *voyez* FEUILLES.

AIGUILLONS, *aculei*, *fig. 22 & 23 , A , B , C , D , E , F , pl. X.* Ce ſont des productions dures & pointues comme les épines, mais qui ne ſont que contiguës avec les tiges , avec les rameaux, les feuilles , les fruits , &c. de la ſuperficie deſquels on les détache ſans déchirement ſenſible , & ſans éprouver beaucoup de réſiſtance. Les aiguillons diffèrent des épines, en ce que celles-ci ſont continues , & ſont corps avec les tiges & les rameaux , dont on ne peut les ſéparer ſans les caſſer : les piquans du *rubus idæus*, du *roſa centifolia*, ſont des aiguillons ; les piquans de l'*ononis ſpinoſa*, du *rhamnus catharticus*, de l'*ilex aquifolium*, du *datura ſtramonium*, du *carduus ſtellatus*, de l'*onopordum acanthium*, &c. ſont des épines.

Quelques Botaniſtes regardent les aiguillons & les épines , comme les armes des plantes ; ils comparent les épines aux cornes des animaux, & les aiguillons aux griffes.

AIGUILLONS courbés en dehors, *aculei recurvi*, *fig. 23 D, E, F, pl. X ;* ceux qui ont leur pointe recourbée du côté de la racine , au lieu de l'avoir tournée du côté du ſommet de la tige. On appelle ſim-plement ceux dont la pointe eſt tournée du côté du ſommet, aiguil-lons crochus, *aculei incurvi*, *fig. 22 A, B, C, pl. X.*

AIGUILLONS droits , *aculei recti ;* ceux qui diminuent infenfiblement de la bafe à la pointe , & qui n'ont aucune courbure.

AILÉ , ÉE , *voyez* PÉTIOLE SEMENCE, TIGE.

AILÉES avec interruption , avec impaire, fans impaire , *voyez* FEUILLES ailées avec , & FEUILLES ailées fans.

AILES , *alæ* , *fig. 70 A , & 71 , pl. IV.* On donne ce nom aux deux pétales latéraux des fleurs légumineufes ou papilionacées , parce qu'on les compare à des ailes de mouches avec lefquelles ils ont quelque reffemblance.

AISSELLE des feuilles , des branches & des rameaux ; c'eft l'angle fupérieur que forme une feuille , une branche , ou un rameau , à l'endroit de fon infertion fur la tige ; tout ce qui eft implanté dans l'angle de l'aiffelle , eft axillaire. *Voyez* FEUILLES , FLEURS , PÉDICULES , PÉDUNCULES , RAMÉAUX.

ALÈNE , *voyez* FILET en , STYLE en.

ALIMENTAIRES , *voyez* PLANTES.

ALTERNES , *voyez* FEUILLES , FLEURS , FRUITS , PÉDICULES , PÉTIOLES, RAMEAUX.

ALVÉOLÉ , *voyez* RÉCEPTACLE.

AMENTACÉS , *voyez* ARBRES.

AMINCI , *voyez* PÉDUNCULE.

AMPLEXICAULE , *voyez* PÉTIOLE.

AMPLEXICAULES, *voyez* FEUILLES.

ANALOGIE , rapport, proportion , convenance , qu'une chofe a ou paroît avoir avec une autre chofe. Il y a des plantes , telles que le polype , qui paroiffent avoir autant d'analogie avec le règne animal qu'avec le règne végétal ; & d'autres dont quelques-unes de leurs parties feulement, telles que les racines , les noyaux, paroiffent avoir de l'analogie avec le règne minéral.

ANALYSE des plantes , *plantarum analyfis ;* en Botanique , analyfer une plante , c'eft, à proprement parler, l'anatomifer ; c'eft travailler à connoître le nombre , la forme , la fituation , & les différens ufages des parties qui la compofent. L'analyfe chimique au contraire n'eft , pour ainfi dire , que la balance des propriétés des plantes ; c'eft une décompofition , une féparation de leurs parties conftituantes , une opération enfin par laquelle on apprend à connoître , d'après les principes conftitutifs des plantes , de quelle utilité elles peuvent être.

ANATOMIE,

ANATOMIE végétale ou anatomie des plantes ; c'eſt , ſi l'on peut s'exprimer ainſi , une eſpèce de diſſection , au moyen de laquelle nous nous aſſurons de l'exiſtence , de la forme, de la ſituation , & de la nature des différentes parties qui compoſent les plantes , & du rapport médiat ou immédiat que ces différentes parties ont entre elles. L'anatomie végétale nous enſeigne combien il y a de ſortes de vaiſſeaux ; quels ſont les fluides qui y circulent ; ce que c'eſt que la racine, le tronc ou la tige ; ce que c'eſt que boutons, fleurs, fruits , & nous démontre les fonctions reſpectives de ces différentes parties.

ANDROGYNES , *voyez* PLANTES.

ANGULEUX, SE , SES , *voyez* PÉTIOLE , *voyez* CAPSULE , TIGE , *voyez* FEUILLES.

ANNEAU , *voyez* COLLET.

ANNULÉ , qui a un anneau, *voyez* PÉDICULE.

ANNUELLES , qui durent un an , *voyez* PLANTES.

ANOMALES , *voyez* FLEURS.

ANTHÈRE, *anthera ;* c'eſt le ſommet ou la partie ſupérieure de l'étamine : les anthères ſont regardées dans le végétal , comme les teſticules le ſont dans l'animal ; elles ſont à peu près les mêmes fonctions. Sitôt que l'anthère eſt parvenue au degré de maturité néceſſaire, la petite outre dont elle a preſque toujours la forme, s'ouvre ſpontanément ; il s'en échappe, ſouvent même avec une petite exploſion, une pouſſière pour l'ordinaire jaune ou rougeâtre, qu'on nomme pouſſière fécondante, pouſſière prolifique, *pollen , pl. IV, fig. 7 A , B*. Cette pouſſière tombe ſur les parties ſupérieures des piſtils, qu'on nomme ſtygmates ; & , ſoit qu'un ſimple contact ſuffiſe , ſoit qu'il faille qu'elle ſoit portée juſqu'à l'ovaire, c'eſt d'elle que dépend la fécondation.

Les anthères ne ſont pas toujours diſtinctes, toujours conſtantes dans leur nombre , dans leur proportion & leur diſpoſition ; cependant elles fourniſſent à l'obſervateur des caractères qui lui deviennent d'un grand ſecours. Le ſyſtème ſexuel de Linnæus , fondé ſur la conſidération des étamines, eſt avec raiſon regardé comme un chef-d'œuvre ; mais nous ſommes bien loin d'en tirer tous les avantages qu'il ſemble nous offrir ; tantôt l'extrême fineſſe des parties qui ſervent de baſe à ce ſyſtème, les dérobe à nos yeux ; tantôt un léger accident, un rien en a dérangé l'économie , & nous voilà égarés.

On conſidère dans les anthères la forme , le nombre, la proportion, la diſpoſition , l'inſertion & la manière dont elles s'ouvrent. 1°. (La *forme*). Les anthères ſont arrondies ou globuleuſes, *antheræ globoſæ vel ſubrotundæ , fig. 5 , pl. IV* ; alongées, *elongatæ , fig. 3* ; alongées comme un fil ou filiformes , *filiformes , fig. 4* ; anguleuſes, *angulatæ , fig. 17* ;

trigones, *trigonæ* ; tétragones, *tetragonæ* ; cordiformes, *cordatæ*, *fig.* 8 ; en fer de flèche, *fagittatæ*, *fig.* 20 ; en forme de rein, *reniformes*, *fig.* 9 ; cornues, *cornutæ*, vel *bicornes*, *bifurcatæ*, *fig.* 18, 19 ; en zig-zag, *flexuofæ*, *fig.* 23, 24, 25, 26 ; continues, *continuæ*, *fig.* 3 & 4 : (dans ce dernier cas, on feroit embarraffé de déterminer avec jufteffe où commence précifément l'anthère). 2°. (Le *nombre*). Quand chaque filet ne porte qu'une anthère, les anthères font appelées folitaires, *antheræ folitariæ*, *fig.* 5, 6, 7, 8, 9, 10 ; dans ce cas, ou elles font fimples, *folitariæ fimplices*, ou didymes, *folitariæ didymæ* ; quand chaque filet porte deux anthères, on appelle les anthères binées, *antheræ binæ*, *fig.* 11, 12, 13, 16 : on les nomme trinées, *antheræ trinæ*, *fig.* 15, quand chaque filet en porte trois. 3°. Leur *proportion* ; fi elles font à peu près toutes de la même longueur, on dit qu'elles font égales entre elles, *antheræ æquales* ; fi elles font de longueur très-difproportionnée entre elles, *antheræ inæquales* ; fi c'eft à la longueur du filet ou à celle du ftyle, que l'on compare celle des anthères, on dit *antheræ filamento* vel *ftylo longiores*, quand elles font plus longues ; *breviores*, quand elles font plus courtes. 4°. Leur *difpofition* ; fi elles font réunies deux à deux ou trois à trois fur le même filet, on les nomme *antheræ binæ*, *trinæ*, *fig.* 16, 15 ; fi elles font réunies en gaine ou connées, *coalitæ*, *connatæ*, *fig.* 57, 58 ; fi elles font fimplement conniventes, *conniventes*, *fig.* 42 ; fouvent elles font très-écartées & diftinctes, *feparatæ*, *diftinctæ*, *fig.* 35, 36 ; vacillantes, *verfaliter incumbentes*, *fig.* 12, 14 ; latérales, *laterales*, *fig.* 11, &c. 5°. Leur *infertion* : quand elles font inférées fur le filet qui leur fert de pédicule, on dit *antheræ ftypitatæ*, *antheræ filamento adnatæ*, *fig.* 5, 6, 7, 8, 9, 10, 20 ; quand elles font fur la corolle, *corollæ adnatæ*, *fig.* 21 ; fur le ftyle ou fur le germe, *ftylo* vel *germini affixæ* ; fur le ftyle à la bafe du ftygmate, *ftylo ad bafin ftygmatis*, &c. 6°. La *manière dont elles s'ouvrent* : on obferve que les anthères s'ouvrent de cinq manières ; par leur extrémité fupérieure, par leur extrémité inférieure, par les côtés, en travers, & longitudinalement.

ANTHÈRES connées, *voyez* **ANTHÈRES** réunies.

ANTHÈRES conniventes ou rapprochées, *antheræ conniventes* vel *approximatæ*, vel *contengentes*, *fig.* 42, *pl. IV*, celles qui, au lieu d'être réunies & de ne former qu'un corps, font feulement rapprochées les unes des autres, fe touchent, mais ne fe tiennent point ; il faut prendre garde de les confondre avec les anthères réunies. *Voyez* ce mot. Les anthères du pain de pourceau font conniventes : celles des morelles le font auffi.

ANTHÈRES diftinctes, *antheræ diftinctæ*, *fig.* 34, 36, *pl. IV* ; celles qui ne font pas réunies, qui ne fe touchent même pas, & qui paroiffent bien fenfiblement féparées les unes des autres, fans qu'on foit obligé de s'en convaincre à l'aide de la loupe & du stylet: telles font les anthères du pavot, celles des jufquiames, &c.

ANTHÈRES filiformes, *antheræ filiformes*, *fig. 4*, *pl. IV*; celles qui ne paroiffent être qu'une continuation de leur filet, & dont le diamètre eft prefque égal d'une extrémité à l'autre.

ANTHÈRES latérales, *antheræ laterales*, *fig. 11*, *pl. IV*; celles qui font inférées fur le côté du filet, & non à fon extrémité fupérieure: telles font les anthères de la parifette à quatre feuilles.

ANTHÈRES mobiles, vacillantes, *antheræ verfaliter incumbentes*, *fig. 12, 14, pl. IV*; celles qui ont toujours un mouvement & une ofcillation qui dépend de la manière dont le filet a fon point d'infertion fur elles: les anthères des graminées, des plantains, font mobiles & prefque toujours vacillantes.

ANTHÈRES réunies ou connées, *antheræ connatæ* vel *coalitæ*, *fig. 28, 57, 58, pl. IV, cl. XIX, pl. II*; celles qui, par leur réunion, ne forment qu'un corps: dans les fleurs compofées, les anthères font réunies, & forment un anneau ou une gaine plus ou moins alongée que traverfe le piftil.

Quelquefois les anthères paroiffent réunies, *fig. 42*, *pl. IV*, comme dans les *morelles* où elles ne font que rapprochées; c'eft ce dont il faut néceffairement s'affurer.

APATHIQUE, qui ne donne aucun figne de fenfibilité. Les étamines de l'épine-vinette font fenfitives ou mimeufes, & fes pétales font apathiques.

APPÉTALES, *voyez* FLEURS.

APPENDICE d'une feuille, *fig. 26 A, B; & 67 L, M, pl. VIII*, c'eft le nom que l'on donne à une efpèce de prolongement qui accompagne le pétiole prefque jufqu'à fon infertion fur la tige ou fur les rameaux.

APPENDICULÉ, *voyez* PÉTIOLE.

APPLIQUÉES, *voyez* FEUILLES.

APPROCHE, *voyez* GREFFE par.

APPUYÉES, *voyez* FEUILLES.

APRE, *voyez* TIGE.

AQUATIQUES, *voyez* PLANTES.

AQUEUSE, *voyez* CHAIR, SUBSTANCE.

ARBORÉE, *voyez* TIGE.

ARBRES, *arbores*. Les arbres font des plantes d'une confiftance ligneufe plus ou moins folide : ils portent des bourgeons , s'élevent à une grande hauteur, & vivent long-temps, quelques-uns même plufieurs fiècles.

On appelle arbre à plein vent, l'arbre fruitier à qui l'on a laiffé toutes fes branches; & arbres nains, ceux à l'élévation defquels on s'eft oppofé par différens procédés connus des Cultivateurs.

Quand , à la fuite d'une defcription botanique, on trouve la fig. h , *cela tient lieu des mots* arbre , arbriffeau , arbufte.

ARBRES amentacés, ou arbres à chatons , *arbores amentacei ;* ceux dont les fleurs font difpofées fur des chatons : ils compofent la claffe XIX de la Méthode de Tournefort. *Voyez pl. I ,* & les claffes XXI & XXII du Syftême fexuel de Linnæus, *voyez pl. II.*

ARBRES ou arbriffeaux toujours verts, *arbores* vel *frutices femper virentes ;* ceux dont les feuilles réfiftent à la rigueur des faifons , & qui confervent toujours leur couleur verte.

ARBRES nains , *arbores nani* vel *pumili ;* ceux qui ne s'élèvent que très-peu , foit que l'art fe foit oppofé à leur élévation , foit qu'ils foient de nature à ne pas s'élever davantage.

ARBRISSEAUX , *frutices.* Les arbriffeaux ne diffèrent des arbres que par leur élévation : ils font compofés de même, portent des bourgeons comme eux, mais produifent plus fouvent qu'eux plufieurs tiges de la même racine. Il eft des cas où il feroit difficile de dire d'une plante , fi c'eft un arbre ou un arbriffeau : l'un dira que ç'eft un petit arbre; l'autre que c'eft un grand arbriffeau.

ARBUSTES ou fous-arbriffeaux, *arbufculæ* vel *fuffrutices.* Les arbuftes diffèrent des arbres & des arbriffeaux, non-feulement par leur élévation , mais encore par le défaut de bourgeons ; ce ne font, pour ainfi dire , que des herbes , dont les tiges ligneufes perfiftent pendant plufieurs hivers.

ARGOT , terme de jardinage qui fignifie l'extrémité d'une branche morte ou un chicot de bois mort. Argoter un arbre , c'eft en retrancher tous les chicots : on ne doit pas confondre l'ARGOT avec l'ERGOT , *voyez* ce mot.

ARRONDIES , *voyez* ANTHÈRES , FEUILLES.

ARTICULATION , *articulatio ;* c'eft le lieu de la réunion de deux pièces mifes bout à bout : on donne auffi le nom d'articulations à des gonflemens & des étranglemens qu'on rencontre alternativement fur plufieurs parties des plantes.

ARTICULÉ, ÉE, ÉES, *voyez* PÉDUNCULE, *voyez* BULBE , RACINE SILIQUE, *voyez* FEUILLES.

AUBIER ,

AUBIER, *alburnum*, *pl. IV, fig. 68 A*; c'est le nouveau bois qui se forme chaque année sur le corps ligneux; il se trouve sous l'écorce; est ordinairement blanc, plus ou moins épais, d'une consistance beaucoup moins dure que le reste du bois, parce qu'il est composé des membranes réticulaires du livret, qui ne sont pas encore converties en un bois parfait. *voyez* BOIS.

AUTUMNALES, *voyez* FLEURS.

AVORTEMENT. Lorsque l'embryon ou le germe n'a pu être fécondé par la poussière séminale des anthères, soit par le défaut de réunion des deux sexes, soit par quelque accident, tel que la gelée, une pluie trop abondante, &c. les semences avortent, *voyez* POUSSIÈRE SÉMINALE.

AXE. On donne ce nom à une partie de la plante quelconque, autour de laquelle d'autres parties sont placées, comme les rayons sur le moyeu d'une roue.

AXILLAIRE. On appelle axillaire tout ce qui naît dans l'angle formé par la réunion d'une branche avec la tige, ou d'un pétiole avec un rameau; cependant on appelle aussi axillaires les feuilles qui, au lieu d'être insérées dans l'angle. *Voyez pl. X, fig. 17 EE*, sont insérées sous l'angle, *fig. BB*, de manière que ce sont les rameaux qui, dans ce cas, sont axillaires, & non pas les feuilles: il me semble qu'il seroit plus à propos de les nommer *sous-axillaires*, parce qu'il se rencontre des plantes qui ont des feuilles axillaires *EE, fig. 17*, & en même temps des feuilles sous-axillaires *GG. Voyez* ÉPINES, FEUILLES, FLEURS, PÉDICULE, PÉDUNCULE, VRILLES.

B.

BACCIFÈRE, *voyez* PLANTE baccifère.

BAIE, *bacca, fig. 38, 39, 40 A, BB, C, D, pl. V*; c'est la septième espèce de péricarpe; elle renferme des semences éparses dans une pulpe succulente, lorsque le fruit est parvenu à son degré de maturité; si l'on y rencontre des loges, elles ne sont pas formées, comme dans les fruits à pepin, par des membranes coriaces; & si elles sont ombiliquées, on n'y retrouve pas les débris d'un calice persistant, comme celui qui forme l'ombilic des pommes, des poires, &c.

On donne assez communément le nom de grains à de petites baies: on dit grains de raisin, grains de groseille, grains de sureau, au lieu de dire baies de raisin, baies de groseille, &c.

C

La baie monofperme, *bacca monofperma*, eft celle qui ne contient qu'une femence; elle eft difperme, *difperma*, quand elle en contient deux; trifperme, *trifperma*, quand elle en contient trois; tétrafperme, *tetrafperma*, quand elle en contient quatre; & polyfperme, *polyfperma*, *fig. 38 A*, & *fig. 40 D*, *pl. V*, lorfqu'elle en contient un nombre indéterminé, ou lorfqu'elles font fi fines ou en fi grand nombre, qu'on ne peut les compter.

On appelle baie ombiliquée, celle qui porte encore le figne de l'exiftence du ftyle; c'eft quelquefois une petite protubérance, quelquefois une petite cavité, quelquefois ce n'eft qu'un point.

BALE, *gluma*, *fig. A*, *claffe III*, *pl. II*; c'eft la corolle des graminées; elle eft compofée d'écailles ou de valves difpofées fur les côtés d'un péduncule commun, *fig. L, M, N*, *claffe XV*, *pl. I*, & ne font point, comme les corolles des autres plantes, inférées autour d'un axe formé par l'extrémité du péduncule qui les porte. *Voyez* VALVES.

On ne regarde plus aujourd'hui les graminées, comme des plantes à fleurs apétales, c'eft-à-dire, fans pétales: on eft convenu, pour éviter toute équivoque, d'appeler pétale ou corolle, toute partie qui environneroit immédiatement les organes de la fructification, voyez COROLLE.

BARBE, *arifta*; c'eft le nom qu'on donne à cette efpèce de filet grêle, barbu, plus ou moins long, qui furmonte les valves de la bâle, *fig. B*, *claffe III*, *pl. II*, *voyez* VALVES.

BARBUES, *voyez* FEUILLES.

BASE, *bafis*. On prend ce mot en Botanique fous différentes acceptions; tantôt il fignifie le lieu d'une partie fur lequel eft ajuftée, ou fur lequel repofe une autre partie; tantôt il fignifie l'extrémité inférieure d'une partie quelconque: on dit, par exemple, qu'une feuille eft échancrée, arrondie à fa bafe, c'eft-à-dire, à fa partie inférieure. La bafe du ftyle eft cette efpèce de gonflement qu'on remarque à fa partie inférieure; c'eft fouvent le germe ou l'embryon même, *pl. IV*, *fig. 51 A*.

BASSIN, fleurs en baffin, *voyez* COROLLE campaniforme.

BATARDES, *voyez* PLANTES.

BATTANS, *voyez* VALVULES.

BERCEAU de la femence. Les lobes ou cotyledons font regardés comme les mamelles deftinées à allaiter la jeune plante, & c'eft leur enveloppe propre que l'on regarde comme fon berceau.

BICAPSULAIRE, *voyez* PÉRICARPE.

BICOTYLEDONE, femence qui a deux cotyledons ou deux lobes, *voyez* SEMENCE.

BIENNE , fynonyme de bifannuelle.

BIFIDE , ES , fendu en deux ; *voyez* STYLE, *voyez* FEUILLES.

BIFLORE, qui porte deux fleurs, *voyez* PÉDUNCULE.

BIFURCATION, *bifurcatio ;* c'eſt le lieu où une tige , une branche, une racine , &c. ſe diviſe en deux & fait la fourche. On dit d'un ſtygmate qu'il eſt bifurqué , quand il eſt tel que la *fig. 45 A*, & *49 H, pl. IV,* le repréſente.

BIGÉMINÉES , *voyez* FEUILLES.

BIJUGUÉES , *voyez* FEUILLES.

BILOBE , fynonyme de bicotyledone, *voyez* SEMENCE.

BILOCULAIRE , qui a deux loges , *voyez* CAPSULE.

BINÉES , *voyez* FEUILLES.

BIPINNÉES , *voyez* FEUILLES.

BISANNUELLE ou bienne, qui dure deux ans , *voyez* PLANTE, RACINE.

BITERNÉES , *voyez* FEUILLES.

BIVALVE , qui a deux valves ou battans ; *voyez* CAPSULE.

BLANC, maladie qui attaque les plantes ; les Cultivateurs en diſtinguent deux eſpèces.

BLANC DE CHAMPIGNON. Les bornes que je me ſuis preſcrites dans cet Ouvrage élémentaire , ne me permettent pas d'entrer dans les détails où m'entraîneroit néceſſairement cet article important : je dirai ſeulement que le champignon de couche vulgaire, *agaricus campeſtris* , Lin. l'AGARIC comeſtible de l'HERBIER DE LA FRANCE, vient ſpontanément par-tout ; qu'il faut conſéquemment bien moins de circonſtances réunies pour favoriſer le développement de ſes graines , qu'il en faudroit pour d'autres eſpèces de champignon que l'on deſireroit cultiver , mais qui ne viennent préciſément que dans tel terrain & qu'à tel degré de chaleur de l'atmoſphére ; que cette pouſſière que l'on trouve entre les feuillets de ce champignon , lorſqu'il a acquis un certain développement, n'eſt autre choſe que ſa graine, qui, vue au microſcope , reſſemble aſſez à des graines de pavot. J'ajouterai que ces graines, ſemées avec profuſion par-tout, ſont en ſi grand nombre , que celles d'un ſeul individu de cette eſpèce , ſuffiroient , à en juger par leur extrême fineſſe , pour couvrir de champignons des terreins immenſes; mais que malgré qu'il faille peu de circonſtances réunies pour favoriſer leur développement, il en faut encore auxquelles l'art a ſouvent moins de part que le hazard , & que c'eſt par cette raifon que ces graines ne lèvent pas par-tout où elles font femées. J'ajouterai encore que, femées naturellement fur des terreins conve- nables, elles produifent ce qu'on appelle *blanc de champignon*, c'eft- à-dire, de petits plants enracinés, que les Maraichers trouvent tout formé fur du fumier ou fur d'anciennes couches, & qu'ils fement fur de nouvelles couches préparées pour cet effet; que ces mêmes couches, fans qu'on y eût mis du *blanc*, auroient pu produire à la longue des champignons de cette efpèce, mais que le Cultivateur fait en bien moins de temps, avec ces plants enracinés, ce que la nature auroit fait avec les graines.

BOIS. Ce mot dans notre langue a plufieurs fignifications très- étendues. On appelle bois, *filva*, un lieu planté d'arbres, & l'on dit bois de haute futaie, bois taillis, bois touffu, &c. On appelle auffi bois de charpente, bois de charronnage, bois de chauffage, bois mé- dicinaux, bois de couleur, bois de teinture, &c. différentes efpèces de bois employés à divers ufages dans les arts & metiers.

La feule efpèce de bois, dont il foit queftion ici, eft le *lignum* des Botaniftes, cette fubftance dure & compaéte, qui compofe le tronc & les branches des arbres & des arbriffeaux. Au centre du bois, on trouve la moëlle, *fig. 68, pl. IV*. Chaque couche circulaire qui la recouvre, eft formée de fibres ligneufes, de vaiffeaux lymphatiques, de vaiffeaux propres, de trachées & du tiffu cellulaire. Les couches ligneufes font d'autant plus dures, qu'elles font plus près de la moëlle; & par la même raifon, celles qui en font plus éloignées, les dernières couches concentriques qui forment l'aubier, ont d'autant moins de denfité, qu'elles font plus près du liber.

BOIS blanc. Il y a plufieurs efpèces de bois, qu'on nomme vulgai- rement bois blancs ou *blancs bois*: ils n'acquièrent jamais plus de foli- dité que l'aubier, couche ligneufe imparfaite qui recouvre le vrai bois.

BORD d'une corolle, d'un champignon, d'une feuille, d'une fleur, &c. *margo*: on dit le bord ou les bords. On n'entend parler fous cette dénomination, que de la lifière ou de la bordure des différentes parties des plantes; & l'on dit d'une corolle, qu'elle eft ciliée à fon bord; d'un champignon, qu'il eft frifé à fon ou fes bords; d'un pétale, qu'il eft denté, échancré, velu, &c. à fon bord.

Les bords ou la bordure d'une feuille, d'une fleur, du chapeau d'un champignon, fourniffent au Botanifte des caraétères affez conftans, mais qui ne font pas toujours faciles à faifir; ils pourroient induire en erreur, fi l'on n'avoit pas l'attention de comparer dans tous les états de développement l'individu qu'on obferve. Les bords d'un champignon font fouvent réguliers, ciliés, unis, &c. dans l'état de jeuneffe; mais,

fi on l'obferve dans un âge plus avancé, on les retrouve fouvent irréguliers, nus, rayés, frangés, ondulés, frifés, &c.

BORDS amincis ou minces, *margo tenuis* ; en parlant d'un champignon, l'on dira que fon bord eft aminci, quand fon épaiffeur fera
très-difproportionnée à celle du refte du chapeau : dans l'*agaricus fter-
corarius*, par exemple, les bords du chapeau, quoique d'une minceur
étonnante, ne pourront pas être appelés bords amincis, parce que
tout le refte du chapeau n'a guère plus d'épaiffeur ; mais on donnera
ce nom aux bords de l'*agaricus aurantiacus*, parce que leur épaiffeur
eft très-difproportionnée avec celle du refte du chapeau.

BORDS colorés, *margo colorata* : on dit que les bords du chapeau
d'un champignon font colorés, quand toute la fuperficie du chapeau
n'eft pas colorée, & que fes bords feulement le font : fi les bords étoient
d'une autre couleur, ou que leur couleur eût plus d'intenfité que
celle de tout le refte du chapeau, on fpécifieroit la couleur ou les degrés d'intenfité de la couleur, & l'on diroit bords blancs, jaunes,
rouges, noirs, &c. bords plus colorés, moins colorés.

BORDS égaux, *margo æqualis*. Les bords du chapeau d'un champignon font égaux quand ils font également éloignés du pédicule,
c'eft-à-dire, quand le pédicule eft central ; ils font inégaux, par la
même raifon, quand le pédicule eft latéral, ou quand il n'exifte pas
de pédicule, & que le chapeau eft attaché latéralement au corps d'où
il tire fa fubfiftance.

BORDS épais, *margo craffa* ; ceux dont l'épaiffeur comparée à celle
du chapeau, eft égale ou prefque égale, ou du moins ceux qui font
plus épais que ne le font ordinairement les bords d'un champignon.

BORDS feftonnés, *margo finuata* ; ceux qui font découpés plus ou
moins profondément, mais dont les divifions font arrondies : fi les
découpures font égales entre elles, on dit qu'ils font feftonnés régulièrement : fi elles font inégales, on dit qu'ils font feftonnés
irrégulièrement.

BORDS frifés, *margo crifpa* ; ceux qui font irrégulièrement ondés
& comme crépus : on emploie quelquefois le mot *frifé*, pour fignifier
roulés en deffus ou en deffous, *voyez* BORDS roulés.

BORDS glabres, *margo glabra* ; ceux fur lefquels on ne rencontre
ni duvet, ni coton, ni poils, ni écailles, &c. quoique le refte du chapeau foit recouvert de duvet, de coton, ou d'écailles, &c.

BORDS inégaux, *margo inæqualis* ; les bords du chapeau d'un champignon font inégaux quand le chapeau n'a pas de pédicule, & qu'il
eft attaché latéralement aux corps d'où il tire fa fubfiftance, ou quand
il a un pédicule, mais qui n'eft point naturellement central ; je dis

naturellement, parce qu'il arrive quelquefois que si deux champignons se touchent par leur chapeau, un des deux, & quelquefois tous deux ont leurs bords inégaux ; mais on doit toujours s'assurer par l'inspection de plusieurs individus, pour ne pas y être trompé.

Quelquefois on dit que les bords sont inégaux, parce qu'ils sont déchirés, festonnés, laciniés ; mais il vaut mieux décrire leur état, en disant bords laciniés, bords frangés, &c.

BORDS laciniés ou déchiquetés, *margo laciniata ;* ceux dont les découpures sont encore une ou plusieurs fois découpées.

BORDS lisses, *margo lævis ;* ceux qui sont unis & polis sans être luisans ; quand ils le sont, on les appelle bords luisans, *margo lucens.*

BORDS membraneux, *margo membranacea ;* ceux qui conservent encore une partie de la membrane qui recouvroit les feuillets du champignon; ceux en général qui sont remarquables par une peau membraneuse qui les dépasse.

BORDS roulés ; ceux qui sont courbés sur eux-mêmes, comme une boucle de cheveux; ils sont roulés en dessus, *margo involuta,* quand ils sont tels que la *fig. 12 H, pl. VI* les représente ; ils sont roulés en dessous, *margo revoluta fig. 1 A, B, pl. VI ;* & quelquefois, au lieu d'être roulés en dessous, ils sont simplement réfléchis & comme tombans, *margo reflexa.*

BORDS striés, *margo striata ;* ceux qui sont remarquables par des lignes formées par l'empreinte des feuillets dont on pourroit savoir le nombre par celui des stries, c'est-à-dire, des petits enfoncemens qui se rencontrent sur leur superficie : les bords amincis sont communément striés.

BORDS velus, *margo hirsuta* vel *pilosa,* quand les poils qui les recouvrent sont simples & distincts, sans être durs au toucher : lorsque ces poils sont simples, distincts, durs & fragiles, on dit bords hérissés, *margo hirta* vel *hispida :* s'ils ressemblent à de la barbe, on dit bords barbus, *margo barbata :* s'ils ressemblent à des cils, on dit bords ciliés, *margo ciliata :* s'ils font paroître les bords comme satinés, on dit bords satinés ou soyeux, *margo sericea :* s'ils représentent un tissu cotonneux, on dit bords cotonneux ou tomenteux, *margo tomentosa :* s'ils représentent un tissu drapé ou laineux, on dit bords laineux, *margo lanata ;* & s'ils ressemblent à du poil follet ou à un duvet très-fin, on les appelle bords pubescens, *margo pubescens.*

On pourra voir à la pl. X, fig. 12, les différentes espèces de poils ; pour éviter les répétitions dans le corps de cet Ouvrage, on renverra à cet article.

BORDURES ou BORDS, *margo ;* c'est en général ce qui borne la circonférence d'une partie quelconque.

BOTANIQUE ou PHYTOLOGIE, *res herbaria* vel *phytologia*. La Botanique eſt cette partie de l'Hiſtoire naturelle, qui a pour objet la connoiſſance méthodique des végétaux, & de tout ce qui a un rapport immédiat avec le règne végétal. La Botanique n'eſt pas ſimplement l'art de reconnoître ce qui a déja été connu; tous les jours elle étend ſon empire par de nouvelles découvertes; &, d'après une juſte appréciation des rapports que les plantes qu'on ne connoiſſoit pas, ont avec celles qui compoſent telle ou telle famille, elles ſe trouvent claſſées, & font partie d'un tableau général, auquel on donne le nom de méthode ou de ſyſtême. L'Agriculture, la Médecine, & la plupart des arts ne ſeroient preſque rien ſans le ſecours de la Botanique : à chaque pas cette ſcience les éclaire de ſon flambeau; ſans ceſſe elle vient au devant des beſoins des hommes, & les conduit, comme par la main, au milieu des richeſſes immenſes du règne végétal, afin qu'ils puiſſent ſe les approprier.

L'objet du Botaniſte eſt quelquefois la connoiſſance de tout ce qui a un rapport immédiat avec le règne végétal. Quelquefois auſſi ſon objet eſt reſtreint à une partie de ce règne, ou à une ſeule de ſes branches; ſouvent il ſe borne à connoître les plantes indigènes d'une province; ſouvent même il s'arrête à la connoiſſance de quelques plantes particulières, & quelquefois il n'étudie les rapports que les plantes ont entre elles, que pour ſe frayer une route plus facile à d'autres ſciences, telles que l'Agriculture & la Médecine.

De-là vient la grande difficulté qu'on éprouve, toutes les fois que l'on veut tirer une ligne entre ce que l'on doit ou ce que l'on ne doit pas appeler Botanique : de-là vient auſſi qu'on a preſque toujours éludé la queſtion ſans y répondre.

Voyez à l'article PRINCIPES *de Botanique, en quoi conſiſtent ces principes ou élémens, & comment on peut les étudier avec fruit.*

BOTANISTE, *Botanicus.* Puiſque la Botanique eſt la ſcience qui a pour objet la connoiſſance acquiſe par principes, des végétaux, de leur nature & de leurs propriétés, il n'y a donc véritablement de *Botaniſte*, que celui qui connoît les plantes *méthodiquement*, & qui, ſachant ſaiſir les vrais rapports que les plantes ont entre elles, détermine avec préciſion leur reſſemblance & leur différence reſpective, tant ſpécifiques que relatives.

On diſtingue le BOTANISTE *en Botaniſte du premier ordre, & en Botaniſte du ſecond ordre.*

Le BOTANISTE du premier ordre eſt celui qui s'occupe de la Botanique en grand; celui qui voit cette ſcience dans toute ſon étendue & ſous tous les points de vue poſſibles, dans l'enſemble & dans les détails.

Le BOTANISTE du ſecond ordre au contraire, loin d'enviſager la

Botanique dans fon enfemble , & fous tous fes différens points de vue, ne s'attache qu'à une de fes branches ; & par l'ordre & l'accord qu'il y fait regner, par les découvertes intéreffantes dont il l'enrichit, il lui donne tout le degré de perfection dont elle eft fufceptible: quelquefois fon objet eft bien plus louable encore, c'eft lorfqu'il tend à répandre utilement dans la fociété le fruit de fes recherches, & à faire connoître au commun des hommes même, que la Botanique eft pour eux une fource intariffable de bienfaits toujours en leur pouvoir. Que de précieufes découvertes en effet ne doit·on pas à cette claffe de Botaniftes ? Les arts, en moins d'un fiècle, ont plus que doublé leurs richeffes. De tous les coins du monde, des favans fe font réunis ; chacun d'eux a fenti la néceffité de fe borner à une partie de la Botanique, confidérée du côté de fon utilité : les uns ont fixé toute leur attention fur la connoiffance des meilleurs grains, fur celle des meilleurs pâturages : d'autres ont facrifié leur fortune & leur loifir, au plaifir de fe livrer tout entiers aux foins de diverfes branches de l'agriculture ; & d'autres, en épiant continuellement la nature, lui ont, pour ainfi dire, dérobé tous fes fecrets.

BOTTE. On dit vulgairement qu'une plante a fes racines en botte, quand elles tiennent enfemble près de la tige, & quand elles s'écartent les unes des autres en s'alongeant. On les nomme en Botanique RACINES FASCICULÉES ou en faifceau, *fig. 23, pl. VII.*

BOUQUET , *thyrfus.* Le bouquet porte des fleurs difpofées par étages fur un axe commun, ou fur un péduncule commun & droit. La feule différence qu'il y ait entre le bouquet & la grappe, c'eft que le péduncule commun qui fert de bafe aux péduncules propres des fleurs en grappe, eft toujours dans une fituation pendante, au lieu qu'il eft droit dans le bouquet.

BOURGEONNER. On dit qu'un arbre commence à bourgeonner, quand, au renouvellement de la faifon, fes jeunes pouffes fe développent.

BOURGEONS, *furculi. Les Cultivateurs appellent œil, oculus, le bouton dans fon état de jeuneffe ; bouton, gemma, l'œil plus formé, qu'ils diftinguent en bouton à fruit & en bouton à bois ; & bourgeon, furculus, le bouton développé. Ils appellent auffi bourgeons, les jeunes pouffes de l'année ; & faux bourgeons, les jeunes pouffes qui n'ont pas été produites par des boutons nés dans les aiffelles des feuilles. Ils difent ébourgeonner un arbre, quand, pour prévenir l'étiolement, ou pour rendre l'arbre plus vigoureux, &c. ils retranchent des boutons à bois ou des jeunes pouffes fuperflues.* BOURGEONS & BOUTONS, en Botanique, font fynonymes.

BOURRELET ; c'eft le nom que l'on donne à un renflement

d'une

d'une partie quelconque , qui paroît dans cet endroit garnie d'une efpèce d'anneau.

BOURSE , *volva ;* enveloppe radicale des champignons , *voyez*
VOLVA.

BOUTONS , *gemmæ, oculi, hybernacula ;* ce font de petits corps
arrondis & un peu alongés , qui naiffent en été fur les branches des
arbres & des arbuftes aux aiffelles des feuilles : ils font compofés
d'écailles dures, velues en dedans, ferrées les unes contre les autres,
& difpofées de manière à former un afile fûr aux jeunes parties de la
plante qui y font renfermées pendant l'hiver.

On diftingue trois efpèces de boutons : le *bouton à bois* , le *bouton à*
fruit & le *bouton mixte.* 1°. Le bouton à bois ou à feuilles , que les
Cultivateurs nomment *bourgeon, gemma foliifera* vel *ramifera, pl. VII,*
fig. 1, eft celui qui ne doit produire que des feuilles & du bois. 2°.
Le bouton à fleur & à fruit , *gemma florifera* vel *fructifera , pl. VII ,*
fig. 2 & 3 , eft celui qui doit produire une ou plufieurs fleurs , &
fucceffivement des fruits. 3°. Le bouton mixte, *gemma mixta*, eft celui
qui doit donner en même temps des fleurs & des feuilles ou du bois.

L'ufage apprend aux Cultivateurs à déterminer affez juftement, à
la feule infpection du bouton, fi c'eft un *bourgeon* ou *bouton à bois* ,
ou fi c'eft un *bouton à fruit* : ceux-ci font affez ordinairement plus gros,
plus courts, moins unis, moins pointus que les boutons à bois ou
bourgeons, & leurs écailles font plus velues en dedans.

Il me femble que la forme & la difpofition des boutons , fuffiroient à
l'œil exercé pour reconnoître l'efpèce de chaque plante qui en feroit pourvue.
Les boutons qui naiffent fur les racines, portent le nom de CAYEUX.

BOUTURES , *taleæ ;* ce font des parties détachées du corps d'une
plante , privées de racine , & qui, mifes en terre, reproduifent un
individu femblable à celui à qui elles appartenoient. Il y a des plantes
qui viennent facilement de boutures ; d'autres qui viennent difficilement, & d'autres qu'on n'a pas encore pu multiplier de cette efpèce.

BRACTÉES ou feuilles florales, *bracteæ ;* ce font de petites feuilles
qui naiffent avec les fleurs , & qui font toujours différentes du refte
des feuilles de la plante , foit par leurs formes , foit par leur couleur.
Les bractées font aux fleurs & aux fruits, ce que les ftipules font à
la tige , aux rameaux & aux feuilles. Quand on ne rencontre fur un
péduncule ou à la bafe d'une fleur, qu'une feule bractée , on la nomme
bractée folitaire ; *bractea folitaria.* Les bractées font deux à deux ou
géminées, *bracteæ geminæ ;* articulées, *bracteæ articulatæ ;* axillaires,
axillares ; caduques , *caducæ ;* perfiftantes, *perfiftentes ;* ciliées, *ciliatæ ;*
tomenteufes, *tomentofæ ;* colorées, *coloratæ ;* dentées , *dentatæ ;* dentées en fcie, *ferratæ ;* ramaffées en touffe au deffus des fleurs, *comofæ ;*

très-entières, *integerrimæ* ; multifides, *multifidæ* ; latérales, *laterales* ; pétiolées, *petiolatæ* ; amplexicaules, *amplexicaules.*

Les bractées fourniſſent au Botaniſte pluſieurs caractères pour la diſtinction des eſpèces ; ils ſont tirés, tantôt de leur couleur, tantôt de leur forme, tantôt de leur ſituation, tantôt de leur nombre, de leur durée, de leur différence ou de leur reſſemblance reſpective, &c. Les figures & les définitions qu'on a données des feuilles ſimples, ſerviront à faciliter l'intelligence de ce qu'on a dit ſur les bractées.

BRACTÉIFÈRE ; qui porte des bractées. On appelle (*flores, rami, pedunculi, bracteiferi*), les fleurs, les rameaux, les péduncules qui portent des bractées.

BRACTÉIFORMES, *voyez* FEUILLES.

BRANCHES, *rami.* La tige ou le tronc en s'élevant jette de côté & d'autre différentes productions, qu'on nomme branches ou rameaux. Les branches ſont compoſées à peu près comme la tige ou le tronc ; &, par leurs diviſions & ſubdiviſions, ce ſont elles qui déterminent la forme de l'individu à qui elles appartiennent. On diſtingue les branches en *mères branches* ou *branches du premier ordre*, en *branches moyennes* ou *branches du ſecond ordre*, & en *petites branches* ou *branches du troiſiéme ordre.* On appelle *branches à bois, rami ligniferi*, celles qui ne donnent ni fleurs, ni fruits ; *branches à fruits, rami fructiferi*, celles qui portent des fleurs & des fruits ; *branches de faux bois*, celles qui percent à travers l'écorce, & qui n'ont pas été produites d'un *œil* ou *bouton* ; *branches gourmandes*, celles qui abſorbent toute la nourriture des branches voiſines ; *branches chiffonnes*, celles qui ſont grêles, maigres, mal conſtituées & qui nuiſent à l'arbre ; & *brindilles*, des petites branches à fruits qui portent des feuilles ramaſſées en touffes.

BRANCHU, UE, qui eſt ramifié, qui porte des branches ; *voyez* TIGE.

BROU, *gullioca* ; c'eſt le nom de cette écorce verte qui recouvre extérieurement la noix, l'amande, &c.

BUISSON, *dumus, dumetum* ; c'eſt une touffe d'arbriſſeaux ſauvages ou épineux ; il y a cependant des arbuſtes qu'on élève pour la décoration des parterres, & que l'on taille en buiſſon ; & il y a auſſi quelques arbres fruitiers que l'on taille de la même manière, & que l'on appelle arbres en buiſſon.

BULBE, *bulbus.* On donne le nom de bulbe ou d'oignon à la racine d'une plante, quand elle eſt compoſée d'un corps charnu plus ou moins arrondi *fig. 17, 20, pl. VII*, dont la ſubſtance eſt tendre & ſucculente, recouverte d'une ou de pluſieurs tuniques, & lorſqu'à ſon extrémité inférieure, on trouve une excroiffance charnue, fur laquelle toutes les fibrilles radicales ont leur point d'infertion, comme on le voit *fig. 17 E, & 20 I.*

Il s'enfuit donc que toute racine compofée d'un corps charnu, dont le diamètre excédera celui de la tige, mais qui ne fera pas recouvert de tuniques, & qui n'aura pas un point d'infertion commun à toutes fes fibres radicales, ne fera pas une BULBE, *mais u ne* RACINE TUBÉREUSE. *Voyez ce mot. Je dois cependant avertir que quelques Auteurs étendent plus loin la fignification du mot bulbe, & que l'on eft unanimement convenu d'appeler bulbe, comme par exception à la régle générale, cette efpèce de gonflement qui termine inférieurement les pédicules des champignons bulbeux.*

On regarde la bulbe comme faifant à peu près les mêmes fonctions que les boutons, *hybernacula :* elle fert de berceau à la jeune plante qu'elle renferme pendant l'hiver dans fon fein, & la met à l'abri des intempéries des faifons. Elle produit latéralement de nouvelles petites bulbes qu'on nomme CAYEUX. La bulbe eft, ou *fimple,* ou *compofée;* ou *adhérente* à la tige, ou *féparée* de la tige par un étranglement particulier ; ou *folide,* ou *écailleufe,* ou *membraneufe,* ou *arrondie,* ou *articulée,* ou *fufpendue,* &c.

BULBE adhérente à la tige, *bulbus feffilis;* celle qui ne paroît être qu'une continuation de la tige, & qui n'a point de collet.

BULBE articulée, *bulbus articulatus ;* celle qui eft plus alongée qu'orbiculaire, & qui eft remarquable par des gonflemens & des étranglemens alternatifs.

BULBE compofée, *bulbus compofitus ;* celle qui eft compofée de plufieurs autres bulbes ou cayeux renfermés fous une enveloppe commune, comme dans la *fig. 17, pl. VII,* qui repréfente une tête d'ail.

BULBE double, *bulbus duplex ;* celle qui eft compofée de deux bulbes fimples, *fig. 37, pl. VII.*

BULBE écailleufe, *bulbus fquammofus ;* celle qui eft compofée d'écailles difpofées circulairement ou par couches, comme dans le lis.

BULBE membraneufe, *bulbus membranaceus ;* celle qui eft compofée de membranes circulaires.

BULBE fimple, *bulbus fimplex ;* celle qui eft toujours feule à l'extrémité d'une tige.

BULBE folide, *bulbus folidus ;* celle qui eft compofée d'une fubftance ferme & charnue.

BULBE fufpendue, *bulbus pendulus ;* celle qui eft portée par un fil qui la fufpend.

BULBES rapprochées, *bulbi aggregati* ; celles qui font plufieurs enfemble, mais qui ne font pas renfermées dans une enveloppe commune.

BULBEUX, SE, qui a pour racine une bulbe ; *voyez* PÉDICULE, RACINE.

BULBIFÈRE, qui porte une bulbe.

BULBIFORME, qui a la forme d'une bulbe.

BULLÉES, *voyez* FEUILLES.

C.

CADUC, QUES, Lorfqu'on a égard à la durée refpective des différentes parties qui compofent les plantes, on appelle *caduque* une partie qui tombe avant une autre ; *tombante*, une partie qui tombe avec une autre ; & *perfiftante*, une partie qui ne tombe qu'après une autre partie, ou qui fubfifte long-temps après. Ainfi le calice qui tombe avant la corolle, fe nomme calice caduc, *calix caducus* ; le calice qui tombe avec la corolle, porte le nom de calice tombant avec, *calix deciduus* ; & celui qui ne tombe qu'après les pétales, ou qui perfifte même avec le fruit, eft appelé calice perfiftant, *calix perfiftens*. Le mot caduc ou caduque s'applique dans le même fens à toutes les autres parties des plantes. *Voyez* CALICE, BRACTÉES, FEUILLES, STIPULES, &c.

CALENDRIER de Flore, *calendarium Floræ*. Si l'époque de la floraifon des plantes ne tenoit à une infinité de circonftances, telles que la diverfité des climats, la nature des terrains, les degrés de température, le *calendrier de Flore* feroit la méthode la plus fimple, & peut-être en même temps la plus fûre pour apprendre à connoître les plantes. Les perfonnes qui ne s'occupent de la Botanique que par récréation, & fans vouloir en faire une étude approfondie, préfèrent avec raifon cette méthode ; elles ont des herbiers où les plantes font rangées felon l'ordre des faifons ; &, avec un peu de patience, cela remplit affez bien leur objet.

CALICE, *calix*, c'eft la partie de la fleur qui fert d'enveloppe immédiate à la corolle, & d'enveloppe fecondaire aux organes fexuels. Lorfqu'il s'agit donc de déterminer avec précifion ce qui, dans une fleur, doit porter le nom de calice & celui de corolle, il eft néceffaire de fe rappeler que poftérieurement aux favans écrits de Linnæus, on eft convenu d'établir pour principe général, que l'enveloppe immédiate des étamines & des piftils porteroit le nom de corolle, fans avoir aucun

égard

égard ni à sa forme , ni à sa couleur, & que leur enveloppe secondaire seroit appelée calice. *Voyez pl. IV. fig. 1 , A* , le lieu que doit occuper le calice dans une fleur complète.

Cet Ouvrage étant fait pour faciliter l'intelligence des méthodes créées , & pour en donner la clef , on ne pouvoit se dispenser de dire un mot des différentes espèces de calice , dont TOURNEFORT, LINNÆUS , *& leurs Sectateurs ont parlé dans leurs ouvrages.*

TOURNEFORT distingue le calice en *calice proprement dit* , & en *calice improprement dit*; le premier fait partie de la fleur ; & le second (qu'on ne regarde plus aujourd'hui comme un calice), n'en fait point partie, malgré qu'il l'ait renfermée avant son développement.

Le CALICE proprement dit est divisé en *calice proprement dit , propre ou particulier* , & en *calice proprement dit , commun* : le premier est celui qui ne renferme qu'une seule fleur , *pl. I , fig. 3 A , fig. 7 B ; & pl. IV , fig. 65 & 70 B* ; & le second celui qui renferme plusieurs fleurs , *voyez pl. IV , fig. 66 H.* Les calices qui renferment les fleurons & les demi-fleurons, des flosculeuses, semi-flosculeuses & radiées, font des calices proprement dits , communs.

Le CALICE improprement dit est aussi divisé en *propre ou particulier , & en commun.* Le *spathe* , cette espèce de gaîne dans laquelle font contenues les fleurs liliacées avant leur développement, est le calice improprement dit , *propre*, parce que ces fleurs n'ont pas d'autre calice , *fig. 67 T , pl. IV.* La *collerette*, qui se trouve à la base des rayons des ombelles , *fig. 17 A* , est un calice improprement dit ; & *commun* , parce que les fleurs ombellées , outre leur calice général, ont encore un calice particulier.

Le chevalier LINNÆUS compte sept espèces de calice , 1°. le *périanthe* ; 2°. *l'enveloppe* ou *collerette* ; 3°. le *spathe* ; 4°. la *bale* ; 5°. le *chaton* ; 6°. la *coiffe* ; & 7°. la *bourse* ou *volva. Voyez* ces mots chacun dans la place qu'il doit occuper dans ce Dictionnaire.

La première espèce de calice de LINNÆUS *, le périanthe , c'est-à-dire , l'enveloppe immédiate de la corolle , est la seule dont il soit question dans cet article ; ainsi calice ou périanthe feront synonymes. On considère dans le calice , la forme , la situation , la couleur & la durée.*

CALICE anguleux , *calix angulosus* ; celui sur les côtés duquel on rencontre quelques angles, quelques cannelures , ou quelques sillons.

CALICE arrondi , *calix subrotundus* ; lorsque ses divisions font disposées en rond , ou bien encore lorsqu'on ne rencontre sur ses côtés ni angles ni cannelures.

CALICE caduc , *calix caducus* ; celui dont la chûte précède toujours celle des pétales. Il y a beaucoup de plantes, comme le pavot, la chélidoine , dont les fleurs font privées de calice avant même qu'elles foient épanouies. On appelle calice tombant, *deciduus*, celui dont la chûte ne précède pas celle des pétales, mais qui tombe avec eux.

CALICE caliculé, *calix caliculatus ;* celui qui eſt ſimple, mais qu'on pourroit confondre avec un calice double, parce qu'on trouve à ſa baſe extérieure, un rang de petites écailles beaucoup plus courtes que lui.

CALICE coloré, *calix coloratus ;* celui qui, au lieu d'être de couleur verte, comme le font ordinairement les calices, eſt d'une autre couleur, de manière qu'on pourroit le prendre pour la corolle, de laquelle il ne diffère quelquefois que parce qu'il enveloppe médiatement les organes ſexuels, au lieu que la corolle les enveloppe immédiatement.

CALICE commun, *calix communis ;* celui qui renferme pluſieurs fleurs toutes diſpoſées ſur le même réceptacle, *pl. II, fig. 53 M.* Quelquefois les fleurs que cette eſpèce de calice renferme, ont en outre un calice propre ou particulier, & quelquefois elles n'en ont pas. Le calice commun eſt quelquefois ſimple, quelquefois double.

CALICE corollifère, *calix çorolliferus ;* celui qui porte immédiatement la corolle.

CALICE double, *calix duplex ;* celui qui eſt compoſé de pluſieurs pièces à peu près égales, & diſpoſées ſur deux ou ſur pluſieurs rangs, *voyez pl. IV, fig. 66.*

CALICE imbriqué ou tuilé, *calix imbricatus.* Le calice double eſt embriqué, quand ſes folioles ou les écailles qui le compoſent ſont diſpoſées ſur pluſieurs rangs, & dans le même ordre que des tuiles ſur un toît *pl. I, fig. 29 A.*

CALICE inférieur, *calix inferus ;* celui qui eſt au deſſous du fruit, *pl. V, fig. 28 L, & fig. 39 R.*

CALICE monophylle, *calix monophyllus ;* celui qui eſt d'une ſeule pièce. Le calice n'étant que l'épanouiſſement du péduncule, on pourroit être embarraſſé lorſqu'il s'agira de diſtinguer un calice monophylle d'avec un calice polyphylle, parce qu'on n'a pas toujours la même reſſource que pour diſtinguer une COROLLE monopétale d'avec une corolle polypétale; mais toutes les fois qu'un calice ne ſera pas diviſé juſqu'à ſa baſe, & que ſes diviſions ne s'étendront qu'au tiers ou qu'aux deux tiers de ſa hauteur, il ſera monophylle, *fig. 65, pl. IV, & fig. 72 R :* quand au contraire ſes diviſions ſeront continuées juſques près de l'extrémité du péduncule qui le porte, *fig. 36 A, pl. IV,* il ſera polyphyle, c'eſt-à-dire qu'on le regardera comme compoſé de pluſieurs pièces.

On appelle calice diphylle *calix diphyllus,* celui qui eſt compoſé de deux pièces; triphylle, *triphyllus,* celui qui eſt compoſé de trois pièces;

quadriphylle ou tétraphylle, *tetraphyllus*, celui qui eſt compoſé de quatre
pièces ; pentaphylle, *pentaphyllus*, celui qui eſt compoſé de cinq ; &
polyphylle, *polyphyllus*, celui qui eſt compoſé d'un nombre indéterminé de pièces. Quand le calice monophylle eſt diviſé en deux parties,
on le nomme calice à deux diviſions, *calix bipartitus* ; quand il eſt à
trois diviſions, *tripartitus* ; quand il eſt à quatre diviſions , *quadripar-*
titus ; à cinq, *quinque partitus* ; quand il a plus de cinq diviſions, *multi-*
partitus.

CALICE perſiſtant, *calix perſiſtens* ; celui qui ſubſiſte encore après
la chûte des pétales.

CALICE propre, *calix proprius* ; celui qui eſt immédiatement
ſous la corolle, & qui ne renferme qu'une ſeule fleur.

CALICE raboteux, *calix ſquarroſus* ; celui ſur la ſuperficie duquel
on rencontre des aſpérités, des rugoſités.

CALICE ſimple, *calix ſimplex* ; celui qui n'eſt qu'à un rang; il peut
être ou monophylle, ou polyphylle, ou propre, ou commun.

CALICE ſtaminifer, *calix ſtaminiferus* ; celui qui porte immédiatement les étamines *pl. I, fig. 18 B*.

CALICE ſupérieur ; *calix ſuperus* ; celui qui couronne le fruit,
pl. II, fig. 28.

CALICE tombant avec les fleurs, *calix deciduus* ; celui dont la chûte
ne précède pas celle des pétales, mais qui tombe avec eux : tels ſont
ceux des renoncules, des ſenevés, &c.

CALICE tubulé, *calix tubulatus* vel *tubuloſus* ; celui qui eſt alongé
en tube.

CALICINAL, LE, qui vient ſur le calice. On appelle épines calicinales celles qui naiſſent immédiatement ſur le calice.

CALICULÉ, *voyez* CALICE.

CAMPANIFORME ou CAMPANULÉ, ÉE, qui a la forme d'une
cloche ; *voyez* FLEUR, COROLLE.

CANALICULÉ, ÉE ; ce qui eſt creuſé d'un petit canal ou d'une
rainure, *voyez* PÉTIOLE, *voyez* FEUILLES.

CANNELURES, eſpèce de rainures longitudinales qu'on rencontre
ſur pluſieurs parties des plantes. On dit cannelures à côtes, cannelures
à vives arêtes.

CAPILLAIRE, ES ; ce qui a une forme grêle & alongée ; ce qui approche de la figure d'un cheveu, *voyez* FEUILLES, FILET.

CAPSULE, *capſula* ; eſpèce de boîte ou d'étui, qui renferme les
ſemences, & qui s'ouvre de différentes manières pour les laiſſer

fortir, lorfqu'elles ont acquis un degré de maturité fuffifant. Tantôt la capfule eft d'une feule pièce, tantôt de plufieurs pièces, tantôt eft à une loge, tantôt à plufieurs loges ; l'une s'ouvre par le haut, l'autre par le bas, l'autre en travers ; celle-ci a une forme qui lui eft particulière, celle-là en a une autre, &c. Des huit efpéces de PÉRICARPE, c'eft-à-dire, d'enveloppe des femences, la capfule eft celle de laquelle on peut le plus difficilement donner une jufte idée ; il faut néceffairement connoître les fept autres efpeces, avant de fe flatter de bien diftinguer celle-ci. La *fig. 8*, *pl. I*, & les *fig. 19*, *20*, *21*, *22*, *pl. V*, en repréfentent différentes efpèces.

Le Botanifte fait trouver dans le nombre & la forme des capfules, dans le nombre des pièces qui les compofent, dans les différentes manières dont elles s'ouvrent, & dans le nombre de leurs cavités, une foule de caractères faillans ; il eft néceffaire pour cela que les graines foient à leur degré de maturité.

CAPSULE anguleufe, *capfula angulata* ; celle dont la fuperficie eft remarquable par des angles faillans.

CAPSULE courbée en dedans, *capfula incurvata* ; en dehors, *capfula recurvata* ; celle qui a une courbure naturelle plus ou moins fenfible, foit que l'extrémité recourbée regarde le fommet de la plante, foit qu'elle foit tournée du côté de la racine.

CAPSULE cylindrique, *capfula cylindrica* ; celle qui eft plus longue que large, & qui eft arrondie dans toute fa longueur.

CAPSULE globuleufe, *capfula globofa* ; celle qui eft ronde comme une boule, & qui peut rouler en tout fens fur un plan incliné.

CAPSULE ovale, *capfula ovata* ; celle qui a la forme d'un œuf.

CAPSULE fcrotiforme, *capfula fcrotiformis* ; celle qui a la forme de tefticules ou de deux globes réunis, & un peu comprimés du côté où ils fe touchent.

CAPSULE torce, *capfula contorta* ; celle dont les panneaux font difpofés comme la mêche d'un tire-bouchon, ou celle fur la fuperficie de laquelle on remarque des lignes fpirales.

CAPSULE uniloculaire, *capfula unilocularis* ; celle qui n'eft qu'à une feule loge ; celle qui n'a qu'une feule cavité. Une capfule peut être uniloculaire & bivalve, *capfula unilocularis bivalvis* ; elle peut être auffi univalve & biloculaire, *capfula univalvis bilocularis* ; elle peut même être univalve & quinqueloculaire, *univalvis, quinquelocularis*. La capfule biloculaire, *capfula bilocularis*, eft celle qui a deux cavités ; la triloculaire, *trilocularis*, eft celle qui en a trois ; la quadriloculaire, *quadriloculiaris*, eft celle qui en a quatre ; la quinqueloculaire, *quinquelocularis* ; la fexloculaire, *fexlocularis* ; la multiloculaire *multilocularis*, eft celle qui en a cinq, fix ou un grand nombre.

CAPSULE

CAPSULE univalve, *capsula univalvis*; celle qui est d'une seule pièce, & qui ne s'ouvre que d'un côté. Elle est bivalve, *bivalvis*, quand elle est composée de deux pièces ou panneaux; trivalve, *trivalvis*, quand elle est composée de trois; quadrivalve; *quadrivalvis*, quand elle est composée de quatre; quinquevalve, *quinquevalvis*, quand elle est composée de cinq; & multivalve, *multivalvis*, quand le nombre des panneaux qui la composent est au-dessus de cinq.

CARACTÈRES d'abréviation en usage dans les descriptions botaniques. ⊙ signifie herbe annuelle; ♂ signifie herbe bisannuelle; ♃ signifie vivace; ♄ signifie arbre & arbrisseau.

CARACTÈRES des plantes, *plantarum characteres*; toutes les parties qui appartiennent naturellement aux végétaux, & par lesquelles ils se ressemblent ou diffèrent entre eux, les organes de la fructification sur-tout, sont les vrais caractères sur lesquels les Botanistes doivent fonder leurs principes de divisions, de méthodes, d'analyses, de systêmes, en considérant ces différentes parties, toutes les fois qu'elles leur paroîtront constantes, sous trois attributs principaux : la *forme*, le *nombre* & les *proportions respectives*.

Les caractères des plantes sont nommés caractères classiques, caractères génériques, & caractères spécifiques, quand ils sont employés à former les classes & leurs sections, les genres, les espèces. Tournefort tira des fleurs ses caractères classiques; il tira des fruits ceux de ses sections; il employa tous ceux que purent lui fournir les parties de la fructification, pour former ses caractères génériques, & il chercha dans toutes les parties étrangères à la fructification, les caractères spécifiques. Le Chevalier Linnæus prit aussi dans les fleurs ses caractères classiques, mais il ne s'arrêta qu'aux étamines : les pistils lui fournirent les caractères de ses ordres; la considération de toutes les parties de la génération lui fournirent ceux de ses genres; & toutes les parties visibles & palpables, quelquefois même les parties de la fructification, quand elles n'étoient pas nécessaires à la formation de ses genres, lui fournirent ses caractères spécifiques. Prenons pour exemple une plante décrite par Linnæus, & voyons ce qu'on entend par caractères *classiques*, *génériques* & *spécifiques*. La bugle, par exemple, a deux grandes étamines & deux petites; elle est de la XIVe. classe, la *didynamie* : ses graines sont nues au fond de son calice; elle est de la première division de cette classe, la *gymnospermie* : les différences caractéristiques que Linnæus a observées dans le détail des parties de la fructification de cette plante, ont déterminé un genre qu'il a nommé *ajuga* : ce mot générique *ajuga* convient à toutes les espèces de plantes qui ont les mêmes caractères. C'est un *ajuga reptans*, parce que ses tiges sont rampantes; c'est un *ajuga pyramidalis*, parce que sa tige est droite; & si l'on rencontroit une plante qui eût les caractères génériques de l'*ajuga*, mais dont les feuilles, je fuppofe, feroient épineufes, on pourroit la nommer *ajuga fpinofa*, &c.

CARÈNE, *carina*, *pl. IV*, *fig. 72 s ;* c'eft le nom qu'on donne au pétal inférieur des fleurs papilionacées ; il renferme prefque toujours les parties fexuelles de la fleur, qui prennent la même courbure que lui. Quelquefois la carène eft compofée de deux pièces, mais le plus fouvent elle n'eft que d'une feule pièce qui a prefque toujours deux onglets.

CARIE, efpèce de maladie qui attaque le froment.

CARINÉES, creufées en gouttière ou en forme de bateau ; *voyez* FEUILLES.

CARTILAGINEUSES, *voyez* FEUILLES.

CASQUE, *galea ;* c'eft le nom que l'on donne à la lèvre fupérieure des corolles labiées, qu'on nomme auffi fleurs en gueule. *Voyez* FLEURS labiées.

CASTRATION des plantes ; opération par laquelle on ôte à une plante la faculté de féconder fes graines, foit en lui enlevant les parties de l'un ou l'autre fexe, avant que la fécondation ait eu lieu, foit en s'oppofant à ce que la pouffière prolifique des anthères foit reçue par les ftygmates. Lorfque les étamines ou les piftils ont été rongés par quelque infecte, ou altérés par des pluies de longue durée, par une gelée ou par un coup de foleil, c'eft une efpèce de caftration qui rend ftériles les graines, ou qui même en détruit entièrement les embryons.

CAULESCENTE, *voyez* PLANTE.

CAULINAIRE, ES ; ce qui appartient à la tige ; ce qui naît immédiatement fur la tige ; *voyez* PÉDUNCULE, *voyez* FEUILLES.

CAVITÉS du fruit, *voyez* LOGES.

CATALEPSIE ; c'eft l'état d'une plante ou de quelques parties d'une plante qui confervent l'inclinaifon qu'on leur donne.

CATALEPTIQUE, ES, qui n'a pas la faculté de changer de fituation ; *voyez* PLANTES.

CAYEU, *adnatum*, *bulbulus*. Le cayeu eft un petit oignon ou une petite bulbe produite par une racine bulbeufe, par une bulbe proprement dite : il devient bulbe à fon tour, & donne naiffance à de nouveaux cayeux qui doivent lui fuccéder. On fait que la bulbe périt toujours après avoir donné des fleurs un certain nombre de fois, & que c'eft au cayeu que la nature confie le foin de la reproduction de l'efpèce pour l'année fuivante.

CELLULAIRE, qui a des cellules.

CELLULES, *cellulæ*. On donne ce nom à ces efpèces de vides que l'on rencontre dans certains fruits.

CEP : on appelle ainfi le pied de vigne.

CENTRAL, qui occupe le centre; *voyez* PÉDICULE.

CHAIR, *caro* ; fubftance plus ou moins ferme qui compofe certaines plantes, commeles champignons, & certaines parties des plantes, comme les fruits, les feuilles, les racines. On dit que telle partie a la chair aqueufe, molle, ferme, caffante, fpongieufe, fubéreufe, blanche, noire, jaune, &c.

CHALUMEAU ou chaume, tige des graminées.

CHANCISSURE, c'eft un affemblage de petits filamens produits par du fumier de mauvaife nature, ou par les racines de quelques plantes malades : on regarde cette efpèce de moififfure, comme le figne de l'épuifement, & comme l'effet de la décompofition des corps qui la produifent, & l'on conclut mal-à-propos delà, que les champignons naiffent de la putréfaction, parce que le premier état de leur développement s'annonce fous la forme d'une efpèce de chanciffure, connue fous le nom de *blanc de champignon. Voyez* ce mot.

CHAPEAU, *pileum* vel *capitulum*. On donne le nom de chapeau à la partie fupérieure d'un champignon, quand elle eft évafée, & quand elle a plus de diamètre que le pédicule ou le pied qui la porte.

On remarque dans le chapeau d'un champignon, 1°. la *forme*, 2°. la *fituation*, 3°. la *confiftance*, 4°. l'*épaiffeur*, 5°. la *couleur*, 6°. la *fuperficie*, & 7°. les *bords*

CHAPEAU alongé, *pileum oblongum* ; celui qui, dans fon parfait développement, eft plus long que large.

CHAPEAU arrondi, *pileum fubrotundum* ; celui qui, en naiffant, a une forme arrondie, qu'il conferve même dans fon parfait développement. La plupart des chapeaux des champignons commencent par être ronds ; ils paffent enfuite de la forme ronde à l'hémifphérique, delà à la forme horizontale, & fouvent même deviennent concaves. Ce qui rend dans l'étude des champignons, les méprifes fi fréquentes, c'eft la reffemblance que beaucoup d'efpèces différentes ont entre elles, jufqu'à ce qu'elles aient acquis un certain degré de développement. On ne peut avancer d'un pas affuré dans cette carrière nouvelle encore, qu'à la lueur du flambeau de l'expérience.

CHAPEAU concave, *pileum concavum* ; celui qui, en naiffant, a une forme concave qu'il conferve dans tous fes états de développement. Il n'y a qu'un très-petit nombre de champignons, dont le chapeau foit concave dans l'état de jeuneffe : la plupart le deviennent en vieilliffant ; mais on dit en ce cas , qu'ils deviennent concaves dans l'état de vieilleffe.

CHAPEAU conique , *pileum conicum ;* celui qui a une forme conique en naiffant , & qui la conferve même dans l'état de vieilleffe.

CHAPEAU applati, *pileum planum ;* celui dont tous les points de la fuperficie forment une ligne parallèle ou à peu près parallèle avec l'horizon : quand le chapeau n'eft pas tout-à-fait plat , on dit *pileum planiufculum.*

CHAPEAU campaniforme, *pileum campaniforme ;* celui qui approche de la forme d'une cloche.

CHAPEAU contigu, *pileum contiguum.* Parmi les caractères qui peuvent le plus fûrement fervir à la diftinction des efpèces de champignon, le figne de la contiguité ou de la continuité de la chair du chapeau avec celle du pédicule, eft en même temps & le plus certain, & le plus facile à faifir. On dit que le chapeau d'un champignon eft contigu avec fon pédicule, quand il y a une forte d'étranglement, qui femble faire du chapeau & du pédicule deux parties diftinctes ; & on dit qu'il eft continu, *pileum continuum*, quand le pédicule s'évafe à fon extrémité fupérieure pour former la chair du chapeau : le chapeau & le pédicule, dans ce dernier cas , ne paroiffent point être de deux pièces. L'extrémité fupérieure du pédicule *pl. VI, fig. 6* , eft contiguë ; elle eft continue dans la *fig. 1 ;* ce n'eft que lorfque le champignon eft parfaitemment développé, que l'on peut déterminer avec précifion s'il y a contiguité ou continuité de la chair du chapeau avec celle du pédicule : quelquefois le chapeau eft fufceptible d'être enlevé de deffus le pédicule qui le porte, fans qu'il y ait le moindre déchirement fenfible ; & quelquefois auffi, malgré qu'il y ait étranglement, on ne peut le détacher fans le rompre ; mais cela devient prefque indifférent pour celui qui obferve. On fent bien que la continuité eft indifpenfable dans ces deux parties ; puifque l'une eft le prolongement de l'autre, il n'eft queftion que du figne.

CHAPEAU convexe, *pileum convexum.* Il y a beaucoup plus de champignons, dont les chapeaux font convexes dans l'état de jeuneffe, qu'il n'y en a où ils font concaves. Celui qui, dans fon parfait développement , ne devient jamais horizontal ni concave, & qui conferve toujours une partie de la convexité qu'il avoit dans l'état de jeuneffe, eft appelé chapeau convexe ; c'eft pourquoi il eft toujours néceffaire de défigner l'état de développement, & de comparer les individus de la même efpèce dans des âges différens.

CHAPEAU doublé de feuillets , *pileum pronâ parte lamellatum ;* celui qui

qui eſt doublé en deſſous de lames ou de feuillets : tels ſont les chapeaux des agarics de Linnæus, *pl. V, fig. 5, 6, 8* ; quelquefois les
feuillets ſont adhérens à la chair, & quelquefois ils ne le ſont pas. *Voyez*
FEUILLETS.

CHAPEAU doublé de pores, *pileum pronâ parte poroſum* ; celui qui
eſt doublé en deſſous d'un ou de pluſieurs rangs de pores ou tuyaux :
tels ſont les chapeaux des bolets de Linnæus, *fig. 18, 19* : ſouvent les
pores ou tuyaux ſont corps avec la chair, & quelquefois ils ne ſont
que comme appliqués ſur la chair, de laquelle on les ſépare très-aiſé-
ment. *Voyez* PORES.

CHAPEAU doublé de pointes ou de piquans, *pileum pronâ parte
erinaceum* ; celui dont le deſſous paroît recouvert de pointes qui ref-
ſemblent à celles d'un hériſſon : tels ſont les chapeaux des hydnes de
Linnæus, *fig. 23.*

CHAPEAU écailleux, *pileum ſquammoſum* ; celui qui eſt recouvert
d'écailles ou de portions membraneuſes & épaiſſes. Quand elles ſont
rangées comme des écailles de poiſſon, ou comme des tuiles ſur un
toit, on dit qu'il eſt imbriqué, *imbricatum.*

CHAPEAU farineux, *pileum farinoſum* ; celui qui eſt recouvert d'une
pouſſière blanche qui s'attache aux doigts.

CHAPEAU humide, *pileum humidum* ; celui dont la ſuperficie eſt
toujours humide en quelque temps qu'on l'obſerve : dans les temps de
pluie, la ſuperficie de preſque tous les champignons eſt humide &
gluante ; mais il y en a qui ſont humides même dans les plus beaux
temps.

CHAPEAU infundibuliforme, *pileum infundibuliforme* ; celui qui eſt
creuſé en deſſus, & dont la forme approche aſſez bien de celle d'un
entonnoir. Ce caractère eſt commun à un très-grand nombre de champignons, lorſqu'ils ſont parvenus à un âge avancé ; il n'y en a qu'un
petit nombre dont le chapeau ſoit infundibuliforme dans l'état de jeuneſſe.

CHAPEAU laiteux ou lactefcent, *pileum lactifluum* vel *lactefcens* ;
celui qui donne une liqueur blanche comme du lait. Quand cette liqueur eſt âcre, & qu'elle produit ſur la langue l'effet qu'y produiroit
du poivre, ou un cautère potentiel, on dit qu'il eſt *lactifluum acre vel
urens* ; quand cette liqueur eſt douce, *lactifluum dulce.*

CHAPEAU liſſe, *pileum leve* ; celui qui eſt uni, mais qui n'eſt pas
luiſant.

CHAPEAU luiſant, *pileum lucens* vel *nitens* ; celui qui eſt uni,
liſſe & luiſant.

CHAPEAU mamelonné, *pileum mammoſum* ; celui qui eſt remarquable à fa partie fupérieure par une petite élévation qu'on pourroit comparer à un mamelon.

CHAPEAU mince, *pileum tenue ;* celui qui n'a point de chair, ou qui a peu de chair relativement à fa grandeur ou à la hauteur du pédicule qui le porte.

CHAPEAU ombiliqué, *pileum umbilicatum ;* celui qui a un petit enfoncement à fon centre.

CHAPEAU orbiculaire, *pileum orbiculare* vel *orbiculatum ;* celui dont les points de la circonférence font également éloignés du centre.

CHAPEAU pédiculé, *pileum pediculatum* vel *ftipitatum ;* celui qui eft foutenu par un pied qu'on nomme PÉDICULE.

CHAPEAU ridé, *pileum rugofum ;* celui qui eft remarquable par de petits enfoncemens & de petites élévations que l'on peut comparer à des rides.

CHAPEAU fec, *pileum ficcum ;* celui dont la fuperficie eft toujours sèche, en quelque temps qu'on l'obferve.

CHAPEAU feffile, *pileum feffile* vel *acaule ;* celui qui n'a point de pédicule.

CHAPEAU ftrié, *pileum ftriatum ;* celui fur la fuperficie duquel on rencontre des lignes, par le nombre defquelles on pourroit fouvent compter celui des feuillets.

CHAPEAU fubéreux, *pileum fuberofum ;* celui qui eft compofé d'une fubftance molle & élaftique comme du liége.

CHAPEAU fufceptible d'être defféché, *pileum defficcuum ;* celui qui fe deffèche naturellement à l'air libre, & que la defficcation ne rend pas méconnoiffable. On appelle *pileum putrefcens* vel *putrefcibile,* celui qui ne fe deffèche point naturellement, ou qui devient méconnoiffable par la defficcation.

CHAPEAU fufceptible d'être pelé, *pileum decorticans ;* celui qui eft recouvert d'une peau qu'on peut enlever plus ou moins facilement.

CHAPEAU velu ; celui qui eft recouvert de poils quelconques. *Voyez,* pour les figures des différens poils, la *pl. X, fig. 12,* & leurs différences refpectives à l'article BORDS velus.

CHAPEAU vifqueux, *capitulum vifquofum ;* celui dont la fuperficie eft gluante comme fi elle étoit recouverte d'un blanc d'œuf. Il y a quelques champignons qui font naturellement vifqueux; mais il faut obferver que prefque tous le font par un temps pluvieux.

CHARBON ; efpèce de maladie qui attaque les parties de la fructification de quelques plantes, & particulièrement celles des graminées, & qui les rend noires comme du charbon.

CHARNU , UE , qui a de la chair. On dit qu'un fruit eſt charnu, quand il eſt compoſé d'une ſubſtance épaiſſe & plus ou moins ferme.

CHATON , *amentum, julus ;* c'eſt une eſpèce de réceptacle commun à un grand nombre de petites fleurs incomplètes , ordinairement uni‑ſexuelles. La reſſemblance qu'il a avec la queue d'un chat, lui a fait donner ce nom. *Voyez pl. I , fig. 36 A F.*
On obſerve dans le chaton la forme & la diſpoſition des parties qui le compoſent.

CHAUME , *culmus ;* eſpèce de tuyau fiſtuleux , garni de pluſieurs nœuds ou articulations : c'eſt la tige des graminées qu'on nomme vul‑gairement paille. Le chaume du bled , le chaume du ſeigle. On appelle culmifères les plantes qui ont pour tige un chaume.

CHEMISE , *voyez* VOLVA.

CHEVELURE , *voyez* BRACTÉES en.

CHEVELU. On dit communément retrancher le chevelu d'une ra‑cine , quand on lui enlève une partie de ſes fibrilles radicales.

CILIÉ , ÉE, qui eſt recouvert de cils ; *voyez pl. X , fig. 12 D.*

CILS, eſpèces de poils qui reſſemblent aſſez à ceux que nous avons aux paupières.

CIME , *vertex ;* c'eſt le ſommet ou la partie ſupérieure d'un arbre & même d'une herbe. On dit que telle plante eſt chargée de poils ou d'écailles depuis ſa racine juſqu'à ſa cime , &c.

CIRCONFÉRENCE. C'eſt le tour , le bord d'une partie quelcon‑que. On l'exprime en latin par les mots *margo , circumferentia :* on dit *capitulum* vel *pileum margine revolutum ,* du chapeau d'un champignon dont les bords ſont roulés en deſſous ; *folium margine dentatum ,* d'une feuille dentée à ſes bords.

CIRE, *cera.* Les abeilles ſavent trouver dans la pouſſière fécondante des étamines, la matière de la cire brute ; elles la recueillent à l'aide des broſſes de poils dont leurs cuiſſes ſont couvertes ; & , après avoir été préparée dans leur eſtomac, elle devient la vraie cire.

CIRRHIFÈRE , *cirrhiferus* vel *cirrhoſus,* qui porte une vrille. On appelle feuilles cirrhifères ou vrillées , *folia cirrhoſa,* celles qui por‑tent des vrilles ou mains ; péduncule vrillé , *pedunculus cirrhoſus,* celui qui porte une vrille.

CLASSES , *claſſes.* On a diviſé les trois règnes de la Nature en claſſes , en genres, en eſpèces & en variétés. Les claſſes botaniques , *claſſes botanicæ,* ſont les premières diviſions du règne végétal ; elles font elles-mêmes divifées par les GENRES , & les genres font divifés en ESPÈCES , *voyez* MÉTHODE botanique.

CLOCHE , *voyez* FLEURS en cloche , *voyez* COROLLE campani-forme.

CLOISON , *diffepimentum*. On nomme cloifon, cette membrane lon-gitudinale , qui fe trouve entre les deux panneaux de la filique & de la filicule. Quand cette cloifon s'insère dans les deux futures des pan-neaux , on dit qu'elle eft parallèle , *diffepimentum parallelum ;* quand elle eft pofée en travers , on dit qu'elle eft tranfverfale , *diffepimentum tranfverfum.*

COADNÉES , *voyez* FEUILLES.

CŒUR , *voyez* FEUILLES en , *voyez* SILICULE en.

COHÉRENT , ES ; *voyez* PÉTIOLE, *voyez* STIPULES.

COIFFE , *calyptra , pl. VI, (organes de la fructification des mouffes) , operculum ;* c'eft une enveloppe mince & membraneufe, qui recouvre l'urne dans laquelle font renfermés les organes de la fructification des mouffes ; elle a communément la forme d'un éteignoir. Linnæus la mettoit au rang de fes calices ; elle en étoit la fixième efpèce.

On obferve dans la coiffe, 1°. *la forme,* 2°. *la grandeur ;* 3°. *la couleur ;* 4°. *la fituation ;* 5°. *la durée ; &* 6°. *l'infertion fur l'urne. On dit que la coiffe ou toque eft pointue, courbée , échancrée , cannelée , velue , mince , épaiffe , plus ou moins alongée , blanche , rouge, noire, verticale , oblique , horizontale , de longue ou de courte durée, inférée fur les bords de l'urne , ou la recouvrant entièrement ou en partie , &c.*

COLLERETTE , *involucrum ;* c'eft le nom que l'on donne à cette efpèce d'enveloppe commune ou partielle des ombellifères ou des fleurs compofées : elle n'occupe jamais la place du calice proprement dit , c'eft-à-dire , qu'elle n'a jamais fon point d'infertion à l'extrémité du péduncule , elle eft toujours à une certaine diftance du lieu où font immédiatement inférés les pétales des fleurs. La collerette eft prefque toujours horizontale ; elle eft communément de plufieurs pièces ou d'une feule divifée affez profondément en plufieurs parties difpo-fées en rayons ou en étoiles. Il y en a auffi quelques-unes qui font ovales, arrondies , creufées en foucoupe , &c. La collerette ou l'enve-loppe étoit la deuxième efpèce de calice de Linnæus ; & la feconde efpèce de calice de Tournefort *Voyez* CALICE.

On diftingue la collerette , en *collerette univerfelle* & en *collerette par-tielle.* La collerette univerfelle, *involucrum univerfale,* eft celle qui eft fituée à la bafe des péduncules communs aux péduncules propres qui portent immédiatement les fleurs. La collerette partielle, *involucrum partiale,* eft celle qui eft fituée à la bafe des péduncules propres. Dans la plupart des ombellifères , on diftingue deux efpèces de colleretes , la

collerette

collerette univerfelle , *pl. I*, *fig.* 17 *A* , & la collerette partielle , *fig.*
17 *B* ; comme on diftingue auffi deux efpèces d'ombelles , *l'ombelle uni-*
verfelle & *l'ombelle partielle.* La collerette univerfelle eft placée à la bafe
de l'ombelle univerfelle , & la collerette partielle à celle de l'ombelle
partielle.

Les caractères que fournit l'infpection de la collerette , font en général
affez certains : on les tire de fa forme, du nombre de fes divifions , & du
nombre des parties qui la compofent. On dit qu'elle eft d'une feule
pièce ou monophylle, *involucrum monophyllum* ; diphylle , *diphyllum* ;
triphylle , *triphyllum* ; quadriphylle , *quadriphyllum* ; pentaphylle ,
pentaphyllum ; hexaphylle , *hexaphyllum* ; polyphylle , *polyphyllum*.

COLLET , *annulus.* On appelle collet ou anneau , cette efpèce de
couronne membraneufe qu'on trouve attachée à la partie fupérieure
des pédicules des agarics ; tantôt c'eft une production membraneufe ,
tantôt un anneau charnu & épais , tantôt un tiffu filamenteux ; quelquefois même ce n'eft qu'une efpèce de rebord, &c. On donne auffi le
nom de *collet* à une efpèce d'étranglement ou de rebord , qui fépare
une tige d'avec fa racine.

Le collet paroît être au champignon, ce que les pétales & les calices font
aux fleurs des autres plantes : c'eft un abri fûr pour les graines qui font
probablement fécondées avant que le collet fe détache du chapeau. On re-
marque dans le collet, la forme , la confiftance , la durée & l'infertion.

COLLET aranéeux ou rétiforme, *annulus araneofus* vel *retiformis* ;
celui qui eft compofé de fibrilles tendues comme les fils d'une toile
d'araignée ; quand les bords du chapeau s'éloignent du pédicule , ces
fibrilles fe rompent peu à peu , & retombent fur le pédicule. Il y a
beaucoup de champignons dont le collet eft aranéeux , & qui ne paffent même pas pour des champignons à collet, parce que cette efpèce
de collet difparoît prefque auffi-tôt que le champignon fe développe.

COLLET caduc , *annulus caducus* ; celui qui tombe avant que le
champignon foit développé.

COLLET impropre, *annulus improprius* ; *pl. VI*, *fig.* 5 *M*, & *fig.*
6 *A* ; celui qui ne tapiffe jamais la tranche des feuillets , mais qui fert
feulement à luter les bords du chapeau contre le pédicule , afin d'em-
pêcher la communication de l'air extérieur avant qu'elle foit néceffaire : on ne peut mieux s'affurer de fon exiftence , qu'en obfervant le
champignon qui en eft pourvu dans l'état de jeuneffe. *Voyez* COLLET
propre.

COLLET perfiftant, *annulus perfiftens* ; celui qui perfifte autant que
le champignon même , ou du moins qui refte attaché au pédicule
jufqu'à ce que le champignon foit parfaitement développé.

COLLET propre , *annulus proprius*, *pl. VI*, *fig.* 6 *B R* ; celui qui tapiffe toujours la tranche des feuillets, & qui fert de voile aux organes de la fruétification. Il y a des champignons qui n'ont que le collet propre, d'autres qui n'ont que le collet impropre, & d'autres qui ont ces deux efpèces de collet tout à la fois. Le collet de l'AGARIC oronge vraie eft un collet propre ; celui de l'AGARIC couleuvré eft un collet impropre Dans les champignons qui font pourvus des deux efpèces de collet, on remarque affez ordinairement que le collet impropre difparoît peu de temps après le développement du champignon.

COLORÉ, ÉE ; ce qui a une autre couleur que la couleur ordinaire : les feuilles qui font ordinairement de couleur verte, font appelées *feuilles colorées*, quand elles font rouges, jaunes, &c. Il en eft de même des CALICES, des BRACTÉES, &c.

COMMUN. Le calice eft commun, quand il renferme plufieurs fleurs. Le pétiole eft commun, quand il porte plufieurs feuilles. Le péduncule & le réceptacle font communs, quand ils portent plufieurs fleurs.

COMPLET, TES ; *voyez* VOLVA, *voyez* FLEURS.

COMPOSÉ, ÉES ; *voyez* GRAPPE, OMBELLE, FLEURS, FEUILLES.

COMPRIMÉ, ÉE ; ce qui eft ferré des côtés ; *voyez* SILIQUE, FEUILLES.

CONCAVE ; ce qui eft creux naturellement ; il eft oppofé à CON-VEXE : tout ce qui eft naturellement bombé eft appelé convexe.

CONDUITS excréteurs. On regarde comme des conduits excréteurs, certains corps glanduleux de différentes formes que l'on rencontre fur plufieurs parties des plantes. Dans l'économie végétale, les conduits excréteurs ne font pas ce qu'il y a de mieux connu. Tournefort regardoit les étamines comme des conduits excréteurs, parce qu'il n'en connoiffoit pas les véritables fonétions : on n'a peut-être pas encore aujourd'hui plus de raifon d'appeler ainfi certains poils, certaines éminences, certaines cavités, auxquels on pourra reconnoître un jour des ufages bien différens.

CONE, *ftrobilus*, *pl.* *V̄*, *fig.* *41*. Le cône eft la huitième efpèce de péricarpe. Ses écailles en font les fonétions, en fervant d'enveloppes aux femences jufqu'au temps de leur maturité : il eft compofé d'écailles ligneufes, appliquées les unes contre les autres, attachées par leur bafe fur un axe commun qu'elles entourent.

On confidère dans le cône la forme, la difpofition des écailles qui le compofent, leur grandeur refpeétive & leurs différentes figures. On dit que le cône eft ovale, ftrobilus ovatus ; arrondi, fubrotundus ; fphérique ou orbiculaire, orbiculatus ; obtus, obtufus, &c.

CONFLUENTES, *voyez* FEUILLES.

CONGÉNÈRES. On appelle plantes congénères toutes les espèces du même genre.

CONGLOBÉES. On donne ce nom aux feuilles & aux fleurs ramassées en boule.

CONIFÈRE, ES. On appelle arbres conifères, ceux dont les semences font renfermées dans un cône. Le fapin, le melèze font des *arbres conifères*; ils forment la claffe XIX de la méthode de Tournefort.

CONJUGUÉES, *voyez* FEUILLES.

CONNÉES, réunies en gaînes; *voyez* ANTHÈRES, FEUILLES.

CONNIVENTES, rapprochées, qui paroiffent réunies, mais qui ne le font pas; *voyez* ANTHÈRES.

CONTIGU, UË. La contiguité, *contiguitas*, en Botanique, eft l'état de deux chofes qui fe touchent mais ne fe tiennent pas, ou bien qui, fi elles fe tiennent, font fufceptibles d'être défunies fans déchirement fenfible.

CONTINU, UE. La continuité, *continuitas*, eft l'état de deux chofes qui font fi bien adhérentes entre elles, qu'on ne peut les défunir fans les caffer. Les aiguillons font contigus avec les tiges : les épines font continues.

CONVEXE; ce qui eft naturellement bombé.

COQUE, *conceptaculum pl. V, fig.* 2.3 ; c'eft la feconde efpèce de péricarpe, une enveloppe d'une feule pièce qui s'ouvre de bas en haut d'un côté feulement, fans qu'il y ait de future bien apparente, & à laquelle les femences ne font nullement adhérentes. La coque ou le follicule, *folliculus*, diffère de la filique avec laquelle on pourroit la confondre, en ce que la filique, *fig.* 24, eft de trois pièces, fi l'on veut y comprendre la cloifon, unies par deux futures auxquelles les femences font attachées.

CORDIFORME, ES, qui a la forme d'un cœur; *voyez* ANTHÈRES, FEUILLES, SILICULE.

CORNU, UE, qui fait la fourche, & dont les divifions font recourbées comme deux cornes.

COROLLE, *corolla*; c'eft dans une fleur l'enveloppe immédiate des organes fexuels; c'eft un prolongement du LIVRET, comme le calice eft le prolongement de l'ÉCORCE. Dans la plupart des plantes, les étamines & les piftils font entourés de deux enveloppes, dont l'extérieure ou médiate communément verte, porte le nom de CALICE; & l'intérieure ou immédiate, plus délicate, & plus fouvent colorée, celui de COROLLE. Lorfqu'elles exiftent toutes deux enfemble, on n'eft pas embarraffé fur leur dénomination; mais fi l'une des deux manque, il devient difficile d'affigner un vrai nom à celle qui fubfifte, parce que jufqu'à préfent on n'a été dirigé fur la dénomination de ces parties, que par des principes purement arbitraires. Tournefort appeloit corolle toutes les enveloppes colorées. Linnæus donnoit le même nom à celles dont les divifions étoient alternes avec les étamines, réfervant le nom de calice à celles dont les divifions étoient oppofées aux étamines. Les définitions de ces deux Auteurs, bonnes dans beaucoup de points, ne le font pas dans tous, puifqu'on trouve quelquefois de vrais calices colorés & de vrais pétales, dont les divifions font oppofées aux étamines. M. de Juffieu, regardant le calice comme plus effentiel aux organes fexuels que la corolle, appelle prefque toujours calice, l'enveloppe qui fubfifte feule ; ainfi, felon lui, l'enveloppe colorée des fleurs liliacées eft un véritable calice qui, deftiné à couvrir le piftil, peut faire corps avec lui ou ne lui pas adhérer, tandis que la corolle, felon le même Auteur, ne peut jamais contracter d'union avec le piftil, que par fon point d'infertion.

Les caractères nombreux que fournit la corolle, font tirés de fa forme, du nombre de fes divifions, du nombre des pièces qui la compofent, du lieu de fon infertion, de fa durée & de fa couleur. Elle eft *monopétale* ou *polypétale, régulière* ou *irrégulière.*

COROLLE à éperon, *corolla calcarata* ; celle qui a un prolongement plus ou moins confidérable à fa bafe, qu'on nomme vulgairement capuchon ; tantôt c'eft une efpèce de corne fort longue, droite ou courbée ; tantôt ce n'eft qu'une bourfe ou une efpèce de fachet.

COROLLE caduque, *corolla caduca* ; celle qui tombe bientôt après le développement des organes de la fructification.

COROLLE campaniforme ou campanulée, *corolla campaniformis* vel *campanulata, pl. I, fig. 3* ; celle qui eft monopétale, régulière ou non, & qui a la forme d'une cloche : on la nomme quelquefois corolle en baffin, quand elle eft fort évafée.

COROLLE en croix, cruciforme ou cruciée, *corolla cruciata, cruciformis pl. I, fig. 13, 14 ; & pl. II, fig. 38* ; celle qui eft compofée de quatre pétales égaux, & difpofés en croix ; de fix étamines, dont quatre grandes & deux petites, toujours oppofées, & qui ont pour fruit une filique ou une filicule

COROLLE en mafque *corolla ringens, pl. I, fig. 7 ; & pl. II, fig. 34* ; celle qui eft monopétale, irrégulière, dont le lymbe eft toujours divifé plus ou moins profondément en deux lèvres inégales entre elles, & dont les femences font renfermées dans un péricarpe, au lieu d'être nues au fond du calice, comme dans les fleurs labiées. On diftingue les deux lèvres de cette efpèce de corolle en lèvre fupérieure & en lèvre inférieure : on appelle les fleurs de cette efpèce, fleurs perfonnées ou fleurs en mafque ou en mufle.

COROLLE

COROLLE en roue, *corolla rotata;* celle qui eſt monopétale, régulière, diviſée ſupérieurement en pluſieurs parties découpées profondément, & étalées en étoile ou en roue.

COROLLE inférieure, *corolla infera;* lorſque l'on conſidère l'inſertion de la corolle, on voit qu'elle ſe fait de trois manières; 1°. ſous *l'ovaire;* 2°. ſur *l'ovaire;* & 3°. ſur le *calice;* lorſqu'elle s'inſère ſous l'ovaire, on la nomme corolle inférieure; lorſqu'elle s'inſère ſur l'ovaire, corolle inférieure; & lorſqn'elle s'inſère ſur le calice; on la nomme corolle inférée ſur le calice.

COROLLE infundibuliforme, *corolla infundibuliformis, pl. I, fig. 4, 5, 6;* celle qui eſt monopétale, & qui reſſemble à un entonnoir; elle ne diffère de la corolle, que l'on nomme corolle hypocratériforme, que parce que l'infundibuliforme a ſa partie ſupérieure conique en deſſous, au lieu que la corolle hypocratériforme a ſa partie ſupérieure convexe, & qu'elle reſſemble à une ſoucoupe : elles ont l'une & l'autre un tube étroit & circonſcrit.

COROLLE inférée ſur le calice, *corolla calici adnata;* celle qui a ſon point d'inſertion ſur le calice même, & non pas ſur l'ovaire ou ſous l'ovaire.

COROLLE irrégulière, *corolla irregularis;* celle qui a conſtamment quelque choſe d'irrégulier dans ſa forme, comme un pétale plus court que l'autre, ſi elle eſt polypétale; un côté plus échancré que l'autre, ou une diviſion plus ſenſible, plus profonde, plus élargie que l'autre, ſi elle eſt monopétale.

COROLLE labiée, ou corolle en gueule, *pl. I, fig. 11, 12; & pl. II, fig. 32;* celle qui eſt monopétale irrégulière, compoſée d'un tuyau terminé par le haut en un mufle à deux lèvres; ſes graines ſont nues au fond du calice, & ne ſont point, comme dans les fleurs en maſque, renfermées dans un péricarpe

COROLLE monopétale, *corolla monopetala;* celle qui eſt d'une ſeule pièce, de manière que lorſqu'elle tombe, ou que lorſqu'on la détache du lieu de ſon inſertion, tout le tour ſe détache à la fois. Quand elle eſt diviſée en deux parties à ſon limbe, on dit qu'elle eſt bifide, *corolla bifida;* ſi elle eſt diviſée en trois, *trifida;* en quatre, *quadrifida;* en cinq, *quinquefida;* en plus de cinq parties, *multifida.*

COROLLE papilionnacée ou légumineuſe, *corolla papilionacea, pl. I, fig. 22, 23, 24; & pl. II, fig. 32;* celle qui eſt compoſée de quatre pétales, dont un ſupérieur qu'on nomme étendart, deux latéraux qu'on nomme ailes, & un inférieur qu'on nomme carène. Il y a des fleurs papilionnacées, qui, au premier coup-d'œil, pourroient être confondues avec les fleurs perſonnées ou avec les fleurs labiées ; mais il ne faut que ſe rappeler que les corolles des fleurs papilionnacées ſont polypétales , & que les autres ſont monopétales.

COROLLE perſiſtante, *corolla perſiſtens ;* celle qui ne tombe que long-temps après le développement parfait des organes de la fructification, qui ſubſiſte même quelquefois, juſqu'à ce que le fruit ſoit près de ſon état de maturité.

COROLLE polypétale, *corolla polypetala ;* celle qui eſt compoſée de pluſieurs pièces bien diſtinctes qui tombent les unes après les autres: chaque pièce qui compoſe la corolle polypétale, porte le nom de PÉTALE, *voyez* ce mot. On appelle corolle dipétale, *corolla dipetala,* celle qui eſt compoſée de deux pièces ; tripétale, *tripetala,* celle qui eſt compoſée de trois ; tétrapétale, *tetrapetala,* celle qui eſt compoſée de quatre ; pentapetale, *pentapetala,* celle qui eſt compoſée de cinq ; hexapétale, *hexapetala,* celle qui eſt compoſée de ſix ; & polypétale, *polypetala,* celle dont le nombre des pièces qui la compoſent eſt au deſſus de ſix.

COROLLE régulière, *corolla regularis ;* celle qui eſt conſtamment d'une forme ſymétrique, & où l'on n'obſerve point d'irrégularité remarquable, comme un pétale plus court que l'autre, un côté plus échancré que l'autre, &c.

COROLLE roſacée, *corolla roſacea ;* celle dont les pétales égaux ſont inſérés ſur le calice, & diſpoſés ſymétriquement comme ceux de la roſe ſimple.

COROLLE ſupérieure, *corolla ſupera ;* celle qui a ſon point d'inſertion ſur l'ovaire qui lui ſert de baſe.

COROLLIFÈRE, qui porte une corolle, *voyez* CALICE.

CORTICAL, LE, qui appartient à l'écorce.

CORYMBE, *corymbus, pl. X, fig. 11.* On appelle fleurs en corymbe, *flores corymboſi,* ou fleurs en niveau, *flores faſtigiati,* celles dont les péduncules ſont inégaux en longueur, placés alternativement & comme au haſard le long de l'extrémité d'une tige, & arrivent tous à la même hauteur, comme ſi c'étoit une ombelle.

COSSES, *voyez* LÉGUME.

COSSON ; c'eſt le nom que les Agriculteurs donnent au nouveau ſarment qui croît ſur le cep de vigne depuis qu'elle eſt taillée.

CÔTES, *voyez* FEUILLES.

CÔTÉS des feuilles, des pétales, des fruits ; ce ſont leurs parties atérales.

COTONNEUX, SE ; ce qui eft recouvert d'un poil ou d'un duvet qui reffemble à du coton, *voyez pl. X*, *fig. 22*, les différentes efpèces de poils.

COTYLEDONS ou LOBES, *cotyledones* ; ce font deux efpèces de lobes charnus qu'on remarque dans la plupart des femences prêtes à germer, & dont la tunique propre eft enlevée ; ils font appliqués l'un fur l'autre, convexes extérieurement, applatis du côté ou ils fe toi‑chent, un peu concaves vers le point de leur réunion qui eft placé tantôt de côté & tantôt à une de leurs extrémités. Il y a des plantes dont les femences ont deux cotyledons, *pl. V. fig. 10*, *H* : on les nomme plantes dicotyledones, *plantæ dicotyledones*. Il y en a qui n'ont qu'un cotyledon, *fig. 5 A ;* on les nomme plantes monocotyledones, *plantæ monocotyledones ;* & d'autres, dont les femences ne paroiffent pas avoir de cotyledon, & qu'on nomme plantes acotyledones, *plantæ acotyledones. Voyez* GRAINE, EMBRYON.

COULEUR, *color.* » La couleur plus ou moins vive de la plupart des » fleurs, & principalement de leur corolle, dit M. le Chevalier DE LA » MARK, *Fl. fr.* n'eft point en général l'effet direct d'une organifation » particulière, favorable à cette couleur, ni d'une partie colorante, » différente de la fubftance même de la plante ; mais cette couleur » provient très-certainement de l'altération même de la matière colo‑ » rante, qui fubit des changemens plus ou moins prompts dans ces » parties où les fucs nourriciers propres à les conferver, ne fe portent » bientôt plus avec la même affluence. « En effet, pourquoi cherche‑roit-on fi loin les caufes de la couleur de certaines parties des plantes ? Pourquoi attribueroit-on ces changemens, ces effets fi naturels, à d'autres caufes que celles qui nous font fi bien connues dans les animaux ? L'altération en eft véritablement la fource. Ne voyons-nous pas nos cheveux blanchir fur nos tempes, lorfque les vaiffeaux qui charient notre *sève* animale (fi l'on peut s'exprimer ainfi), commencent à perdre leur reffort ? Ne voyons-nous pas de vieux animaux avoir changé la couleur commune à leur efpece, contre une parure à laquelle nous attachons fouvent un grand prix, & les feuiles d'un arbre jaunir lorfqu'il eft fur le point de périr ?

On dit qu'une fleur ou une corolle eft blanche, *corolla alba ;* cendrée, *cinerea ;* brune, *fufca ;* noire, *nigra ;* jaune, *lutea ;* rouge, *rubra ;* pourpre, *purpurea ;* bleue, *cœrulea ;* verte, *viridis ;* baie, *fpadicea ;* fans couleur & tranfparente comme du verre, *hyalina*, &c.

Il y a des cas où la couleur devient un caractère effentiel, & quelquefois même le feul qu'on puiffe employer à la diftinction des efpèces. On fait qu'un fol étranger, une culture forcée, font éprouver aux plantes des changemens confidérables dans leurs couleurs ; mais fi la nature feule veilloit à la confervation des individus, on ne verroit pas tant de monftruofités, pas tant d'altération dans les efpèces.

COULURE, avortement du germe, *voyez* FRUIT. Les Cultivateurs difent que le fruit a coulé, quand quelques accidens, comme une gelée, uu coup de foleil en ont détruit le germe, ou fe font oppofés à ce qu'il fût fécondé.

COURANT, fynonyme de DECURRENT, *voyez* ce mot.

COURBÉ, ÉE; ce qui étoit originairement droit & qui s'eft courbé.

COURONNÉ, ÉE. On dit qu'un arbre fe couronne, quand les branches du fommet fe deffèchent. On appelle auffi femences couronnées, celles qui portent encore les divifions du CALICE fupérieur.

COURT, TE. Lorfque l'on compare la longueur d'une partie avec celle d'une autre, on dit que l'une eft plus courte que l'autre ; *voyez* FILET, PÉDUNCULE, PÉTIOLE.

CRENELÉ, ÉE ; ce qui a des dents arrondies ; *voyez* FEUILLES, STIPULES.

CRÊTE, *voyez* FEUILLES en.

CREUX, SE ; *voyez* FISTULEUX.

CREVASSÉ, ÉE, parfemé de crevaffes ou de petites fentes.

CROCHETS, *hami*. On donne ce nom à des poils durs recourbés en hameçon.

CROCHUS, ES, qui fait le crochet.

CROISÉES, oppofées en croix, *voyez* FEUILLES.

CROISSANT, *voyez* FEUILLES en.

CRUCIFÈRES ou cruciformes. On appelle fleurs crucifères ou fleurs en croix, celles qui ont quatre pétales difpofés en croix.

CRYPTOGAMES, *voyez* PLANTES.

CRYPTOGAMIE, *cryptogamia* ; c'eft le nom de la XXIVe claffe du fyftême fexuel de Linnæus ; le mot cryptogamie eft compofé de deux mots grecs qui fignifient noces cachées : cette claffe renferme les plantes dont Linnæus n'a pu diftinguer les parties de la fructification, ou qu'il n'a diftinguées qu'en partie.

CUISANTE, *voyez* TIGE.

CULMIFÈRE. Une plante dont la tige eft un chaume, eft appelée plante culmifère. Les *graminées* font dans ce cas.

CULTIVATEUR, *cultivator* ; celui qui s'occupe de quelques branches de l'agriculture, comme de la culture des arbres fruitiers, de celle des plantes botaniques, des plantes d'agrément, &c.

CULTURE, *cultura*. La culture dirigée par les principes de la Phyfique

fique, eſt le flambeau qui nous conduit avec certitude à la connoiſ-
fance des loix de la végétation. Tant que la culture n'eſt que la ſimple
imitatrice de la Nature, elle ne change rien de l'ordre ſi ſagement
établi dans ce que nous appelons ÉCONOMIE VÉGÉTALE; mais quand
elle veut eſſayer ſes forces, il arrive ſouvent qu'elle trouble cet
ordre mereilleux, & qu'elle produit (ce qu'on appelle en hiſtoire
naturelle) des MONSTRUOSITÉS.

CUNÉIFORME, ES, qui a la forme d'un coin.

CUPULES, *cupulæ.* Il y a des plantes, comme les lichens, où les
ſeules parties apparentes de la fructification ſont des cupules tantôt orbiculaires, tantôt concaves, tantôt campanulées ou infundibuliformes,
quelquefois planes, pédiculées, quelquefois tuberculeuſes, ſeſſiles,
&c. Les ſentimens ſont encore très-partagés ſur leur uſage; mais l'opinion la plus commune eſt que ce ſont les fleurs mâles de ces ſortes de
plantes.

CYLINDRIQUE, ES; ce qui eſt d'une figure ronde, alongée, & à
peu près de même groſſeur dans toute ſa longueur; *voyez* PÉDUN-
CULE, PÉTIOLE, STYLE, TIGE; *voyez* FEUILLES.

D.

DÉBILE, foible, *voyez* PÉDUNCULES.

DÉCANDRIE, *decandria*, de deux mots grecs qui ſignifient dix
maris. La décandrie eſt la claſſe X du ſyſtême ſexuel, *pl. II, fig. 19*,
Elle renferme les plantes dont les fleurs ont dix étamines diſtinctes.

DÉCHIQUETÉES, *voyez* FEUILLES.

DÉCURRENT, TE; une feuille dont l'extrémité inférieure ſe prolonge ſur la tige ou ſur les rameaux, & qui y forme une eſpèce d'angle,
eſt appelée feuille décurrente. Lorſque la décurrence des feuilles ſur
leurs tiges, ou des feuillets d'un champignon ſur leur pédicule, eſt
très-marquée, on dit que la décurrence eſt déterminée; ſi au contraire
une feuille eſt à peine décurrente, ou ſi, parmi les feuillets décurrens, il s'en trouve qui ne le ſoient pas, on donne à ce caractère
équivoque de décurrence, le nom de décurrence indéterminée. *Voyez*
FEUILLES, FEUILLETS, PÉTIOLE, TIGE.

DÉFENSES. On regarde les aiguillons & les épines, comme les dé-
fenſes des plantes.

DELTOIDES, *voyez* FEUILLES.

DEMI-CYLINDRIQUE; ce qui eſt arrondi d'un côté & un peu comprimé de l'autre ; *voyez* PÉDICULE, PÉDUNCULE.

DEMI-FLEURON, *ſemi-floſculus*, vel *corollula ligulata*, *pl. II*, *fig. 51* ; *& pl. IV, fig. 56, 60, 61.* On appelle demi-fleurons, de petites fleurs monopétales, dont le lymbe, au lieu d'être terminé régulièrement comme celui des fleurons, eſt remarquable par une languette plus ou moins alongée : ils renferment ordinairement, comme les fleurons, cinq étamines réunies en gaîne par leurs anthères. Les FLEURS SEMI-FLOSCULEUSES ſont compoſées de *demi-fleurons.*

DÉMONSTRATIONS de Botanique, *demonſtrationes botanicæ*. On pourroit dire que ce ne fut qu'à l'époque de l'établiſſement des jardins de Botanique, dans les lieux les plus conſidérables de la terre, que la Botanique commença à être regardée comme une ſcience. On vit auſſitôt naître par-tout le goût pour cette belle partie de l'hiſtoire naturelle. Les Savans de toutes les parties du monde établirent entre eux des correſpondances, pour ſe communiquer réciproquement leurs découvertes ; ce ſont ces vraies richeſſes que l'on s'empreſſe de rendre publiques par la voie des démonſtrations.

DENTÉ, ÉES, DENTELÉES, *voyez* FEUILLES.

DÉPRIMÉ, ÉE, ou COMPRIMÉE; ce qui eſt applati des côtés ; *voyez* FEUILLES.

DESCRIPTIONS botaniques, *deſcriptiones botanicæ*. Décrire une plante, c'eſt en faire l'hiſtoire dans un ſtyle didaĉtique, & conforme aux principes de la Botanique. La deſcription eſt une peinture verbale, & la peinture une deſcription muette. Le véritable ſigne auquel on puiſſe reconnoître le Botaniſte, eſt l'art de faire, avec la plus ſcrupuleuſe exaĉtitude, l'hiſtoire des végétaux ſous ſept attributs principaux ; 1°. le nombre ; 2°. la forme ; 3°. la ſituation; 4°. la couleur ; 5°. l'odeur ; 6°. la ſaveur ; & 7°. les circonſtances, c'eſt-à-dire, tout ce qui peut occaſionner quelques changemens remarquables dans l'économie végétale, comme la différence des climats, la nature du ſol, la culture, &c.

DESSICCATION des plantes, *plantarum deſſiccatio*. Il y a des plantes qui ſe deſſèchent à l'air libre ſans la moindre altération apparente ; d'autres qui exigent des ſoins pour être deſſéchées ; d'autres qui deviennent méconnoiſſables, quelques ſoins qu'on apporte à leur deſſiccation; & d'autres qu'on ne peut jamais deſſécher. On trouvera au mot HERBIER, les moyens qui réuſſiſſent le mieux pour deſſécher les plantes.

DÉVELOPPEMENT. Une plante, depuis l'inſtant où elle a été animée, juſqu'à celui où elle n'eſt plus ſuſceptible d'aucun accroiſſement, s'étend en longueur & en largeur, par le développement ſucceſſif des parties qui la compoſent. On dit que les parties d'une plante font à leur dernier degré de développement, quand elles ne font pas fufceptibles de fe développer davantage ; qu'une fleur bien épanouie eft dans fon état de développement parfait.

DIADELPHIE, *diadelphia*, de deux mots grecs qui fignifient deux frères. La diadelphie eft la claffe XVII du fyftême fexuel, *pl. II*, *fig. 45*, *48*. Elle renferme les plantes dont les fleurs ont les étamines réunies en deux corps par leurs filets.

DIANDRIE, *diandria*, de deux mots grecs qui fignifient deux maris. La diandrie eft la claffe II du fyftême fexuel, *pl. II*, *fig. 2*, *3*. Elle renferme les plantes qui ont deux étamines.

DICOTHOME, qui fait la fourche.

DICOTYLEDONE ou BICOTYLEDONE, qui a deux cotyledons ; *voyez* EMBRYON.

DIDYME, fynonyme de géminé. Deux chofes qui ont la même origine, le même point d'infertion, font didymes ou géminées.

DIDYNAMIE, *didynamia*, de deux mots grecs qui fignifient deux puiffances. La didynamie eft la claffe XIV du fyftême fexuel, *pl. II*, *fig. 32*, *33*, *34*. Elle renferme les plantes dont les fleurs ont quatre étamines (deux grandes & deux petites).

DIFFUS, SE ; ce qui eft lâche, étalé & difpofé avec confufion ; *voyez* PANICULE, TIGE.

DIGITÉ, ÉE ; ce qui eft à plufieurs divifions, difpofées comme les doigts de la main. *Voyez* FEUILLES.

DIGYNIE, *digynia*, de deux mots grecs qui fignifient deux femelles. La digynie eft le fecond ordre des claffes du fyftême fexuel. Les plantes, dont on a déterminé la claffe par le nombre ou la difpofition des étamines, font du fecond ordre, *digynie*, quand elles ont deux piftils. *Voyez* l'expofition du SYSTÈME fexuel de Linné.

DIŒCIE, *diœcia*, de deux mots grecs qui fignifient deux maifons. La diœcie eft la claffe XXII du fyftême fexuel, *pl. II*, *fig. 56*, *57*, *58*, *59*, *60*, *61*. Elle renferme les plantes, dont les fleurs font mâles & femelles féparément fur deux individus.

DIOIQUES. On appelle ainfi les plantes qui font de la claffe *diœcie* ; *voyez* PLANTES.

DIPHYLLE, qui eft de deux pièces diftinctes ; *voyez* CALICE monophylle.

DIRECTION ; ligne felon laquelle une chofe eft dirigée. On dit que les tiges de telle plante font dans une direction droite ou verticale, oblique ou penchée, horizontale ou parallèle à l'horizon, &c.

DISPERME, qui a deux femences; *voyez* BAIE.

DISPOSITION, arrangement, fituation, *difpofitio*. Il eft effentiel de connoître la difpofition des parties organiques des végétaux, parce que c'eft par là principalement qu'ils fe reffemblent ou diffèrent. On reconnoît la difpofition des *tiges*, des *rameaux*, des *feuilles*, des *fleurs* & des *organes fexuels*, par le point d'infertion de ces différentes parties.

DISQUE, *difcus*, fignifie le milieu, le centre d'un corps quelconque. On entend par le difque d'une feuille, *difcus folii*, toute la feuille, excepté les bords, & par le difque d'une fleur, le centre, le milieu de la fleur; & l'on dit que les fleurs radiées font compofées de demi-fleurons à la circonférence, & de fleurons dans le difque.

DISSÉMINÉ, ÉE; ce qui eft répandu çà & là, & clair-femé.

DISTIQUES. On appelle diftiques les feuilles qui font difpofées fur les rameaux de deux côtés & fur deux rangs, *pl. X, fig. 13.*

DIURNE, ES, qui ne dure qu'un jour; *voyez* PLANTES.

DIVERGENS. On appelle divergens les péduncules, les rameaux qui ont un point d'infertion commun, & qui s'écartent enfuite.

DIVISÉ, ÉE, ce qui eft d'une feule pièce, mais qui fe divife en deux ou plufieurs parties. Une corolle peut être d'une feule pièce, *fig. 3, pl. I*, & divifée en plus ou moins de parties.

DODÉCANDRIE, *dodecandria*, de deux mots grecs qui fignifient douze maris. La dodécandrie eft la claffe XI du fyftême fexuel, *pl. II, fig. 22, 23, 24*. Elle renferme les plantes dont les fleurs ont douze étamines.

DOLOIRE, *voyez* FEUILLES en.

DORSIFÈRES. On dit que les feuilles des fougères font dorfifères, parce qu'elles portent fur leur dos les parties de la fructification.

DOUBLE, ES, qui eft compofé de deux ou plufieurs rangs; *voyez* CALICE, FLEURS.

DRAGEONS ou REJETS, *ftolones*: ce font des branches enracinées qui accompagnent le pied ou le tronc de l'arbre qui les a produites, & dont on peut les détacher fans leur ôter la faculté de reprendre racine en les tranfplantant.

DRAPÉ, ÉE, qui eft recouvert de poils qui forment un tiffu laineux, comme celui qu'on remarque fur le drap.

DROIT, TE; ce qui eft perpendiculaire à l'horizon, ou bien encore ce qui eft alongé & fans aucune courbure; *voyez* AIGUILLON, PÉDICULE, PÉDUNCULE, RAMEAU, TIGES, FEUILLES, FLEURS.

DURÉE des plantes; efpace qui s'écoule entre la vie & la mort des végétaux; *voyez* AGE des plantes.

E.

E.

EBOURGEONNER. Ebourgeonner un arbre, c'eſt en retrancher les jeunes pouſſes ſuperflues.

EBRANCHER. Ebrancher une plante, c'eſt lui enlever une partie de ſes branches, pour lui donner une forme particulière.

ECAILLES, *ſquammæ*: ce ſont des productions minces applaties, & ſouvent sèches & coriaces. Les écailles recouvrent entièrement ou en partie ſeulement les tiges, les rameaux, les péduncules, les pétioles, les racines de pluſieurs plantes ; elles forment une ou pluſieurs couches ſur la bulbe écailleuſe ; elles ſervent d'enveloppe aux boutons des arbres & des arbriſſeaux ; elles tiennent lieu de corolle dans les graminées : on en trouve à la baſe des calices, des pétales, & quelquefois même parmi les organes ſexuels, &c.

ECAILLEUX, SE, qui porte des écailles ; *voyez* BULBE, RACINE, TIGE.

ECHANCRÉ ; ÉE, qui a une entaille, une échancrure.

ECHANCRURE ou ſinus ; eſpèce d'entaille aſſez profonde & élargie, comme ſi on l'eût faite avec l'ongle ou avec des ciſeaux.

ECHINÉ, ÉE, qui eſt recouvert de pointes dures & piquantes ; *voyez* SEMENCE, TIGE.

ECIMER, couper la cîme.

ECONOMIE végétale ; c'eſt l'harmonie, l'organiſation proprement dite, des différentes parties qui compoſent les végétaux ; cet ordre merveilleux avec lequel les plantes naiſſent, croiſſent, vivent & ſe reproduiſent. *Voyez* PLANTE.

ECORCE, *cortex* ; c'eſt cette enveloppe générale qui recouvre une tige, ſes rameaux & ſes racines : elle eſt compoſée, 1°. de l'*épiderme* ; 2°. de l'*enveloppe* cellulaire ; 3°. de *couches corticales* ; & 4°. du *tiſſu* cellulaire. Ce qu'on appelle le LIVRET, eſt l'aſſemblage des couches les plus intérieures de l'écorce, qui ſe détachent aſſez ordinairement comme les feuillets d'un livre.

On regarde les calices comme un prolongement de l'écorce.

ECUSSON, petit morceau d'écorce garni d'un œil ou bouton que l'on enlève de deſſus un arbre quelconque, que l'on taille en loſange, ou en triangle alongé, & que l'on inſère entre le bois & l'écorce d'un autre arbre, après y avoir fait une entaille en manière de T.

ECUSSONNER un arbre, c'eſt le GREFFER en écuſſon; *voyez* ce mot.

EFFEUILLAISON, *defoliatio ;* moment où les plantes ſe dépouil-
lent de leurs feuilles. Il y a des plantes qui perdent leurs feuilles ſitôt
qu'elles ont donné des fruits ; d'autres qui les conſervent juſqu'aux premiers froids ; d'autres qui ne les perdent que lorſque les froids ſont
très-rigoureux ; quelques-unes même, comme la *rue*, les conſervent
juſqu'au printemps.

EFFEUILLER ou EFFANNER. Effeuiller une plante, ou l'effanner,
c'eſt la dépouiller de ſes feuilles.

EFFILÉ, ÉE ; ce qui eſt alongé & très-mince; *voyez* PÉDICULE,
TIGE.

EGAL, LE, ÉGAUX ; ce qui eſt de la même hauteur. Lorſque
l'on compare la longueur d'une partie avec celle d'une autre partie,
on dit qu'elle eſt égale ou qu'elle eſt inégale. Les ſtygmates ſont égaux
entre eux, quand ils ſont tous de la même longueur ; ils ſont égaux
aux étamines, quand ils arrivent à la même hauteur que les anthères, &c.

EGALE, *voyez* POLYGAMIE.

ELANCÉ, ÉE ; ce qui eſt trop grêle pour ſa hauteur

ELÉMENS de Botanique, *elementa botanicæ :* ce ſont les premiers
préceptes, les premières règles de la Botanique, la clef de la ſcience,
ſi l'on peut s'exprimer ainſi ; *voyez* PRINCIPES de Botanique.

ELLIPTIQUE, ES ; ce qui a une forme alongée, & dont les deux
extrémités ſont arrondies & de même largeur; *voyez* FEUILLES.

EMBRASSANT, TE. Les feuilles, les ſtipules ſont embraſſantes ou
amplexicaules, quand elles ſe terminent par une membrane qui enveloppe la tige ou les rameaux. *Voyez* FEUILLES, STIPULES, PÉTIOLE.

EMBRYON, *corculum.* On peut ainſi nommer les parties eſſentielles
de la graine qui conſtituent les rudimens de la nouvelle plante. L'embryon eſt compoſé de la plume ou plumule, de la radicule & du lobe ou
cotyledon qui eſt ſimple ou double, & quelquefois nul. Dans beaucoup
de plantes, l'embryon occupe tout l'intérieur de la graine ; dans quelques-unes, l'enveloppe propre recouvre de plus un corps farineux ou
charnu, ou corné, ou ligneux qui ſe confond avec l'embryon.

C'eſt ſur le nombre des parties de l'embryon, que ſont fondées les
premières diviſions de la méthode naturelle de M. DE JUSSIEU. Les
plantes acotyledones ſont celles dont l'embryon eſt compoſé ſeulement de la plume & de la radicule. Les monocotyledones, celles qui
n'ont qu'un lobe ou cotyledon, *pl. V, fig. 4, 5;* & les dicotyledones,
fig. 6, 7, 9, 10, qui forment la claſſe la plus nombreuſe, celles dont
l'embryon eſt à deux lobes.

Quoique le mot latin *germen* ſoit appliqué par les Botaniſtes à la partie du piftil qui conftitue proprement le fruit avant la fécondation, & que l'on appelle plus communément ovaire , nous penfons que le nom françois GERME doit être fynonyme d'EMBRYON , puifque germination doit fignifier développement du germe. *Voyez* OVAIRE.

L'embryon ou le germe varie par fa fituation dans la graine , & par la direction de fa radicule qui pointe vers la terre, & fa plumule vers le ciel.

EMOUSSÉ , ÉE ; ce qui eft alongé & terminé en pointe , mais dont la pointe eft obtufe ; *voyez* FEUILLES.

EMOUSSER un arbre , c'eft en détacher la mouffe.

EMPAN , eft la mefure d'une main étendue.

EMPANÉE ou EMPENNÉE , ÉES ou AILÉES ; *voyez* FEUILLES.

EN DESSOUS , *pronâ parte* ; EN DESSUS , *fuperâ parte.*

EN GAINE , *voyez* FEUILLES , STIPULES.

ENGAINÉ , ÉE ; ce qui eft entouré d'une membrane qui a la forme d'une gaîne ; *voyez* PÉDICULE , PÉDUNCULE , TIGE.

ENNÉANDRIE , *enneandria,* de deux mots grecs qui fignifient neuf maris. L'ennéandrie eft la claffe IX du fyftême fexuel, *pl. II ,fig. 17 , 18.* Elle renferme les plantes qui ont neuf étamines.

ENSIFORME , ES , qui a la forme d'une lame d'épée ; *voyez* FEUILLES.

ENTAILLÉ ; ÉE ; ce qui eft remarquable par une entaille , un cran dans lequel s'emboîte une autre partie.

ENTE ou GREFFE : ces deux mots font fynonymes , tantôt ils fignifient la petite branche ou l'œil qu'on fe propofe de greffer , tantôt la partie d'un arbre greffée.

ENTER , *voyez* GREFFER.

ENTIER , RE ; ce qui n'a aucune irrégularité dans fes contours ; *voyez* FEUILLES.

ENTONNOIR , *voyez* COROLLE infundibuliforme , ou corolle en entonnoir.

ENTORTILLÉ , ÉE ; ce qui eft entouré par les circonvolutions d'une partie quelconque ; il fe dit auffi quelquefois d'une partie qui eft roulée fur une autre.

ENTRÉE d'une corolle : on emploie plus fouvent les mots GORGE , EVASEMENT.

ENVELOPPE , *involucrum.* On diftingue en Botanique plufieurs fortes d'enveloppes. L'enveloppe florale, que l'on nomme COLLERETE ; l'enveloppe féminale, que l'on appelle TUNIQUE PROPRE , *involucrum proprium ;* L'ENVELOPPE CELLULAIRE , qui, dans l'écorce , tient le milieu entre l'épiderme & les couches corticales , & plusieurs autres encore , tels que le COLLET , le VOLVA , la GAINE , le SPATHE , &c.

EPAIS, SE. On donne ce nom à tout ce qui est d'une épaisseur qui n'est pas ordinaire.

EPANOUISSEMENT des fleurs ; lorsque toutes les parties d'une fleur sont parfaitement déployées , on dit que la fleur est épanouie : on compare l'épanouissement d'une fleur à l'état d'un animal qui veille ; & l'état opposé , à celui d'un animal qui dort.

EPARS , SE , qui est disposé sans ordre; *voyez* FEUILLES , FLEURS , PÉDUNCULES , RAMEAUX.

EPERON , espèce de prolongement en forme de corne , qui accompagne les fleurs de plusieurs plantes ; *voyez* NECTAIRE.

EPI. On distingue deux sortes d'épi, l'EPI PROPREMENT DIT , *spica* , & l'EPI FAUX , ou EPI CHATONNIER , *spica amentacea.* Le premier , *fig. 3 , pl. X* , est composé de fleurs pédunculées & disposées en long aux extrémités des tiges ou des rameaux , comme dans la gaude , le réséda , la bétoine ; le second , *fig. 32 , pl. I* , porte des fleurs sessiles , disposées sur un réceptacle commun , que l'on nomme RAPE , *pl. X , fig. 4 ;* il est toujours entaillé & évidé dans tous les endroits où les fleurs ont leur point d'insertion , comme dans le froment , le seigle , l'orge , &c.

On distingue le nombre des épis , leur forme , leur disposition , & le nombre, la forme & la disposition des parties qui les composent. On appelle épi solitaire , *spica solitaria* , celui qui vient toujours seul à l'extrémité d'une tige ; épi nombreux , *spicæ numerosæ* , ceux qui sont en grand nombre sur la même tige ; épi simple , *spica simplex* , celui qui n'est pas composé d'épilets ; épi rameux , *spica ramosa* , celui qui est composé de plusieurs petits épis ou épilets ; épi terminal , *spica terminalis* , celui qui est toujours porté par l'extrémité d'une tige ; épi latéral , *spica lateralis* , celui qui a son point d'insertion sur le côté de la tige.

EPIDERME ou SURPEAU , *cuticula* : on apelle ainsi cette peau mince qui sert d'enveloppe générale & extérieure aux différentes parties des plantes ; elle est assez ordinairement lisse sur le tronc & les branches des jeunes arbres : elle devient raboteuse & crevassée à mesure qu'ils avancent en âge.

EPINES , *spinæ , pl. X , fig. 24 :* ce sont des productions dures & pointues qui sont continues, qui font corps avec les différentes parties des plantes qui en sont pourvues, de manière qu'on ne peut les en séparer sans les casser. On remarque dans les épines , la forme, la disposition & le lieu qu'elles occupent. On les appelle simples , *simplices* , quand elles n'ont aucune division ; divisées, *partitæ* , quand elles ont deux ou plusieurs divisions à leur sommet; composées, *compositæ* , quand elles

portent

portent plufieurs autres épines; terminales, *terminales*, quand elles fe trouvent aux extrémités des feuilles, des tiges ou des rameaux; axillaires, *axillares*, quand elles font placées aux aiffelles des rameaux ou des feuilles ; calicinales, *calicinales*; foliaires, *foliares*, quand elles ont leur point d'infertion fur les calices, ou fur les feuilles ; florales, *florales*, quand elles accompagnent les fleurs ou quelques-unes des parties qui les compofent.

EPILET, *fpicula, locufta*. On donne ce nom aux petits épis *L M N*, qui compofent ordinairement l'épi chatonnier, *fig. 32, pl. I*. L'épilet eft formé de l'affemblage de plufieurs bales. Chaque entaille de la rape, *fig. 4, pl. X*, porte un épilet *A, B*.

EPINEUX , SE , qui porte des épines.

EQUINOXIALES , *voyez* FLEURS.

ERGOT. On rencontre fur les épis de plufieurs graminées , & plus communément fur ceux du feigle , des efpèces de cornes plus ou moins alongées , qu'on nomme ergot à caufe de la reffemblance qu'elles ont avec les ergots de coq. *Voyez* DISCOURS SUR LES PLANTES VÉNÉ-NEUSES DU ROYAUME , l'article feigle ergoté.

ESPÈCES , *fpecies*. Les efpèces appartiennent à un genre par des caractères communs , comme nous l'avons déja dit à l'article CARAC-TÈRES botaniques , & divifent ce genre en autant de parties qu'il y a d'individus , parce que chaque plante , outre les caractères géné-riques , communs à toutes les efpèces du même genre , a des caractères particuliers , des caractères qui lui font propres , & qui la diftinguent de toutes les autres efpèces.

ESTIVALES , *voyez* FLEURS.

ETALÉ , ÉE. Les tiges , les rameaux , les péduncules font étalés , quand l'extrémité oppofée à celle qui a fon point d'infertion fur la tige , s'éloigne beaucoup de la perpendiculaire à l'horizon.

ETAMINES , *ftaminæ*. On regarde les étamines comme les organes mâles de la fleur; & les piftils , comme fes organes femelles ; c'eft pourquoi on a donné le nom de SYSTÈME SEXUEL à la méthode de Linnæus , qui a pour bafe les étamines & les piftils. Les étamines font ordinairement compofées d'un pédicule plus ou moins long, que l'on nomme FILET, *filamentum, pl. IV, fig. 7 D*, & d'une efpèce de bouton, que l'on appelle SOMMET ou ANTHÈRE, *anthera, fig. 7 C;* elles n'occupent jamais le centre des fleurs; ce lieu eft deftiné aux piftils , de manière que ce font toujours les organes mâles qui en-tourent les organes femelles, *pl. IV, fig. 1*. On confidère dans l'étamine l'ANTHÈRE & le FILET , fous fix attributs principaux; 1°. la préfence ou l'abfence ; 2°. la forme ; 3°. le nombre ; 4°. la difpofition ; 5°. la proportion ; & 6°. l'infertion. *Voyez* ANTHÈRES , FILETS , CARACTÈRES de botanique, & SYSTÈME fexuel.

La fituation refpeĉtive des étamines & du piftil , eft le feul caraĉtère commun à ces deux organes; il eft auffi le plus général , le plus invariable , & s'exprime plus briévement par la feule infertion des étamines. » Elles peuvent (dit M. de Juffieu , Mém. de l'Acad. 1774, p. 182), » être portées fur le piftil , ou adhérentes à fon fupport; » elles peuvent encore tirer leur origine du calice ou de la corolle.... » De ces quatre infertions , les trois premières font effentiellement » diftinĉtes & incompatibles dans l'ordre naturel ; la quatrième au con- » traire fuit d'autres loix ; elle correfpond aux trois précédentes, & » peut être alliée féparément à chacune d'elles.... On ne voit pas dans » une même famille le mélange des infertions fur le piftil, au fupport » & au calice. Au contraire, l'infertion à la corolle fe confond indiffé- » remment avec l'axe des précédentes dans une même famille..... » cela vient de ce que la corolle portante les étamines , tient alors au » point qu'elles auroient occupé , fi elles ne lui euffent pas adhéré : » dans ce cas , elle peut être regardée fimplement comme un fupport » intermédiaire , compatible avec chacune des trois infertions princi- » pales. Son exiftence devient alors néceffaire , & fa propre infertion » fubftituée à celle des étamines , fait l'office de caraĉtère effentiel. Il » réfulte de cette conformité, que la corolle chargée des étamines , » doit avoir trois infertions auffi diffemblables entre elles , que le font » les trois infertions correfpondantes des étamines; ce que l'obfer- » vation confirme..... Cette obfervation (*ibid.* p. 185), peut donc » fournir des diftinĉtions générales , & partager quelquefois, avec la » graine & les organes fexuels, le privilège exclufif de donner des ca- » raĉtères primitifs dans l'ordre naturel.... & l'on peut y procéder, » fans ceffer de prendre l'infertion des étamines pour bafe des divifions » fecondaires. Ce moyen confifte à diftinguer cette infertion prife col- » leĉtivement en deux principales ; l'une *immédiate*, l'autre *médiate*. La » première a lieu toutes les fois que les étamines adhèrent immédia- » tement au piftil , au fupport ou au calice ; la feconde , lorfque la » corolle portant les étamines , fert de point intermédiaire entre elles » & les autres parties.... Elle y eft alors ordinairement d'une feule » pièce .... d'où il eft naturel de conclure, à quelques exceptions près, » que le caraĉtère d'infertion médiate peut être généralement défigné » par le terme de corolle monopétale.

» Quand la corolle (*ibid.* 186) n'exifte pas , les étamines ont ef- » fentiellement une infertion immédiate aux trois points d'attache , » puifqu'elles ne peuvent avoir de fupport intermédiaire ; fi au con- » traire la corolle exifte, cette infertion eft fimplement immédiate, » parce que les étamines n'adhèrent pas alors effentiellement aux trois » points d'attache , & que le voifinage de la corolle, qui a avec elles

» une origine commune, peut faire varier leur infertion..... On
» remarque que la corolle, dans cette dernière infertion, eft ordinai-
» rement de plufieurs pièces.... Il en réfulte (*ibid.* p. 188), que par
» le terme de plantes apétales, on peut défigner l'infertion *effentiel-*
» *lement immédiate*, & par celui de plantes polypétales, l'infertion
» *fimplement immédiate*. Ces conféquences, jointes à celle qui eft dé-
» duite de l'infertion médiate, facilitent l'intelligence de la méthode
» dans l'école du jardin royal. «

Voyez pour les différentes infertions des étamines, l'article FILET, &
les figures de la pl. IV qui y correfpondent.

ETENDARD, *vexillum;* c'eft le nom qu'on donne au pétal fupérieur des fleurs papilionacées, *pl. II, fig. 48 A;* & *pl. IV, fig. 69,
70 cc.* On le nomme auffi PAVILLON.

ETÊTER un arbre; c'eft couper fes branches & ne laiffer que le
tronc.

ETIOLÉ, ÉE. On appelle branche étiolée, celle qui s'élève à une
hauteur extraordinaire fans prendre de couleur ni de groffeur. Lorfque
des arbres font trop près les uns des autres, ils s'étiolent. (Le bled s'eft
étiolé de ce côté-ci, parce qu'*il faifoit* trop de vent lorfqu'on l'a femé ;
il a été femé trop dru).

ETIOLEMENT. L'étiolement, comme on vient de le voir, eft donc
une maladie des plantes; c'eft un état de maigreur qui les fait communément périr avant qu'elles aient pu donner des fruits; la privation du
foleil, de l'air ce véhicule fi néceffaire, en eft ordinairement la caufe;
c'eft pourquoi les plantes femées trop dru, ou trop voifines les unes
des autres, s'étiolent.

ETOC, fignifie une fouche morte. Le *bolet oblique* ne vient jamais
que fur les étocs.

ETOILÉ, ÉE; ce qui eft d'une feule pièce à plufieurs divifions, ou
de plufieurs pièces difpofées en étoile; *voyez* FEUILLES, POILS.

EXCRÉTIONS des plantes. On fait que les plantes tranfpirent
beaucoup plus abondamment même qu'il ne paroîtroit que l'on dût le
foupçonner, & qu'il fe fait dans les différentes parties qui les compofent, à l'aide de certains vaiffeaux que l'on nomme CONDUITS EXCRÉ-
TEURS OU VAISSEAUX EXCRÉTOIRES, une diffipation de liqueurs fuperflues, à laquelle on donne le nom d'EXCRÉTION. Les fentimens font
encore bien partagés fur la manière dont elle s'opère, & fur fa néceffité.

EXCROISSANCES végétales, *voyez* EXTRAVASATION.

EXFOLIATION, *exfoliatio.* On dit qu'une partie s'exfolie, qu'elle
tombe en exfoliation, quand elle fe détache par feuillets defféchés de
deffus une autre partie.

EXOTIQUE, ES: les plantes exotiques , *plantæ exoticæ* , font celles qui font étrangéres au climat qu'elles habitent. Les plantes indigènes, *plantæ indigenæ* , au contraire , font celles qui font dans leur climat naturel , ou qui, depuis long-temps, y font naturalifées.

EXPOSITION ; fituation par rapport au foleil , au chaud , au froid , &c.

EXTRAVASATION ; l'épanchement ou l'extravafation de la sève ou du fuc propre, par des plaies , des folutions de continuité faites aux diffé-rentes parties des végétaux , produit quelquefois des excroiffances monftrueufes , telles que les *pommes de bédéguar* , les *gales* de chène , de lierre terreftre , les *veffies* de l'orme , & les *loupes* fur la plupart des arbres. Quelquefois auffi ces liqueurs fortent entièrement des vaiffeaux , & fe répandent fur le tronc des arbres, fous la forme de gomme ou de réfine ,comme fur le cerifier, le prunier, l'abricotier, le fapin , &c.

F.

FAISCEAU , *fafciculus* ; paquet de plufieurs chofes rapprochées fui-vant leur longueur. Quand les feuilles , les fleurs , les racines font raf-femblées par faifceaux , on dit qu'elles font FASCICULÉES.

FAMILLES des plantes , *plantarum familiæ*. On entend par famille un affemblage de plufieurs genres de plantes , qui ont entre elles des rapports très-marqués , & des caractères uniformes.

M. DE JUSSIEU , dans fa Méthode naturelle , dont nous attendons la publication avec la plus grande impatience , a divifé par familles na-turelles, tout ce qui conftitue le règne végétal. Cet ouvrage, dans le-quel on reconnoîtra le génie d'un Botanifte auffi profond que modefte , ne peut manquer de jeter un grand jour fur la Botanique , & d'en faciliter fingulièrement l'étude , parce qu'il fuffit d'avoir une jufte idée des caractères qui diftinguent les familles , pour déterminer fans peine celle d'une plante qu'on n'auroit jamais vue.

Nous aurions defiré pouvoir donner quelques détails fur la Méthode naturelle de M. DE JUSSIEU , & la lifte de fes familles, comme nous avons fait des claffes de la Méthode de TOURNEFORT , & de celles du Syftème fexuel de LINNÆUS; mais ne le pouvant pas , puifque les changemens que M. de J. a faits dans fa Méthode , ne font pas encore publiques , nous nous réfervons de donner par la fuite, en faveur des Étudians & des Amateurs , une table de ces familles naturelles , & pour chaque femille , une plante extraite de l'HERBIER DE LA FRANCE , &

coloriée

coloriée comme la *planche III* ; ce qui, en facilitant beaucoup l'intelligence de cette Méthode difficile, pour qui n'a pas une connoissance
profonde en Botanique, indiquera l'ordre naturel dans lequel sont disposées les plantes du jardin du Roi, & que l'on pourra suivre dans
l'arrangement de celles que l'on conserve en herbier, ou que l'on cultive dans les jardins botaniques.

FANE. Les Cultivateurs emploient ce mot pour signifier l'herbe des
plantes bulbeuses, ils ôtent la fane du safran après l'hiver ; ils arrachent
les oignons de jacinthe, quand la fane commence à jaunir.

FARINEUX, SE ; qui est recouvert d'une poussière fine qui s'attache aux doigts. On appelle aussi semences farineuses, celles qui ser-
vent à faire du pain, de l'amidon, &c.

FASCICULÉ, ÉE ; ce qui est rassemblé en FAISCEAU ; *voyez* FEUIL-
LES, FLEURS, RACINES.

FAUX, SE, *voyez* ÉPI, OMBELLE, POLYGAMIE.

FÉCONDATION, *fecondatio ;* c'est cette belle opération de la Nature, par laquelle une plante devient mère & se trouve en état de
perpétuer son espèce au moyen de ses graines.

Pour que la fécondation ait lieu dans les plantes, il faut nécessaire-
ment qu'elles soient pourvues d'organes de la génération des deux
sexes, soit qu'ils soient réunis dans la même fleur, soit que les fleurs
d'une plante portent un sexe, & les fleurs d'une autre plante, un autre
sexe. Les plantes hermaphrodites qui réunissent les deux sexes dans les
mêmes fleurs qu'elles portent, fécondent leurs graines sans avoir besoin que d'autres plantes soient rapprochées d'elles, parce que, comme
je l'ai déja dit, elles sont pourvues d'organes mâles & d'organes femelles. Les plantes dioïques qui ne portent que les organes mâles sur
un individu, & les organes femelles sur un autre, ont besoin d'être rapprochées pour que la fécondation ait lieu, ou bien que si elles sont
à une certaine distance les unes des autres, rien ne s'oppose à ce que
les plantes femelles reçoivent, par l'intermède de l'air, la poussière
prolifique qui émane des organes mâles. *Voyez* ÉTAMINES, PISTILS,
POUSSIÈRE fécondante & CASTRATION.

FEMELLES, *voyez* FLEURS.

FENDU, UE. On dit qu'un pétale, une feuille, un style sont bif-
des, trifides, quadrifides, quinquefides, multifides, quand ils sont
partagés en deux, trois, quatre, cinq ou plusieurs parties, par des entailles profondes & étroites.

FENTE, *voyez* GREFFE en.

FEUILLAGE. Il ne se dit guère qu'en parlant des feuilles d'arbres :

on dit que le feuillage de tel arbre eſt touffu & épais ; que celui de tel autre eſt épars & léger , &c.

FEUILLAISON, *voyez* FOLIATION.

FEUILLÉ , ÉE , qui eſt garni de feuilles ; *voyez* PÉDUNCULE, VER-TICILLE , TIGE.

FEUILLES , *folia.* Les feuilles ſont continues avec les tiges , les ra-meaux ou les racines ; elles ſont compoſées de vaiſſeaux de toutes les eſ-pèces & de fibres plus ou moins ſolides , qui , après avoir traverſé le pé-tiole , viennent former une prodigieuſe quantité de ramifications ou de nervures , dont les dernières ſont d'une extrême fineſſe. Ces rami-fications ſont le véritable ſquelette de la feuille ; un tiſſu cellulaire & communément tendre , que l'on nomme PARENCHIME , remplit les intervalles de ce réſeau , & tout cela eſt recouvert en deſſus & en deſſous de l'épiderme.

Les feuilles jouent un grand rôle dans l'économie végétale ; une plante que l'on dépouille de ſes feuilles , ſouffre néceſſairement & lan-guit ; il y en a même qui périſſent pour avoir été effanées ſans précau-tion. Nous n'entrerons point dans les diſcuſſions des Phyſiciens ſur les différens uſages des feuilles ; ce ſeroit nous éloigner de notre objet.

On diviſe les feuilles en *ſimples* & en *compoſées.* On conſidère dans la feuille ſimple , 1°. la circonſcription ou la circonférence ; 2°. les angles ; 3°. les ſinus ; 4°. la bordure ; 5°. la ſurface ; 6°. le ſommet ; 7°. les côtés ; & 8°. la baſe.

Quand on s'arrête à la circonférence , *circumſcriptio* , on regarde la feuille comme entière , faiſant abſtraction des ſinus & des angles. Quand on conſidère les feuilles relativement à leurs angles , *anguli* , on ne comprend point , dans l'examen que l'on fait , les ſinus ; & ré-ciproquement , lorſqu'on examine les ſinus , *ſinus* , c'eſt abſtraction faite des angles ; quand on obſerve les bords des feuilles , la bordure propre-ment dite , *margo* , on n'y comprend point le diſque , *diſcus* , ni le ſommet ; quand on s'arrête à la ſurface des feuilles ou à leur ſuperficie , *ſuper-ficies* , on y comprend le deſſus & le deſſous , *pagina ſuperior , pagina inferior ;* quand on conſidère le ſommet , *apex* , on s'en tient à l'examen de l'extrémité de la feuille oppoſée au pétiole ; quand on examine les côtés , *latera* , il faut que la feuille ſoit dans une ſituation perpen-diculaire & en face , pour être vue de droite & de gauche ; & quand on parle de la baſe d'une feuille , *baſis* , c'eſt du lieu de ſon inſertion ſur le pétiole qui la porte.

FEUILLES aiguës , FEUILLES pointues , *folia acuta ;* celles dont l'extrémité oppoſée au pétiole , ſe termine en pointe.

FEUILLES ailées ou pinnées , empannées ou empennées , *folia pin-nata ;* celles qui ſont compoſées de folioles rangées en manière d'ailes ſur un pétiole commun. Quand les folioles ſont oppoſées , on les nomme *folia oppofitè pinnata*, *pl. IX*, *fig. 8*, *11*, *13*; quand elles font alternes fur le pétiole, on les nomme *folia alternè pinnata*, *pl. IX*, *fig. 10*, *12*; quand les folioles font décurrentes fur le pétiole commun, on les nomme *folia decurfivè pinnata*, *fig. 16*; quand elles font terminées par une ou plufieurs vrilles, *folia pinnata cirrhofa*, *fig. 13*, *14*; on dit qu'elles font ailées avec interruptions, *folia interruptè pinnata*, *fig. 9*, quand fes folioles font grandes & petites alternativement, ou bien quand, entre deux paires de grandes folioles, il s'en trouve une ou plufieurs de petites, ou bien encore, quand les folioles font inégales entre elles, que les unes font grandes & les autres petites; elles font ailées avec une impaire, *folia impari pinnata*, *fig. 10*, quand leurs folioles font oppofées deux à deux fur un pétiole commun, terminé fupérieurement par une feule foliole, de manière qu'elles font toujours à nombre impair; elles font ailées fans impaires, *folia abruptè pinnata*, *fig. 11*, quand elles font compofées de folioles portées fur un pétiole commun, & toujours à nombre pair.

FEUILLES alternes, *folia alterna*, *pl. X*, *fig. 18 G H*; celles qui font difpofées autour de la tige, tantôt d'un côté, tantôt de l'autre.

FEUILLES amplexicaules, *folia amplexicaulia*, *pl. VIII*, *fig. 69*; celles qui font feffiles ou fans queue, mais qui embraffent la tige à leur infertion; telles font celles du pavot des jardins, celles de la jufquiame noire; quand elles n'embraffent la tige qu'en partie, elles font femi-amplexicaules, *femi-amplexicaulia*.

FEUILLES anguleufes, *folia angulofa*; celles qui font entières, & dont les bords font remarquables par un nombre indéterminé d'angles faillans. Quand leurs angles font déterminés, on donne aux feuilles le nom de feuilles fagittées, feuilles cunéiformes, feuilles triangulaires, quadrangulaires, &c.

FEUILLES appliquées contre la tige ou les rameaux, *folia adpreffa*; celles qui font dans une direction parallèle à la tige, qui la touchent fuivant leur longueur, & qui font comprimés de ce côté-là.

FEUILLES appuyées, *folia adnata*, *folia adnexa*; celles qui font feffiles, & dont la furface fupérieure eft comme appuyée fur la tige ou fur les rameaux fans être comprimée.

FEUILLES arrondies, *folia fubrotunda*, *pl. VIII*, *fig. 9*, *10*; celles dont les points de la circonférence font à peu près également éloignés du centre : telles font les feuilles du cochléaria, celles de la renoncule ficaire.

FEUILLES articulées, *folia articulata*, *pl. IX*, *fig. 15*; celles qui naiffent fucceffivement du fommet les unes des autres, comme font les feuilles du *cactus opuntia*.

FEUILLES afcendantes ou droites, *folia afcendentia*, *pl. X*, *fig. 18 E*; celles qui forment, avec la tige, un angle fort aigu, & qui femblent appliquées contre elle.

FEUILLES à deux, à trois nervures; *voyez* FEUILLES nerveufes.

FEUILLES à deux, à trois pointes; *voyez* FEUILLES pointues.

FEUILLES à trois côtés, *folia triquetra*; celles fur la longueur defquelles on remarque trois faces applaties, & qui fe terminent en pointe.

FEUILLES axillaires, *folia axillaria*, *pl. X*, *fig. 17 EE*; celles qui ont leur attache dans l'angle ou l'aiffelle du rameau avec la tige.

Je crois devoir faire obferver que l'on nomme auffi feuilles axillaires, *folia axillaria*, *pl. X*, *fig. 17 BB & GG*, celles qui ont leur infertion immédiatement fous le point de réunion du rameau avec la tige, de manière que ce font les rameaux qui font axillaires, & non pas les feuilles: je voudrois qu'on nommât fous-axillaires les feuilles de cette efpèce, que Linnæus appelle *folia fubalaria*.

FEUILLES barbues, *folia barbata*; *voyez* FEUILLES velues.

FEUILLES bigéminées, *folia bigemina* vel *bigeminata*. On appelle ainfi les feuilles recompofées, dont chaque pétiole propre eft bifurqué, & foutient deux folioles à chacune de fes extrémités; elles font fimplement géminées, *gemina*, *pl. IX*, *fig. 1*, quand le pétiole eft fimple, & qu'il ne porte que deux folioles.

FEUILLES bijuguées, *folia bijugua* vel *bijugata*; celles qui font compofées de quatre folioles difpofées deux à deux fur un pétiole commun. *Voyez* FEUILLES conjuguées.

FEUILLES binées ou géminées, *folia binata* vel *gemina*, *pl. IX*, *fig. 1*; celles qui font fimplement compofées, & dont le pétiole commun porte deux folioles fur le même point. Il faut que les folioles foient retrécies en pétiole à leur bafe, ou qu'elles foient pétiolées, pour ne pas être confondues avec les feuilles digitées, *folia digitata*.

FEUILLES bipinnées, *folia bipinnata*, *pl. IX*, *fig. 19*. Les feuilles recompofées, font appelées bipinnées ou deux fois ailées, quand elles portent fur un pétiole commun des pétioles particuliers fur lefquels les folioles font inférées & difpofées en manière d'ailes.

FEUILLES biternées, *folia biternata*, *pl. IX*, *fig. 17*. Les feuilles recompofées font appelées feuilles biternées, quand le pétiole commun fe divife en trois parties qui portent chacune trois folioles à leur extrémité.

FEUILLES bractéiformes, *folia bracteiformia*; celles qui accompagnent

gnent les fleurs à leur infertion fur la tige , & qui diffèrent des autres
feuilles , foit par la forme , foit par la couleur.

FEUILLES bullées , *folia bullata ;* celles fur la fuperficie defquelles
on rencontre des rides convexes en deffus , & concaves en deffous.

FEUILLES caduques , *folia caduca ;* celles qui tombent à la fin
ou avant la fin de l'été , comme celles du noyer , du faule , & de
toutes les plantes vivaces qui perdent leurs feuilles tous les ans.

FEUILLES canaliculées , *folia canaliculata ;* celles qui font creufées
dans le milieu & d'un bout à l'autre , en forme de gouttière.

FEUILLES cannelées , *folia ftriata ;* celles fur la fuperficie defquelles
on remarque des nervures longitudinales très-enfoncées , & qui laiffent
de chaque côté des intervalles bombés & arrondis , qui repréfentent des
cannelures.

FEUILLES capillaires ou filiformes , *folia capillaria* vel *filiformia ;*
celles qui font longues & déliées comme des cheveux. Les feuilles de
la renoncule aquatique , de l'afperge commune , font capillaires ou filiformes.

FEUILLES carinées , *folia carinata ;* celles qui font creufées dans le
milieu & d'un bout à l'autre en gouttière profonde , dont les bords
font relevés , & dont la nervure majeure forme en deffous une faillie
confidérable , & avec le refte de la feuille , un angle aigu.

FEUILLES cartilagineufes , *folia cartilaginea ;* celles dont la bordure
eft remarquable par un cartilage , ou une efpèce de bourrelet d'une
fubftance plus ferme & plus folide que tout le refte de la feuille.

FEUILLES caulinaires , *folia caulina ;* celles qui s'infèrent fur la tige.
Les feuilles des jufquiames , des tithymales , des laitues , &c. font caulinaires.

FEUILLES charnues , *folia carnofa , pl. VIII , fig.* 2 *;* celles dont
la fubftance eft charnue , épaiffe , compacte & fucculente , qu'on deffèche
facilement , & qui ne perdent au plus , par la defficcation , que la moitié
de leur volume ; quand leur chair eft très-épaiffe , & que le diamètre
de fon épaiffeur eft prefque égal à celui de fa largeur , on les appelle
feuilles graffes , *fig. 57 :* celles-ci ne font guère fufceptibles de defficcation.

FEUILLES ciliées , *folia ciliata ; voyez* FEUILLES velues.

FEUILLES coadnées , *folia coadnata ;* celles qui naiffent plufieurs
enfemble & comme par paquets , mais qui ne fe touchent point à
leur infertion fur la tige.

FEUILLES colorées , *folia colorata ;* celles qui ont quelque chofe de remarquable dans la couleur , qui n'ont pas la couleur verte ordinaire aux feuilles , comme dans l'amaranthe , la fauge à feuilles panachées , &c.

FEUILLES confluentes , *folia confluentia ;* celles dont les points d'infertion fur la tige , quoique éloignés & diftinfts , paroiffent fe toucher , mais ne fe touchent pas : elles diffèrent par là des fafciculées.

FEUILLES compofées , *folia compofita.* On appelle feuille compofée, celle qui a un pétiole commun à plufieurs feuilles qui ont chacune leur pétiole propre , ou qui font rétrécies en pétiole , *pl. IX , fig. 1 , 2 , 3 , 4 , 9 & 10 ,* &c. On appelle feuille recompofée ou compofée deux fois , celle qui a un pétiole commun fur lequel s'infèrent d'autres pétioles qui portent plufieurs feuilles , *fig. 17 , 18 , 19 , 20.* On appelle feuille furcompofée ou compofée trois fois , celle qui a un pétiole commun fur lequel s'infèrent d'autres pétioles , qui , au lieu de porter les feuilles immédiatement , ne reçoivent encore que des pétioles qui portent plufieurs feuilles , *fig. 21 , 22 , 23.*

FEUILLES comprimées , *folia compreffa ;* celles qui font épaiffes , charnues & fucculentes , & dont les côtés font plus applatis que le difque.

FEUILLES concaves , *folia concava ;* celles qui font creufées d'un côté , & bombées de l'autre , & dont les bords font plus élevés que le difque.

FEUILLES conjuguées , *folia conjugata , pl. IX , fig. 14 ;* ce font des feuilles compofées qui portent fur un pétiole commun une ou plufieurs paires de folioles oppofées : on les nommeroit feuilles bijuguées, *bijugata* vel *bijuga ,* fi elles portoient deux paires de folioles *A B , fig. 14 ;* trijuguées , *trijuga ,* fi elles en portoient trois *A B C , fig. 14 ;* quadrijuguées , *quadrijuga ,* fi elles en portoient quatre , *fig. 11 ; quinquejuga, fig. 13 ,* fi elles en portoient cinq ; *fexjuga ,* fi elles en portoient fix. *On voit que les feuilles conjuguées font des feuilles ailées dont on fpécifie toujours le nombre des paires de folioles.*

FEUILLES connées , *folia connata , pl. VIII , fig. 66 ;* celles qui embraffent la tige , qui font oppofées , & réunies par leur bafe , de manière que les deux feuilles ne paroiffent en former qu'une.

FEUILLES convexes , *folia convexa ;* celles dont le difque eft bombé , comme une calotte , d'un côté feulement , ou des deux côtés tout à la fois.

FEUILLES cordiformes , *folia cordiformia* vel *cordata , pl. VIII , fig. 41 ;* celles qui reffemblent , en quelque forte , à un cœur , qui fe terminent en pointe à leur extrémité fupérieure , & qui font échancrées à leur bafe comme celles de la violette , celles du lierre , du pain de pourceau : elles ne diffèrent des réniformes , que parce qu'elles font pointues à leur fommet.

FEUILLES cotonneuſes ou laineuſes, *folia tomentoſa* vel *lanata* ; *voyez* FEUILLES velues.

FEUILLES courbées en dedans, *folia incurvata, inflexa* vel *inclinata, pl. X, fig. 18 G* ; celles qui ſe courbent en arc, & dont l'extrémité ſupérieure eſt rapprochée de la tige.

FEUILLES crenées ou crenelées, dentées plus ou moins finement; *voyez* FEUILLES dentées.

FEUILLES croiſées, *folia cruciatim oppoſita, folia decuſſata, pl. X, fig. 20 B* ; celles qui ſont oppoſées en croix, ou qui ſont diſpoſées autour de la tige par paires qui ſe croiſent, comme dans l'épurge, la croiſette, &c.

FEUILLES cunéiformes, *folia cuneiformia, pl. VIII, fig. 46* ; celles qui ſont plus longues que larges, & qui ſe rétréciſſent inſenſiblement depuis la partie ſupérieure juſqu'à l'inférieure. On leur donne ce nom, parce qu'elles reſſemblent, en quelque ſorte, à un coin à fendre le bois.

FEUILLES cuſpidées, *folia cuſpidata* ; celles qui ſont terminées à leur extrémité ſupérieure par une pointe ou par des poils rudes.

FEUILLES cylindriques, *folia cylindrica* vel *teretia, pl. VIII, fig. 36, 37* ; celles qui ſont alongées & arrondies en forme de cylindre, depuis leur baſe juſqu'à leur extrémité ſupérieure qui ſe termine en pointe.

FEUILLES déchiquetées, *folia laciniata* ; *voyez* FEUILLES laciniées.

FEUILLES déchirées, *folia lacera, pl. VIII, fig. 22* ; celles dont la bordure eſt remarquable par des découpures de grandeur inégale & de figures différentes.

FEUILLES décurrentes ou FEUILLES courantes, *folia decurrentia* ; celles qui ſont ſeſſiles, & dont la partie membraneuſe ſe prolonge ſur la tige ou les rameaux, & y laiſſe une eſpèce de ſaillie qui s'étend ſouvent ſur la tige d'une feuille à l'autre, comme dans le bouillon-blanc. La *fig. 16, pl. IX*, repréſente une feuille compoſée de folioles décurrentes ſur leur pétiole commun.

FEUILLES delthoïdes, *folia delthoidea, pl. VIII, fig. 57* ; celles qui ont quatre angles, dont les deux inférieurs ſont plus proches de la baſe que du ſommet; quand de ces quatre angles, deux ſont obtus & deux aigus, on les nomme feuilles rhomboïdes, *folia rhombea*.

FEUILLES dentées, *folia dentata*. La néceſſité d'éviter les équivoques dans une langue que tout le monde doit entendre & parler également, nous fait regarder comme ſynonymes les mots dentées & crenelées : on appellera donc indifféremment feuille dentée ou feuille crenée, celle dont les bords ſeront remarquables par des crenelures, & l'on dira que les crenelures où les dents ſont obtuſes, *folium obtuſè dentatum, pl. VIII. fig. 32* ; qu'elles ſont aiguës, *dentatum acutum, fig. 34;* qu'elles font tournées comme les dents d'une fcie, *ferratum,* *fig. 35, 38, 39, 42* (*obfoletè ferratum,* fi ces fortes de dents font ob-tufes); qu'elles font tournées à rebours, *retrorfò dentatum, fig. 26;* qu'elles font dentées elles-mêmes, *duplicatò dentatum & duplicatò fer-ratum, fig. 35,* &c. On emploie quelquefois le mot dentelées, pour figni-fier celles qui font à petites dents, *fig. 41.*

FEUILLES déprimées, *folia depreffa;* celles qui font fucculentes & épaiffes, & dont le difque eft plus applati que les côtés.

FEUILLES deux à deux, *folia bina; voyeʒ* FEUILLES binées.

FEUILLES digitées ou palmées, *folia digitata* vel *palmata.* On appelle ainfi toutes les feuilles fimples qui ont des découpures pro-fondes & étalées comme les doigts d'une main ouverte.

Il faut obferver qu'on pourroit confondre les feuilles quaternées, qui-nées avec les feuilles digitées; les divifions des feuilles digitées ne font point rétrécies en pétiole, ni pétiolées; il faut qu'on puiffe remarquer une communication membraneufe qui les uniffe, & que ce ne foit bien certainement qu'une feuille; au lieu que pour être quaternées, quinées, *quaternata, quinata,* il faut que ce foit quatre ou cinq folioles pétiolées ou rétrécies en pétiole à leur bafe, qui foient inférées fur un pétiole commun en manière de digitations.

FEUILLES diftiques, *folia diftica;* celles qui font rangées alter-nativement fur deux côtés oppofés de la tige ou des rameaux qui leur fervent de pétiole commun. La *fig. 13, pl. X,* repréfente des feuilles d'if; elles font, comme celles du fapin, *diftiques.*

FEUILLES droites, *folia erecta, ftricta, pl. X, fig. 18 E;* celles qui font prefque parallèles à la tige, qui forment avec elle un angle très-aigu, & qui ont une direction prefque perpendiculaire à l'horizon.

FEUILLES échancrées, *folia emarginata;* celles qui ont à leur fom-met une petite entaille ou une échancrure qui divife leur extrémité fupérieure en deux parties: quand les divifions font obtufes, on les nomme *folia obtufè emarginata, pl. VIII, fig. 46;* quand elles font aiguës, *acutè emarginata, fig. 47.*

FEUILLES elliptiques, *folia elliptica;* celles qui font plus longues que larges, mais dont les deux extrémités font également rétrécies ou arrondies. La *fig. 8, pl. VIII,* eft une feuille elliptique tronquée: la *fig. 54,* une feuille elliptique pointue.

FEUILLES éloignées, *folia remota;* celles qui ont entre elles un éloignement confidérable, & qui font par conféquent en petit nombre fur la tige; ce qu'on exprime bien par le mot *rara.*

FEUILLES embriquées ou tuilées, *folia imbricata* vel *fquammofa;*

celles

celles qui font difpofées fur les tiges & les rameaux, de manière que l'une recouvre la moitié de l'autre, qui font, en un mot, dans le même ordre que des tuiles fur un toit, ou des écailles fur le corps d'un poiffon.

FEUILLES émouffées, *folia retufa pl. VIII, fig. 29 A, B, C;* celles dont le fommet eft très-obtus & comme écrafé, & qui a quelquefois une légère échancrure.

FEUILLES en capuchon, *folia cucullata;* celles qui font creufées en forme de capuchon.

FEUILLES en doloire, *folia dolabriformia, pl. VIII, fig. 48;* celles qui font cylindriques à leur bafe, qui font planes & élargies fupérieurement, épaiffes d'un côté & tranchantes de l'autre. On les compare à la doloire qui eft une efpèce de hache dont fe fervent les Tonneliers : telles font les feuilles du *mefembryanthemum dolabriforme.*

FEUILLES en forme d'écailles, *folia fquammofa;* ce font de petites feuilles qui font coriaces, & qui reffemblent, en quelque forte, à des écailles de poiffon.

FEUILLES en forme d'épingle, *folia acerofa;* celles qui font étroites, pointues, folides & perfiftantes : telles font les feuilles du genevrier, du pin, &c.

FEUILLES en gaîne, *folia vaginantia;* celles qui font terminées à leur bafe par une extenfion membraneufe, *fig. 70 A, pl. VIII,* qui embraffe la tige ou les rameaux.

FEUILLES en parabole, *folia parabolica;* celles qui font plus longues que larges, dont l'extrémité fupérieure eft très-arrondie, & l'inférieure rétrécie infenfiblement jufqu'au point de fon infertion avec la tige ou les rameaux, ou même, fi elle eft pétiolée, jufqu'à l'extrémité fupérieure du pétiole.

FEUILLES en fabre, ou qui ont la forme d'une lame de fabre, *folia acinaciformia;* celles qui font alongées, qui ont un bord épais, & l'autre mince & tranchant.

FEUILLES enfiformes ou gladiées, *folia enfiformia vel gladiata, pl. VIII, fig. 70 B;* celles qui qui ont la forme d'une lame d'épée, qui font alongées, terminées en pointe, qui font amincies fur les côtés, & dont le difque eft beaucoup plus épais que les bords.

FEUILLES entières, *folia integra, pl. VIII, fig. 3, 43, 44.* On appelle feuilles entières, celles qui n'ont en leurs bords que de légères divifions peu confidérables, peu fenfibles. Elles diffèrent par là des feuilles très-entières, qui font abfolument unies en leurs bords.

FEUILLES épaiffes ou FEUILLES graffes, *folia craffa, pl. VIII, fig.* 57 ; celles dont le difque a un diamètre confidérable , & qu'on delfèche très-difficilement , parce qu'elles font d'une fubftance char-nue & très-fucculente.

FEUILLES éparfes , *folia fparfa , pl. X , fig. 21* ; celles qui font dif-pofées alternativement & fans aucun ordre , autour de la tige & des rameaux.

FEUILLES épineufes , *folia fpinofa* ; celles fur le bord defquelles on remarque des pointes aiguës dures & piquantes , comme font celles des chardons. La culture , l'âge & quelques circonftances encore changent quelquefois la furface des feuilles : celles qui étoient velues , hériffées , épineufes perdent leurs poils & leurs épines ; on les nomme en ce cas *folia mutica.*

FEUILLES fafciculées , *folia fafciculata* ; celles qui font ramaffées en paquet ou en faifceau , & qui n'ont que le même point d'infertion fur la tige , les rameaux ou la racine.

FEUILLES fendues , *folia fiffa* ; celles qui font partagées par des finus aigus , comme fi on les eût faits avec des cifeaux. *Voyez* FEUILLES partagées. Quand les feuilles font fendues en deux , on les nomme feuilles bifides , *folia bifida , pl. VIII , fig. 17 , 46 , 47* ; fendues en trois , trifides , *trifida* ; en quatre , quadrifides , *quadrifida* ; en cinq , quinquefides , *quinquefida , fig. 20* ; en plus de cinq , multifides , *multifida , fig. 25.* Quand les divifions d'une feuille fendue en plufieurs parties , font difpofées comme les barbes d'une plume , les feuilles font pinna-tifides , *pinnatifida , fig. 54.*

FEUILLES florales , *folia floralia* ; celles qui avoifinent les fleurs , & qui quelquefois font colorées comme elles : on les nomme *folia flo-ralia pauca* , quand elles font en petit nombre ; *folia floralia numerofa* , quand elles font en grand nombre ; & *folia floralia numerofiffima* , quand elles font en très-grand nombre. *Voyez* BRACTÉES.

FEUILLES filiformes , *folia filiformia* ; celles qui font tellement menues qu'elles reffemblent à du fil.

FEUILLES flottantes , *folia natantia* ; celles qui font portées fur la fuperficie de l'eau , comme les feuilles du ményanthe flottant , celles du nénuphar blanc , du nénuphar jaune , &c.

FEUILLES frifées ou crépues , *folia crifpa , pl. VIII , fig. 31* ; celles qui font tellement ondées à leur bord , qu'elles ont l'air d'avoir été frtottées. Elles diffèrent des feuilles ondées , parce que les intervalles qui font entre les plis ou entre les ondulations , font beaucoup plus courts que ceux des feuilles ondées.

FEUILLES géminées , *folia gemina , pl. IX , fig. 1* ; celles qui font attachées deux à deux fur le même point de la tige , ou portées fur le même pétiole.

FEUILLES glabres, *folia glabra ;* celles qui font nues fans être lui-
fantes, & fur la fuperficie defquelles on ne rencontre ni poils, ni
glandes, ni afpérités.

FEUILLES gladiées ou enfiformes, *folia gladiata* vel *enfiformia ;*
voyez FEUILLES enfiformes.

FEUILLES glanduleufes, *folia glandulofa ;* celles qui font remarquables par des glandes qu'on rencontre fur leur fuperficie ou fur leur
bord.

FEUILLES glauques, *folia glauca ;* celles qui font d'un vert blanchâtre & comme farineux.

FEUILLES godronnées, *folia repanda ;* celles dont la bordure eſt
remarquable dans toute fa longueur, par des lobes qui font chacun
un fegment de cercle entremêlé de finus obtus. Je dois avertir que
craignant que l'on ne confondît les mots *godronné* & *ondulé*, j'ai cru
devoir en rapprocher les exemples dans la *fig. 40, pl. VIII :* par
le côté *A*, elle repréfente ce qu'on doit entendre par godronné ; & par
le côté *B*, ce qu'on doit entendre par ondulé.

FEUILLES graffes, *voyez* FEUILLES épaiffes.

FEUILLES haftées, *folia haftata, pl. VIII, fig. 16 ;* celles qui imitent un fer de pique ; elles font triangulaires, profondément échancrées
à leur bafe & fur leurs côtés ; leurs lobes latéraux font prefque horizontaux à la nervure majeure de la feuille confidérée comme ligne verticale, c'eft-à-dire, qu'ils font une faillie très-fenfible en dehors.

FEUILLES horizontales, *folia horizontalia, pl. X, fig. 18 G ;* celles
qui ont une direction très-horizontale, qui forment un angle droit avec
la tige, ou qui repréfentent un équerre.

FEUILLES laciniées ou déchiquetées, *folia laciniata, pl. VIII, fig.*
62 ; celles qui font divifées en plufieurs parties par plufieurs finus, &
dont chaque divifion eft elle-même découpée ou divifée fans ordre.

FEUILLES lancéolées, *folia lanceolata ;* celles qui ont dans leur
longueur trois ou quatre fois leur largeur, & qui font plus élargies à leur
bafe qu'à leur extrémité fupérieure : on les nomme lancéolées, parce
qu'elles repréfentent affez bien un fer de lance.

FEUILLES ligulées, *folia ligulata* vel *linguiformia, pl. VIII, fig. 2 ;*
celles qui font charnues, convexes en deffous, obtufes à leur extrémité, & qui reffemblent à la langue d'un animal.

FEUILLES linéaires, *folia linearia, pl. VIII, fig. 21 ;* celles qui font
étroites, & qui ont prefque la même largeur d'un bout à l'autre ; mais
dont l'extrémité fupérieure fe termine en pointe.

FEUILLES liffes, *folia lævia ;* celles qui font unies en deffus & en

deſſous , & ſur leſquelles on ne rencontre ni poils , ni glandes , ni aſpérités.

FEUILLES lobées , *folia lobata ;* celles qui ſont fendues en pluſieurs
lobes ou en pluſieurs parties , dont les extrémités ſont arrondies
comme dans les feuilles de vignes : quand elles ſont à trois lobes , on
dit qu'elles ſont trilobes , *folia triloba , pl. VIII , fig. 18 ;* à quatre lobes
ou quadrilobes , *quadriloba ;* en cinq lobes ou quinquelobes , *quinqueloba , fig. 20 & 28.* La diſpoſition & la forme des lobes ont donné lieu
aux feuilles digitées , palmées , pinnatifides , oreillées , lyrées , &c.
Voyez ces mots.

FEUILLES luiſantes , *folia lucida* vel *nitida ;* celles dont la ſuperficie
eſt glabre & luiſante comme celle des feuilles de lierre , celles du
perſil ; *paginá ſuperiore lucidum ,* celle qui n'eſt luiſante qu'en deſſus ;
paginá inferiore vel *proná parte lucidum ,* celle qui n'eſt luiſante qu'en
deſſous.

FEUILLES lunulées , *folia lunulata* vel *lunata ;* celles qui ſont en
forme de croiſſant ; elles ſont plus larges que longues , arrondies par
le haut , ou terminées par une pointe courte , échancrées profondément à leur baſe , & ont leurs deux lobes latéraux anguleux.

FEUILLES lyrées , *folia lyrata , pl. VIII , fig. 26 ;* celles qui ſont
en forme de lyre , qui ont latéralement des découpures profondes qui
ne pénètrent pas juſqu'à la côte , & dont les diviſions ſont élargies à
la baſe & pointues à leur extrémité : telles ſont les feuilles de la dent
de lion.

FEUILLES marquées de lignes , *folia lineata ;* celles ſur la ſuperficie
deſquelles on rencontre des lignes longitudinales très-apparentes , mais
qui ne ſont pas enfoncées , & qui ne rendent pas la ſurface des feuilles
cannelées.

FEUILLES membraneuſes , *folia membranacea ;* celles qui ont ſi peu
d'épaiſſeur , qu'elles ne contiennent preſque point de pulpe , & ſemblent n'être compoſées que de membranes.

FEUILLES mamelonnées , *folia papilloſa , pl. VIII , fig. 56 ;* celles
ſur la ſuperficie deſquelles on rencontre des points élevés qu'on nomme
mamelons.

FEUILLES mordues , *folia præmorſa ;* celles dont le ſommet obtus
& tronqué , eſt remarquable par une ou pluſieurs découpures ou dé-
chirures , qui ont l'air d'avoir été faites par les dents d'un animal. *Voyez*
le lobe ſupérieur *A* de la feuille 19, *pl. VIII.*

FEUILLES mucronées , *folia mucronata , pl. VIII , fig. 52 ;* celles qui
ſe terminent en pointe très-aiguë , ſaillante & alongée.

FEUILLES multifides , *voyez* FEUILLES fendues.

FEUILLES

FEUILLES nerveufes, *folia nervofa ;* celles qui ont des côtes ou des nervures faillantes qui s'étendent d'une extrémité de la feuille à l'autre, fans fe divifer d'une manière apparente ; telles font les feuilles de plantain. On nomme *folia binervia,* celles qui ont deux nervures ; *trinervia,* celles qui en ont trois , *pl. VIII , fig. 51 ; quadrinervia,* celles qui en ont quatre; *quinquenervia,* celles qui en ont cinq , *fig. 53.*

FEUILLES nues, *folia nuda ;* celles fur la fuperficie defquelles on ne rencontre ni poils , ni épines, ni glandes.

FEUILLES obliques, *folia obliqua ;* celles qui font de biais, dont la furface n'eft ni horizontale, ni verticale ; elles peuvent être obliques de deux manières, ou vers le ciel , *inflexa* vel *inclinata , fig. 18 c , pl. X ,* ou vers la terre , *reflexa* vel *reclinata , fig. 18 D.* Cependant on emploie plus fouvent le mot *reclinata ,* pour fignifier celles qui font tout-à-fait tombantes , *fig. 11.*

FEUILLES oblongues , *folia oblonga ;* celles qui, dans leur longueur, portent plus de deux fois leur largeur

FEUILLES obtufes , *folia obtufa ;* celles dont le fommet eft prefque arrondi & comme émouffé. Quand ces feuilles font furmontées d'une pointe , on les nomme *obtufa cum acumine.*

FEUILLES ombiliquées , *folia umbilicata* vel *peltata , fig. 43 , 44 ;* celles qui font pétiolées & remarquables, par la manière dont le pétiole ou la queue eft inférée à la feuille; au lieu d'être , comme dans la feuille pétiolée, attaché à une de fes extrémités , & de fe prolonger en une nervure majeure qui traverfe la feuille d'un bout à l'autre, il eft central ou prefque central, comme dans les feuilles de la capucine , celles de l'écuelle d'eau ; les nervures majeures de la feuille partent de ce centre qu'on nomme ombilic , comme d'un point commun , & divergent toutes comme les branches d'un parapluie. On nomme aufli ces fortes de feuilles, feuilles en rondache.

FEUILLES ondées ou ondulées , *folia undata* vel *undulata ;* celles dont les bords font pliés d'une manière irrégulière , & toujours à angles obtus , *pl. VIII , fig. 40 B.*

FEUILES oppofées , *folia oppofita , pl. VIII , fig. 66 ; pl. X , fig. 18 A , B , C , D , E , F ; & fig. 20 A ;* celles qui font difpofées deux à deux fur des points diamétralement oppofés : telles font celles du chevrefeuille, de la clématite des haies : elles font oppofées en croix, *cruciatim oppofita ,* quand elles font par paires croifées. *Voyez* la *pl. X , fig. 20 B.*

FEUILLES orbiculaires , *folia orbiculata , pl. VIII , fig. 9 ;* celles dont les extrémités font également éloignées du centre de la feuille.

FEUILLES oreillées , *folia aurita ;* celles qui portent à leur bafe pétiolée ou rétrécie en pétiole , deux appendices ou oreillettes *L M , fig. 67 , pl. VIII.*

R

FEUILLES ouvertes , *folia patentia , pl. X , fig. r8 F ;* celles qui s'éloignent de la tige par leur extrémité supérieure , & qui forment avec elle un angle presque droit ; si elles formoient avec la tige un angle droit, elles seroient horizontales.

FEUILLES ovales ou ovoïdes , *folia ovata pl. VIII , fig. 7 ;* celles qui font plus longues que larges , & qui font plus étroites à leur sommet qu'à leur base ; quand, au contraire, elles font plus étroites à leur base qu'à leur sommet , elles font ovales renversées, *obversè ovata, fig. 6.*

FEUILLES palmées ou digitées , *folia palmata , pl. VIII , fig. 21 , 24 , 25 ;* celles qui font simples , lobées , & dont les divisions forment l'éventail, ou représentent une main ouverte. On donne aussi quelquefois ce nom aux feuilles composées, quand le nombre des folioles qui les composent font au-dessus de cinq.

FEUILLES panduriformes , *folia panduriformia , pl. VIII , fig. 58 ;* celles qui font en forme de violon ; elles font oblongues , un peu plus larges à leur base qu'à leur extrémité supérieure ; elles font remarquables par une échancrure de chaque côté.

FEUILLES partagées , *folia partita.* Les feuilles partagées par des sinus aigus , *pl. VIII , fig. 17 , 46 , 47 , 62,* font appelées feuilles fendues ; celles qui font partagées par des sinus obtus , *fig. 58 , 59 , 60 ,* font appelées feuilles sinuées ; celles qui font divisées en plusieurs parties jusqu'à leur base , ou jusques près de leur base ; font ou partagées en deux , *folia bipartita ;* en trois , *tripartita ;* en quatre , *quadripartita ;* en cinq , *quinquepartita ;* ou en un nombre indéterminé de parties, *multipartita.* La *fig. 29 , pl. VIII,* représente une feuille sinuée partagée en cinq , & dont les lobes palmés font fendus.

FEUILLES pédiaires , *folia pedata , fig. 7 , pl. IX ;* celles qui ont un pétiole qui se bifurque à son extrémité supérieure , & qui porte un nombre indéterminé de folioles attachées aux côtés intérieurs de ses divisions , & non aux côtés extérieurs : telles font les feuilles du pied de veau serpentaire , celles de l'hellébore noir , de l'hellébore vert , &c.

FEUILLES pendantes , *folia dependentia* vel *reflexa , pl. X , fig. 18 H ;* celles qui ont l'air d'être suspendues à leur insertion sur la tige , & qui forment avec elle une ligne parallèle.

FEUILLES perfeuillées ou perfoliées , *folia perfoliata , pl. VIII , fig. 68 ;* celles qui font traversées par la tige , comme si elles avoient été percées , & qu'on eût laissé la tige dans le trou qu'elle auroit fait : telles font celles du buplèvre perce feuille , *buplevrum rotundifolium L.*

FEUILLES persistantes , *folia persistentia , semper virentia* vel *perennia ;* celles qui subsistent pendant l'hiver ou pendant plusieurs hivers, comme celles du buis, de l'if, & de toutes les plantes vivaces qui conservent leurs feuilles pendant plus d'une année.

FEUILLES pétiolées, *folia petiolata*, pl. *VIII*, fig. *49*; & pl. *X*, fig. *1 c, D*; celles qui font portées par une queue que l'on nomme pétiole

FEUILLES pinnatifides, *folia pinnatifida*, pl. *VIII*, fig. *64*; celles qui font découpées profondément, & qui ne diffèrent des feuilles ailées, que parce que les découpures ne vont pas jufqu'à la côte principale de la feuille.

FEUILLES pinnées, *folia pinnata*; *voyez* FEUILLES ailées.

FEUILLES piquantes, *folia aculeata* vel *ftrigofa*; celles qui font armées de poils très-aigus & piquants, quoique peu apparens : telles font les feuilles des orties.

FEUILLES planes, *folia plana*; celles qui ont leurs furfaces fupérieure & inférieure, égales, applaties & parallèles dans toute leur étendue.

FEUILLES pliffées, *folia plicata*, pl. *VIII*, fig. *30*; celles dont les nervures baiffent & élèvent alternativement le difque à angles aigus.

FEUILLES pointues, *folia acuta* vel *cufpidata*; celles qui fe terminent à leur extrémité fupérieure, par une pointe affilée, mais dont la bafe eft élargie. Quand leur fommet eft terminé par deux pointes, on les nomme *folia bicufpida*; par trois pointes, *tricufpida*, &c.

FEUILLES ponctuées, *folia punctata*, pl. *VIII*, fig. *49*; celles fur la fuperficie defquelles on rencontre un grand nombre de points creux ou colorés.

FEUILLES pubefcentes, *folia pubefcentia* vel *villofa*; *voyez* FEUILLES velues.

FEUILLES pulpeufes, *folia pulpofa*; celles qui font d'une confiftance molle, tendre & fucculente, qu'on deffèche difficilement, qui perdent, en fe defféchant, beaucoup plus de la moitié de leur volume, & qui deviennent fouvent méconnoiffables.

FEUILLES quadrangulaires, *folia quadrangularia*; celles qui ont en leur bord quatre angles; quand les deux angles latéraux font obtus, & que les autres font aigus, elles font rhomboïdes, p. *VIII*, fig. *45*; fi les deux angles *A B* de la même figure étoient plus bas, la feuille feroit appelée delthoïde.

FEUILLES quadrijuguées, *folia quadrijugata*, pl. *IX*, fig. *11*; *voyez* FEUILLES conjuguées.

FEUILLES quaternées, *folia quaterna* vel *quaternata*, pl. *IX*, fig. *3*; celles dont le pétiole commun porte quatre folioles pétiolées ou rétrécies en pétiole, & qui ont toutes le même point d'infertion.

FEUILLES quinées, *folia quina* vel *quinata*, pl. *IX*, fig. *4*; celles dont le pétiole commun porte fur le même point d'infertion , cinq folioles pétiolées ou rétrécies en pétiole à leur bafe , comme on le voit, *fig. 4 A*.

FEUILLES rabattues; *voyez* FEUILLES réfléchies, *fig. 18 H*.

FEUILLES radicales , *folia radicantia ;* celles qui produifent des racines , au moyen defquelles elles s'attachent fur les corps qui les environnent. Les Cultivateurs appellent feuilles radicantes , celles qui font fufceptibles de prendre racines , comme celles des *fedum* , qui n'ont befoin que d'être mifes fur de la terre, pour y produire de nouvelles plantes.

FEUILLES ramaffées , *folia conferta ;* celles qui font en fi grand nombre & fi rapprochées les unes des autres , qu'elles cachent la tige prefque entièrement : telles font les feuilles du tithymale cyparifle.

FEUILLES raméales , *folia ramea ;* celles qui ont leur infertion fur les branches ou rameaux , comme celles de plufieurs arbres & arbuftes. On les nomme feuilles caulinaires , lorfqu'elles font inférées fur la tige; radicales , lorfque c'eft la racine qui les porte.

FEUILLES rapprochées , *folia approximata ;* celles dont les points d'infertion fur la tige , les rameaux , ou même la racine, font très-près les uns des autres.

FEUILLES recompofées ou doublement compofées , *folia recompofita , pl. IX , fig. 17 , 18 , 19 ;* celles qui ont un pétiole commun & des pétioles immédiats , fur lefquels s'infèrent les pétioles propres des folioles , ou les folioles rétrécies en pétiole.

FEUILLES réfléchies , rabattues ou tombantes, *folia reflexa , pl. X , fig. 18 H ;* celles qui forment avec la tige , un angle aigu ou prefque aigu à leur infertion , & qui font tombantes ; leur fituation , dans ce cas , eft parfaitement oppofée à celle des feuilles droites.

FEUILLES relevées , *folia affurgentia* vel *inflexa , pl. X , fig. 18 c ;* celles qui , à leur extrémité fupérieure , s'élèvent en fe courbant. Elles diffèrent des feuilles droites , en ce que , avant de s'élever , elles avoient une direction inclinée ou horizontale , au lieu que les feuilles droites , *folia erecta* vel *ftricta* , forment un angle très-aigu avec la tige dès leur infertion.

FEUILLES renflées , *folia gibba ;* celles qui font charnues & plus épaiffes dans le milieu qu'en leurs bords , quoiqu'épais & convexes.

FEUILLES réniformes, *folia reniformia, pl. VIII , fig. 11 ;* celles qui reffemblent à un rein ou à une oreille d'homme , qui font plus larges que longues , échancrées à leur bafe, & arrondies par le haut : telles font les feuilles du cabaret d'Europe, celles du cochléaria.

FEUILLES

FEUILLES renverſées, *folia reclinata*, *pl. X*, *fig. 18 D* ; celles qui, à leur inſertion, forment avec la tige un angle droit, & dont l'extrémité ſupérieure eſt réfléchie, & plus baſſe que le point d'inſertion.

FEUILLES rétiformes, *folia retiformia* ; celles qui ſont d'une fineſſe extrême, qui ſont alongées, & qui, par leur entrelacement, repréſentent un filet dont les mailles ſont plus ou moins ſerrées.

FEUILLES retournées, *folia reſupinata* ; celles dont la ſurface ſupérieure devient l'inférieure, & par la même raiſon, la ſurface inférieure, la ſupérieure.

FEUILLES rhomboïdes, *folia rhombæa*, *pl. VIII*, *fig. 45* ; celles qui ont quatre angles, dont deux obtus *A, B*, & deux aigus *C, D*, & dont les angles obtus ſont plus près du pétiole que du ſommet : telles ſont les feuilles du *chenopodium vulvaria L*. Lorſqu'elles ſont alongées & rhomboïdes, on les appelle *folia rhombæa ovata*.

FEUILLES ridées, *folia rugoſa* ; celles ſur la ſuperficie deſquelles on rencontre des rides cauſées par l'enfoncement des nervures, qui laiſſent entre elles des inégalités très-ſenſibles. Elles ſont quelquefois liſſes & unies en deſſus, *ſupernè lævia* ; & ridées en deſſous, *infernè rugoſa*, comme celles du figuier, *pl. VIII*, *fig. 28*.

FEUILLES roides, *folia rigida* ; celles qui ſont fermes, & qui oppoſent une certaine réſiſtance quand on veut les ployer.

FEUILLES rondes, *folia rotunda* vel *nummularia*, *pl. VIII*, *fig. 9, 10* ; celles qui ſont arrondies comme une pièce de monnoie. (Rondes, arrondies ou orbiculaires) peuvent s'employer indifféremment.

FEUILLES rongées, *folia eroſa*, *pl. VIII*, *fig. 22* ; celles dont la bordure eſt remarquable par des échancrures, échancrées elles-mêmes, & dont les ſinus ſont de formes irrégulières.

FEUILLES roulées en deſſus, *folia involuta*, *fig. 18 A*, *pl. X* ; celles qui ſe roulent ſur elles-mêmes de deſſous en deſſus comme une boucle de cheveux : on dit qu'elles ſont roulées en deſſous, *revoluta*, *fig. 18 B*, quand elles ſont roulées dans le ſens oppoſé ; lorſque les bords d'une feuille ſont roulés, on dit *folium margine involutum* vel *revolutum*.

FEUILLES rudes ou raboteuſes, *folia ſcabra* vel *aſpera* ; celles ſur la ſuperficie deſquelles on rencontre de petites inégalités qui les rendent rudes au toucher, & au moyen deſquelles elles s'acrochent aux habits.

FEUILLES runcinées, *folia runcinata*, *pl. VIII*, *fig. 59, 63* ; celles qui ſont découpées latéralement, & qui ont des ſinus profonds & écartés.

FEUILLES ſagittées, *folia ſagittata*, *pl. VIII*, *fig. 14, 15* ; celles qui ont la forme d'un fer de flèche : elles ſont profondément échancrées à leur bafe ; elles ont trois angles très-faillans , & terminés en pointe comme celles de la fléchière aquatique , *fagittaria fagittifolia* L ; celles du liferon des champs , *convolvulus arvenfis* L.

FEUILLES fans nervures , *folia enervia ;* celles fur la fuperficie defquelles on ne remarque aucunes nervures , comme fur les feuilles des plantes graffes , celles de la tulipe.

FEUILLES fcarieufes , *folia fcariofa* vel *arida ;* celles qui font sèches , arides , & qui font du bruit quand on les touche.

FEUILLES féminales , *folia feminalia , pl. V , fig. 11 A B ;* celles qui paroiffent les premières après le développement de la graine. La plumule qui n'eft bien réellement que la tige en petit, porte des feuilles qu'on nomme feuilles féminales , parce qu'elles étoient contenues dans la femence ; elles font affez fouvent très-différentes de celles que doit porter la plante par la fuite , & l'on ne doit les confondre ni avec les feuilles de la tige , ni avec les cotyledons.

FEUILLES ferrées contre la tige , *folia adpreffa ; voyez* FEUILLES appliquées.

FEUILLES feffiles , *folia feffilia , pl. VIII , fig. 66 , 68 , 69 ;* celles qui n'ont pas de queue , & qui font inférées immédiatement fur la tige , les rameaux ou la racine. Quelquefois on pourroit prendre pour un pétiole ou pour une queue , la prolongation d'une feuille qu'on nomme feuille rétrécie en pétiole , *pl. VIII , fig. 67 ;* mais quand on trouvera de chaque côté de ce prétendu pétiole , une fuite des parties membraneufes & pulpeufes de la feuille *L M* , ce ne fera plus une queue , mais une feuille rétrécie en forme de queue.

FEUILLES fétacées , *folia fetacea ;* celles qui font des plus menues , qui reffemblent à des cheveux , de la foie ou du poil.

FEUILLÉS fillonnées , *folia fulcata ;* celles fur la fuperficie defquelles on rencontre des fillons caufés par l'enfoncement des nervures , ou des efpèces de cannelures parallèles & anguleufes.

FEUILLES fimples , *folia fimplicia ;* celles qui font toujours folitaires fur un pétiole : telles font les feuilles du cabaret d'Europe , de la bétoine officinale , de la renoncule ficaire , de la violette de mars , &c. *Voyez* toutes les figures de la *pl. VIII.*

C'eft auffi la feuile fimple qui fait la dernière divifion des feuilles compofées , recompofées & furcompofées ; elle porte alors le nom de foliole. On doit confidérer dans les folioles , comme dans les feuilles fimples , 1°. la *circonférence ;* 2°. les *angles ;* 3°. les *finus ;* 4°. la *bordure ;* 5°. la *furface ;* 6°. le *fommet ;* & 7°. les *côtés.*

FEUILLES finuées , *folia finuata , pl. VIII , fig. 58 , 59 , 60 , 63 ;* celles qui font partagées par des finus arrondis & très-ouverts , & dont

l'extrémité des lobes eſt arrondie : ſi les lobes étoient découpés , au lieu
d'être appelées feuilles ſinuées , on les nommeroit feuilles laciniées , ſi
les échancrures , au lieu d'être arrondies , étoient anguleuſes , comme
ſi on les eût faites avec des ciſeaux , on les appelleroit feuilles
fendues.

FEUILLES ſous-axillaires , *folia ſubaxillaria* vel *ſubalaria ; voyeȝ*
FEUILLES axillaires.

FEUILLES ſpatulées , *folia ſpatulata ;* celles qui ſont cunéiformes ,
mais dont la baſe rétrécie en pétiole , eſt alongée comme la queue
d'une ſpatule.

FEUILLES ſtables, *folia ſtabilia ;* celles qui perſiſtent en hiver :
on ſe ſert plus ſouvent du mot perſiſtantes.

FEUILLES ſtriées, *folia ſtriata ;* celles ſur la ſuperficie deſquelles on
remarque des lignes creuſées profondément , & qui en rendent la ſurface cannelée.

FEUILLES ſubmergées , *folia demerſa* vel *ſubmerſa ;* celles qui ſont
entièrement plongées dans l'eau , & qui ne flottent jamais à la ſuperficie.

FEUILLES ſubulées ou en forme d'alène , *folia ſubulata , pl. VIII ,*
fig. 4 ; celles dont la baſe eſt auſſi étroite que dans les feuilles linéaires ;
mais qui , de leur baſe à leur extrémité ſupérieure , ſe retréciſſent inſenſiblement , & ſe terminent en une pointe très-fine.

FEUILLES ſurcompoſées , *folia ſuprà decompoſita , pl. IX , fig. 21 ,*
22, 23 ; celles qui ſont compoſées trois fois ; qui ont 1°. un pétiole
commun ; 2°. des pétioles partiels ; & 3°. des pétioles immédiats , ſur
leſquels les folioles ſont inſérées , ſoit qu'elles aient des pétioles propres , ſoit qu'elles ſoient ſeulement retrécies en pétiole. Les feuilles
ſurcompoſées ſont triternées , ſi les pétioles immédiats portent chacun
trois folioles ſur le même point d'inſertion , *fig. 23 ;* elles ſont tripinnées, quand les pétioles immédiats portent des folioles diſpoſées
par paires & en forme d'ailes , *fig. 21.* Elles ſont trigéminées ou tergéminées , *tergemina* vel *triplicatò gemina* , quand chaque pétiole immédiat porte deux folioles ſur le même point d'inſertion.

FEUILLES ternées , *folia terna* vel *ternata , pl. IX , fig. 2 ;* celles
qui ſont attachées trois par trois ſur le même pétiole. On appelle auſſi
feuilles ternés , celles qui ſont diſpoſées trois à trois ſur le même point
de la tige.

FEUILLES trapéſiformes , *folia trapeſiformia ;* celles qui ont en leurs
bords quatre angles inégaux , & par conſéquent quatre faces inégales.

FEUILLES très-courtes , *folia breviſſima ;* celles qui ſont courtes en raifon de leur largeur : cela fe dit auffi , lorfque l'on compare deux plantes du même genre , dont l'une a les feuilles beaucoup plus courtes que l'autre. Il en eft de même des feuilles très-longues , *folia longiffima*, dont on ne parle guère qu'eu égard au refte de la plante , & fur-tout quand il y a une difproportion remarquable des feuilles d'une efpèce à celles d'une autre efpèce du même genre que l'on compare.

FEUILLES très-entières, *folia integerrima* ; celles dont les bords font naturellement très-unis & entiers , & où l'on ne rencontre ni crénelures , ni dents , ni poils , ni épines , &c. *Voyez* FEUILLES entières.

FEUILLES triangulaires , *folia triangularia* , pl. *VIII* , *fig. 13* ; celles qui ont trois angles faillans en leurs bords , & qui forment un triangle.

FEUILLES tricufpidées , *folia tricufpida pl. VIII* , *fig. 13* ; celles qui font triangulaires , & dont chaque angle eft terminé par une pointe aiguë.

FEUILLES trijuguées , *folia trijugata ; voyez* FEUILLES conjuguées.

FEUILLES tripinnées , *folia tripinnata* vel *triplicatò pinnata*, pl. *IX*, *fig. 21* : les feuilles furcompofées font tripinnées ou trois fois ailées , quand leurs troifièmes pétioles portent des folioles oppofées en manière d'ailes , foit qu'elles foient en nombre pair ou en nombre impair.

FEUILLES triternées , *folia triplicatò ternata* vel *triternata*, pl. *IX*, *fig. 23*. Les feuilles furcompofées font appelées triternées , quand leur pétiole général fe trifurque ou fe divife en trois parties qui fe fubdivifent chacune en trois autres parties , & qui portent chacune trois folioles fur le même point d'infertion.

FEUILLES trois à trois , *folia trina ; voyez* FEUILLES ternées.

FEUILLES tronquées , *folia truncata* ; celles dont le fommet a l'air d'avoir été coupé à angles droits , ou qui fe terminent par une ligne prefque tranfverfale.

FEUILLES tubulées , *folia tubulofa* , *fig. 36* , pl. *VIII* ; celles qui font remarquables par un tube , dont le diamètre eft fort grand , comme dans l'oignon.

FEUILLES veinées , *folia venofa*, pl. *VIII*, *fig. 65* ; celles fur la fuperficie defquelles on rencontre des nervures très-fenfibles , très-ramifiées , mais qui ne rendent pas la fuperficie des feuilles ridées par leur enfoncement.

FEUILLES velues , *folia hirfuta* vel *pilofa*. On dit que les feuilles font velues , *hirfuta* ; hériffées , *hifpida* ; barbues , *barbata* ; ciliées , *ciliata* ; foyeufes ou fatinées , *fericea* ; tomenteufes , *tomentofa* ; laineufes ou drapées, *lanata*; pubescentes, *pubescentia*. *Voyez* les différentes espèces de poils, *pl. X*, *fig. 12*; & l'article BORDS velus, pour l'explication de ces figures.

FEUILLES verticales, *folia verticalia*, celles qui sont disposées sur les tiges perpendiculairement à l'horizon.

FEUILLES verticillées, *folia verticillata*, *folia radiata*, *pl. X*, *fig. 19*; celles qui sont disposées autour de la tige, comme les branches d'un parapluie, ou comme les rayons d'une roue : telles sont les feuilles des *gallium*.

FEUILLES visqueuses ou gluantes, *folia viscida* vel *glutinosa*; celles qui sont enduites d'une humeur épaisse & gluante qui poisse les doigts.

FEUILLES vrillées, *folia cirrhosa*, *pl. IX*, *fig. 13, 14*; celles qui se terminent par un ou plusieurs filets tournés en spirale, qu'on nomme VRILLES. *Voyez* ce mot.

FEUILLETÉ, ÉE, *voyez* CHAPEAU, *voyez* TIGE.

FEUILLETS, *laminæ*. On donne le nom de feuillets à ces espèces de lames qui tapissent la surface interne des chapeaux des agarics de *Linnæus*. Ils sont pour la plupart composés de deux lames appliquées l'une sur l'autre comme dans l'AGARIC oronge, & quelquefois ils sont formés par une seule membrane pliée & repliée en zig-zag comme un surpli; cela se remarque principalement dans l'AGARIC contigu : ses feuillets qui se détachent aisément de la chair, peuvent être dépliés comme un éventail que l'on ouvriroit, & l'on ne peut voir, sans le plus grand étonnement, avec quel ménagement, quelle économie cette membrane est employée pour former les demi-feuillets & les parties de feuillets, pour qu'ils soient tous disposés avec la même uniformité.

On ne connoît point encore les véritables fonctions des feuillets; tout ce qu'on sait, c'est qu'ils sont chargés d'une poussière semblable à celle que l'on rencontre sur les anthères de certaines fleurs, & que cette poussière s'en détache avec plus ou moins d'élasticité, & est portée au loin par l'air qui lui sert de véhicule.

On distingue dans les feuillets le nombre, la forme & l'insertion. On dit que les feuillets sont nombreux, *laminæ numerosæ*; rares, *raræ*; qu'ils sont aigus, *acutæ*; obtus, *obtusæ*; arqués, *arcuatæ*; bifides, *bifidæ*; composés de deux lames distinctes, *duplicatæ*, *pl. VI*, *fig. 9*; composés d'une seule membrane pliée en zig-zag, *flexuosæ*, *fig. 10 & 11*; minces, *tenues*; épais, *crassæ*; larges, *latæ*, *fig. 13*; étroits, *arctæ*; plus ou moins dentés ou crenelés, *dentatæ*, *fig. 13*; ondés, *undulatæ*, papilionacés, *papilionaceæ*, *fig. 7*; décurrens, *decurrentes*, *fig. 8*; continus avec le chapeau ou avec le pédicule, *pileo* vel *pediculo continuæ*; contigus, *contiguæ*; connivens, *conniventes*, &c.

T

FIBRES, *fibræ*. Il y a dans toutes les parties qui compofent les plantes, des vaiffeaux deftinés à différens ufages : ces vaiffeaux vus au microfcope, paroiffent formés par de petits filets extrêmement minces, que l'on nomme fibres ; ce ne font peut-être que des vaiffeaux encore plus fins ; c'eft pourquoi l'on emploie affez communément le mot fibre pour le mot vaiffeau.

FIBREUX, **SE** ; ce qui eft compofé de fibres diftinftes : on dit que tel fruit a la chair fibreufe ou filandreufe. On appelle auffi racines fibreufes, celles qui font menues comme du fil.

FIGURES des plantes, *icones plantarum*. Toutes les plantes, indépendamment des caraftères de la fruftification qui les diftinguent, ont des formes, des couleurs, des manières d'être, dont l'expreffion eft réfervée à la peinture feule. On fait que rien n'eft plus propre à rendre l'étude de la botanique familière, que l'ufage des figures exaftes, dont une courte defcription fait fimplement remarquer les détails : la Botanique dépouillée par-là de cet appareil fcientifique qui la rend impraticable, n'eft plus cette fcience dont l'étude, quelque defir que l'on ait de s'y livrer, rebute, ennuie; mais une fcience charmante où l'homme trouve un objet de récréation, un fujet de délaffement, & une bafe folide fur laquelle il étaie fa confiance dans l'ufage qu'il doit faire des produftions du règne végétal pendant le cours de fa vie. *Voyez* HERBIER artificiel, MÉTHODE.

FILETS, *filamenta*, *pl. IV*, *fig. 7 D* ; le filet eft dans l'étamine, le pédicule qui porte l'anthère ; c'eft par les filets que l'efcence qui détermine la fécondation, eft portée aux anthères ; c'eft pourquoi Linnæus compare les fonftions des filets des étamines, à celles des vaiffeaux fpermatiques de l'animal.

Si le nombre des étamines dans chaque fleur ; fi leur proportion comparée avec celle des piftils ou de la corolle, offrent aux Botaniftes un grand nombre de caraftères très-avantageux, la préfence ou l'abfence des filets, leur forme, leur grandeur refpeftive, leur infertion & leur difpofition ne leur font pas d'un moindre avantage.

FILETS capillaires, *filamenta capillaria* vel *filiformia* ; ceux qui font alongés, égaux dans toute leur longueur, & qui, par leur fineffe, reffemblent à des cheveux ou à du fil.

FILETS coniques, *filamenta coniqua* ; ceux qui repréfentent un cône alongé : on les nomme *fubulata*, quand ils font en forme d'alêne ; *cuneiformia*, quand ils font en forme de coin, &c.

FILETS connivens, *filamenta conniventia* ; ceux qui font rapprochés, & tellement voifins les uns des autres, qu'on les croiroit réunis ; mais, fi on les obferve à la loupe, & qu'on les foulève au moyen du ftylet,

on s'affure qu'ils ne font que rapprochés , fans qu'il y ait entre eux
d'adhérence.

FILETS égaux , *filamenta æqualia* ; ceux qui font tous de même
grandeur , & qui arrivent à la même hauteur.

FILETS géniculés , *filamenta geniculata* , *pl. IV* , *fig. 16* ; ceux qui
font remarquables par une efpèce de nœud ou d'articulation qui leur
donne la forme d'un chevron brifé.

FILETS inégaux , *filamenta inæqualia* ; ceux qui n'arrivent point tous
à la même hauteur , parce qu'ils font plus courts les uns que les autres.
Dans les fleurs des claffes *didynamie* & *tétradynamie* du fyftême fexuel ,
les filets font inégaux. Il ne faut pas les confondre avec les filets irréguliers.

FILETS inférés fur la corolle , fur le calice , fur le piftil , fur le réceptacle : nous avons déja dit que l'on reconnoiffoit dans les étamines
quatre infertions différentes ; 1°. fur la corolle , *filamenta corollæ adnata*
vel *infera* , *fig. 37 , 38 , 39 , 40 , pl. IV* ; 2°. fur le calice , *calici infera* ,
fig. 43 ; 3°. fur le piftil ou le germe , *piftilo* vel *germini* , *fig. 34* ; &
4°. fur le réceptacle , *receptaculo* , *fig. 35 , 36.*

FILETS irréguliers , *filamenta irregularia* , *pl. II* , *fig. 16* ; ceux qui ,
dans la même fleur , font différens en grandeur , en figure & en direction.

FILETS libres , *filamenta libera* , *pl. IV* , *fig. 35 , 36* ; ceux qui font
tellement détachés les uns des autres , que l'on n'a befoin ni de la
loupe , ni du ftylet , pour s'affurer s'ils ne font pas adhérens entre eux.

FILETS planes , *filamenta plana* ; ceux qui font élargis & applatis
dans leur longueur.

FILETS oppofés , *filamenta oppofita* : quand on confidère l'infertion
des étamines dans les crucifères , par exemple , on voit , *fig. 39* , *pl. II* ,
qu'elles ont une efpèce d'oppofition remarquable , fur-tout dans les
deux qui font plus courtes , & qui ont leur point d'infertion , l'une diamétralement oppofée à l'autre. Les filets font auffi dans certains individus
oppofés aux pétales , ou , pour mieux dire , font placés un à un &
en face de chaque pétale ; dans ce cas , on les nomme *filamenta*
petalis oppofita. Nous rencontrons communément plufieurs fleurs , de la
claffe décandrie fur-tout , qui ont cinq étamines placées une à une à chaque onglet des pétales , & les cinq autres qui font inférées une à une alternativement entre les cinq pétales , de manière qu'il y a toujours une
étamine oppofée à un pétale.

FILETS réunis , *filamenta connata* vel *coalita* ; ceux qui font adhérens
entre eux , qui font raffemblés & réunis , ou en un feul corps , comme
dans les mauves , *pl. IV* , *fig. 31* ; ou en deux corps , comme dans les

pois , les orobes , les luzernes , *fig. 46 , pl. II ;* ou en plufieurs corps, comme dans les millepertuis , *fig. 41 , pl. IV.* Il ne faut pas confondre dans l'étamine la réunion des anthères avec celle des filets. On confidère encore la manière dont ils font réunis ; & l'on dit réunis en faifceaux, réunis en gaîne , réunis par le haut, par le bas, &c.

FILETS très-courts, *filamenta breviffima ;* très-longs , *filamenta longiffima.* Quand on compare la longueur des filets des étamines avec celle de leurs anthères ou avec celle des piftils , ou même avec celle des pétales , on dit qu'ils font très-courts ou très-longs , s'il y a une difproportion remarquable entre l'une ou l'autre de ces parties.

FILETS velus , *filamenta hirta* vel *tomentofa ;* ceux fur la fuperficie defquels on rencontre un duvet laineux ou tomenteux, ou feulement quelques poils remarquables.

FILIFORME , ES ; ce qui eft grêle & alongé comme un fil; *voyez* FEUILLES , PÉDICULE , PÉDUNCULE , RACINE , TIGE.

FISTULEUX, SE. On dit qu'une tige eft fiftuleufe ou tubulée, quand elle eft remarquable dans toute fa longueur, par un canal ou un tuyau, dont la furface interne eft unie & égale , & qui n'eft point l'effet du defféchement , ni d'une perte de fubftance qui auroit fervi de pâture à quelques infectes ; ainfi la hampe du *léontodon taraxacum* , Lin. eft fiftuleufe. Le pédicule du champignon *c, fig. 6 , p. VI ,* eft fiftuleux ; mais celui du champignon , *fig. 1 , pl. VI ,* eft creux & non pas fiftuleux ; ne faut donc pas confondre la tige fiftuleufe avec la tige creufe.

FLÈCHE. *Voyez* FEUILLES en fer de

FLÉTRIES , *voyez* FLEURS.

FLEUR , *voyez* FLEURS.

FLEURISTE ; celui qui , par amufement , par goût ou par état, s'occupe de la culture de certaines plantes , dans la vue d'en obtenir les plus belles variétés de fleurs.

FLEURON , *flofculus.* On donne le nom de fleuron à toutes ces petites fleurs monopétales régulières, qui, par leur réunion fur un même réceptacle, forment les fleurs flofculeufes. Les fleurons , *pl. II , fig. 50 ; & pl. IV fig. 58,* ont cinq étamines réunies par leurs anthères , *fig. 57* , en une gaîne que traverfe de part en part un piftil fouvent bifurqué , *fig. 59 :* leur lymbe eft divifé en quatre ou cinq parties égales , & n'eft point terminé par un prolongemeut particulier , comme le demifleuron, *fig. 56, 60.*

FLEURS, *flores :* on fut long-temps avant de connoître les véritables fonctions des fleurs ; on les regardoit comme une fimple parure pour les plantes , & pour nous un fujet d'agrément & de récréation.

Aujourd'hui

Aujourd'hui que la Botanique eft éclairée du flambeau d'une phyfique épurée , il eft prouvé que les fleurs font deftinées à contenir les organes de la fructification ; que c'eft dans les fleurs que s'opère la fécondation , & qu'il n'y a rien dans une fleur qui ne foit fait pour affurer le fuccès de cette opération. *Voyez* FLEURS complètes. On diftingue dans les fleurs, la forme , la difpofition & la durée.

FLEURS à étamines ou fleurs apétales , *flores ftaminei.* Tournefort appelle fleurs à étamines, celles qui n'ont pas de pétales , mais dont les étamines font apparentes : elles compofent la claffe XV de fa Méthode.

FLEURS agrégées, *flores aggregati ;* celles qui font formées par la réunion d'un nombre indéterminé de petites fleurs hermaphrodites , *pl. IV, fig. 62 , 63 ,* difpofées fur un réceptacle commun , mais dont les étamines ne font point réunies entre elles , comme celles des vrais fleurons qui forment les fleurs compofées , *fig. 58.* La fleur de la fcabieufe eft une fleur agrégée ou fauffement compofée , comme dit M. de la Mark. Il eft effentiel, pour un commençant fur-tout, de s'accoutumer à faire cette diftinction. *Voyez* FLEUR compofée.

FLEURS alternes, *flores alterni ;* celles qui font difpofées fur la tige ou les rameaux, dans le même ordre que les feuilles de la *fig. 69 , pl. VIII.*

FLEURS androgynes ; *voyez* FLEURS monoïques.

FLEURS anomales , *flores anomali ;* celles qui font polypétales , irrégulières, qui font ordinairement accompagnées d'un nectaire, & qui n'ont pas un légume pour fruit. Les fleurs anomales compofent la claffe XI de la Méthode de Tournefort , *pl. I , fig. 26 , 27 , 28.*

FLEURS apétales , *voyez* FLEURS à étamines.

FLEURS autumnales ; *flores autumnales ;* celles qui paroiffent en automne.

FLEURS campanulées ou campaniformes , *flores campanulati ;* celles dont la corolle d'une feule pièce eft plus ou moins évafée , & en forme de cloche , de baffin ou de grelot , *pl. I , fig. 1 , 2 , 3.* Parmi les fleurs que l'on appelle fleurs campanulées, il y en a quelques-unes d'irrégulières ; mais il faut obferver que celles qui compofent la claffe I de la Méthode de Tournefort , font monopétales régulières.

FLEURS axillaires, *flores axillares ;* celles qui ont leur point d'infertion dans les aiffelles des feuilles , c'eft-à-dire, dans l'angle que forment les feuilles, en s'uniffant aux tiges ou aux rameaux.

FLEURS colorées, *flores colorati.* Nous avons déja parlé de la couleur des fleurs , page 39 : nous avons dit que tant que l'on étoit fûr qu'une culture forcée, un fol étranger n'avoient point altéré la couleur des pétales, on pouvoit employer la couleur comme caractère pour la distinction des espèces : il faut encore que les fleurs soient dans l'état d'épanouissement, parce que la couleur est ordinairement plus ou moins foncée, quand les fleurs sont encore en bouton, & quand elles commencent à se flétrir. Les Fleuristes qui regardent, comme espèces particulières, toutes les plantes dont les fleurs ont acquis par la culture quelques changemens dans leur couleur, se sont fait une nomenclature, qu'on ne sera peut-être pas fâché de trouver ici. Ils appellent *flos albus* vel *candidus*, celle qui est blanche ; *lacteus* vel *eburneus*, celle qui est d'un blanc d'ivoire; *hyalinus*, celle qui est sans couleur & transparente comme du verre ; *cinereus* vel *gilvus*, celle qui est d'un gris cendré; *incanus*, *sericeus* vel *argyrocomus*, celle qui est blanchâtre & comme argentée ou satinée ; *carneus* vel *incarnatus*, celle qui est de couleur de chair ; *roseus*, celle qui est de couleur de rose; *coccineus* vel *puniceus*, celle qui est écarlate; *purpureus*, celle qui est pourpre ; *niger*, celle qui est noire; *piceus*, celle qui est d'un noir bleuâtre ou violet; *terreus*, celle qui est de couleur de boue ou de terre; *ferrugineus*, celle qui est de couleur de rouille; *luteus* vel *flavus*, celle qui est jaune ; *lucidus*, celle qui est d'un jaune pâle; *croceus*, celle qui est d'un jaune foncé ; *aurantiacus* vel *cryfocomus*, celle qui est d'un jaune orangé ; *cœruleus* vel *cyalinus*, celle qui est bleue; *violaceus*, celle qui est violette; *viridis*, celle qui est verte; *glaucus* vel *cæsius*, celle qui est d'un vert pâle & bleuâtre ; *prasinus*, celle qui est d'un vert de porreau, &c. Quand les fleurs passent d'une couleur à l'autre par des nuances sensibles, on dit d'une fleur, qu'elle tire sur le blanc, *flos albicans;* sur le jaune, *lutescens ;* sur la couleur de chair, *dilutè carneus ;* sur le pourpre clair, *dilutè purpureus* vel *purpurascens ;* sur le pourpre noirâtre, *atro-purpureus;* qu'elle est d'un bleu clair, *subcœruleus ;* d'un bleu noirâtre, *nigro-cœruleus ;* quand elle est noirâtre ou plombée, *nigricans* vel *fuscus ;* & quand ces couleurs ont un coup-d'œil terne, que le blanc, le jaune, le rouge, le vert, paroissent mêlés d'une teinte noirâtre ou bistrée; si c'est le blanc qui domine, on dit que la fleur est d'un blanc sale, *sordidè albicans;* si c'est le jaune, qu'elle est d'un jaune sale, *sordidè lutescens;* si c'est le rouge, qu'elle est d'un rouge sale, *sordidè purpureus ;* si c'est le vert, qu'elle est d'un vert sale, *sordidè virescens*, &c. Quand une fleur n'est pas d'une même couleur, mais qu'on peut y distinguer plusieurs couleurs placées alternativement les unes à côté des autres, comme si elles y eussent été appliquées avec le pinceau, on dit que la fleur est panachée, *flos variegatus*.

FLEURS cariophyllés ou fleurs en œillet, *flores caryophillati*. On appelle ainsi les fleurs qui sont composées de plusieurs pétales, dont l'onglet est caché dans un calice alongé & d'une seule pièce, & sur les bords duquel, les lames des pétales sont disposées en roue, *pl. I, fig. 20 ; & pl. II, fig. 19, 21*.

FLEURS complètes, *flores completi ;* celles qui ont calice, corolle, étamines & piſtils ; lorſqu'elles ſont dépourvues d'une ſeule de ces parties, elles ſont incomplètes, *flores incompleti.* Dans la deſcription d'une fleur incomplète, on doit dire ſi c'eſt parce qu'elle manque de calice ou de corolle, qu'elle eſt incomplète, ou ſi c'eſt parce qu'elle n'a pas d'étamines ou de piſtils. Quelques Auteurs cependant ne regardent point comme incomplète, une fleur qui manque d'étamines ou de piſtils, parce qu'ils n'ont eu aucun égard aux organes ſexuels dans la formation de leur ſyſtème. La fleur du lys, *pl. IV*, ſeroit complète, ſi elle avoit un calice.

FLEURS compoſées, *flores compoſiti, pl. I, fig. 29, 30 ; & pl. II, fig. 52 & 53 ;* celles qui ſont formées par un aſſemblage de petites fleurs monopétales & hermaphrodites, qui ont cinq étamines réunies par leurs anthères en forme de gaîne traverſée par un piſtil communément bifide, & qui ſont toutes diſpoſées ſur un réceptacle commun. On diviſe les fleurs compoſées, en fleurs floſculeuſes, en fleurs ſemi-floſculeuſes, & en fleurs radiées. *Voyez* ces mots. Il ne faut pas confondre les fleurs compoſées avec les fleurs agrégées. Celles des chardons, des chicorées, des dents de lion, ſont des FLEURS compoſées ; celles des ſcabieuſes ne ſont que des FLEURS agrégées.

FLEURS dioïques, *flores dioici ;* celles qui ſont ou mâles, ou femelles, portées ſéparément ſur deux plantes différentes, les fleurs mâles ſur une plante, & les fleurs femelles ſur une autre plante.

FLEURS doubles, *flores duplices ;* celles qui ont acquis par la culture un plus grand nombre de pétales qu'elles n'en devroient avoir naturellement, mais dans leſquelles les organes ſexuels ſubſiſtent encore en partie, & fourniſſent quelques graines fécondes. *Voyez* FLEURS pleines.

FLEURS cruciformes, cruciées ou en croix, *flores cruciati* vel *cruciformes. Voyez* COROLLE en croix.

FLEURS droites, *flores erecti ;* celles qui ont leur péduncule perpendiculaire à l'horizon, & dont les pétales ſont, par leur lymbe, parfaitement horizontaux.

FLEURS en bouquet, *flores thyrſoidei ;* celles dont les péduncules branchus, inſérés graduellement & par étage ſur différens points d'un axe ou péduncule commun & vertical, arrivent à des hauteurs différentes.

FLEURS en cloche, *voyez* FLEURS campanulées.

FLEURS en corymbe, *voyez* CORYMBE.

FLEURS en épi, *flores ſpicati ;* celles qui ſont ſeſſiles ou preſque ſeſſiles, & qui ſont diſpoſées ſur un péduncule commun, ſimple, alongé

& droit ; mais il faut fe rappeler qu'on a dit qu'il falloit diftinguer deux fortes d'épi ; l'épi proprement dit, & l'épi chatonnier. *Voyez* EPI. Lorf-que les fleurs en épi font difpofées d'un feul côté feulement, on les nomme *flores fpicati fecundi.*

FLEURS en grappe, *flores racemofi, pl. X, fig. 7 ;* celles dont le péduncule commun eft toujours dans une direction inclinée ou pen-dante, & dont les péduncules particuliers font étagés comme dans le bouquet.

FLEURS en gueule ou labiées ; *voyez* COROLLE labiée.

FLEURS en muffle, en mafque ou perfonnées ; *voyez* COROLLE en mafque. Il feroit intéreffant, pour la netteté du langage de la Bota-nique, d'en retrancher les mots vagues de COROLLE en gueule ou COROLLE labiée, & de COROLLE en muffle, en mafque ou perfon-nées : j'aimerois mieux les mots *fleurs irrégulières* à capfule, *fig. 7, 9, pl. I,* au lieu de fleurs perfonnées ou fleurs en muffle, &c. & fleurs irrégulières à graines nues, *pl. I, fig. 11, 12,* au lieu de fleurs en gueule ou labiées ; du moins cela nous laifferoit une idée de la chofe dont nous parlons.

FLEURS en niveau, *voyez* CORYMBE.

FLEURS en ombelle, *flores umbellati ;* celles dont les péduncules partent tous d'un point commun, d'où ils divergent comme les bran-ches d'un parafol. On les nomme *fleurdelifées,* parce qu'elles reffem-blent, en quelque forte, aux fleurs de lis d'un écuffon.

FLEURS en panicule, *flores paniculati ;* celles qui font portées par des péduncules grêles, rameux, difpofés pour l'ordinaire avec confufion autour d'un péduncule commun, & qui arrivent à des hauteurs diffé-rentes & fans aucune efpèce d'ordre.

FLEURS éparfes, *flores fparfi ;* celles qui font rares, éloignées & difpofées fans aucun ordre autour des tiges & des rameaux.

FLEURS éphémères, *flores ephemeri ;* celles qui durent très-peu, ou qui ne durent jamais plus d'un jour.

FLEURS équinoxiales, *flores equinoxiales ;* celles qui s'ouvrent conf-tamment à telle ou telle heure, & qui fe ferment toujours à la même heure.

FLEURS eftivales, *flores æftivales* vel *æftiv ;* celles qui paroiffent en été.

FLEURS fafciculées, *flores fafciculati ;* celles qui font droites, très-rapprochées, & dont les péduncules font comme raffemblés en faifceau.

FLEURS

FLEURS femelles , *flores fœminei* : les fleurs qui n'ont que des piftils fans étamines , font appelées par les Botaniftes fleurs femelles : c'eft toujours dans ces efpèces de fleurs que l'on doit chercher le germe du fruit des plantes bifexuelles , & non pas dans les fleurs mâles. Si l'on rencontre fur une même plante des fleurs femelles & des fleurs mâles féparées, ces fleurs font monoïques ou androgynes. Quand les fleurs mâles & femelles fe trouvent féparément fur deux individus , c'eft-à-dire, quand les fleurs mâles fe trouvent fur une plante , & que les fleurs femelles fe trouvent fur une autre plante , comme dans le chanvre , la mercuriale annuelle , l'épinard, elles font dioïques. *Voyez* PLANTES monoïques , & PLANTES dioïques.

FLEURS fertiles , FLEURS fécondes ou fleurs nouées , *flores fertiles vel fecundi ;* celles qui étant, ou femelles , ou hermaphrodites , rapportent des fruits fécondés , qui pourront produire de nouvelles plantes.

FLEURS flétries , *flores marefcentes ;* celles qui reftent attachées aux tiges ou aux rameaux , malgré qu'elles aient perdu leur forme & leur couleur.

FLEURS fleurdelifées , *voyez* FLEURS en ombelle.

FLEURS flofculeufes , *flores flofculofi ;* parmi les fleurs compofées , celles qu'on nomme fleurs flofculeufes , font celles qui ne font compofées que de fleurons , *fig. 58 , pl. IV , voyez* FLEURONS.

FLEURS glomérulées , *flores glomerulati ;* celles qui font raffemblées en tête , & qui forment une efpèce de boule aux extrémités des tiges. Quand elles font raffemblées en pelotons le long de la tige , on dit qu'elles font raffemblées par pelotons , *flores conferti.*

FLEURS hermaphrodites , *flores hermaphroditi.* On appelle fleurs hermaphrodites , toutes les fleurs dans lefquelles on trouve étamines & piftils. La fleur du lis , *pl. IV ,* eft hermaphrodite : les fleurs de la pédiculaire , *pl. III ,* le font auffi.

On confond affez ordinairement les mots hermaphrodites & androgynes , & on les emploie mal-à-propos comme fynonymes. Linnæus leur donne un fens bien différent ; il nomme plante androgyne , celle qui porte fur le même pied des fleurs mâles & des fleurs femelles féparément , & non pas celle qui a des organes mâles & femelles réunis dans une même fleur.

FLEURS hivernales , *flores hibernales ;* celles dont l'époque de la floraifon arrive ordinairement pendant l'hiver.

FLEURS hybrides , *voyez* FLEURS polygames.

FLEURS incomplètes , *flores incompleti ; voyez* FLEURS complètes.

FLEURS infundibuliformes , *voyez* COROLLE infundibuliforme.

X

FLEURS labiées ou **FLEURS** en gueule, *flores labiati ; voyez* COROLLE en gueule & **FLEURS** en muffle.

FLEURS latérales, *voyez* **FLEURS** unilatérales.

FLEURS légumineufes, *flores leguminofi* vel *papilionacei ; voyez* COROLLE papilionnacée.

FLEURS liliacées ou **FLEURS** en lis, *flores liliacei.* On appelle ainſi les fleurs qui ſont compoſées de trois ou de ſix pétales, ou d'un ſeul pétale diviſé en ſix, dont la forme approche de celle de la fleur du lis, *pl. IV ;* elles ont ordinairement pour fruit une capſule à trois loges.

FLEURS mâles, *flores maſculi* vel *mares.* Les Botaniſtes appellent fleurs mâles, celles qui ne portent que des étamines & jamais de piſtils : les fleurs mâles ſont toujours ſtériles.

FLEURS météoriques, *flores meteorici ;* celles qui n'ont point d'heure déterminée pour s'ouvrir, qui s'ouvrent indifféremment à différens inſtans de la journée ; ſelon l'état du ciel, le degré de température de l'air, &c.

FLEURS monoïques ou androgynes, *flores monoici* vel *androgyni ;* celles qui ſont mâles & femelles ſéparées ſur le même individu.

FLEURS mutilées, *flores mutilati ;* celles à qui il manque quelques parties néceſſaires à la fructification, par cauſes de maladie.

FLEURS neutres, *flores neutri* vel *eunuchi :* c'eſt avec raiſon qu'on nomme fleurs neutres, quantité de fleurs pleines, qui n'ayant plus les parties eſſentielles à la fructification, c'eſt-à-dire, ni étamines, ni piſtils, ne peuvent donner de graines fécondes. *Voyez* **FLEURS** pleines.

FLEURS nouées, *flores fecundi ; voyez* **FLEURS** fertiles.

FLEURS papilionnacées, *flores papilionacei ; voyez* COROLLE papilionnacée.

FLEURS pédunculées, *flores pedunculati ;* celles qui ſont portées par des péduncules.

FLEURS penchées, *flores nutantes* vel *cernui ;* celles dont les péduncules s'éloignent de la ligne verticale, & qui ſont un peu inclinées vers la terre.

FLEURS perſonnées, **FLEURS** en maſque ou en mufle, *flores ringentes ; voyez* COROLLE perſonnée.

FLEURS pleines, *flores pleni ;* celles qui ne conſervent plus aucun organe ſexuel, & deſquelles on ne peut conſéquemment obtenir aucunes ſemences fécondes ; elles ne ſont compoſées que de pétales formés aux dépens des parties qui étoient deſtinées à la reproduction de l'eſpèce.

On ne peut multiplier les individus à fleurs pleines , qu'à l'aide des racines & des boutures.

FLEURS prolifères , *flores proliferi.* On obtient quelquefois , par la culture , des fleurs du milieu defquelles s'élève une petite tige qui porte des feuilles ou une nouvelle fleur : il ne faut pas confondre ces fleurs prolifères avec les fleurs doubles , les fleurs neutres ou fleurs pleines.

FLEURS polygames ou hybrides , *flores polygami* vel *hybridi ;* celles qui font hermaphrodites , & qui font portées fur un pied qui porte aulli des fleurs mâles ou femelles , enfemble ou féparément.

FLEURS polygames monoïques mâles , *flores polygami monoici mares ;* celles qui font hermaphrodites , & qui font portées fur un pied qui porte aulli des fleurs mâles.

FLEURS polygames monoïques femelles , *flares polygami monoici fœminei ;* celles qui font hermaphrodites , & qui font portées fur un pied qui porte aulli des fleurs femelles.

FLEURS polygames dioïques mâles , *flores polygami dioici mares ;* celles qui font hermaphrodites fur un individu , & en même temps mâles & hermaphrodites féparées fur un autre individu de la même efpèce.

FLEURS polygames dioïques femelles , *flores polygami dioici fœminei ;* celles qui font hermaphrodites fur un individu , & en même temps femelles & hermaphrodites féparées fur un autre individu de la même efpèce.

FLEURS printannières , *flores verni ;* celles qui paroiffent au printemps.

FLEURS radicales , *flores radicales ;* celles qui partent immédiatement de la racine.

FLEURS radiées ; *flores radiati.* Parmi les fleurs compofées , celles qu'on nomme radiées , font celles dont le difque eft occupé par des fleurons, *fig.* 58 , *pl. IV,* & la circonférence par des demi-fleurons , *fig.* 56, 60 , 61.

FLEURS ramaffées , *flores congefti , aggregati ;* celles qui font raffemblées par paquets : quand elles font difpofées deux à deux ou trois à trois fur le même point d'infertion , on les nomme *flores bini , terni , quaterni ,* &c. : quand elles font ramaffées en tête , ou difpofées aux extrémités des tiges ou des rameaux en efpèce d'épi fort court & plus ou moins arrondi , on les appelle *flores capitati* vel *glomerulati.*

FLEURS rares & clair-femées , *flores rari & diffeminati ;* celles qui font en petit nombre fur les tiges ou les rameaux , & éloignées les unes des autres.

FLEURS raffemblées , *voyez* FLEURS fafciculées , FLEURS glomé-rulées , FLEURS verticillées , FLEURS en grappe, FLEURS en bouquet, FLEURS en ombelles , FLEURS en panicule , FLEURS en épi , en co-rymbe , &c.

FLEURS rofacées ou FLEURS en rofe , *flores rofacei , pl. I , fig. 15 , 16 ; & pl. II , fig. 25 , 29.* On appelle ainfi les fleurs qui ont cinq pétales égaux & difpofés en rond.

FLEURS femi-doubles , *flores femi-duplices ;* celles qui ont un plus grand nombre de pétales qu'elles ne devroient en avoir naturellement , qui confervent néanmoins les organes femelles dans un état prefque auffi parfait que fi elles étoient fimples , & dont les pétales ne font pas affez multipliés , pour qu'on puiffe leur donner le nom de fleurs doubles.

FLEURS femi-flofculeufes , *flores femi-flofculofi.* Les fleurs compo-fées font appelées fleurs femi-flofculeufes , quand elles ne font com-pofées que de DEMI-FLEURONS , *pl. IV, fig. 56 , 60 , 61.*

FLEURS feffiles , *flores feffiles ;* celles qui n'ont pas de péduncule , & qui repofent immédiatement fur la tige ou les rameaux ; *c'eft ce qu'on appelle vulgairement* fleurs fans queue.

FLEURS fimples , *flores fimplices.* On appelle fleurs fimples , les fleurs qui n'ont qu'un nombre de pétales néceffaire , ou plutôt le nombre de pétales naturel à l'efpèce. On appelle auffi quelquefois , & feulement par oppofition à fleur compofée , fleur fimple , celle qui vient feule fur un réceptacle.

Les Cultivateurs appellent fleurs fimples , celles qui n'ont qu'un très-petit nombre de pétales au deffus de celui qu'elles devroient avoir natu-rellement : c'eft un degré au deffous de femi-doubles.

FLEURS folitaires , *flores folitarii ;* celles qui ne viennent qu'une à une fur chaque tige ou fur chaque rameau : la fleur du colchique d'au-tomne , celle de la tulipe , font des fleurs folitaires.

FLEURS ftériles , *flores fteriles.* Les fleurs mâles font ftériles de droit; mais les fleurs femelles & les fleurs hermaphrodites ne le font jamais que par accident. On a vu à l'article FÉCONDATION , quelle étoit la marche de la nature, pour que les plantes devinffent en état de per-pétuer leurs efpèces au moyen de leurs graines ; & à l'article CASTRA-TION , ce qui pouvoit rendre les fleurs ftériles.

FLEURS terminales , *flores terminales ;* celles qui font difpofées aux extrémités des tiges ou des rameaux.

FLEURS tropiques , *flores tropicei ;* celles qui s'ouvrent conftam-ment le matin , & qui fe ferment le foir.

FLEURS

FLEURS unilatérales , *flores unilaterales* vel *fecundi ;* celles qui ne font difpofées que fur un côté de la tige feulement ; quand elles font à peu près égalément difpofées fur deux côtés oppofés de la tige , on dit qu'elles font latérales, *laterales.*

FLEURS unifexuelles , *flores uni-fexus ;* celles qui ne portent que des organes mâles fans organes femelles , c'eft-à-dire , des étamines fans piftils , ou des organes femelles fans organes mâles , c'eft-à-dire , des piftils fans étamines. Les fleurs monoïques & les dioïques , font des fleurs unifexuelles.

FLEURS verticales, *flores verticales ;* celles qui font dans une fitua-tion abfolument pendante : telles font les fleurs du fceau de Salomon.

FLEURS verticillées , *flores verticillati , fig. 5 , pl. X ;* celles qui font difpofées en anneau ou en couronne autour des tiges ou des rameaux.

FLEXIBLE ; ce qui eft fouple , que l'on plie aifément.

FLORAISON ou FLEURAISON , *efflorefcentia ;* c'eft l'époque à la-quelle les plantes portent des fleurs. On dit qu'une fleur eft printanière, eftivale , automnale ou hivernale, quand elle paroît au printemps , en été, en automne , en hiver, fans que l'époque de fa fleuraifon ait été hâtée ou retardée par la culture.

FLORALES , *voyez* FEUILLES.

FLOSCULEUSE, *voyez* COROLLE , FLEURS.

FLOTTANTES , *voyez* FEUILLES.

FLUIDES néceffaires à la végétation. L'air eft le premier fluide ; c'eft lui qui entretient la fluidité & le mouvement des autres liqueurs qui circulent dans les vaiffeaux des plantes ; c'eft lui qui fait monter & defcendre la fève, & qui facilite le paffage des fucs propres dans des vaif-feaux d'une extrême fineffe , &c.

FLUTE, *voyez* GREFFE en.

FLUVIATILES , *voyez* PLANTES.

FOIBLE , *voyez* PEDUNCULE , TIGES.

FOLIAIRE , qui vient fur les feuilles ; *voyez* VRILLE.

FOLIATION ou FEUILLAISON , *frondefcentia* vel *foliatio ;* c'eft en général l'époque du premier développement des feuilles d'une plante. Linnæus a obfervé que les feuilles étoient roulées dans le bouton fous dix formes principales qui déterminoient autant d'efpèces de foliation.

FOLIOLES , *foliola , fig. A , B , C , D , E , fig. 4 , pl. IX.* On donne le nom de folioles aux petites feuilles qui forment la feuille compofée , & qui ont leur point d'infertion fur un pétiole qui leur eft commun. On dit les folioles de la feuille du pois, les folioles de la feuille de l'orobe, de la vesce, de la quinte feuille, &c.

FOLLICULE, *folliculus ; voyez* COQUE.

FONGOSITÉ, *fongositas*. On appelle fongosité ou substance fongueuse, tout ce qui est d'une consistance molle & élastique, & qui a quelque analogie avec la chair d'un champignon.

FORME, *forma* vel *habitus*. On entend par la forme, la figure extérieure d'un corps quelconque : on dit que tel fruit, telle racine, tel champignon, sont de forme ronde, orbiculaire, ovale, elliptique, alongée, &c. *Voyez* FEUILLES & les figures correspondantes. Dans une description, on manque souvent d'expression pour la forme, il faut avoir recours à des objets de comparaison ; c'est pourquoi l'on a fait les mots cunéiforme, cordiforme, panduriforme, lancéolé, palmé, &c.

FOURCHU, UE. On appelle fourchues ou bifurquées, les racines, les tiges, les vrilles, qui sont fendues en deux à leur extrémité, & qui font la fourche. On appelle stygmate fourchu ou bifurqué, celui que la *fig. 49 H, pl. IV*, représente.

FRANGÉ, ÉE. On dit que les bords d'une feuille, d'un feuillet, d'un pétale, font frangés, quand ils sont remarquables par des découpures très-fines qui semblent avoir été faites à coups de ciseaux & sans perte de substance.

FRISÉ, ÉE. On dit d'un pétale d'une feuille, des bords du chapeau d'un champignon, qu'ils sont frisés, quand ils sont irrégulièrement ondés & comme crépus. Ce mot s'emploie aussi quelquefois, pour signifier ce qui est roulé en dessus ou en dessous.

FRUCTIFICATION, *fructificatio ;* c'est, à proprement parler, l'ensemble des organes destinés à féconder les graines, d'où dépend la reproduction des végétaux. Les principaux organes de la fructification, sont les étamines & les pistils ; Linnæus les compare à ceux de la génération des animaux, parce qu'ils remplissent à peu près les mêmes fonctions. On peut regarder, dit-il, la corolle, comme le palais où se célèbrent les noces ; le calice, comme le lit conjugal ; les pétales, comme les Nymphes ; les filets des étamines, comme les vaisseaux spermatiques ; les anthères, comme les testicules ; la poussière fécondante, comme la liqueur séminale ; le stygmate, comme la vulve ; le style, comme le vagin ; le germe, comme l'ovaire ; le péricarpe, comme l'ovaire fécondé ; la graine, comme l'œuf ; les organes mâles & femelles réunis dans les fleurs d'une plante, comme les organes de la génération des animaux hermaphrodites ; & ces mêmes organes sur des individus séparés, c'est-à-dire, les étamines dans des fleurs, & les pistils dans d'autres fleurs, comme les organes de la gé-

nération des animaux qui ne font point hermaphrodites , & qui s'ac-
couplent pour travailler à la reproduction de leurs femblables.

Dans un très-grand nombre de plantes , il feroit bien difficile de
fuivre cette ingénieufe comparaifon ; ou les organes de la fructification
ne font connus qu'en partie, ou ils ne le font pas du tout. Linnæus,
dans fon Syftème fexuel , femble n'avoir rangé dans fa claffe XXIV ,
cryptogamie , 1°. les fougères , 2°. les mouffes , 3°. les algues , &
4°. les champignons , qu'en attendant qu'on découvrît les vrais organes de la fructification de ces plantes ; mais bien des fiècles fe fuc-
céderont encore , avant qu'on en puiffe claffer un très-grand nombre
différemment ; il y en a même , dont la fructification fera pour toujours le fecret de la Nature , & qui feront toujours des *cryptogames*
pour nous. Dans les fougères , par exemple , on ne diftingue ni organes mâles , ni organes femelles proprement dits. Ce que l'on regarde
comme organes de la fructification dans la plupart de ces plantes , font
de petits globules remplis de pouffière & communément raffemblés
par paquets : fi l'on examine ces paquets au microfcope , fur les feuilles
fougères , on voit qu'ils font formés par un affemblage de petites cap-
pfules à deux valves *fig. A* , *pl. VI* (*organes de la fructification des fougères*) ; que ces capfules font bordées d'un ou de plufieurs rangs de
corps orbiculaires , entremêlés de paillettes qu'on ne diftingue qu'avec
peine , & qu'elles varient dans leur forme & leur difpofition fur des individus différens ; que tantôt elles forment , fur le dos des feuilles , de
petits paquets arrondis & épars , *fig. B , C ;* tantôt de petits tas informes,
fig. D ; des lignes , *fig. E , F ;* tantôt un bourrelet fur le bord des feuilles,
fig. C ; une efpèce de cône aux extrémités des tiges , *fig. H* , ou un épi,
fig. I , ou qu'elles font différemment fituées dans le voifinage des racines.

Dans les mouffes , la fructification , quoique plus uniforme , n'eft
guère mieux déterminée. Dans la plupart de ces plantes , on obferve ,
fur des pédicules affez longs , *fig. K , L* , des efpèces d'urnes , *fig. M , S* ,
tantôt recouvertes d'une coiffe *O , P* , & tantôt fans coiffe , *fig. N ;* & d'autres fois avec des coiffes & fans cupules apparentes : dans un grand nombre de ces plantes, on trouve une pouffière féminale , *fig. t , T* , qui paroît
avoir les mêmes fonctions que celle que portent les anthères des fleurs
diftinctes , & on a foupçonné d'après cela , que les mouffes avoient des
organes mâles & femelles : quelques-uns prétendent que les organes
mâles & femelles font réunis dans chaque urne : d'autres au contraire
prétendent que ce que l'on regarde comme organe femelle dans l'urne,
n'eft point deftiné à cet ufage , puifque l'on n'y rencontre point de fruit;
& ils regardent comme organes femelles , de petits boutons écailleux &
feffiles , *fig. Q , R* , que l'on apperçoit à la partie inférieure des tiges , lorfqu'on les obferve avec attention : d'autres encore croient que les mouffes
ne fe reproduifent qu'au moyen des bourgeons ; & au lieu de confidérer,
comme fleurs femelles , ces petits boutons écailleux & feffiles dont je

viens de parler, ils ne les regardent que comme des bourgeons plus propres que ne feroient les organes fexuels, à affurer le fuccès de la reproduction de ces plantes. Je croirois difficilement que cette pouffière que l'on obferve dans les urnes des mouffes, ne fût pas réellement une pouffière prolifique, & peut-être la graine même. L'exiftence des bourgeons ne me paroît pas non plus moins admiffible : on auroit, pour étayer cette conjecture, que l'époque de la fleuraifon de la plupart des mouffes arrivant dans la faifon la plus rigoureufe de l'année, il pourroit fe faire que malgré que la Nature, par une fageffe infinie, les ait pourvues, comme pour fervir de remparts à leurs parties délicates, d'efpèces de couvertures coriaces & membraneufes, comme le font les coiffes de toutes les mouffes, des froids & des contre-temps de longue durée s'oppofant au fuccès de la fécondation des mouffes, elles ne fe reproduififfent pas, fi le foin de la reproduction n'étoit pas auffi bien confié aux bourgeons qu'aux parties de la fructification de ces plantes.

Dans les algues, il feroit plus difficile encore de donner une jufte idée de ce qu'on regarde comme organes de la fructification : ces plantes n'ont pas de véritables urnes comme les mouffes ; la plupart portent des cupules de différentes formes, *fig. U, V, X, Y* (*organes de la fructification des algues*), *pl. VI.* Quelques-unes, au lieu de cupules, portent des efpèces de fachets globuleux, d'autres des tubes plus ou moins longs ; d'autres des efpèces de plateaux pédiculés, quelquefois ponctués ou rayés, &c. On remarque que ces différentes parties, qu'on regarde comme les fleurs des algues, fe trouvent conftamment fur tous les individus de même efpèce ; mais leurs véritables fonctions font abfolument inconnues.

Lorfqu'il s'agit de déterminer ce qu'on entend par organes de la fructification dans les champignons, les mêmes difficultés fe préfentent : on n'y trouve rien qui reffemble à des étamines ni à des piftils, & ces plantes naiffent cependant, vivent, meurent, & fe reproduifent dans un ordre commun à tous les individus de la même efpèce. Depuis que l'on s'occupe de la Botanique, la manière dont les champignons fe reproduifent, a donné lieu à des difcuffions à l'infini ; fi l'on fe refufe à regarder comme la véritable graine de ces plantes, cette pouffière qu'on obferve dans prefque tous les individus de cette famille, on ne fera pas encore plus avancé. Les champignons, comme je crois l'avoir apperçu, fe reproduifent par les femences & par les cayeux, que l'on pourroit regarder plutôt comme des bourgeons ; cette pouffière que l'on peut obferver tous les jours fur la furface externe des feuillets de l'AGARIC comeftible, me paroît être fa véritable femence ; je la regarde comme la bafe de ce que les Cultivateurs appelent BLANC de champignon, & je crois que cette pouffière venant à être dépofée fur des terrains convenables, y produit des champignons d'une efpèce femblable à celle qui l'a produite elle-même. *Voyez* l'article BLANC de champignon,

POUSSIÈRE

POUSSIÈRE fécondante. Si l'on observe avec attention ce que les Maraî-
chers font journellement lorfqu'ils enfemencent une couche de champignons, la reproduction de ces plantes par le moyen des graines , s'entendra clairement. Le *blanc de champignon*, cette terre qu'ils enlèvent
de deffus d'anciennes couches de champignons, & dont ils couvrent de
nouvelles couches préparées pour cet effet, ne nous permet pas de douter
que la prodigieufe quantité de champignons qui en réfulte , ne foit le
produit du développement d'une graine très-fine que cette terre contenoit. Cette graine avoit déja été échauffée , couvée , pour ainfi dire,
& peut-être déja éclofe , par l'ancienne couche fur laquelle elle avoit
été dépofée ; mais il falloit qu'une terre nouvellement préparée , favori-
fât fon accroiffement ; il eft probable que ce moyen n'eft pas le feul
qu'emploie la Nature ; une couche cefferoit de produire des champignons, quand toutes les graines que la terre contenoit feroient développées , fi cette efpèce de champignon , l'AGARIC COMESTIBLE, ne fe
reproduifoit auffi par le moyen des bourgeons : on fait au contraire
qu'une couche ainfi préparée , donne une quantité prodigieufe de
champignons pendant plufieurs années de fuite.

FRUIT , *fructus*. On appelle fruit l'ovaire groffi ; l'ovaire renferme en
abrégé l'œuf de la plante , ou la partie qui fert à multiplier fon efpèce.
Le fruit renferme ce même œuf, c'eft-à-dire , la graine dans un état
plus parfait. On diftingue dans le fruit le péricarpe, c'eft-à-dire , ce qui
fert d'enveloppe à la graine ; le réceptacle , c'eft-à-dire , la partie de la
plante fur laquelle le fruit repofe immédiatement, & à laquelle il eft attaché par les vaiffeaux d'où il tire fa fubfiftance, & la graine proprement
dite. On diftingue huit efpèces de fruits, comme on diftingue huit
efpèces de PÉRICARPES ; 1°. la CAPSULE , 2°. la COQUE ; 3°. la SILI-
QUE ; 4°. la GOUSSE ; 5°. le FRUIT à noyau ; 6°. le FRUIT à pepin ;
7°. la BAIE ; & 8°. le CONE. On appelle fruits fucculens , ceux dont
les femences font renfermées dans une pulpe molle ou une chair
remplie de fuc comme la plupart des baies. On appelle fruits fecs ,
ceux qui étant parvenus à leur état de maturité , n'ont point de fucs ;
telle eft la coque , la gouffe , la noix, &c. Au mot SEMENCE , nous nous
étendrons davantage fur ce qui caractérife la différence refpective des
fruits.

Les cultivateurs appellent *fruits coulés* , ceux qui font avortés ; &
fruits noués , ceux fur lefquels ils fondent l'efpoir d'une heureufe
récolte, parce que , lorfque la fleur eft tombée , ils voient que les
fruits groffiffent & viennent à bien.

FRUITS à noyau , *drupa*. Dans les fruits de cette efpèce , *pl. V*, *fig.*
31, *32*, *33*, *34*. La femence ou l'amande , *fig. 34 A* , eft renfermée
dans une boîte ligneufe ou offeufe , que l'on appelle noyau. Ce noyau

eſt recouvert d'une pulpe ou enveloppe charnue & plus ou moins ſucculente, qui lui ſert de PÉRICARPE. *Voyez* ce mot.

FRUITS à pepin, *pomum*, *pl. V, fig. 36, 37*. Les pommes, les poires,
les melons ſont des fruits à pepins , compoſés d'une pulpe charnue &
plus ou moins ſolide , au centre de laquelle on rencontre des loges
membraneuſes , qui contiennent des ſemences renfermées dans une
tunique propre , membraneuſe & coriace. *Voyez* PÉRICARPE.

FULLOMANIE ou plutôt FULLOTOMIE. Une culture forcée, une
ſurabondance d'engrais faitſouvent naître ſur les plantes une prodigieuſe
quantité de feuilles aux dépens des organes deſtinés à la fruĉtification ;
cette eſpèce de maladie qui rend la plante monſtrueuſe , l'empêche de
donner du fruit, & hâte ſon dépériſſement.

FUSIFORME ; ce qui a la forme d'un fuſeau ; *voyez* PÉDICULE ,
RACINE.

G.

GAINE , *vagina* : on dit que les étamines ſont réunies en gaîne par
leurs anthères dans les fleurs compoſées , *pl. II, fig. 50 , 51 , 52 ; &*
pl. IV , fig. 28 , 57 & 58 A ; qu'elles ſont réunies par leurs filets , *pl.*
IV , fig. 29 , 31 , 32 , 33 ; que les feuilles ſont terminées par une gaîne
qui embraſſe la tige , *pl. VIII, fig. 70 A :* & l'on appelle auſſi quelquefois fruits en gaîne, ceux dont la forme approche de celle de la gaîne
d'un couteau.

GALLE des plantes. On donne ce nom à une eſpèce de maladie qui attaque les plantes , & dont la piqure d'un inſeĉte eſt communément la
cauſe. Les galles de chêne , celles du lierre terreſtre , de l'orme , ainſi
que ces monſtruoſités qui naiſſent ſur le roſier ſauvage , renferment &
nourriſſent ordinairement l'animal qui en eſt la cauſe , mais dont il eſt
innocent : ſa mère , pour donner un aſile ſûr à l'œuf duquel il eſt ſorti,
l'avoit dépoſé dans un trou qu'elle avoit pratiqué elle-même & rebouché
enſuite , & c'eſt l'extravaſation des ſucs du végétal par ce trou, qui
produit ces excroiſſances monſtrueuſes que l'on nomme galle. *Voyez*
EXTRAVASATION.

GELATINEUX , SE , qui a la conſiſtance d'une gelée , ou qui reſſemble à de la gelée.

GEMINÉ , ÉE. Les anthères , les feuilles , les braĉtées ſont géminées ,
quand elles ſont portées deux à deux ſur un même pétiole , ou quand

elles n'ont fur la tige ou les rameaux , qu'un point d'infertion commun.

GÉNÉRATION, *generatio* ; l'analogie qu'on trouve entre les organes de la fruƈtification des plantes , & celles de la génération des animaux, fait qu'on emploie quelquefois le mot génération pour le mot FRUCTI-FICATION.

GÉNÉRIQUE ; ce qui défigne le genre , ou qui appartient au genre ; *voyez* CARACTÈRES génériques , NOMS génériques.

GENRE des plantes , *genus plantarum* ; c'eſt un aſſemblage d'un cer-tain nombre d'eſpèces de plantes , qui ont toutes un caraƈtère uniforme & commun , établi fur la ſtruƈture de quelques parties eſſentielles. Toutes les plantes connues des Botaniſtes modernes , ont deux noms ; le premier qui fert à indiquer le genre de la plante , & qui eſt commun à toutes les plantes du même genre , eſt appelé nom générique ; & le ſecond qui indique l'eſpèce , s'appelle nom ſpécifique. La pédiculaire , par exemple, repréſentée *pl. III* , eſt appelée *pedicularis* , du nom que lui donnèrent les anciens , parce qu'ils crurent s'appercevoir que cette plante donnoit des poux aux animaux qui en avoient mangé. On a con-ſervé ce nom , & il eſt devenu générique pour toutes les plantes qu'on a cru devoir rapprocher par la conformité des organes de la fruƈtification. On a nommé celle dont nous donnons la figure *pedicularis* (*paluſtris*), parce que c'eſt la ſeule plante de ce genre qui vienne dans les marais.

Avant que l'on ſongeât à rapprocher les plantes pour en former des genres , chaque plante n'avoit qu'un nom ; ce nom étoit révéré , parce que , de temps immémorial , l'uſage l'avoit adopté , & qu'il étoit de-venu le dépôt ſacré des découvertes de nos pères. Il n'en eſt pas de même aujourd'hui ; depuis que , ſous le plus léger prétexte , chacun s'eſt permis de changer les noms des plantes, on a vu naître en Bota-nique une ſi grande confuſion , que cette ſcience , confidérée du côté de ſon utilité , n'a peut-être , ſi j'oſe le dire , jamais été ſi loin de ſon but : ſi l'on vous parle d'une plante , il faut que vous demandiez ſi c'eſt de celle que tel ou tel Auteur a nommée ainſi ; car ſouvent la même plante a été appelée différemment par cent Auteurs différens. Avons-nous donc perdu pour toujours l'eſpoir d'appeler à notre ſecours la Botanique , dont la Nature , par une ſageſſe infinie , a fait la baſe de la médecine naturelle pour les hommes & les animaux ? Non , il y a lieu de croire que quelques génies ſupérieurs , amis de l'humanité , nous rétabliront un jour dans nos droits , & qu'en fixant d'une manière irré-vocable les noms des plantes, on pourra travailler de concert de tous les coins du monde, à étendre l'empire de cette ſcience , & à la faire ſervir plus utilement aux différens beſoins de la vie , & ſur-tout au ſoulagement des maux qui tendent à en abréger le cours.

GERME, *germen ; voyez* EMBRYON , GERMINATION, OVAIRE.

GERMÉE. On dit qu'une graine est germée, quand sa radicule *b*, *fig. 4*, *pl. V*, commence à se montrer.

GERMINATION, *germinatio* ; c'est le premier développement des parties contenues dans la graine du GERME proprement dit, le premier signe de l'accroissement d'une plante. Les *fig. 4, 5, 6, 7, 8, 9, 10, 11, pl. V*, représentent différentes germinations ; c'est dans cet état du végétal, où l'on voit le mieux que la Nature semble avoir fait un type pour chaque espèce, chaque plante ayant sa marche particulière, au moment de la germination de sa graine. Dans la *fig. 4*, on voit la germination de deux grains d'orge; la radicule *b* se montre toujours avant la plumule ; quoique la radicule soit déja fort grande, la plumule reste cachée sous la tunique propre ; elle n'est apparente dans cette figure, que parce qu'on a enlevé la tunique propre de la graine qu'elle représente.

GLABRE, ES, ce qui est sans poils; *voyez* PÉDICULE, PÉDUNCULE, SUPERFICIE, FEUILLES, TIGES, &c.

GLADIÉ, ÉE ; ce qui a la forme d'une lame d'épée; *voyez* FEUILLES, TIGES.

GLANDES, *glandulæ* ; ce sont de petits corps vésiculeux, qu'on rencontre sur différentes parties des plantes, & particulièrement sur les feuilles, les calices, & aux onglets des pétales : on les regarde comme des organes destinés à quelque sécrétion. Tantôt les glandes ressemblent à des petites vessies, on les nomme *glandulæ vesiculares* ; tantôt à des écailles, *squammosæ* ; tantôt à des globules, *globulares* ; à des lentilles, *lenticulares*; à des godets, *cupulares*; à de petites outres, *utriculares*, &c. Quand elles sont portées sur des pieds ou des pédicules, on dit qu'elles sont pédiculées, *stipitatæ* vel *pediculatæ* ; quand elles n'ont pas de pieds, on dit qu'elles sont sessiles, *sessiles*.

GLANDULEUX, SE; ce qui est composé de glandes, ou qui est remarquable par quelques glandes; *voyez* FEUILLES, PÉTALES, PÉTIOLES.

GLAUQUE; ce qui est d'un vert blanchâtre & comme farineux.

GLOBULAIRE ou GLOBULEUX, SE; ce qui est composé de globules ou de petits corps arrondis, ou ce qui a une forme sphérique : *voyez* ANTHÈRES, GLANDES, CAPSULE, RACINE, SEMENCES.

GLOMÉRÉES, GLOMÉRULÉES ou CONGLOMÉRÉES. On appelle fleurs glomérées, *flores glomerati* ; celles qui sont rassemblées en tête à l'extrémité d'une tige ou d'un péduncule commun.

GLUANT, TE ; ce qui est recouvert d'une liqueur visqueuse qui s'attache aux doigts; *voyez* FEUILLES, TIGES.

GODET, *voyez* GLANDES en godet, ou qui ressemblent à des godets.

GOMMES, *gummi* ; ce sont des excrétions qui suintent naturellement

ment par des filtres deftinés à cet ufage qui fe répandent fur les différentes parties des plantes qui s'y épaiffiffent avec le temps , fe durciffent
à l'air , & font plus ou moins tranfparentes.

Les gommes diffèrent des réfines , en ce qu'elles ne font pas fufceptibles de s'enflammer , & qu'on peut les diffoudre entièrement dans l'eau
fimple , comme la gomme de cerifier, de prunier.

GOMMES réfines, *gummi refinæ ;* celles qui font compofées de parties gommeufes & de parties réfineufes , qu'on ne peut diffoudre entièrement dans l'eau , & qui ne font pas non plus entièrement folubles
dans l'efprit-de-vin.

GORGE de la corolle , *faux ;* c'eft l'efpace qu'on rencontre entre les
parois du lymbe d'une corolle monopétale. On dit que telle fleur a la
gorge très-ouverte , & que telle autre a la gorge très-ferrée ; que l'une eft
fermée par la réunion de plufieurs écailles , & que l'autre eft libre.

GOUSSE ou LÉGUME , *legumen ;* c'eft la quatrième efpèce de péricarpe , c'eft-à-dire , la quatrième efpèce d'enveloppe propre à certains
fruits. La gouffe eft compofée de deux panneaux que l'on nomme vulgairement *coffes ;* ils font unis par deux futures longitudinales ; ils
n'ont point de membrane intermédiaire , & les graines ou femences ne
font attachées qu'à une des deux futures feulement. Les gouffes font le
produit des fleurs légumineufes ou papilionnacées (qui dit fleur légu-
mineufe , dit auffi femences renfermées dans une gouffe , parce que
l'un fous-entend toujours l'autre). Souvent la gouffe reffemble beaucoup,
par fa forme , à la coque , la feconde efpèce de péricarpe , ou à la filique,
la troifième efpèce ; mais pour peu que l'on faffe attention aux différentes difpofitions des graines dans ces trois efpèces de péricarpe , on
ne peut les confondre. On dit que la gouffe eft arrondie , *legumen fubrotundum ;* ovale, *ovale ;* linéaire , *lineare ;* véficulaire , *veficulare* vel
inflatum ; gonflée , *turgidum, pl. V , fig. 27 ;* unie, *læve ;* velue , *hifpi-
dum ;* cannelée ou ftriée, *ftriatum , fig. 28 ;* contournée, *tortum* vel *contortum , fig. 28 ;* articulée, *articulatum , fig. 29 ;* uniloculaire, *uniloculare ,* quand elle n'eft qu'à une loge , comme font les légumes de
prefque toutes les plantes ; biloculaire, *biloculare ,* quand elle eft à deux
loges, comme le font les légumes de l'aftragale.

*C'eft improprement qu'on donne le nom de gouffe d'ail aux cayeux qui
compofent la racine de cette plante.*

GOUTTIÈRE. On dit que les pédicules , les péduncules font creufés
en gouttière , *canaliculati ,* quand on remarque fur leur longueur d'un
bout à l'autre , & d'un feul côté feulement , un enfoncement , un
demi canal ou une efpèce de rainure.

GRAINE , *femen.* La graine ou la femence eft l'œuf de la plante , le
fruit proprement dit , ou la partie du fruit qui fert à multiplier l'efpèce.

On dit vulgairement un grain de froment, un grain d'orge, pour dire une graine de froment, une graine d'orge. On donne auſſi le nom de grains à de petites baies, comme celles qui compoſent le raiſin, la groſeille. On dit un grain de raiſin, un grain de ſureau, un grain de genièvre, un grain de groſeille, *acinus*.

GRAMINÉES ; c'eſt ainſi qu'on nomme toutes les eſpèces de bleds, de chiendents. *Voyez* PLANTES graminées.

GRANDEUR. Il y a des plantes où il eſt eſſentiel d'avoir égard à la grandeur reſpective des parties qui les compoſent : on regarde ſi les étamines ſont égales ou non, ſi les piſtils ſont égaux en grandeur aux étamines, &c. *Voyez* HAUTEUR.

GRAPPE, *racemus ;* c'eſt un aſſemblage de fleurs ou de fruits diſpoſés par étages ſur un péduncule commun mais pendant, au lieu que le bouquet, *thyrſus*, porte des fleurs diſpoſées par étages ſur un péduncule commun, mais droit. On appelle *flores racemoſi*, les fleurs qui ſont en grappe.

GRAPPE compoſée, *racemus compoſitus ;* celle qui porte des fleurs, dont les péduncules ne ſont nullement diviſés.

GRAPPE unilatérale, *racemus unilateralis* vel *ſecundus ;* celle qui porte des fleurs, dont les péduncules propres ſont tous inférés du même côté du péduncule commun.

GREFFE. On donne ce nom à la partie d'un arbre que l'on veut enter ſur un autre arbre ; & l'on comprend auſſi quelquefois ſous cette dénomination le ſujet greffé.

GREFFER ou enter, *inſerere.* L'art de greffer conſiſte à ſubſtituer aux branches naturelles d'un arbre, celles d'un autre arbre que l'on veut multiplier. Le ſuccès de l'opération de la greffe dépend principalement d'une union intime de l'aubier de la *greffe* avec celui du *ſujet ;* c'eſt ainſi qu'on nomme l'arbre qui reçoit la greffe : par cette découverte, une des plus intéreſſantes qu'on ait jamais faites, le ſauvageon le plus abject va devenir l'arbre qui rapportera les fruits les plus beaux & les plus exquis. Cet arbre tout rabougri, que cent fois la cognée a dédaigné d'abattre, ſera peut-être un jour celui que vous eſtimerez le plus, celui à la conſervation duquel vous voudrez que l'on veille de plus près.

En moins d'un ſiècle, on s'eſt rendu ſi familier avec l'art de greffer, que je ne ſais pas s'il ne ſeroit pas plus court d'expoſer de quelle manière on ne peut greffer ſans ſuccès, que de détailler tous les procédés qui réuſſiſſent, même à ceux qui cherchent dans la pratique d'une culture routinière, le dédommagement de leurs travaux. Nous ne nous arrêterons donc qu'aux manières de greffer les plus uſitées, & dans la vue feulement d'en laiffer une idée à ceux qui ne les connoiffent pas.

M. Duhamel, dans le premier volume qu'il nous a donné fur la culture des arbres fruitiers, nous a laiffé fur l'art de la greffe, des détails on ne peut plus intéreffans ; c'eft avec regret que nous ne les expofons pas dans leur entier ; mais, obligé de nous renfermer dans les bornes que nous nous fommes prefcrites, nous renvoyons à cet excellent ouvrage, ceux qui ne fe contenteront pas d'une courte analyfe.

» Trois fortes de greffe, dit ce favant Académicien, p. 14, font ufi-
» tées pour les arbres fruitiers, favoir, la *greffe en écuffon*, la *greffe en*
» *courone* & la *greffe en fente*. 1°. On écuflonne les jeunes fujets ou les
» vieux, mais fur du bois de l'année ou de deux ans au plus. 2°.... La
» greffe en couronne fe fait fur des fujets qui ont plus de deux pouces
» de diamètre, pendant la fève du printemps, lorfque l'écorce des fujets
» peut fe décoller aifément. 3°. On greffe en fente des fujets qui font
» au moins gros comme le pouce avant le premier mouvement de la
» fève.... Pour greffer en fente, on fcie horizontalement le fujet *A*, *B*,
» *fig. 4*, *pl. VII*; on pare la coupe, & on l'unit fur-tout à l'endroit où
» l'on veut inférer la greffe : on pofe fur le diamètre de la coupe, le
» tranchant d'une ferpette ; & frappant avec un maillet fur le dos de
» l'inftrument, on fend le fujet verticalement, & quelquefois en croix :
» on taille en coin, long d'un pouce ou un pouce & demi, le gros
» bout de la greffe, *fig. 5* : on ouvre la fente du fujet, & l'on y infère
» le coin de la greffe, de manière que le *liber* ou l'*aubier* de la greffe
» réponde exactement au *liber* du fujet, ou au moins y coïncide en quel-
» ques points : on affujettit avec un petit ofier le fujet à l'endroit de
» l'infertion : on forme enfuite fur la coupe du fujet, & fur l'endroit de
» l'infertion, une poupée compofée de terre & de boufe de vache,
» que l'on entoure d'un morceau de linge.... Pour greffer en couronne,
» on taille le bas de la greffe, *fig. 12 L*, en forme de curedent : on fcie
» le fujet : on en unit la coupe ; &, avec un petit coin d'os ou de bois
» dur, on fait la place des greffes *L*, *M*, *N*, *O*, *P*, que l'on infère le
» plus juftement poffible, entre l'écorce & le bois du fujet : on place
» ainfi des greffes autour de la coupe du fujet, à trois pouces les unes
» des autres, & l'on couvre la coupe du fujet, de la même façon que
» les greffes en fente... Pour greffer en écuffon, on lève la greffe, *fig. 6*,
» qui n'eft qu'une pièce d'écorce avec un bouton.... Il faut des pré-
» cautions pour la détacher, parce qu'il eft néceffaire que l'œil ne refte
» pas vide du petit filet ligneux qui eft attaché par un bout aux cou-
» ches ligneufes de la branche, & de l'autre s'étend dans le bouton :
» on fait à l'écorce du fujet une incifion horizontale, *fig. 7 D* ; & du
» milieu de cette incifion, on en abaiffe une verticale en forme de T,
» ou bien en forme de L, & l'on y place l'écuffon, de manière que fa
» furface intérieure foit appliquée fur la furface ligneufe du fujet, &
» que fon bord fupérieur fe joigne à la coupe horizontale : on lie le

» tout de plufieurs révolutions d'écorce d'ofier, ou d'un double fil de
» laine ou de coton. « On greffe encore par approche, foit en approchant, comme dans la *fig. 13*, deux branches dont on a enlevé l'écorce
du côté où elles doivent fe toucher, foit en faifant entrer la greffe dans
une entaille faite au fujet, *fig. 14*, ou dans une forte de mortaife pra-
tiquée dans le fujet, &c. On greffe en flûte ou fifflet, en enlevant un
tuyau d'écorce de deux ou trois doigts de long, *fig. 10 I, K*, ou *Q*,
fig. 15, & en l'ajuftant fur une branche du fujet, *fig. 15 R*, dépouillée
de fon écorce : on peut fendre en long les fifflets pour les ajufter mieux.
On greffe auffi à l'emporte-pièce, c'eft-à-dire, qu'on fe fert d'un emporte-pièce pour lever un écuffon, *fig. 8, 9, F, G*, que l'on place dans
une pareille entaille faite fur le fujet. On greffe encore en coin, *fig.*
7 E, en taillant la greffe comme elle eft repréfentée, *fig. 11 H* : en fente,
fig. 4 c, comme on feroit la greffe en écuffon. On greffe à *œil*, à la
pouffe, à *œil dormant*, fur *franc*, fur *fauvageon*, &c.

GRÈLE, *gracilis*. Ce nom convient à toutes les parties des plantes
qui paroiffent trop longues & trop déliées pour leur groffeur. On dit
qu'une tige eft grèle, quand elle eft longue & amincie comme celle
de la cufcute ; que des pétioles, des péduncules font grèles, quand
ils n'ont pas une groffeur proportionnée à leur longueur. On en dit
autant des filets des étamines, quand ils font trop longs pour leur
groffeur, & qu'ils ont l'air de fil ou de cheveux.

GRIFFES. On donne ce nom à des efpèces de racines, dont la forme
approche affez de celle de la patte d'un animal. On appelle ainfi les racines de la renoncule, que l'on cultive comme fleur d'ornement.

GRIMPANT, TE. On donne ce nom aux tiges des plantes qui ne
peuvent s'élever qu'en s'accrochant, ou en s'entortillant aux corps qui
les avoifinent.

GRUMELEUX, SE ; ce qui eft compofé d'une chair caffante, &
qu'on peut divifer fans effort par grumeaux.

GUEULE, *voyez* FLEUR en gueule, COROLLE labiée ou en gueule.

GYMNOSPERMIE, *gymnofpermia* ; c'eft le premier ordre qui divife
dans le Syftême fexuel de Linnæus, les plantes de la XIVe. claffe (la
didynamie). Le mot *gymnofpermie* eft compofé de deux mots grecs qui
fignifient femences nues, parmi les plantes de la claffe didynamie.
Celles qui ont quatre graines nues au fond du calice, *pl. II, fig. 33*,
font de l'ordre gymnofpermie.

GYNANDRIE, *gynandria*, de deux mots grecs, qui fignifient femme
& mari réunis. La gynandrie eft la claffe XX du Syftême fexuel ; elle
renferme les plantes qui ont plufieurs étamines réunies & attachées
au piftil, fans adhérer au réceptacle.

H.

H.

HAMIPLANTE. On dit que le gratteron eſt *hamiplante*, parce qu'il s'attache aux habits & aux poils des animaux, au moyen de ſes poils rudes qui ſont courbés en hameçon.

HAMPE, *ſcapus*, *pl. X fig. 6*, E, F. La hampe eſt une eſpèce de tige herbacée qui n'a pas de feuilles, qui part immédiatement de la racine, & qui eſt deſtinée à porter les parties de la fruɛtification, comme dans le piſſenlit, le colchique d'automne; c'eſt un péduncule ſimple qui ne porte jamais qu'une fleur.

HASTÉ, ÉE; ce qui eſt en fer de pique; *voyez* FEUILLES.

HAUTEUR. Dans la deſcription d'une plante, il eſt très-eſſentiel de faire mention de ſa hauteur moyenne. On dit que telle plante eſt haute d'une ligne, ou de la douzième partie d'un pouce, *planta linearis*; d'un pouce, ou de la douzième partie d'un pied, *pollicaris*; d'une palme, ou de trois pouces environ, *palmaris*; de ſix à ſept pouces, *ſpithamea*; de neuf pouces ou environ, *dodrentalis*; d'un pied, *pedalis*; de ſix pieds, *orgialis*, &c. La hauteur ou la grandeur reſpeɛtive des différentes parties qui compoſent les plantes, n'offre pas moins de ſecours pour la diſtinɛtion des genres; elle eſt même ſouvent néceſſaire dans l'établiſſement des claſſes.

HÉLIOTROPES. On appelle plantes héliotropes, celles qui tournent toujours le diſque de leurs fleurs du côté du ſoleil, de manière que par leur direɛtion, elles le ſuivent dans ſon cours.

HEPTANDRIE, *heptandria*; de deux mots grecs qui ſignifient ſept maris. L'heptandrie eſt la claſſe VII du Syſtême ſexuel; *pl. II, fig. 14*. Elle renferme les plantes dont les fleurs ont ſept étamines diſtinɛtes.

HERBACÉ, ÉE, ou HERBEUX, SE, qui n'a pas plus de ſolidité que l'herbe; *voyez* TIGE.

HERBES, *herba*. Les herbes ſont des plantes qui perdent leur tiges tous les hivers; les unes, que l'on nomme *annuelles*, périſſent entièrement tous les ans; d'autres ſubſiſtent par leurs racines pendant deux; on les nomme *biſannuelles*; d'autres pendant trois; ou pendant un temps illimité, on nomme celles-ci *triſannuelles* ou *vivaces*. Pour abréger les deſcriptions, on a imaginé de marquer la durée des plantes par le moyen de certains caraɛtères: la plante annuelle eſt reconnue pour telle par le caraɛtère ☉: la plante biſannuelle, par le caraɛtère ♂;

& la plante trifannuelle, ou dont la durée eft illimitée, par le caractère $\math鲜{2}$.

On auroit encore pu faire plufieurs fous-divifions, dans lefquelles
on auroit rangé un grand nombre de plantes, qui ne font ni arbres,
ni herbes, comme les champignons, les moififfures, &c. dont la plupart vivent moins d'une année, d'autres ne durent que quelques jours,
d'autres que quelques heures, d'autres qu'un moment; mais il vaut
mieux fpécifier le temps moyen de la durée d'une plante; les fous-
divifions & les termes qu'on emploieroit pour en donner l'idée, iroient
à l'infini.

HERBE annuelle, *herba annua*; bifannuelle, *bis-annua*; trifannuelle,
tris-annua; vivace, *perennis*. *Voyez* l'article plus haut HERBES.

HERBIER, *herbarium*. On diftingue de deux fortes d'herbiers; les
uns, que l'on nomme HERBIERS naturels, parce qu'ils font compofés
de plantes defféchées; & les autres, que l'on appelle HERBIERS artificiels, parce qu'ils font compofés de deffins, de peintures ou de gravures, coloriées ou non coloriées. *Voyez* le DISCOURS préliminaire.

Comme les plantes ont prefque toutes une époque différente pour le
temps de leur floraifon, & que c'eft précifément dans ce moment-là
que nous démêlons le mieux, & avec plus de certitude, les caractères qui
les diftinguent, à peine tout le temps de notre vie fuffiroit-il pour apprendre à connoître quelques centaines de plantes même des plus communes, fi nous étions obligés d'aller à la campagne épier le moment où
chacune d'elle feroit en fleur; c'eft pourquoi nous avons pris le parti de
raffembler le plus grand nombre de plantes poffible, dans des jardins
botaniques & dans des herbiers, afin de les avoir plus commodément fous
les yeux. Mais de nouvelles difficultés fe préfentoient encore. Il y a
des plantes qu'on n'a jamais pu faire venir dans aucun jardin botanique,
quelque foin qu'on ait apporté à leur culture, & d'autres que l'on ne
peut conferver en herbier, parce qu'elles ne font pas fufceptibles de
defficcation. On s'eft retourné de mille manières pour tâcher de remédier à ces inconvéniens. Les uns ont travaillé à perfectionner l'art de la
defficcation par différens moyens ingénieux; les autres, parmi lefquels
nous nous faifons un devoir de placer M. de St.-Germain, un de ceux
qui doivent avoir le plus de droit à la reconnoiffance des Amateurs en
Botanique, ont eu la patience de modeler fur la nature, & de colorier
enfuite les fruits fucculens, les champignons & quelques plantes graffes;
d'autres ont fait des fleurs artificielles; & quelques-uns même y ont fi
bien réuffi (1), que l'on pouvoit aifément y être trompé; mais
combien, hélas! ces chefs-d'œuvre de l'art ne font-ils pas encore
éloignés de remplir notre objet! Il étoit réfervé à l'art de peindre, de
réunir tous ces avantages, & de combler nos vœux; c'eft à cet art mer-

____

(1) M. Bulli.

veilleux que nous devons ces magnifiques collections de plantes, qui ornent les cabinets de nos Rois, de nos Princes, & de quelques Amateurs fortunés. Il leur manque encore des chofes effentielles, je l'avoue. Il falloit, pour leur donner tout le degré de perfection dont elles étoient *fufceptibles* (car la nature fe rit des efforts que nous faifons pour l'imiter; &, dans nos chefs-d'œuvres même, elle ne voit encore de fes traits qu'une groffière efquiffe); il falloit, dis-je, la main d'un Artifte célèbre, & l'œil d'un Botanifte attentif, qui fût voir fans contrainte, & juger fans partialité. Il falloit que l'art du Peintre marchât d'un pas égal avec celui du Naturalifte; que chaque plante fût accompagnée des détails caractériftiques qui peuvent nous la faire diftinguer; qu'elle fût nommée d'après les plus célèbres Botaniftes, pour qu'on pût la claffer felon leur méthode, leur fyftême; & pour ne nous rien laiffer à defirer, qu'elle fût accompagnée d'un précis hiftorique, qui nous apprît fur le champ tout ce qu'il eft important de ne pas ignorer fur le compte d'une plante.

On fait que Jean-Jacques Rouffeau aimoit paffionnément la Botanique, & qu'il travailloit même à faire dans cette fcience quelques réformes avantageufes (1). Il s'eft long-temps occupé de l'art de la defficcation des plantes; il nous a laiffé plufieurs herbiers de différens *formats*. Parmi les livres rares & précieux qui compofent la bibliothèque du favant M. de Malesherbes, on trouve deux petits herbiers de Jean-Jacques, faits avec tout le foin & tout l'art poffible; l'un eft de *format in-*8°., & ne renferme que des *cryptogames*; & l'autre de *format in-*4°., eft compofé de plantes à fleurs diftinctes.

M. le Chevalier de Tourmevel ayant appris que j'étois fur le point de faire imprimer cet Ouvrage, a bien voulu concourir de la manière la plus obligeante, à en augmenter l'utilité, en me communiquant un manufcrit du Philofohe Genevois, fur la néceffité d'un herbier, & fur les moyens les plus fimples & les plus avantageux en même temps de travailler à s'en faire un.

Jean-Jacques, après avoir montré la néceffité d'un herbier; après s'être élevé contre ces prétendus Botaniftes qui ont des herbiers de huit à dix mille plantes étrangères, & qui ne connoiffent pas celles qu'ils foulent continuellement aux pieds (2), dit....» On peut fe
» faire un très-bon herbier, fans favoir un mot de Botanique : tous
» ceux qui fe difpofent à étudier la Botanique, devroient commencer
» par là. Quand ils auroient deffêché un affez bon nombre de plantes,
» & qu'il ne s'agiroit plus que d'y ajouter les noms, il y a des gens

---

(1) Je ne fais ce qu'eft devenu le projet qu'il avoit de fixer la nomenclature des plantes; il feroit malheureux que coin fût perdu.

(2) Jean-Jacques n'aimoit pas qu'on lui dit que l'on connoiffoit des milliers de plantes; il vouloit qu'on en connût peu, mais qu'on les connût bien; *que chacun*, difoit-il, *fache arranger fa botte de foin, & rien de plus;* il déclamoit fans ceffe contre les innovateurs en Botanique.

» qui leur renderoient ce fervice pour de l'argent, ou pour quelque
» chofed'équivalent ; d'ailleurs n'avons-nous pas dans prefque toutes les
» villes un peu confidérables, des jardins botaniques où les plantes font
» difpofées dans un ordre méthodique , & marquées d'un étiquet, fur
» lequel leur nom eft infcrit? Pour peu que l'on ait une idée de la mé-
» thode adoptée , & les premières notions de l'A, B, C de la Bota-
» nique , c'eft-à-dire , les premiers élémens de cette fcience, on y
» trouve les plantes que l'on cherche ; on les compare; on en prend
» les noms , & c'en eft affez; l'ufage fait le refte, & nous rend Bo-
» taniftes. Mais ne comptez guère fur les meilleurs livres de Bota-
» nique , pour nommer , d'après eux , des plantes que vous ne
» connoîtriez pas : fi ces livres ne font pas accompagnés de bonnes
» figures, ils vous fatigueront fans fuccès ; à chaque pas ils vous
» offriront de nouvelles difficultés , & ne vous apprendront rien. ...
» Ne vous attendez point à conferver une plante dans tout fon
» éclat: celles qui fe deffèchent le mieux, perdent encore beaucoup
» de leur fraîcheur.... De tous les moyens employés à la defficcation
» des plantes , le plus fimple , celui de la preffion , eft le préférable
» pour un herbier. Les couleurs peuvent être confervées auffi bien que
» par la defficcation au fable , & les plantes defféchées y font moins
» volumineufes & moins fragiles..... Ayez une bonne provifion de
» quatre fortes de papiers ; 1°. du papier gris épais & peu collé; 2°.
» du papier gris , épais & collé ; 3°. du gros papier blanc fur lequel
» on puiffe écrire ; & 4°. du papier blanc , fur lequel vous fixerez vos
» plantes , lorfque la defficcation fera complète.... Lorfque vous vou-
» drez defficher une plante , il faut la cueillir par un beau temps ; &
» lorfque fes fleurs feront épanouies, laiffez-la quelques heures fe fan-
» ner à l'air libre. ... Dès que fes parties feront amollies , étendez-la
» avec foin fur une feuille de papier gris de la première efpèce, dont
» j'ai parlé ; mettez deffous cette feuille une feuille de carton , & deffus,
» douze à quinze doubles de papier de la première efpèce; mettez le
» tout entre deux ais de bois ou deux planches bien unies que vous
» chargerez d'abord médiocrement , & dont vous augmenterez peu à
» peu la preffion, à mefure que la defficcation s'opérera. Il eft plus avan-
» tageux de fe fervir de ces petites preffes de brocheufes, parce que
» l'on ferre fi peu & autant qu'on le veut : au bout d'une heure ou
» deux , ferrez-la davantage , & laiffez-la ainfi vingt-quatre heures au
» plus; retirez-la enfuite ; changez-la de papier , & mettez deffous une
» autre feuille de carton bien sèche , ainfi que les feuilles de papier que
» vous allez mettre deffus ; remettez le tout en preffe ; ferrez plus que la
» première fois ; laiffez ainfi deux jours votre plante fans y toucher;
» changez-la encore une troifième fois de papiers ; mais prenez du pa-
» pier gris collé ; ferrez encore davantage la preffe , & ne mettez deffus
» que trois ou quatre doubles de papiers , ou feulement une feuille
» de

» de carton deſſus & une deſſous ; laiſſez-la ainſi en preſſe deux ou trois
» fois vingt-quatre heures : ſi, lorſque vous retirerez votre plante, elle
» ne vous paroît pas aſſez privée de ſon humidité, vous la chan-
» gerez encore pluſieurs fois de papiers. (Il y a des plantes qu'il ſuffit
» de changer deux fois de papiers, & d'autres qu'il faut changer juſqu'à
» ſix fois ; celles qui ſont de nature aqueuſe, exigent qu'on en accélère
» la deſſiccation) ; mais ſi au contraire, les parties qui la compoſent,
» ont déja perdu de leur flexibilité, il faut la mettre dans une feuille
» de gros papier blanc, où on la laiſſera en preſſe juſqu'à ce que la
» deſſiccation ſoit parfaitement achevée ; ce ſera alors qu'il faudra ſon-
» ger à aſſurer pour long-temps la conſervation de votre plante ; elle
» pourra être employée à la formation de votre herbier ; il ne s'agit
» plus que de la fixer, de la nommer & de la mettre en place.... Pour
» garantir votre herbier des ravages qu'y feroient les inſectes, il faut
» tremper le papier ſur lequel vous voulez fixer vos plantes, dans une
» forte diſſolution d'alun, le faire bien ſécher, & y attacher vos plantes
» avec de petites bandelettes de papier que vous collerez avec de la
» colle à bouche ; c'eſt avec cette colle que vous pourrez auſſi aſſujettir
» les organes de la fructification des plantes, lorſque vous aurez eu la
» patience de les deſſécher à part. ... Il ſeroit bon d'avoir pluſieurs
» échantillons de la même plante, ſur-tout ſi elle eſt ſujette à varier....
» Il faut renfermer vos plantes dans des boîtes de tilleul que vous éti-
» queterez ; il faut qu'elles ſoient en un lieu ſec, &c. «

HERBORISER. On étudie la Botanique ſur les livres, dans les jardins botaniques, dans les herbiers ; mais il eſt néceſſaire d'aller ſouvent
voir les plantes dans les lieux agreſtes & variés où la Nature ſeule prend
ſoin de leur culture ; c'eſt là que le Botaniſte attentif doit profiter des
reſſources que la Nature lui offre pour la connoître ; c'eſt là qu'il doit
ramaſſer les matériaux de ſon herbier, & non pas dans les jardins botaniques, où la culture rend ſouvent les plantes monſtrueuſes & contre-
faites.

HERBORISATION, *herboriſatio* ; c'eſt l'action d'herboriſer.

HERBORISTE, *herborarius*. On appelle Herboriſte celui qui fait
commerce de plantes d'uſage en médecine & dans les arts. Je ne ſais
par quel uſage auſſi meurtrier que bifarre, le remède eſt dans d'autres
mains que celles de celui qui l'ordonne, ou de gens faits pour s'y connoître ; n'eſt-ce pas aſſez d'avoir la maladie à craindre ? Faut-il encore
que nous ayons ſon remède à redouter ? Ma plume ſe refuſe à tracer ici
les terribles accidens que cauſent tous les jours, dans les grandes villes
ſur-tout, l'ignorance & la mauvaiſe foi des Herboriſtes ; ſi ma voix s'eſt
élevée, c'eſt parce que moi-même un jour, ſans une juſte défiance,
j'euſſe peut-être été une de leurs victimes.

HÉRISSÉ, ÉE ; ce qui eſt recouvert de poils rudes & très-apparens

C c

HERMAPHRODITE, qui eſt de deux ſexes. La fleur hermaphrodite eſt celle qui a étamines & piſtils.

HEXAGYNIE, *hexagynia*, de deux mots grecs qui ſignifient ſix femelles. L'hexagynie eſt le ſixième ordre des claſſes du Syſtème ſexuel de Linnæus : les fleurs qui ont ſix piſtils, ſont de l'ordre hexagynie.

HEXANDRIE, *hexandria*, de deux mots grecs qui ſignifient ſix maris. L'hexandrie eſt la claſſe VI du Syſtème ſexuel ; elle renferme les plantes dont les fleurs hermaphrodites ont ſix étamines.

HORIZONTAL, LE, tout ce qui coupe à angles droits une ligne verticale eſt dans une direction horizontale. *Voyez* CHAPEAU, FEUILLES, RACINES.

HORLOGE de Flore, *horologium Floræ*. Le Botaniſte, ſans ceſſe occupé à paſſer de découvertes en découvertes, obſerve tout avec la plus grande attention ; l'œil fixé ſur l'inſtant de la floraiſon des plantes ou, pour mieux dire, ſur l'inſtant de l'épanouiſſement des fleurs, il remarque qu'il y a des fleurs qui ſe développent à différens momens de la journée, & il trouve dans cet ordre de floraiſon, la matière d'une table qu'il appelle *horloge de Flore*, parce que les plantes y ſont rangées ſuivant l'heure à laquelle leurs fleurs ſont communément épanouies, quand quelques circonſtances ne viennent pas hâter ou retarder cet inſtant.

HOUPPE. On donne ce nom à un aſſemblage de poils qui ne paroiſſent avoir tous qu'un même point d'inſertion, & qui s'écartent enſuite. On les appelle ainſi à cauſe de leur reſſemblance avec des houppes dont on ſe ſert pour poudrer.

HYPOCRATÉRIFORME. Voilà encore un de ces termes qui ne nous laiſſent qu'une idée vague de l'objet qu'ils déſignent ; j'aimerois mieux le mot corolle monopétale, tubulée & en ſoucoupe, cela nous laiſſeroit au moins une idée des *fig. 5, 6*, repréſentées *pl. I.*

I.

ICOSANDRIE, *icoſandria*, de deux mots grecs qui ſignifient vingt maris. L'icoſandrie eſt la claſſe XII du Syſtême ſexuel de Linnæus ; elle renferme les plantes qui ont une vingtaine d'étamines inſérées ſur le calice.

IMBRIQUÉ ou EMBRIQUÉ, ÉE ; *voyez* CALICE, FEUILLES, TIGES.

IMPAIRE ; *voyez* FEUILLES ailées avec une impaire ou ſans impaire.

IMPARFAIT, TE. On appelle quelquefois fruit imparfait, celui qui est d'une mauvaise venue ; graine imparfaite, celle qui n'a pas été fécondée ; fleur imparfaite, celle à qui il manque quelque chose d'essentiel à la fructification ; mais c'est à tort que quelques Botanistes appellent fleurs imparfaites, celles dont nous ne pouvons pas distinguer les organes de la fructification.

IMBIBITION, *imbibitio ;* c'est la faculté de se charger de l'humidité qui environne. On dit que les plantes se nourrissent en partie par l'imbibition de leurs feuilles.

INCISÉ, ÉE ; ce qui a l'air d'avoir été coupé avec des ciseaux.

INCLINÉ, ÉE, *voyez* PÉDUNCULE, TIGE.

INCOMPLET, TE, *voyez* VOLVA, FLEUR.

INDIGÈNES. On appelle plantes indigènes, celles qui sont naturelles ou naturalisées au climat qu'elles habitent.

INDIVIDU, *individuum.* Tout être organisé est un individu. Un arbre, une mousse sont deux individus du règne végétal, comme un éléphant, une souris sont deux individus du règne animal.

INÉGAL, LE, INÉGAUX. Lorsqu'on a égard à la grandeur ou à la grosseur respective de certaines parties que l'on compare, on dit qu'elles sont égales, s'il y a entre elles une proportion remarquable; & inégales, s'il y a une disproportion sensible ; elles peuvent encore être égales en grosseur, & inégales en hauteur, &c.

INFÉRIEUR, RE; *voyez* COROLLE, EMBRYON, OVAIRE.

INFUNDIBULIFORME, qui a la forme d'un entonnoir ; *voyez* COROLLE.

INODORE, qui n'a pas d'odeur, qui est insipide à l'odorat.

INONDÉES. On appelle plantes inondées, celles qui naissent dans l'eau, & qui ne flottent jamais à sa superficie.

INSERTION, *insertio.* Il y a autant d'insertions différentes, qu'il y a de manières, dont les parties qui composent les plantes, sont attachées ou insérées sur d'autres parties. *Voyez* FEUILLES, FLEURS alternes, opposées, axillaires, radiées, &c. FILETS insérés sur, opposés; PÉTALES alternes, opposés, &c.

INSIPIDE au goût & à l'odorat; ce qui n'a ni saveur, ni odeur.

INTERRUPTION, *voyez* FEUILLES ailées avec ou sans interruption.

INTERSTICE; c'est l'intervalle ou l'espace qui se trouve entre deux corps que l'on croiroit réunis.

INTUS-SUSCEPTION , *intus-fufceptio.* Les végétaux croiffent par intus-fufception ; *voyez* ACCROISSEMENT.

IRRÉGULIER , RE ; ce qui n'a pas naturellement une forme fymmétrique. *Voyez* COROLLE , PÉTALES , BORDS , FILETS.

J.

JARDIN , *hortus.* Un jardin eft un terrain enclos où l'on cultive des plantes pour l'agrément ou pour l'utilité, ou pour l'un & l'autre à la fois. On appelle JARDIN BOTANIQUE , celui où l'on raffemble avec ordre , avec méthode, des plantes de toute efpèce ; JARDIN FLEURISTE , celui où l'on ne cultive des plantes, que dans la vue d'en obtenir les plus belles variétés de fleurs : JARDIN FRUITIER , celui où l'on ne cultive que des arbres à fruits : JARDIN POTAGER , celui où l'on ne cultive que des légumes : JARDIN DE PROPRETÉ , celui dans lequel il règne un ordre fymétrique , qui en rend la perfpective agréable & la promenade commode : JARDIN ANGLOIS ou CHINOIS , celui qui eft fait à l'imitation d'une nature agrefte , & qui s'éloigne , comme elle , des loix de la fymétrie.

JASPÉ , ÉE. On dit qu'une fleur eft jafpée ou bigarrée , quand fes panaches font courtes , étroites & très-multipliées.

JET , *furculus* ; c'eft la dernière production d'un arbre ou d'un arbufte ; c'eft le bourgeon développé. *Voyez* BOURGEON.

L.

LABIÉE , *voyez* COROLLE labiée ou COROLLE en gueule , & FLEURS en mufle.

LACHE , ES. On dit que les feuilles , les fleurs font lâches fur la tige ou les rameaux , quand elles font difperfées & éloignées les unes des autres.

LACINIÉ , ÉE ; ce qui eft découpé en lanières ; *voyez* FEUILLES laciniées.

LACTESCENT , TE , ou LAITEUX , SE , qui donne du lait ; *voyez* PLANTE, CHAPEAU, PÉDICULE.

LACUSTRE , qui fe plaît dans les lieux marécageux, les étangs ; *voyez* PLANTE.

LAINEUX ,

LAINEUX, LANIGÈRE ou LANUGINEUX; ce qui eſt recouvert de poils, qui reſſemblent à de la laine ou à un tiſſu drapé; *voyez* BORDS velus.

LAITEUX, ſynonyme de LACTESCENT. On dit auſſi que les fleurs, les fruits ſont d'une couleur laiteuſe, quand ils ſont blancs comme du lait.

LAME, *lamina*; c'eſt dans le pétale l'eſpace occupé entre le limbe & l'onglet; *voyez* LIMBE.

LAMELLÉ, ÉE. On appelle chapeau lamellé, celui qui eſt garni de feuillets. On appelle auſſi chair lamellée, celle qui eſt compoſée de lames diſtinctes, & qui eſt comme feuilletée.

LANCÉOLÉ, ÉE, qui a la forme d'un fer de lance.

LANGUETTE. On dit que les DEMI-FLEURONS ſont des petites fleurs à languettes, parce qu'elles ſont terminées par un appendice long & étroit.

LATÉRALE, ES. Les feuilles, les fleurs, les ſtipules ſont laté-rales, quand elles ont leur point d'inſertion ſur les côtés de la tige ou des rameaux. Les *pédicules*, les pédunculès ſont latéraux par la même raiſon.

LÉGUME, ſynonyme de GOUSSE; *voyez* ce mot.

LÉGUMES. On appelle légumes toutes les plantes qui ſont d'un uſage fréquent pour la cuiſine. Les *choux*, les *navets*, les *cardons* ſont de bons légumes.

LÉGUMINEUSES. On appelle fleurs légumineuſes, celles qui ont pour fruit une gouſſe ou un légume.

LENTICULAIRES. On dit des graines, des anthères, des glandes, des feuilles, qu'elles ſont lenticulaires, quand leur forme approche de celle d'une lentille.

LÈVRES, *labiæ*. Les fleurs perſonnées ou les fleurs en maſque, imitent un mufle à deux lèvres. Les fleurs labiées ou les fleurs en gueule, ont auſſi des diviſions auxquelles on donne le nom de lèvres. On diſtingue la lèvre ſupérieure de la lèvre inférieure. *Voyez* COROLLE en gueule & COROLLE en maſque.

LIBRE; ce qui n'a aucune adhérence avec les corps voiſins. *Voyez* FILETS.

LIBER. Ce mot n'eſt que la traduction latine de ce qu'on appelle en Botanique le LIVRET; *voyez* ce mot; mais quelques Botaniſtes l'em-ploient comme ſynonyme françois.

D d

LIGNEUX , SE ; ce qui a la confiftance du bois. La tige d'une plante, fes branches , fes racines font ligneufes , quand elles font compofées de couches concentriques & folides , comme celles qui compofent le tronc des arbres, des arbuftes ; *voyez* BOIS.

LIGULÉ , ÉE ; ce qui eft à languette. Les demi-fleurons font des fleurs ligulées, *flores ligulati*. On appelle auffi feuilles ligulées , *folia linguiformia* ; celles qui ont la forme d'une langue d'animal.

LILIACÉES , *voyez* FLEURS.

LIMBE , *limbus* ; c'eft le bord fupérieur de la corolle, qu'elle foit monopétale ou polypétale. On dit qu'un pétale eft échancré à fon limbe ; qu'il n'eft velu ou coloré qu'à fon limbe ; que fon limbe eft bifide , trifide , tétrafide, pentafide, multifide, &c. quand les bords de la corolle font fendus en deux, trois, quatre , cinq ou plufieurs parties.

C'eft le limbe qui forme dans une corolle monopétale , ce qu'on appelle *évafement* ou *gorge*. Il ne faut pas confondre le limbe avec la LAME ; le limbe eft le bord fupérieur du pétale , *pl. I , fig. 19 A* ; la lame , *fig. B*, eft l'efpace occupé entre le limbe & le tube dans la corolle monopétale , & entre le limbe , *fig. A* , & l'onglet , *fig. c* , dans le pétale.

Je dois cependant faire obferver qu'on fe fert communément, mais à tort , du mot limbe, pour fignifier la partie fupérieure de la corolle monopétale ; & du mot lame, pour fignifier la partie fupérieure du pétale proprement dit.

LINÉAIRE ; ce qui eft étroit & alongé comme un fil ou comme une ligne ; *voyez* PÉDICULE , PÉDUNCULE , PÉTIOLE ; *voyez* ce qu'on entend par FEUILLE linéaire.

LISSE, fynonyme de glabre ; ce qui eft fans poils apparens ; *voyez* CHAPEAU , SUPERFICIE, TIGE.

LIVRET , *liber* ; c'eft aux couches les plus intérieures de l'écorce qu'on donne ce nom, parce qu'elles reffemblent , en quelque forte , aux feuillets d'un livre ; elles touchent immédiatement à l'aubier, & tous les ans il s'en détache une ou plufieurs lames , qui , s'uniffant à lui, en augmentent d'autant le volume, & concourent ainfi à la formation du bois.

LOBES de la femence ; *voyez* COTYLEDONS. On diftingue auffi les lobes des feuilles, des pétales ; ce font les parties faillantes qui occupent les intervalles qui fe trouvent entre les échancrures. *Voyez* FEUILLES lobées.

LOGES. On appelle loge la cavité d'un fruit , & l'on dit qu'il eft uniloculaire, biloculaire, triloculaire, quadriloculaire, quand il a une, deux, trois, quatre loges ; & multiloculaire , quand il en a plus de quatre, ou quand elles font fi petites ou fi multipliées, qu'on ne peut les compter.

LONG, UE; lorfqu'on eft obligé d'avoir égard à la grandeur refpective des parties qui compofent les plantes, on dit que l'une eft plus grande, plus longue ou plus courte que l'autre. *Voyez* FILETS, PÉDICULE, PÉDUNCULE, PÉTIOLE, STYLE.

LOUPES. On appelle ainfi certaines excroiffances ligneufes ou charnues, qu'on rencontre fur la tige ou les branches des plantes.

LUISANT, TE; ce qui eft comme verniffé.

LUMIÈRE, *lumen*; la lumière eft fi néceffaire à la végétation, que les plantes qui en font privées, s'étiolent & périffent prefque toujours avant de donner des fruits, ce n'eft qu'en privant de lumière les cardons, la chicorée, qu'on les blanchit, & que par une opération à peu près femblable, on obtient du chou ces excroiffances monftrueufes, qu'on appelle choufleurs.

LUNULÉ, ÉE; ce qui eft en forme de croiffant; *voyez* FEUILLES lunulées.

LYRÉ, ÉE; ce qui eft en forme de lyre; *voyez* FEUILLES lyrées.

M.

MACÉRATION, *maceratio*. On fait macérer les plantes, ou quelques-unes des parties qui les compofent, en les faifant féjourner quelque temps dans de l'eau, ou dans une liqueur quelconque, avant de les foumettre à quelques épreuves.

MAINS, *voyez* VRILLES.

MALADIE des plantes. Tout ce qui a vie dans la nature, eft fujet à des maladies, à la mort. Les loupes, les chancres, les galles, le couronnement, l'étiolement, l'ergot, la nielle, le charbon, la gangrène sèche, &c. font autant de maladies qui tendent à abréger le cours de la vie des plantes. S'il eft intéreffant pour le Cultivateur de connoître les maladies des plantes qu'il cultive, il ne l'eft pas moins au Botanifte, de connoître celles des plantes qu'il obferve : une plante prolifère, mutilée, étiolée, lui fembleroit être une autre plante, s'il ne fe tenoit en garde, & s'il ne favoit jufqu'où peut aller le changement qu'une plante éprouve par un excès de chaleur, de froid, ou par une tranfition trop fubite de l'un à l'autre, & par une infinité d'autres accidens encore.

MÂLES. On appelle fleurs mâles, celles qui font unifexuelles, & qui n'ont que des étamines fans piftils.

MAMELONNÉ, ÉE ; ce qui eft recouvert de petits tubercules, ou bien ce qui eft remarquable par une protubérance plus ou moins confidérable, que l'on pourroit comparer à un mamelon. *Voyez* CHAPEAU, FEUILLES.

MARCOTTE, *circumpofitio ;* c'eft le nom que l'on donne à une branche que l'on couche en terre, & que l'on ne fépare de la plante à qui elle appartient, que quand elle a pris racine.

MARCOTTER, c'eft multiplier une plante par le moyen des marcottes.

MARBRÉ, ÉE, fe dit des fleurs qui font panachées irrégulièrement, & dont les panaches font très-variées.

MARITIME, qui vient dans la mer ; *voyez* PLANTE.

MASQUE, *voyez* COROLLE en mafque ; *voyez* FLEURS en mufle.

MATURATION, *frutefcentia ;* c'eft l'époque à laquelle les fruits font arrivés à leur degré de maturité. Cette époque eft fujette à varier comme celle de la fleuraifon.

MEMBRANEUX, SE ; ce qui eft mince & prefque dénué de fubftance intérieure, ou bien ce qui eft compofé de plufieurs membranes appliquées les unes fur les autres.

MÉTHODE botanique, *methodus botanica.* On appelle méthode en Botanique, une efpèce d'ordre, d'arrangement où les plantes, d'après certains principes, font divifées, 1°. par claffes, 2°. par ordres, par fections ou par familles, 3°. par genres, & 4°. par efpèces, dont on diftingue encore les variétés. Les principes qui fervent de bafe aux divifions & aux fubdivifions des méthodes, peuvent varier ; mais il eft néceffaire qu'ils foient fondés fur les parties conftantes & apparentes qui peuvent le mieux caractérifer les plantes, afin que l'on puiffe, à l'aide de ces parties caractériftiques, trouver le nom que les Botaniftes s'accordent à donner à celles que l'on defire connoître, & parvenir enfuite à la connoiffance de leurs propriétés & de leurs ufages ; car c'eft là le point effentiel, vers lequel nous devons diriger tous nos efforts. *Filum Ariadneum Botanices eft fyftema, fine quo chaos eft res herbaria,* dit Linnæus, Phil. Bot. p. 98. En effet, fans le fecours d'une méthode, l'étude de la Botanique feroit un vrai chaos ; il feroit impoffible de fe reconnoître dans cette immenfe quantité d'objets qui s'offrent tout à la fois à nos yeux, nous les verrions toujours confufément, & nos égaremens pourroient même nous devenir funeftes.

Depuis

Depuis que l'on s'occupe de la Botanique, il n'eſt point de moyens qu'on n'ait employés pour faciliter l'étude de cette ſcience ; on a de tout temps reconnu l'utilité des méthodes, mais malheureuſement on les a trop multipliées, & l'étude de la Botanique, par les changemens ſucceſſifs qu'a éprouvés cette ſcience , eſt devenue très-compliquée & très-difficile.

Quelques Botaniſtes prétendent que la Nature a ſuivi une marche progreſſive dans la formation des êtres, & que l'on ne pourra connoître parfaitement les plantes, que lorſqu'on les aura toutes raſſemblées dans l'ordre où elles ont été créées. D'autres au contraire regardent une méthode naturelle, en ſuppoſant que la découverte en ſoit poſſible , comme étant beaucoup moins propre à faciliter l'étude de la Botanique, que ne ſeroit une méthode artificielle, & ils penſent qu'il ſeroit bien plus avantageux de perfectionner une méthode artificielle, & d'en rendre l'uſage familier en y ajoutant les figures des plantes, que de chercher à en créer de nouvelles.

La méthode naturelle, *methodus naturalis*, eſt appelée ainſi, parce qu'elle ſemble ſuivre la même marche que la Nature, en rapprochant les plantes qui ont de très-grands rapports fondés ſur la conſidération de l'enſemble & une eſpèce d'analogie dans le détail des différentes parties qui les compoſent. La méthode artificielle, *methodus artificialis*, vel *ſyſtema*, au lieu de rapprocher les plantes qui ont les plus grands rapports par leur enſemble, n'emploie pour cela que quelques caractères particuliers, comme la fleur ou le fruit, les étamines, les feuilles même ; delà vient que deux plantes qui, dans une méthode naturelle, ſeroient très-voiſines, peuvent ſe trouver aux deux extrémités d'une méthode artificielle.

On ſe plaint que l'on ne met pas aſſez de ſimplicité dans les méthodes, & qu'elles ſont d'une foible reſſource pour quiconque veut ſe livrer à l'étude des plantes, ſur-tout quand on n'eſt point à portée de ſuivre les démonſtrations qui ſe font ſur la Nature dans des jardins botaniques. J'avoue que les méthodes même les plus ſimples, ſont encore hériſſées de beaucoup de difficultés ; tantôt ce qui ſert de baſe fondamentale à une méthode, eſt une partie ſujette à varier ; tantôt c'eſt un caractère, qui, par ſa fineſſe extrême, échappe à l'œil le plus attentif, & quelquefois même à tous les efforts de l'optique réunis ; ſouvent même la préſence du fruit eſt auſſi néceſſaire que celle de la fleur ; mais, comme entre l'état de perfection de ces deux parties eſſentielles ; il n'eſt pas rare qu'il y ait un eſpace conſidérable, examiner l'une ſans l'autre, c'eſt nous plonger dans un abîme d'incertitudes qui nous rebutent, & qui s'oppoſent aux progrès de notre inſtruction. N'y aura-t-il donc jamais de méthode botanique exempte de ces reproches ? Non. Le Botaniſte a beau mettre toute ſon attention à profiter des reſſources que la Nature lui offre pour ſimplifier l'art de recon-

E e

noître les plantes au moyen de leurs caractères, il y aura toujours de grandes difficultés à furmonter : la Nature a fes loix, mais elle a auffi fes caprices. Celui qui n'a pas déja dans cette fcience une certaine expérience, aura toujours befoin d'avoir fous les yeux la Nature à côté du précepte, ou bien il faudra que ce qu'on emploiera pour la lui repréfenter, puiffe faire fur fes fens la même impreffion qu'elle. En vain on lui décriroit avec la plus grande exactitude, ce qu'il defire connoître, ce feroit encore lui cacher l'objet, & ne lui en montrer que l'ombre.

> *Segnius irritant animos demiffa per aures,*
> *Quam quæ funt oculis fubjecta fidelibus.* HORAT.

Pourquoi fommes-nous fi attachés aux Ouvrages de Dillenius, de Tournefort, de Vaillant, de Schœffer, de Haller, d'Œder ? c'eſt parce qu'ils font les feuls qui aient trouvé le moyen de nous inftruire, tout en nous récréant ; les feuls qui aient réellement rendu l'étude de la Botanique facile & commode, en nous offrant un objet de comparaifon dans une bonne figure de chaque plante qu'ils ont décrite. L'exemple que nous allons donner, après avoir expofé la méthode de Tournefort & le fyftème fexuel de Linnæus, fera mieux fentir au lecteur l'utilité des méthodes, lorfqu'on les met en pratique, la nature fous les yeux, & leur infuffifance, lorfque nous ne l'avons pas. *Voyez* auffi l'article PRINCIPES de botanique, FIGURES des plantes.

Expofition des principes de la méthode de TOURNEFORT.

TOURNEFORT a divifé en vingt-deux claffes, toutes les plantes qu'il a décrites ; il a féparé les herbes & les fous-arbriffeaux, d'avec les arbres & les arbuftes : fes dix-fept premières claffes renferment les herbes, & fes claffes XVIII, XIX, XX, XXI & XXII, les arbres & les arbuftes ; il auroit pu ne faire que dix-fept claffes, dans chacune defquelles il auroit également féparé les arbres d'avec les herbes ; &, fi je ne me trompe, fa méthode n'en auroit été que plus facile.

Ce favant Botanifte a pris pour fondement de fa méthode les fleurs, comme étant la partie la plus apparente des plantes, & celle qui pourroit fournir les caractères les plus nombreux & les plus favorables pour les diftinguer. Il établit fes claffes fur la préfence ou fur l'abfence de la corolle, fur fa difpofition & fur fa régularité ou fon irrégularité, comme on va le voir.

I. DIVISION. Les Herbes, tant annuelles que vivaces.

Claffe I. Les *campaniformes*, *pl. I*, *fig.* 1, 2, 3. Herbes à fleurs fimples (1), compofées d'un feul pétale régulier, en forme de cloche, de baffin ou de grelot.
Claffe II. Les *infundibuliformes*, *pl. I*, *fig.* 4, 5, 6. Herbes dont les fleurs font

---

(1) Obfervez qu'il n'emploie ici le mot de fleur fimple, que par oppofition à la fleur que l'on nomme fleur compofée. *Voyez*, pour l'intelligence de ces mots, FLEURS fimples, FLEURS compofées.

simples , monopétales , régulières (1) , & qui reſſemblent , en quelque ſorte , à un entonnoir , à une ſoucoupe ou à un godet (2).

Claſſe III. Les *perſonnées* , ou *fleurs en muſte* , *en maſque* , *fig. 79.* Herbes à fleurs monopétales anomales , irrégulières , dont les ſemences ſont renfermées dans une capſule.

Claſſe IV. Les *labiées* ou *fleurs en gueule* , *fig. 11* , *12.* Herbes à fleurs ſimples monopétales irrégulières , & dont les ſemences , au nombre de quatre , ſont toujours nues au fond du calice.

Claſſe V. Les *crucifères* ou *fleurs en croix* , *fig. 13* , *14.* Fleurs ſimples polypétales régulières , compoſées de quatre pétales diſpoſés en croix , & dont le fruit eſt une ſilique ou une ſilicule.

Claſſe VI. Les *roſacées* ou *fleurs en roſe* , *fig. 15* , *16.* Fleurs ſimples polypétales régulières , compoſées de cinq ou d'un nombre indéterminé de pétales , diſpoſés en roſe.

Claſſe VII. Les OMBELLIFÈRES , ou *fleurs en ombelle* , *en paraſol* , *fig. 17.* Fleurs ſimples polypétales régulières (3) , ayant cinq pétales diſpoſés en roſe , & pour fruit , deux ſemences réunies : les fleurs des plantes que renferme cette claſſe , ſont portées par de longs péduncules qui partent d'un centre commun , & divergent comme les rayons d'un paraſol.

Claſſe VIII. Les *caryophillées* ou *fleurs en œillet* , *fig. 20.* Fleurs ſimples polypétales régulières , dont l'onglet eſt fort long , & a ſon attache au fond d'un calice alongé & monophylle.

Claſſe IX. Les *liliacées* ou *fleurs en lis* , *fig. 21.* Fleurs ſimples polypétales régulières : elles ſont ordinairement compoſées de trois ou de ſix pétales , ou d'un ſeul pétale diviſé en ſix parties ; leurs ſemences ſont toujours renfermées dans une capſule à trois loges.

Claſſe X. Les *papilionnacées* ou *fleurs légumineuſes* , *fig. 22* , *23* , *24* , *25.* Fleurs ſimples polypétales irrégulières , dont le fruit eſt une gouſſe qu'on appelle auſſi un légume.

Claſſe XI. Les *anomales* ou *polypétales anomales proprement dites* , *fig. 26* , *27* , *28.* Fleurs ſimples polypétales irrégulières , d'une forme bizarre.

Claſſe XII. Les *floſculeuſes* ou *fleurs à fleurons* , *fig. 29.* Fleurs compoſées (4) de pluſieurs petites corolles monopétales que l'on nomme FLEURONS ; *voyez* ce mot.

Claſſe XIII. Les *ſemi-floſculeuſes* ou *fleurs à demi-fleurons* , *fig. 30.* Fleurs compoſées de pluſieurs petites corolles monopétales en languette , que l'on nomme DEMI-FLEURONS ; *voyez* ce mot.

Claſſe XIV. Les *radiées* ou *fleurs en ſoleil* , *fig. 31.* Fleurs compoſées de fleurons dans le centre , & de demi-fleurons à la circonférence.

Claſſe XV. Les *apétales* ou *fleurs à étamines* , *fig. 32.* Fleurs dont les étamines & les piſtils ne ſont pas entourés de pétales , ou bien qui ſont entourés de parties que Tournefort ne regarde pas comme des pétales , parce qu'elles ſubſiſtent après la floraiſon , & ne ſont pas ordinairement colorées comme les pétales des autres fleurs.

---

(1) Il eſt bon de prévenir ici le Lecteur , que dans cette claſſe , il ſe trouve pluſieurs genres de plantes à fleurs irrégulières , comme les *juſquiames* , les *véroniques.*

(2) Je crois que des deux premières claſſes , il auroit mieux valu n'en faire qu'une.

(3) Il eſt rare que les fleurs des ombellifères ſoient régulières ; on les nomme *fleurdeliſées* pour cela.

(4) Ici le mot *fleur compoſée* déſigne toutes les fleurs qui ſont formées de l'agrégation de pluſieurs autres fleurs raſſemblées dans un calice commun , auſſi Tournefort a-t-il rangé dans la claſſe des vraies FLEURS COMPOSÉES , les FLEURS AGRÉGÉES. *Voyez* ces mots.

Claſſe XVI. Les *apétales ſans fleurs, fig. 33.* De cette claſſe ſont toutes les plantes qui n'ont point de fleurs apparentes, mais ſeulement des eſpèces de graines ordinairement diſpoſées ſur le dos des feuilles.

Claſſe XVII. Les *apétales ſans fleurs ni graines apparentes, fig. 34.* Tournefort a compris dans cette claſſe toutes les plantes, dont les organes de la fructification lui étoient abſolument inconnus, & où il ne trouvoit rien qui parût deſtiné à cet uſage.

II. DIVISION. *Les Arbres & Arbuſtes.*

Claſſe XVIII. *Arbres ou arbuſtes à fleurs apétales, ou à étamines ſans petales, fig. 35.* De cette claſſe ſont tous les arbres, dont les fleurs n'ont pas de pétales, & ne ſont pas portées ſur des chatons. Les uns portent ſur le même individu, la fleur & le fruit enſemble ou ſéparément, & les autres portent des fleurs ſur un pied, & des fruits ſur un autre pied de la même eſpèce.

Claſſe XIX. *Arbres ou arbuſtes à fleurs apétales amentacées, fig. 36.* De cette claſſe ſont tous les arbres, dont les fleurs n'ont pas de pétales, mais ſont diſpoſées ſur des chatons ; les uns portent ſur le même individu fleurs & fruits enſemble ou ſéparément, & les autres portent des fleurs ſur un pied, & des fruits ſur un autre.

Claſſe XX. *Arbres* ou *arbuſtes* à *fleurs monopétales campaniformes* ou *infundibuliformes.* De cette claſſe ſont tous les arbres qui ont des fleurs, dont les caractères ſont les mêmes qui ont ſervi de baſe aux deux premières claſſes de la méthode pour les herbes.

Claſſe XXI. *Arbres ou arbuſtes* à *fleurs roſacées.* Cette claſſe renferme tous les arbres, dont les fleurs ont les mêmes caractères que ceux qui ont été employés pour former la claſſe VI des herbes, les *roſacées.*

Claſſe XXII. *Arbres* ou *arbuſtes* à *fleurs papilionnacées* ou *légumineuſes.* Cette dernière claſſe renferme tous les arbres, dont les fleurs ont les mêmes caractères que ceux des herbes, claſſe X, les *papilionnacées.*

Si Tournefort eût rangé ſes arbres dans ſes dix-ſept premières claſſes, avec des diviſions cependant, les arbres qui compoſent la claſſe XVIII & la claſſe XIX, auroient été de la quinzième claſſe; ceux qui compoſent la claſſe XX, auroient été de la première & de la ſeconde claſſe ; ceux qui compoſent la claſſe XXI, auroient été de la claſſe VI, & ceux qui compoſent la claſſe XXII, auroient été de la claſſe X.

Tournefort, après avoir tiré de la corolle les diviſions de ſes claſſes, a cherché dans les fleurs tous les caractères qui pouvoient ſervir de baſe à ſes ſections, que l'on peut regarder comme des claſſes ſubalternes; quelquefois il a auſſi employé quelques caractères étrangers, quand ceux qu'il avoit tirés de la conſidération du fruit, ne lui paroiſſoient pas ſuffiſans, tels que la figure de la corolle, ſa diſpoſition, la conſidération des feuilles même. Il a diviſé ſa claſſe I en 19 ſections, ſa claſſe II en 8 ; ſa claſſe III en 5 ; ſa claſſe IV en 4; ſa claſſe V en 19; ſa claſſe VI en 19; ſa claſſe VII en 9; ſa claſſe VIII en 2 ; ſa claſſe IX en 5 ; ſa claſſe X en 5 ; ſa claſſe XI en 3 ; ſa claſſe XII en 5 ; ſa claſſe XIII en 2 ; ſa claſſe XIV en 5; ſa claſſe XV en 6 ; ſa claſſe XVI en 2 : ſa claſſe XVII en 2 ; ſa claſſe XVIII en 3 ; ſa claſſe XIX en 6 ; ſa claſſe XX en 7 ; ſa claſſe XXI en 9 ; & ſa claſſe XXII en 3 ; ce qui fait en tout 148 ſections pour vingt-deux claſſes. Chaque ſection renferme pluſieurs genres, & chaque genre n'eſt lui-même qu'un aſſemblage de pluſieurs eſpèces, comme on va le voir dans l'exemple ci-après.

Il s'agit maintenant de mettre cette méthode en pratique, & de trouver le nom d'une plante qu'on n'auroit jamais vue. On vous apporte, je ſuppoſe, la plante repréſentée dans la *pl. III* de cet Ouvrage, &

l'on

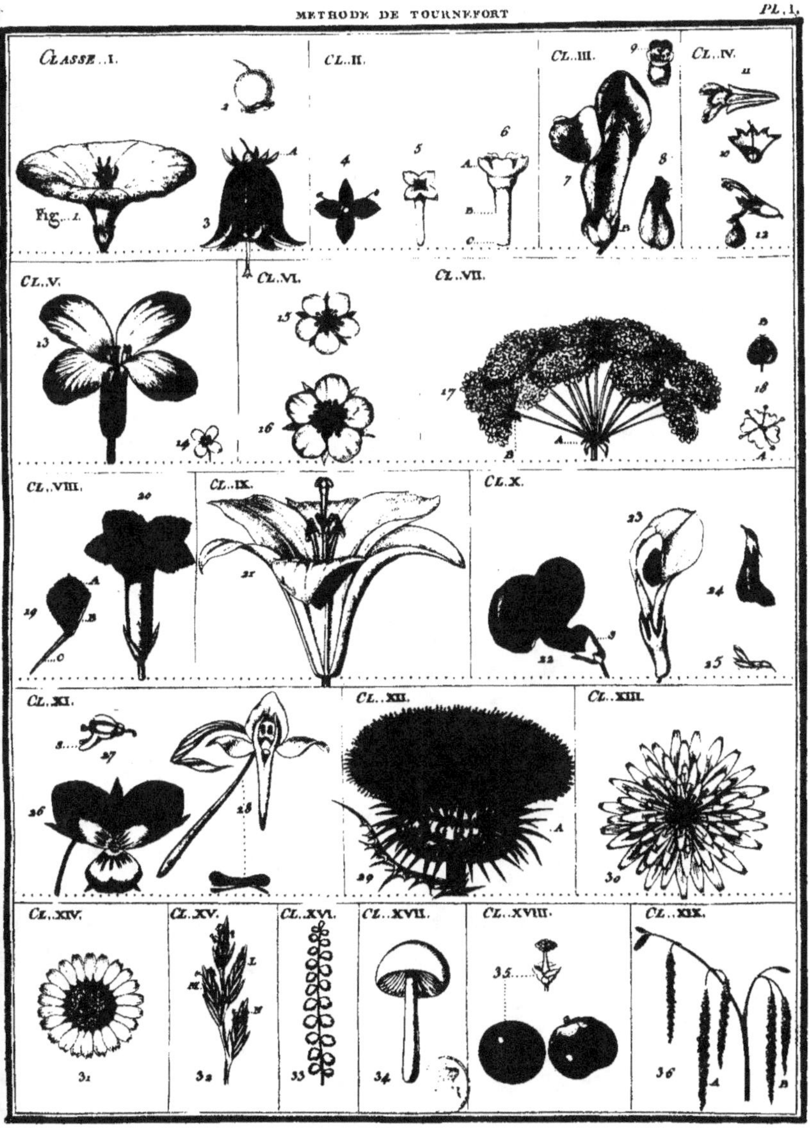

CLASSE. I.

CL. II.

CL. III.

CL. IV.

CL. V.

CL. VI.

CL. VII.

CL. VIII.

CL. IX.

CL. X.

CL. XI.

CL. XII.

CL. XIII.

CL. XIV.

CL. XV.

CL. XVI.

CL. XVII.

CL. XVIII.

CL. XIX.

Fig. 1.

l'on vous prie de dire le nom que Tournefort a donné à cette plante
dans ses Inſtitutions botaniques : quoique cette plante vous ſoit abſolument inconnue , cela ne vous ſera pas abſolument difficile ; comme
l'ouvrage que vous allez prendre pour guide , réunit à l'avantage d'être un
des plus méthodiques que nous ayions , celui de faciliter conſidérable-
ment l'intelligence des diviſions & des ſous-diviſions , au moyen des
figures que l'Auteur n'a pas cru pouvoir ſe diſpenſer d'y ajouter , vous y
parviendrez plus facilement qu'avec toute autre méthode.

Vous ouvrez la méthode de Tournefort , & vous voyez qu'il a d'abord
ſéparé les arbres & les arbriſſeaux d'avec les herbes : vous vous aſſurez
que la plante que vous avez ſous les yeux n'a point la tige ligneuſe ;
qu'elle s'éleve peu , & que tout , en un mot , vous porte à croire que
c'eſt une herbe ; vous la cherchez donc au rang des herbes , & non pas
au rang des arbres ; elle ne peut donc être que dans les dix-ſept premières claſſes ; vous regardez enſuite ſi les fleurs ont des pétales ; ou ſi
elles n'en ont pas , vous ne balancez point à la mettre au rang des fleurs
pétalées , parce que vous êtes certain qu'elle a une corolle : or , elle n'eſt
ni de la XVIIe claſſe , ni de la XVIe , ni de la XVe ; il ne vous reſte
plus à la chercher que dans les quatorze premières claſſes ; vous examinez ſi ſa fleur eſt ſimple ou compoſée ; vous vous décidez à la regarder
comme fleur ſimple , parce que vous ne trouvez qu'une corolle dans
chaque calice ; alors vous dites , elle n'eſt ni de la XIVe claſſe , ni de la
XIIIe , ni de la XIIe , qui ne renferment que des fleurs compoſées : il vous
reſte encore neuf claſſes , vous examinez attentivement la corolle , pour
vous aſſurer ſi elle eſt d'une ſeule pièce ou de pluſieurs pièces. Comme
elle eſt d'une ſeule pièce , vous n'avez plus à chercher votre plante , que
dans les claſſes dont les fleurs ſont monopétales , & vous la chercheriez
en vain dans les claſſes XI , X , IX , VIII , VII , VI , V , parce que toutes
les plantes qui compoſent ces claſſes , ont leurs corolles polypétales :
il ne vous reſte plus que quatre claſſes ; la première & la ſeconde qui
ne renferment que des plantes dont les fleurs ſont régulières , & la
claſſe III & IV qui ne renferment que des fleurs irrégulières ; ſitôt que
vous vous ſerez aſſuré que les fleurs de votre plante ne ſont pas monopétales régulières , vous dites : elles ne peuvent être que de la troiſième ou de la quatrième claſſe ; mais voyons maintenant en quoi diffèrent les fleurs qui compoſent ces deux claſſes , puiſqu'elles ſont dans
la troiſième claſſe , comme dans la quatrième , monopétales irrégulières : ceci pourroit vous embarraſſer ; mais regardez au fond du
calice d'une fleur de votre plante , & voyez ſi elle a les graines nues
comme dans la *fig. 10* , *pl. I* ; ou bien , ſi vous voyez dans le fond du
calice une eſpèce de capſule , *fig. c & d* , *pl. III*. Sitôt que vous ſerez
aſſuré que c'eſt une capſule , votre plante eſt de la claſſe III de la méthode de Tournefort ; elle eſt au rang de celles qui ont des *fleurs perſonnées* , que l'on nomme auſſi *fleurs en maſque* ou *en muſle*. Vous voilà

donc arrivé avec certitude à la claſſe de votre plante ; il faut actuelle-
ment en trouver la *ſection* , le *genre* & l'*eſpèce*, avant que de pouvoir
vous aſſurer du nom. Cette claſſe eſt diviſée en cinq ſections. La première a pour titre : *de herbis flore monopetalo anomalo aurito* vel *cuculato*,
c'eſt-à-dire , qu'elle ne renferme que des herbes à fleurs monopétales-
anomales, en forme d'oreille ou de capuchon ; cela ne convient point
à votre plante. La ſeconde ſection a pour titre : *de herbis flore monopetalo anomalo tubulato* , *in linguam deſinente*, c'eſt-à-dire , dont les fleurs
monopétales-anomales ſont terminées en languettes ; cela ne lui convient pas encore. La troiſième ſection a pour titre : *de herbis flore monopetalo anomalo utrimque patente* , c'eſt-à-dire , dont la corolle mono-
pétale-anomale eſt ouverte ou élargie par les deux bouts, ce n'eſt pas
encore cela. La quatrième ſection enfin , qui a pour titre : *de herbis flore
monopetalo anomalo* , *tubulato* , *perſonato* , & qui renferme toutes les
plantes dont les fleurs ſont monopétales-anomales , tubulées, perſonnées , c'eſt-à-dire , terminées à leur limbe par un mufle à deux lèvres ,
eſt la ſection où doit ſe trouver votre plante , & où elle ſe trouve effec-
tivement. Cette ſection eſt diviſée en neuf genres qui , à la vérité , ne
ſont pas faciles à déterminer ; mais , en les liſant avec attention, ayant
toujours ſoin de comparer les caractères de votre plante avec ceux des
genres décrits dans cet ouvrage , & avec les gravures qui y correſpondent,
vous vous décidérez pour le IVe, *pedicularis* , par rapport au *labium ſu-
periùs galeatum* (la lèvre ſupérieure en caſque) ; mais dans le nombre
des eſpèces qui conſtituent le genre des pédiculaires, vous trouvez deux
phraſes qui vous laiſſent dans l'incertitude ; vous ne ſavez ſi votre plante
eſt celle que l'on doit appeler *pedicularis pratenſis purpurea* , ou bien ,
pedicularis rubra elatior, il faudroit voir les deux eſpèces ; voilà où l'on
regrette de n'avoir pas à comparer la nature avec les figures. Je ſuppoſe cependant que vous trouviez entre votre plante & cette dernière
phraſe latine , plus d'analogie qu'avec les premières , vous direz : cette
plante eſt la *pedicularis rubra elatior* de Tournefort ; la *pedicularis caule
ramoſo erecto calycibus bifidis crenatis* de Haller ; & la *pedicularis paluſtris* de Linnæus.

Il eſt aiſé de voir que ſi , à la méthode de Tournefort, on eût ajouté
des figures pour toutes les eſpèces décrites, cet ouvrage eût été parfait ;
& par ſa grande ſimplicité , eût été préférable à tout autre.

Expoſition du Syſtéme ſexuel de Linnæus.

On a donné le nom de SYSTÊME SEXUEL à la méthode de Linnæus,
parce qu'elle a pour baſe les organes ſexuels des plantes, c'eſt-à-dire , les
étamines conſidérées comme organes mâles, & les piſtils comme organes
femelles. Linnæus a d'abord diviſé en vingt-quatre claſſes les plantes
qu'il a décrites. Chaque claſſe , comme on le verra par la ſuite , a été

subdivifée en plufieurs ordres. Chaque ordre ou chaque fection renferme plufieurs genres, & chaque genre plufieurs efpèces.

Linnæus n'a point féparé les arbres d'avec les herbes; il a compris toutes les plantes qui ont des fleurs vifibles & diftinctes, dans les vingt-trois premières claffes de fa Méthode ; celles dont les fleurs font à peine vifibles, ou qu'on ne voit qu'indiftinctement, forment la vingt-quatrième claffe.

I. DIVISION. *Plantes dont les fleurs font vifibles & diftinctes.*

Les 13 premières claffes comprennent les plantes dont les fleurs font hermaphrodites, & dont les étamines font abfolument libres & n'ont entre elles ni proportion, ni difproportion remarquables. Cependant la douzième & la treizième claffe, indépendamment du nombre des étamines, exigent auffi que l'on confidère leur infertion ; ou elles tiennent au calice ou elles n'y tiennent pas.

Claffe I. MONANDRIE, *monandria*. Cette claffe renferme les plantes (*arbres* ou *herbes*), qui n'ont qu'une feule étamine, *pl. II, fig. 1.*

Claffe II. DIANDRIE, *diandria*, deux étamines, *fig. 2, 3.*

Claffe III. TRIANDRIE, *triandria*, trois étamines, *fig. 4, 5.*

Claffe IV. TÉTRANDRIE, *tetrandria*, quatre étamines, *fig. 6, 7.*

Claffe V. PENTANDRIE, *pentandria*, cinq étamines, *fig. 8, 9, 10.*

Claffe VI. HEXANDRIE, *hexandria*, fix étamines, *fig. 11, 12, 13.*

Claffe VII. HEPTANDRIE, *heptandria*, fept étamines, *fig. 14.*

Claffe VIII. OCTANDRIE, *octandria*, huit étamines, *fig. 15, 16.*

Claffe IX. ENNÉANDRIE, *enneandria*, neuf étamines, *fig. 17, 18.*

Claffe X. DÉCANDRIE, *decandria*, dix étamines, *fig. 19, 20, 21.*

Claffe XI. DODÉCANDRIE, *dodecandria*, douze étamines, *fig. 22, 23, 24.*

Claffe XII. ICOSANDRIE, *icofandria*, une vingtaine d'étamines inférées fur le calice, *fig. 25* : on voit mieux l'infertion des étamines dans les *fig. 27, 28.*

Claffe XIII. POLYANDRIE, *polyandria*, depuis vingt jufqu'à cent étamines, qui ne tiennent point au calice, *fig. 29* : on voit mieux l'infertion des étamines dans la *fig. 30.*

Dans la quatorzième & la quinzième claffe, il faut avoir égard au nombre & à la proportion refpective des étamines.

Claffe XIV. DIDYNAMIE, *didynamia*. quatre étamines, dont deux petites & deux grandes, *fig. 32, 34* : on peut mieux juger de la grandeur des étamines, *fig. 36 ; & fig. A. pl. III.*

Claffe XV. TÉTRADYNAMIE, *tetradynamia*, fix étamines, dont quatre grandes & (deux petites oppofées), *fig. 37, 38* : on diftingue mieux dans la *fig. 39*, la grandeur des étamines, & l'oppofition des deux petites.

Dans les claffes XVI, XVII, XVIII, XIX & XX, il faut avoir moins d'égard au nombre des étamines, qu'à leur réunion, foit entre elles par leurs *anthères* ou par leurs *filets*, foit

Claffe XVI. MONADELPHIE, *monadelphia*, plufieurs étamines réunies par leurs filets en un corps, *fig. 43* : on voit mieux cette réunion dans la *fig. 44.*

Claffe XVII. DIADELPHIE, *diadelphia*, plufieurs étamines réunies par leurs filets en deux corps, *fig. 45, 48* : on voit dans la *fig. 46* comment les étamines font réunies.

Claffe XVIII. POLYADELPHIE, *polyadelphia*, plufieurs étamines réunies par leurs filets en trois ou en plufieurs corps *A, B, C, fig. 49.*

<table>
<tr><td>

foit avec le piftil de la fleur à laquelle elles appartiennent.

</td><td>

Claffe XIX. SYNGENESIE, *fyngenefia*, plufieurs étamines réunies par leurs anthères, & quelquefois, mais bien rarement, par leurs filets en forme de cylindre, *fig. 50 A, 51 B, & 52.*

Claffe XX. GYNANDRIE, *gynandria*, plufieurs étamines réunies & attachées au piftil fans adhérer au réceptacle, *fig. 54, 55 AB.*

</td></tr>
<tr><td>

Dans les claffes XXI, XXII, XXIII, les fleurs font uni-fexuelles ou du moins, fi elles font hermaphrodites, elles font toujours en bien plus petit nombre que celles qui font d'un feul fexe.

</td><td>

Claffe XXI. MONŒCIE, *monœcia*, fleurs mâles, *fig. 56, 57*, & femelles, *58*, féparées fur le même individu.

Claffe XXII. DIŒCIE, *diœcia*, fleurs mâles, *fig. 60 A, B*; & fleurs femelles, *fig. 59, 61*, féparées fur deux individus; les fleurs mâles fur un pied, & les fleurs femelles fur un autre.

Claffe XXIII. POLYGAMIE, *polygamia*, fleurs mâles & femelles, *fig. 62, 63*, fur un ou fur plufieurs individus qui portent auffi des fleurs hermaphrodites, *fig. 64.*

</td></tr>
<tr><td>

La claffe XXIV renferme les plantes dont les fleurs font indiftinctes.

</td><td>

Claffe XXIV. CRYPTOGAMIE, *cryptogamia*, fleurs cachées que l'on ne voit point quelques efforts que l'on faffe, ou que l'on ne voit que tres-indiftinctement, *fig. 65, 66.*

</td></tr>
</table>

On trouve auffi à la fuite de ces vingt-quatre claffes, une efpèce d'*appendix*, où l'Auteur range quelques plantes dont il n'a pu fuffifamment déterminer les caractères.

Les claffes ne font que les premières divifions du Syftême, voyons maintenant comment l'Auteur s'y eft pris pour divifer fes claffes, & fur quoi il a fondé fes principes de divifions.

Les treize premières claffes du fyftême fexuel ont leurs *ordres* ou *fections*, fondés fur le nombre des piftils; ainfi une plante qui fera de la claffe PENTANDRIE, parce que fes fleurs ont cinq étamines, fera du premier ordre, *monogynie*, fi elle n'a qu'un piftil; elle fera du II ordre, *digynie*, fi elle en a deux; du III ordre, *trigynie*, fi elle en a trois; du IV ordre, *tétragynie*, fi elle en a quatre; du V ordre, *pentagynie*, fi elle en a cinq; du VI ordre, *hexagynie*, fi elle en a fix; & du VII ordre, *polygynie*, fi elle a plus de fix piftils ou fi elle en a un nombre indéterminé; ainfi la fleur dont le calice eft repréfenté *fig. 28, pl. II*, eft de la claffe ICOSANDRIE & de l'ordre *monogynie*: la fleur repréfentée *fig. 22*, eft de la claffe DODÉCANDRIE, & de l'ordre *trigynie*, on voit fes trois piftils R. La fleur repréfentée dans la *fig. 29*, eft de la claffe POLYANDRIE, comme on le voit par la fituation de fes étamines, *fig. 30*, & de l'ordre *polygynie*, *fig. 31*, parce que, lorfque l'on ne peut pas déterminer le nombre des piftils par celui des ftyles, on compte les ftygmates.

La quatorzième claffe, la DIDYNAMIE, eft divifée en deux ordres très-naturels & tres-aifés à déterminer. Ou les graines font nues au fond du calice, comme dans la *fig. 33*; ou elles font renfermées dans une capfule, comme dans la *fig. 35*: or, toutes les fleurs qui font de la claffe *didynamie*, font de l'ordre *gymnofpermie*, quand les graines font comme dans la *fig. 33*; & elles font de l'ordre *angyofpermie*, quand elles font renfermées dans une capfule, comme dans la *fig. 35*, ou bien comme dans les *fig. B, C, D. pl. III.*

La quinzieme claffe, la TÉTRADYNAMIE, eft auffi divifée en deux ordres affez naturels, mais bien moins tranchans; ou les graines des plantes qui compofent

cette

CLASSE. I.
CL. II.
CL. III.
CL. IV.
CL. V.
CL. VI.
CL. VII
CL. VIII.
CL. IX.
CL. X.
CL. XI.
CL. XII.
CL. XIII.
CL. XIV.
CL. XV.
CL. XVI.
CL. XVII.
CL. XVIII.
CL. XIX.
CL. XX.
CL. XXI.
CL. XXII.
CL. XXIII.
CL. XXIV.
Fig. I.

cette claffe , font renfermées dans une filicule , *fig. 41*, ou bien elles font renfermées dans une filique , *fig.* 40 ; toufes les fleurs qui feront reconnues pour être de la claffe TÉTRADYNAMIE feront de l'ordre *filiculeufes* , lorfque leur fruit fera une filicule , *fig 41* ; & elles feront de l'ordre *filiqueufes* , lorfque le fruit fera reconnu pour être une *filique*, *fig.* 40. *Voyez* les mots SILICULE & SILIQUE.

Tous les ordres des claffes fuivantes , excepté ceux de la SYNGENESIE & de la CRYPTOGAMIE , font fondés fur les caractères claffiques de toutes les claffes qui les précèdent ; ainfi la feizième claffe , la MONADELPHIE , eft divifée en *pentandrie*, en (*décandrie*, *fig.* 44) ; en *polyandrie*, quand les étamines qui font réunies en un feul corps par leurs filets , font au nombre de cinq , de dix , ou en très-grand nombre ; de même la dix-feptième claffe , la DIADELPHIE , eft divifée en *hexandrie* , en *octandrie* (en *décandrie* , *fig.* 46) , quand les étamines réunies en deux corps par leurs filets , font au nombre de fix , de huit , de dix. La dix-huitième claffe , la POLYADELPHIE , eft auffi divifée fuivant les mêmes principes ; elle eft ou de l'ordre *pentandrie*, ou de l'ordre *icofandrie*, ou de l'ordre (*polyandrie* ; *fig.* 49 *A* , *B* , *C*) , quand les étamines réunies en plufieurs corps , font au nombre de cinq , ou une vingtaine inférées fur le calice , ou bien quand elles font en très-grand nombre , & qu'elles n'ont leur infertion ni fur le calice , ni fur le piftil. Jufques-là , quand les étamines & les piftils font très-apparens , la divifion des claffes en fections , ne devient pas bien difficile ; mais dans la claffe SYNGENE-SIE , la diftinction des ordres eft réellement un travail où l'expérience fert plus que le précepte ; cette claffe qui renferme des fleurs compofées de plufieurs autres petites fleurs , eft divifée en cinq ordres , 1°. en *polygamie égale* , quand toutes les petites fleurs , qui , par leur agrégation , forment la fleur compofée , font des fleurons hermaphrodites , *fig. 50 & 51* , *pl. II* ; 2°. en *polygamie fuperflue* , quand le centre des fleurs compofées , eft occupé par des fleurons , *fig. 50* , *pl. II* , & la circonférence , par des demi-fleurons femelles , *fig. 60* , *pl. IV* ; ce qui revient aux fleurs radiées de Tournefort ; 3°. en *polygamie fauffe* , quand les fleurons du difque font hermaphrodites , & que les demi-fleurons qui occupent la circonférence , font ftériles , *fig. 55* , *pl. IV* ; 4°. en *polygamie néceffaire* , quand les fleurons ou les demi-fleurons du difque font mâles , *fig. 61* , *pl. IV* , & que ceux de la circonférence font femelles , *fig. 60* ; 5°. en *monogamie* , quand les fleurs , fans être compofées de fleurons ni de demi-fleurons , ont leurs étamines réunies en cylindre par leurs anthères , comme on le voit , *pl. I* , *fig. 26* , *s*.

La vingtième claffe , la GYNANDRIE , eft divifée en fept ordres , que l'on faifiroit très-facilement , fi les étamines étoient plus apparentes , & fi le point de leur infertion étoit plus fenfible & moins varié ; quand les plantes que cette claffe renferme ont dans chaque fleur deux étamines réunies au piftil , ou du moins qui ne portent pas immédiatement fur le réceptacle , elles font de l'ordre *diandrie* ; fi elles ont trois étamines , elles font de l'ordre *triandrie* ; fi elles ont quatre étamines , elles font de l'ordre *tétrandrie* ; fi elles en ont cinq , elles font de l'ordre *pentandrie* ; fi elles en ont fix , de l'ordre *hexandrie* ; fi elles en ont dix , de l'ordre *décandrie* ; & , fi elles en ont un nombre indéterminé , de l'ordre *polyandrie*.

La vingt-unième claffe , la MONŒCIE , comme nous l'avons dit plus haut , ne renferme que des plantes , dont le caractère eft d'avoir des fleurs unifexuelles (les fleurs mâles féparées des fleurs femelles fur le même individu). Les onze ordres qui divifent cette claffe , ne font pris que dans les caractères que fourniffent les fleurs mâles ; 1°. quand chaque fleur mâle n'a qu'une étamine , elle eft de l'ordre *monandrie* ; 2°. quand elle en a deux , elle eft de la *diandrie* ; 3°. quand elle en a trois , elle eft de l'ordre *triandrie* ; 4°. fi elle en a quatre , elle eft de l'ordre *tétrandrie* ; 5°. fi elle en a cinq , de l'ordre *pentandrie* ; 6°. fi elle en a fix , de l'ordre *hexandrie* ; 7°. fi elle en a un nombre indéterminé , elle eft de l'ordre *polyandrie* (*fig. 56, 57, pl. II*) ; 8°. si les étamines des fleurs de la classe *monœ-cie* étoient réunies en un seul corps, elles seroient de l'ordre *monadelphie* ; 9°. si elles étoient réunies en plusieurs corps, elles seroient de l'ordre *polyadelphie* ; 10°. si elles étoient réunies par leurs anthères, elles seroient de l'ordre *syngenesie* ; 11°. & si les étamines occupoient dans la fleur le lieu qu'occuperoit le pistil, si cette fleur étoit hermaphrodite, elle seroit de l'ordre *gynandrie*.

La classe vingt-deuxième, la DIŒCIE, a ses ordres fondés sur les mêmes principes ; ils sont pris aussi dans les fleurs mâles ; elles sont de l'ordre *diandrie*, quand elles n'ont que deux étamines ; de l'ordre *triandrie*, quand elles en ont trois, de l'ordre *tétrandrie, pentandrie, hexandrie, octandrie, ennéandrie, décandrie, icosandrie, polyandrie*, quand elles sont au nombre de quatre (cinq, *fig. 60 A, pl. II*), six, huit, neuf, dix, une vingtaine insérées sur le calice, ou un nombre indéterminé qui n'ont aucun rapport avec le calice ; si les étamines étoient réunies en un seul corps, comme dans la *fig. 60 B, pl. II*, elles seroient de l'ordre *monadelphie* ; si leurs étamines étoient réunies en gaîne par leurs anthères, elles seroient de l'ordre *syngenesie* ; si leurs étamines étoient insérées sur le pistil, & non pas sur le calice, ni sur le réceptacle, elles seroient de l'ordre *gynandrie*.

La classe vingt-troisième, la POLYGAMIE, est divisée en trois ordres ; le premier est l'ordre *monœcie* ; il renferme les plantes qui, sur le même individu, portent des fleurs hermaphrodites, entremêlées de fleurs mâles & femelles séparées, *pl. II, fig. 62, 63, 64*. Le second ordre, *diœcie*, renferme les plantes qui, sur deux individus différens, portent des fleurs unisexuelles & hermaphrodites, c'est-à-dire, des fleurs mâles & des fleurs hermaphrodites séparées sur un individu ; & des fleurs femelles avec des fleurs hermaphrodites séparées sur un autre individu de la même espèce. Le troisième ordre, *triœcie*, renferme les plantes qui, sur trois individus de la même espèce, portent sur l'un des fleurs hermaphrodites, sur l'autre des fleurs mâles, & sur l'autre des fleurs femelles.

La vingt-quatrième classe enfin, la CRYPTOGAMIE, a été partagée en quatre ordres ; 1°. les fougères ; 2°. les mousses ; 3°. les algues, & 4°. les champignons.

Les ORDRES ont été divisés à leur tour en un nombre de *genres* plus ou moins grand. Chaque genre, comme on le verra dans l'exemple ci-après, renferme plusieurs espèces : les caractères des genres sont tirés de la présence ou de l'absence & de la durée même du *calice*, de la *corolle*, du *nectair*, des *étamines*, des *pistils*, du *péricarpe*, des *semences* du *réceptacle* considérés sous quatre attributs principaux ; 1°. le nombre ; 2°. la forme ; 3°. l'insertion, & 4°. la grandeur respective.

Essayons maintenant à mettre en pratique cette méthode ingénieuse, & voyons comment nous allons nous y prendre pour trouver la *classe*, l'*ordre*, le *genre*, l'*espèce* & le *nom* de la plante représentée dans la *pl. III* de cet Ouvrage.

1°. Dans la plante qui se présente, & qui sert ici d'exemple pour mettre en pratique le Système sexuel de Linnæus, vous appercevez des fleurs que vous distinguez aisément ; vous voilà déja assuré que votre plante n'est pas de la vingt-quatrième classe, la *cryptogamie*, qui ne renferme que des plantes qui n'ont pas de fleurs visibles. Vous ouvrez une fleur, & vous voyez qu'elle a étamines & pistils : vous regardez si toutes les fleurs sont de même, & vous dites : toutes les fleurs sont hermaphrodites, conséquemment cette plante n'est ni de la vingt-troisième classe, ni de la vingt-deuxième, ni de la vingt-unième ; vous regardez l'insertion des étamines ; & lorsque vous vous êtes assuré qu'elles ne sont point inférées sur le pistil, vous dites, cette plante n'est point de la vingtième classe ; vous observez encore vos étamines, pour savoir si elles ne sont point adhérentes entre elles,

LA PEDICULAIRE DES MARAIS. FLOR. FRANC.

Pedicularis paluftris. L. S. P. Didynamie. Angyospermie. 8 4 5. Cette jolie plante est commune dans les marais, les prés aquatiques, elle fleurit en Juillet Août et Septembre. Sa tige s'éleve d'un pied ou environ, ses fleurs sont axillaires, pédunculées, elles ont un calice ventru, garni de points calleux et divisé en deux lèvres dentelées, une corolle monopétale, irréguliere et comprimée; quatre étamines dont deux sont un peu plus courtes, et un pistil. Ses graines sont renfermées dans une capsule qui a la forme d'un bec de perroquet. Ses feuilles sont alternes alisse et finement découpées.

(...) ℯ B. La fig. A représente une fleur ouverte. La fig. B. une capsule coupée en travers. La fig. C. une capsule entiere. La fig. D. le calice divisé en deux et la capsule qu'il renferme.

Les feuilles et les fleurs ont un goût herbacé et nauséeux, les racines ont un peu d'amertume on reconnoit à cette plante quelques propriétés médicinales. Voyez le DISCOURS sur les plantes médicinales de la France. Les chevaux les bœufs les moutons ne la mangent que lorsqu'ils sont extremement pressés par la faim, elle leur cause de l'enflure et du dépoit, il faut leur donner du son et du sel commun. Voyez le DISCOURS sur les plantes vénéneuses.

foit par leurs anthères, foit par leurs filets; & une fois que vous vous êtes affuré
qu'elles font libres, vous concluez que votre plante n'eft ni de la dix-neuvième
claffe, ni de la dix-huitième, ni de la dix-feptième, ni de la feizième. Il ne vous
refte plus que quinze claffes, dans lefquelles vous avez à chercher votre plante :
vous comptez vos étamines; vous n'en trouvez que quatre ; vous dites : cette
plante ne peut être de la quinzième claffe ; elle ne peut être que de la quatorzième
ou de la quatrième ; car ce font les deux feules qui renferment les plantes qui ont
quatre étamines : vous faites attention aux caractères par lefquels les fleurs des
plantes de la quatorzième claffe, diffèrent de celles de la quatrième : vous voyez,
pag. 115, que pour être de la quatorzième claffe, il faut qu'elles aient quatre étamines,
dont deux font plus courtes : vous pourriez être embarraffé ici, parce que, dans les
fleurs que vous obfervez, comme dans beaucoup d'autres de la même claffe, il
s'en faut bien que la différence de grandeur des étamines foit toujours bien apparente,
mais elle l'eft affez cependant, dans la plante que vous avez fous les yeux, pour
ne pas vous tromper ; d'ailleurs la corolle *perfonnée* vous ramène au but, &
vous vous décidez pour la quatorzième claffe : vous cherchez dans le *Genera
plantarum Linnæi*, la claffe XIV, & vous trouvez que cette claffe nombreufe
eft divifée en deux ordres ; que le premier renferme les plantes dont les fleurs
ont quatre étamines, dont deux grandes & deux petites, & dont les graines font
nues au fond du calice ; & le fecond, celles qui ont auffi quatre étamines, dont
deux grandes & deux petites, mais dont les graines font renfermées dans une capfule : vous ne tarderez pas à vous décider pour la feconde fection, parce que vous
appercevez fans peine, au fond des calices de votre plante, une capfule & non
pas quatre graines nues : vous êtes donc perfuadé que votre plante eft de la claffe
XIV, la DIDYNAMIE, & du fecond ordre de cette claffe, l'ANGIOSPERMIE ;
mais, dans ce fecond ordre, font compris cinquante-huit genres, parmi lefquels il
fera bien difficile de trouver celui dont la plante que vous avez fous les yeux, n'eft
qu'une efpèce ; quel travail ne vous refte-t-il pas encore à faire ? Je fais bien que
vous parviendriez fans peine à votre but, fi vous étiez aidé dans vos recherches par
de bonnes figures bien caractérifées, ou bien fi vous pouviez profiter des facilités
que vous donneroit un jardin botanique dans lequel votre plante occuperoit la
place qu'elle doit occuper dans le Syftême fexuel ; mais, fi vous n'avez à votre
fecours, ni jardin botanique, ni figures, ni herbier, comment vous en tirerez-vous ?
Vous comparerez peut-être dix fois toutes les defcriptions des genres de cette
fection avec votre plante, avant que de pouvoir vous affurer de celui qui lui
appartient. Mais, fuppofons que vous ayiez comparé tous les genres avec affez
d'attention & affez d'exactitude, pour ne pas vous être trompé, & que la defcription du genre des *pedicularis* vous ait paru la feule qui eût pu convenir à votre plante;
avant de pouvoir vous flatter de favoir le nom botanique de l'efpèce que vous
voulez connoître, il faut encore que vous la compariez avec les defcriptions
de quatorze efpèces de ce genre, qui font décrites dans le *fpecies plantarum
Linnæi* : ici vous trouvez deux points de divifions qui vous font d'un grand
fecours, PEDICULARIS * *caule ramofo*, & puis PEDICULARIS ** *caule fimpliciffimo* :
vous regardez la tige de votre plante, elle eft rameufe, vous vous décidez pour
caule ramofo ; cette divifion ne contient que trois efpèces, la PEDICULARIS *paluftris*, la P. *fylvatica*, & la P. *roftrata ;* vous comparez avec attention la defcription de la PEDICULALIS *paluftris ;* c'eft celle-là qui convient le mieux à votre
plante (pedicularis *caule ramofo calicibus callofo punctatis corollis labio obliquis....
habitat in paludibus*), pag. 845, & vous en concluez avec raifon, que votre
plante eft la PEDICULARIS *paluftris*, que Linnæus a décrite ainfi.

Nous nous flattions de pouvoir joindre à l'expofition de ces deux méthodes , celle des FAMILLES NATURELLES de M. DE JUSSIEU ; mais la publication en ayant été retardée , nous nous réfervons d'en donner une Table , lorfque ce favant Démonftrateur aura rendu fon Ouvrage public , dans laquelle Table nous indiquerons quelles feront les figures des plantes, parmi celles qui auront paru jufqu'alors dans l'HERBIER DE LA FRANCE, qui feront les plus propres à faciliter l'étude de ces familles : en attendant , il fera d'autant plus avantageux de prendre pour guide une des deux méthodes que nous venons d'expofer , que, outre qu'elles font fans contredit les meilleures que nous ayions, elles procurent encore l'avantage de préparer à l'intelligence de tous les principes qui pourront déformais fervir de bafe aux méthodes les plus favantes , & particuliérement à la méthode naturelle de M. de Juffieu.

MILLIAIRES. On dit quelquefois qu'une plante a des feuilles milliaires , des écailles milliaires , quand elles font fi fines & en fi grand nombre qu'on ne peut les compter. On appelle auffi femences milliaires, glandes milliaires, celles qui font arrondies , & qui reffemblent à une graine extrêmement fine.

MIMEUSE. Il y a des plantes qui fe contractent lorfqu'on les touche ; ce mouvement paroît avoir beaucoup de rapports avec l'irritabilité involontaire de certaines parties animales : la *fenfitive* eft appelée plante mimeufe , parce que fes feuilles fe contractent dès qu'on vient à les toucher : les étamines des fleurs de l'*épine-vinette* ont auffi un mouvement de contraction très-fenfible.

MOBILE , ES, qui a toujours un mouvement, une ofcillation ; *voyez* ANTHÈRES.

MOELLE , *medulla*. On peut regarder la moelle comme la partie la plus effentielle à la plante ; puifqu'elle eft au végétal, ce que le cœur eft à l'animal. Elle eft compofée d'une fubftance plus ou moins vafculeufe , qui occupe affez ordinairement le centre du corps ligneux : les parois du conduit ou canal, au travers duquel elle paffe depuis l'extrémité des branches les plus fines , jufqu'à celles des racines, font d'une fubftance ordinairement plus ferme que le refte du bois qui les environne ; cette folidité leur eft néceffaire pour réfifter aux preffions des corps étrangers , qui dérangeroient infailliblement cet organe, s'il en fouffroit les atteintes. Il a été queftion d'une enveloppe cellulaire que l'on trouve fous l'épiderme dans l'écorce, & d'un tiffu cellulaire ou réticulaire , qui joue un grand rôle dans la compofition du bois , & de plufieurs autres parties des plantes : ils font formés l'un & l'autre par les différentes ramifications de la moelle qui , traverfant de part en part le corps de la tige où le tronc & fes rameaux y dépofent des fucs nourriciers , qui y ont été préparés par des vaiffeaux deftinés à cet ufage.

MONADELPHIE , *monadelphia* , de deux mots grecs qui fignifient
un

un frère. La monadelphie eft la claffe XVIe du Syftême fexuel : elle renferme les plantes qui ont plufieurs étamines réunies par leurs filets en un feul corps.

MONANDRIE, *monandria*, de deux mots grecs qui fignifient un mari. La monandrie eft la claffe Ire du Syftême fexuel ; elle renferme les plantes qui n'ont qu'une étamine.

MONŒCIE, de deux mots grecs qui fignifient une maifon. La monœcie eft la claffe XXIe du Syftême fexuel ; elle renferme les plantes qui ont des fleurs mâles & femelles féparément fur le même individu.

MONOGAMIE, *monogamia*, de deux mots grecs qui fignifient une noce. La fyngénéfie, XIXe claffe du fyftême fexuel, eft divifée en cinq fections, la monogamie eft la dernière ; elle renferme les plantes dont les fleurs, fans être compofées de fleurons ni de demi-fleurons, ont leurs étamines réunies par leurs anthères, *pl. IV, fig.* 29

MONOGYNIE, *monogynia*, de deux mots grecs qui fignifient une femelle. Lorfque l'on a déterminé la claffe d'une plante, en fe conformant aux principes du Syftême fexuel, cette plante eft du premier ordre, fi elle n'a qu'un piftil. Il y a cependant quelques exceptions à cette règle.

MONOIQUES. On appelle plantes monoïques, celles qui font de la claffe *monœcie*, c'eft-à-dire, qui ont fur le même individu, des fleurs mâles & femelles féparées.

MONOPÉTALE. On appelle corolle monopétale, fleur monopétale, celle qui eft d'une feule pièce, *pl. I, fig.* 1, 2, 3, 4, 5, 6; & *pl. II, fig.* 10 & 13. On diftingue auffi les fleurs en monopétales régulières, & en monopétales irrégulières ou anomales (c'eft-à-dire, fans nom déterminé).

MONOPHYLE. On appelle calice monophyle, celui qui eft d'une feule pièce, c'eft-à-dire, dont les divifions, s'il y en a, ne font pas continuées jufqu'à fa bafe, *pl. I, fig.* 22 s; & *pl. IV, fig.* 65.

MONOSPERME. On appelle fruit monofperme, celui qui ne renferme qu'une feule femence; *voyez* FRUITS, BAIE.

MONSTRES, MONSTRUOSITÉS. Les plantes qui éprouvent, dans toutes, ou dans quelques-unes de leurs parties feulement, quelques changemens contre nature, font des monftruofités. *Voyez* l'article MALADIE des plantes, & le mot VÉGÉTAL.

MONTANT, TE; *voyez* PÉDUNCULE, PÉTIOLE, TIGE.

MORDUES, *voyez* FEUILLES mordues.

MORT des plantes. Le végétal n'eft pas plus exempt de la mort que l'animal ; tout ce qui jouit de la vie eft fujet à fes loix : l'arbre, dont la tête majeftueufe , élevée jufqu'aux nues , voit pendant plufieurs fiècles , des milliers de plantes mourir & renaître à fes pieds , aura fon tour : la Nature , en le créant , a pofé les bornes de fon exiftence; ces limites font communes à tous les individus de la même efpèce : chacun d'eux n'ira guère au-delà de ce terme , que mille accidens peuvent abréger encore.

On appelle mort du fafran , une efpèce de petite truffe velue qui vit aux dépens des bulbes de fafran , & qui les fait mourir. M. Duhamel à qui l'on eft redevable de la découverte de la caufe de cette maladie , a obfervé que cette petite truffe parafite attaquoit également d'autres plantes vivaces , & qu'elle leur donnoit la mort.

MOUVEMENT de la sève. On a cru long-temps que la sève circuloit dans les vaiffeaux des plantes , comme le fang circule dans les vaiffeaux des animaux. Différentes expériences nous prouvent au contraire que la sève ne circule point , mais qu'elle a une efpèce de fluctuation alternative ; qu'elle eft portée depuis les plus fines ramifications des racines , jufqu'aux extrémités des branches , pendant le jour fur-tout où il fe fait une forte fuccion , dont la chaleur eft la caufe principale , & que lorfque cette caufe ceffe , la sève ceffe auffi de s'élever ; & redefcend par les mêmes vaiffeaux , depuis les plus fines ramifications des tiges , jufqu'aux dernières divifions des racines : la sève montante & la sève defcendante , dépofent dans leurs cours les fucs nourriciers qui entretiennent la vie du végétal : ces fucs font tirés de la terre par les racines , & portés dans toutes les parties de la plante ; ceux que l'air fournit aux vaiffeaux abforbans , qui compofent en partie les feuilles & les dernières ramifications des tiges , font tranfmis jufqu'aux fibrilles les plus délicates des racines ; & c'eft ainfi que s'entretient l'équilibre néceffaire entre la déperdition & la réparation.

MUCRONÉES , *voyez* FEUILLES mucronées.

MUFLE , *voyez* FLEURS en mufle.

MULET végétal. On appelle ainfi une plante produite par une femence qui a été fécondée par la pouffière des étamines d'une autre plante , & qui tient de l'efpèce fécondante , autant que de l'efpèce fécondée. Ces fortes de plantes donnent des graines fujettes à dégénérer.

MULTICAPSULAIRE , qui a plufieurs capfules ; *voyez* à la fuite de PÉRICARPE unicapfulaire.

MULTIFIDE , *voyez* FEUILLES fendues.

MULTIFLORE , *voyez* PÉDUNCULE multiflore.

MULTILOCULAIRE , qui a plufieurs loges ; *voyez* à la fuite de CAPSULE uniloculaire & de l'art. PÉRICARPE.

MULTIPLICATION des plantes. La femence eft le moyen le plus

généralement employé par la Nature & par l'art, pour la reproduction
des végétaux; mais on multiplie les plantes de beaucoup d'autres manières encore. Si l'art de multiplier par les rejetons, par les boutures,
par les marcottes, par les différentes efpèces de greffe, &c. n'étoit pas
encore connu, que penferions-nous d'un homme qui s'offriroit à nous
montrer toutes ces merveilles, & qui nous diroit; je réponds du fuccès?
Je fais bien que l'art en cela n'a été que l'imitateur de la Nature; mais
combien n'a-t-il pas fallu de temps, de patience & de peine?

MULTIVALVE, qui a plufieurs valves ou panneaux; *voyez* CAP-
SULE univalve.

MÛR , RE. Il fe dit de toutes les productions végétales qui font
arrivées à leur degré de maturité. On emploie auffi quelquefois le mot
demi-mûr, pour fignifier un fruit qui n'eft pas encore entièrement
mûr. On dit, les fruits de cet arbre font mûrs; vous cueillez des fruits
qui ne font que demi-mûrs: les bleds font mûrs dans nos contrées, il
faudroit les moiffonner.

MUTILÉES. On appelle feuilles mutilées, racines mutilées, celles
qui ont été broyées, déchirées ou défigurées par quelques accidens.

N.

NAIN, NE. On dit qu'un arbre eft nain, quand il eft d'une taille
beaucoup plus petite que la taille ordinaire. On dit que telle plante
s'élève beaucoup dans un terrain aqueux, mais qu'elle refte naine dans
un terrain fec.

NAPIFORME, qui a la forme d'un navet; *voyez* RACINE.

NATUREL, LE; ce qui eft dans l'ordre de la nature, & qui n'a
aucun rapport avec l'art.

NAVICULAIRE; ce qui a la forme d'une nacelle; *voyez* PANNEAU,
voyez CARÈNE.

NÉCESSAIRE , *voyez* POLYGAMIE néceffaire.

NECTAIRE ou NECTAR, *nectarium*; c'eft le nom que l'on donne
à toute partie que l'on rencontre dans une fleur, & qui n'eft ni piftil,
ni étamine, ni corolle, ni calice; c'eft ordinairement un petit creux
qui contient un fuc mielleux que les abeilles favent fort bien y trouver. Le *nectaire* ne paroît pas effentiel à la fructification, & l'on ignore
même entièrement fes fonctions: il fe préfente tantôt fous la forme
d'un filet, tantôt fous la forme d'une écaille; quelquefois c'eft une

efpèce de godet, une efpèce de poil ; fouvent il reffemble à un cornet, à un capuchon , à un mamelon, à une bourfe, à un éperon , &c.

NERVURES. On donne le nom de nervures à ces élévations fila-menteufes qu'on rencontre fur les feuilles & fur les pétales ; la ner-vure qui coupe une feuille en deux parties égales, fe nomme *côte*. Ces groffes nervures font comparées aux mufcles des animaux ; leurs rami-fications , lorfqu'elles ne font pas trop fenfibles, font comparées aux veines ; c'eft pourquoi l'on nomme feuilles nerveufes, les feuilles de *plantain* ; & feuilles veinées , celles de l'*ofeille*, de l'*épinard*, &c.

NIELLE , efpèce de maladie qui attaque les graminées , le froment furtout , & qui convertit en une pouffière noire , toute la fubftance farineufe de fes graines.

NIVEAU , *voyez* FLEURS en niveau , *voyez* TIGE en niveau.

NŒUD , *nodus* ; c'eft la partie de l'arbre la plus dure, la plus ferrée; c'eft par où il pouffe fes branches , fes racines & même fon fruit.

Les Agriculteurs taillent la vigne au premier , au fecond nœud du nouveau jet.

NOIX , *nux*, *pl. V, fig. 35*. La noix n'eft réellement qu'un fruit à noyaux ; ce qu'on appelle *brou*, eft cette fubftance qu'on peut comparer à la chair qui entoure le noyau du pêcher, de l'amandier, du prunier, &c. On appelle zefte une cloifon membraneufe & coriace, qui fé-pare les lobes de la noix.

NOMBREUX , SE ; ce qui eft en très-grand nombre.

NOMENCLATURE , *nomenclatura*. La nomenclature eft cette par-tie de la Botanique qui a pour objet l'art d'affigner à chaque plante le nom qui lui eft propre , d'après les principes adoptés dans les différentes méthodes botaniques. Les méthodes nous apprennent à diftinguer les plantes au moyen des caractères par lefquels elles fe reffemblent ou diffèrent naturellement ; elles ne font en cela que le fil qui nous con-duit à la connoiffance des noms que l'on eft convenu de donner à chaque plante. Mais malheureufement tous les jours, par de nouveaux fyftémes, on change la marche de l'étude ; on donne de nouveaux noms aux plantes , & l'on bouleverfe la fcience jufques dans fes fon-demens : à peine a-t-on fait un pas de plus, que tous ces fantômes de l'imagination difparoiffent ; mais il faut bien du temps pour réparer le mal qu'ils ont fait.

Il faudroit , pour fixer la nomenclature des plantes, qu'il y eût, dans toutes les parties du monde , des Tribunaux qui fe correfpondiffent ; que par une autorité qui leur feroit commune , un changement devînt

univerfel

univerfel, une découverte utile à tous les hommes, & que l'abus qui tient à la manie de l'innovation, fût févérement réprimé.

On appelle nom générique, celui qui défigne le genre, & qui eft commun à toutes les efpèces du même genre ; & nom fpécifique, celui qui ne convient qu'à l'efpèce. *Voyez* GENRE, PHRASES botaniques.

NOSTRATES, *voyez* PLANTES noftrates.

NOUÉ, ÉE. On appelle fruit noué l'ovaire groffi ; & fleur nouée, celle dont l'ovaire eft inférieur ; *voyez* OVAIRE inférieur.

NOUEUX, SE. On dit que le bois eft noueux, lorfqu'on ne peut le fendre fans rencontrer des nœuds qui changent à tous momens la direction des fibres ligneufes qui le compofent.

NOYAU, *drupa*, *pl. V*, *fig. 30*, *31 R*, *& 34 A*, *B*. Le noyau eft une petite boîte offeufe ou ligneufe, qui renferme une ou plufieurs amandes ; *voyez* FRUITS à noyau.

NU, UE, fe dit des parties des plantes qui ne font recouvertes d'aucunes autres parties ; *voyez* PÉDICULE, PÉDUNCULE, RÉCEPTACLE, VERTICILLE, TIGE, FEUILLES.

NUL, LE, qui n'exifte pas. On emploie affez fouvent ce mot dans les defcriptions des plantes, dans la vue de les abréger. Linnæus, dans les defcriptions de fes genres, parle du *calice*, de la *corolle*, des *étamines*, des *piftils*, du *péricarpe* & des *femences*. Si la fleur qu'il décrit n'a point de calice, il dit *calix nullus* ; fi elle n'a point de péricarpe, *pericarpium nullum*, &c.

NUTATION, *nutatio*. Les fleurs, les feuilles, les tiges mêmes des plantes qui font expofées à l'ardeur du foleil, fe penchent du côté de cet aftre ; ce changement de direction, que l'on nomme nutation, eft l'effet du defféchement & du raccourciffement des fibres qui fe reffentent le plus vivement de la chaleur.

NUTRITION, *nutritio*. Nous avons dit que la plante comme l'animal croiffoit par *intus-fufception*. Les fucs nourriciers que la sève diftribue dans toutes les parties du végétal, les alongent & les gonflent : ces fucs s'épaififfent par l'évaporation des parties les plus limpides, & augmentent ainfi le volume des parties folides.

O.

OBLIQUE, ES ; ce qui s'éloigne de la ligne verticale & de la ligne horizontale en même temps ; *voyez* TIGE oblique, FEUILLES obliques.

OBLONG, UE ; ce qui eft beaucoup plus long que large ; *voyez* ANTHÈRES, FEUILLES oblongues.

OBTUS, SE, fe dit de ce qui n'eft pas pointu, ou de ce qui eft terminé en une pointe émouffée ; *voyez* FEUILLES obtufes.

OCTANDRIE, *octandria*, de deux mots grecs qui fignifient huit
maris. L'octandrie eft la claffe VIII du fyftême fexuel; elle renferme
les plantes qui ont huit étamines.

ODEUR, *odor*. L'homme fut probablement long-temps fans avoir
d'autres moyens de reconnoître les plantes, que par l'odeur, la faveur,
le tact & la vue; c'étoit là la véritable méthode naturelle que l'homme,
comme tout autre animal, avoit reçu en partage; mais aujourd'hui ces
moyens naturels de diftinguer les objets, lui feroient d'une foible ref-
fource ; l'odorat, ce fens qu'il exerce fi peu, le ferviroit fort mal; il
eft obligé de chercher dans des moyens artificiels, de plus fûrs garans.

ODORANT, TE. On nomme odorant, tout ce qui a une odeur
forte, agréable ou non. On dit que tel arbre a les feuilles odorantes;
que la racine d'une telle plante eft odorante; que l'une a une odeur
d'ail, l'autre une odeur de gérofle, une odeur de punaife; quand
elle fent l'ail, le gérofle, la punaife, d'après le rapport de tous ceux
qui la fentent. On dit qu'elle a une odeur indéterminée, quand elle a
une odeur à laquelle on ne fait quoi comparer, ou que l'un compare
à une chofe, & l'autre à une autre; elle eft inodore, quand elle ne fent
rien.

ŒIL, *voyez* OMBILIC, *voyez* BOUTON.

ŒILLETONS; ce font de petits plants enracinés, qui accompagnent les racines de quelques plantes, & que l'on tranfplante pour
multiplier l'efpèce. On dit lever des œilletons d'artichaut, ôter les œilletons d'une plante d'œillet : ces plants enracinés qui accompagnent
le tronc des arbres, fe nomment DRAGEONS.

ŒUF de la plante, *femen*. La femence dans le végétal remplit les
mêmes fonctions que l'œuf dans l'animal; elle contient l'embryon, le
germe proprement dit, *corculum*, de la nouvelle plante qu'elle doit
produire.

OIGNON, *voyez* BULBE.

OMBELLE, *ombella*, *pl. 1*, *fig. 17*; on appelle ombelle, un affemblage de fleurs ou de fruits, dont les péduncules partent d'un centre
commun, & divergent comme les branches d'un parafol ou les rayons
d'une roue. On diftingue l'ombelle fauffe de la véritable ombelle. Le
caractère qui diftingue effentiellement l'ombelle fauffe de la véritable
ombelle, fe tire du fruit. Dans la véritable ombelle, il eft toujours compofé de deux graines diftinctes mais réunies, furmontées de deux ftyles,
& communément couronnées par le calice, *fig. 18 B*; au lieu que, dans
l'ombelle fauffe, le fruit eft ordinairement une baie. On diftingue l'ombelle vraie en ombelle partielle & en ombelle univerfelle.

OMBELLE partielle, *ombella partialis*; celle qui eft portée par un des

rayons de l'ombelle univerfelle ; chacun de fes rayons porte immédiatement les fleurs ou les péduncules propres des fleurs. L'ombelle
univerfelle ou l'ombelle générale , *ombella univerfalis* , eft celle qui eft
compofée de rayons qui portent chacun une ombelle partielle.

OMBELLÉ , ÉE ou OMBELLIFÈRE ; *voyez* PLANTE.

OMBILIC , *umbilicus*. On appelle ombilic une petite cavité qu'on
remarque à la partie fupérieure des fruits à pepins : les Cultivateurs
l'appellent œil. On dit auffi qu'une baie eft ombiliquée lorfqu'on rencontre à fa partie fupérieure une petite protubérance plus ou moins
fenfible , qui fouvent même n'eft marquée que d'un point. C'étoit là
qu'étoit placé le ftyle.

OMBILIQUÉ , ÉE ; ce qui eft remarquable par un ombilic : on dit
fruit ombiliqué , baie ombiliquée , chapeau ombiliqué , feuilles ombiliquées , &c.

ONDÉ , ÉE ; ce qui eft façonné en ondes , qui eft pliffé à gros plis
arrondis.

ONDULÉ , ÉE , fignifie ce qui eft pliffé plus finement ; *voyez* BORDS,
FEUILLES , FEUILLETS.

ONGLET , *unguis* ; c'eft la partie inférieure du pétale , *pl. I , fig. 19 c* ;
c'eft par elle que le pétale eft immédiatement inféré fur le réceptacle :
on dit qu'un onglet eft glanduleux , qu'il eft fort court , fort long , &c. ;
qu'il eft ftaminifère , lorfqu'il porte une ou plufieurs étamines. Dans
une corolle monopétale , ce qui fait l'office d'onglet , fe nomme tube.

OPERCULE , *operculum* , *pl. VI , fig. o* (organes de la fructification
des mouffes); petit couvercle qui recouvre les urnes de quelques efpèces
de mouffes ; les lycopodes ont des opercules ; les mnies ont des urnes
pourvues d'opercule *o* & de coiffe *P*. Quelques Botaniftes ne font aucune différence de la coiffe avec l'opercule , & regardent ces deux mots
comme fynonymes.

OPPOSÉ , ÉE. Les feuilles font oppofées , *folia oppofita* , quand
elles font placées fur la tige ou fur les rameaux , comme dans la *fig.*
18 , pl. X , A , B , C , D , E , & comme dans la *fig.* 20 *A* ; elles font oppofées en croix , *folia cruciatim oppofita* , quand elles font comme dans
la *fig.* 20 *B* : on dit auffi que les péduncules , les pétioles , les ftipules ,
les vrilles font oppofés , quand ils ont leur point d'infertion , comme
les feuilles que l'on donne pour exemple.

ORBICULAIRE , ARRONDI , font fynonymes. Ces deux mots conviennent à toutes figures , dont tous les points de la circonférence font
à peu près également éloignés du centre , & qui font conféquemment
auffi larges que longues ; *voyez* CHAPEAU , FEUILLES.

ORDRE naturel , *ordo naturalis*. Si vous examiniez avec quelque attention l'enfemble & le détail des différentes parties qui compofent les végétaux, vous vous appercevriez bientôt qu'il y a des plantes qui fe tiennent par un très-grand nombre de rapports, & qui ont même entre elles une reffemblance fi marquée, qu'elles forment, par leur réunion, des groupes naturels, qu'on pourroit comparer à autant de familles féparées, ou à autant de parentés : quand vous verriez, par exemple, un *triticum*, vous ne pourriez vous difpenfer de le placer au rang des graminées, avec le *fecale*, l'*hordeum* : vous voudriez mettre une *iris* près d'un *gladiofus*, un *ophris* avec un *orchis* : vous ne voudriez point féparer un *lamium* d'avec un *galeopfis*; une *bryonia* d'avec un *cucumis* : vous verriez que les fleurs compofées, les ombellifères, les crucifères, les malvacées, les caryophyllées, les joubarbes, les rofacées, les légumineufes, les amentacées, les euphorbes, les conifères, &c. font autant de bandes à part, qui ne fe confondent point: voilà ce qui a donné l'idée d'une méthode naturelle. Si vous pouviez venir à bout de réunir ces fuperbes fragmens par des nuances infenfibles, & faire ainfi le tableau des plantes de l'Univers entier, vous auriez trouvé une méthode parfaite, où les êtres fe préfenteroient par ordre de création, & fe placeroient, pour ainfi dire, comme d'eux-mêmes, chacun dans la place qui lui feroit deftinée ; vous auriez trouvé cette méthode naturelle, de laquelle on s'occupe depuis fi long-temps, & qui fera peut-être encore long-temps l'objet des recherches des Naturaliftes, fi l'on veut la porter à fon dernier degré de perfection.

On donne auffi le nom d'ordre naturel, à cet ordre avec lequel la Nature place les individus dans les lieux qui leur font propres ; c'eft pourquoi l'on dit que les jardins Anglois font dans l'ordre naturel, parce que chaque arbre, chaque herbe même y trouve réuni, comme à la campagne, où la nature feule prendroit foin de fon exiftence, tout ce qui peut favorifer fon accroiffement.

OREILLÉES ; ce qui eft remarquable par deux appendices en forme d'oreilles ; *voyez* FEUILLES oreillées, *folia aurita*.

ORGANES de la fructification. On donne ce nom aux étamines, aux piftils, au germe, à la corolle même ; *voyez* FÉCONDATION.

ORGANISATION des plantes. Les végétaux naiffent, vivent, fe reproduifent & meurent ; c'eft le jeu de toutes les parties qui concourent à faire paffer le végétal dans tous ces états différens, que l'on nomme organifation. *Voyez* le mot VÉGÉTAL.

OURRELET. Les organes de la fructification de quelques fougères, font difpofés en ourrelet fur le dos des feuilles.

OUVERT, TE ; ce qui eft étalé. On appelle feuilles ouvertes, *folia patentia*, celles qui font difpofées fur la tige, comme celles de la *fig. 18*, *pl. X F* ; elles s'écartent beaucoup plus de la ligne verticale,

que

que les feuilles droites, *fig. 18 E*, & beaucoup moins que les feuilles horizontales, *fig. 18 G*. On appelle péduncules ouverts, ceux qui font difposés comme les feuilles de la *fig. 18 F*. On appelle auffi tige ouverte, celle dont les rameaux s'écartent beaucoup de la perpendiculaire à l'horizon.

OVAIRE, *germen*; c'eft la partie inférieure du piftil, le fruit proprement dit, mais qui n'eft pas encore groffi : on emploie affez ordinairement les mots OVAIRE, GERME & EMBRYON, comines fynonymes : nous penfons au contraire que ces mots ont des fignifications très-différentes ; que le mot *ovaire* ne convient qu'au jeune fruit ; & que les mots *germe* & *embryon* ne conviennent effentiellement qu'aux parties contenues dans la graine fécondée, d'où doit naître une nouvelle plante. Quelquefois l'ovaire eft pédiculé, comme on le remarque dans les tithymales, *pl. II, fig. 22*, & on le nomme *germen pediculatum*; le plus fouvent il eft feffile, c'eft-à-dire, qu'il n'eft pas porté fur un pied, & dans ce cas, on le nomme *germen feffile* : que l'ovaire foit feffile ou pédiculé, il eft toujours placé au centre de la fleur, *pl. IV, fig. 1 D*; c'eft là qu'il fait les fonctions de matrice, & c'eft dans fon fein, fi l'on peut s'exprimer ainfi, que font renfermés les premiers rudimens des femences, & qu'ils y font fécondés. Quand l'ovaire a fon attache au centre de la corolle, dans laquelle il peut être vu dans fon entier, *pl. IV, fig. 2*, on le nomme ovaire fupérieur, *germen fuperum* ; quand il paroît entièrement au deffous de la fleur, & qu'il ne paroît point en dedans, ou beaucoup moins qu'en dehors, *pl. IV, fig. 53 A*, on le nomme ovaire inférieur, *germen inferum* ; quand il paroît autant en dedans de la corolle qu'en dehors, on dit qu'il eft demi-inférieur, *germen femi-inferum*. On appelle ovaire arrondi, *germen fubrotundum*, celui qui a la forme d'une petite boule : ovaire turbiné, *germen turbinatum*, celui qui reffemble à une toupie ; ovaire applati ou comprimé, *germen planum vel compreffum*, celui qui eft comme écrafé, foit à la partie fupérieure, foit fur les côtés.

OVALE; ce qui a une figure alongée, arrondie d'un bout, & terminée en pointe de l'autre ; *voyez* FEUILLES, CAPSULE.

OVOIDE. On donne ce nom à une graine, à un fruit, &c. quand fa forme eft à peu près comme celle d'un œuf.

P.

PAILLE, *palea*. On appelle communément paille, la tige ou le chaume des plantes graminées defféchées.

PAILLETTES. On appelle quelquefois fleurs en paillettes, celles qui ont pour toute corolle des écailles placées autour des organes de la fructification.

PALAIS de la corolle, *palatium corollæ*. Dans les fleurs monopétales irrégulières , c'est la partie supérieure du fond de la corolle, que l'on nomme le palais. L'on dit qu'il est velu, ridé, comprimé, &c.

PALME ; mesure connue en Botanique pour être égale à la largeur de quatre doigts ou de trois pouces environ.

PALMÉ , ÉE , qui ressemble aux doigts d'une main ouverte ; *voyez* FEUILLES , RACINES palmées.

PAMPE. On donne ce nom aux feuilles des graminées.

PAMPRE , sarment de vigne garni de feuilles & de fruit. (On peint Bacchus avec une couronne de pampre).

PANACHÉES , *voyez* FLEURS panachées.

PANDURIFORMES , *voyez* FEUILLES panduriformes.

PANICULE , *panicula ;* c'est un assemblage de fleurs disposées assez confusément , & portées sur des péduncules grêles , qui les étalent sans ordre déterminé ; *voyez* FLEURS en panicule.

PANICULE diffuse , *panicula diffusa*, celle qui est très-étalée , & dont les péduncules propres font avec le péduncule commun, des angles très-ouverts.

PANICULE serrée , *panicula coarctata ;* celle qui est très-peu étalée, & dont les péduncules propres font, avec le péduncule commun , des angles très-aigus.

PANICULÉE, *voyez* TIGE.

PANNEAUX. On donne ce nom aux deux battans de la silique *A B*, *fig. 24 , pl. V.*

PAPILIONNACÉ , ÉE ; ce qui a quelques rapports avec la forme d'un papillon. On appelle feuillets papilionnacés , ceux qui font tachetés comme les ailes de quelques espèces de papillons ; corolles papilionnacées , les corolles polypétales irrégulières , qui ont une gousse pour fruit ; *voyez* COROLLE papilionnacée.

PARABOLES , *voyez* FEUILLES en

PARALLÈLES. On appelle cloisons parallèles, celles qui parcourent toute l'étendue d'un fruit sans se toucher. On dit aussi que les feuilles horizontales font celles qui font parallèles à l'horizon.

PARASITE. Une plante qui croît sur une autre plante , & qui se nourrit à ses dépens , est parasite ; *voyez* PLANTE parasite.

PARASOL, fleurs en parasol ; *voyez* FLEURS en ombelle.

PARENCHYMATEUX , qui appartient au parenchime.

PARENCHYME, c'est ce tissu cellulaire, tendre & spongieux, qui remplit dans les feuilles & dans les jeunes tiges, les intervalles qui se rencontrent entre les plus fines ramifications ; lorſque l'on fait rouir des feuilles, c'eſt le parenchyme qui ſe détache, & qui laiſſe à nu toutes les petites ramifications dont il rempliſſoit les vides. Il en eſt de même, lorſque de petits inſectes ſe nourriſſent du parenchyme d'une feuille ; ils en détachent toute la ſubſtance pulpeuſe analogue à leur nourriture, & laiſſent le réſeau à nu, parce qu'il auroit été pour eux un aliment moins délicat ou trop coriace.

PARFAITES, fleurs parfaites ; *voyez* FLEURS complètes.

PARTAGÉES ; *voyez* FEUILLES partagées.

PARTIEL, LE ; *voyez* PÉDUNCULE, COLLERETTE, OMBELLE.

PARTIES de la génération ou de la fructification ; *voyez* FRUCTIFICATION.

PATTE ; c'eſt le nom que l'on donne aux racines qui ont quelque reſſemblance avec la patte d'un animal. On dit les pattes d'anémone, les pattes ou les *griffes* des renoncules.

PAVILLON, *pl. II, fig. 48 A ; & pl. IV, fig. 69 & 70 c.* C'eſt le nom que l'on donne au pétale ſupérieur des fleurs légumineuſes : on le nomme plus communément étendard.

PÉDICULE, *pediculus* vel *ſtipes ;* c'eſt une eſpèce de queue propre à certaines parties des plantes, comme aux aigrettes, aux glandes, aux nectaires, &c. Il ne faut pas confondre le pédicule avec le péduncule ; donc la ſignification eſt bornée à déſigner en Botanique, tout ce qui ſert de queue aux fleurs & aux fruits, toutes les fois que les parties de la fructification ſont apparentes.

On nomme pédicule, la tige des champignons, & celles de pluſieurs plantes, dont les parties de la fructification ne ſont pas bien apparentes, comme dans les lichens, les moiſiſſures. Le mot de pédicule ſignifie en général petit pied : on le nomme indifféremment en latin *pediculus* vel *ſtipes*, mais j'aimerois mieux le mot latin *ſtipes*, qui veut dire pieu, que le mot *pediculus*, pour ſignifier le pédicule d'un champignon. On dit qu'il eſt tubéreux ou bulbeux, *ſtipes bulboſus*, quand il eſt terminé par une bulbe à ſa baſe, comme dans la *fig. 5, pl. VI ;* qu'il eſt annulé ou colleté, *annulatus*, quand il eſt remarquable par un anneau, comme ceux de la *fig. 6 A, B, C ;* qu'il eſt contigu avec le chapeau, *contiguus*, comme dans la *fig. 6 R ;* qu'il eſt continu, *continuus*, comme dans la *fig. 1, 3, 5, pl. VI ;* qu'il eſt central, *centralis*, lorſqu'il eſt inféré préciſément dans le milieu du chapeau ; qu'il eſt latéral, *lateralis*, lorſqu'il eſt inféré ſur le côté du chapeau ; qu'il eſt engaîné, *vaginatus*, lorſqu'il eſt entouré d'une gaîne ; qu'il eſt ſimple, *ſimplex ;* rameux, *ramoſus ;* égal, *æqualis ;* fuſiforme, *fuſiformis ;* linéaire, *linearis ;* effilé ou filiforme, *filiformis ;* capillaire, *capillaris ;* long, *longus* ; court, *brevis* ; épais, *craſſus* ; aminci, *tenuis* ; applati, *pla-nus* vel *compreſſus* ; plein, *plenus* ; creuſé, *excavatus* ; fiſtuleux ; *fiſtuloſus* ; écailleux, *ſquammoſus* ; rude, *ſcaber* ; qu'il ſe pèle, *decorti-cans* ; qu'il eſt uni, *lævis* ; velu, *hirſutus* (*voyeẕ* l'art. POILS) ; glabre, *glaber* ; farineux, *farinoſus* ; ſpongieux, *ſpongioſus* ; ſubéreux, *ſube-roſus* ; ligneux, *lignoſus*, &c. Peut-être y a-t-il encore quelques eſpèces de pédicules, auxquels on a donné différens noms, dont nous ne nous rappellons pas ; on les aura ſans doute deffinis dans les articles PÉDUN-CULES & PÉTIOLES.

PÉDICULÉ, ÉE ; ce qui eſt porté par un pédicule ; *voyeẕ* CHAPEAU, AIGRETTE.

PÉDUNCULE, *pedunculus* ; c'eſt le ſupport de la fleur & du fruit. On donne communément le nom de queue au péduncule de la roſe, de l'œillet, &c. On dit prendre une ceriſe, une pomme, une poire par la queue, c'eſt la prendre par ſon péduncule. Comme les meilleures méthodes ſont fondées ſur les détails des organes de la fructification, le péduncule qui leur ſert de point d'appui, mérite toute notre atten-tion ; il veut être conſidéré ſous quatre attributs principaux ; 1°. le nombre ; 2°. la forme ; 3°. ſon inſertion ſur la tige ; & 4°. ſon inſer-tion ſur la fleur ou le fruit.

PÉDUNCULE aminci, *pedunculus attenuatus* ; celui qui va en dimi-nuant d'épaiſſeur, depuis ſa baſe juſqu'à ſon extrémité ſupérieure.

PÉDUNCULE armé de pointes, *pedunculus aculeatus* ; celui ſur la ſuperficie duquel on rencontre des pointes ou des aiguillons, qui peu-vent en être facilement détachés ſans déchirement, parce qu'ils ne ſont que contigus : tels ſont les péduncules des roſes, des ronces, &c.

PÉDUNCULE articulé, *pedunculus articulatus* vel *geniculatus* ; celui qui a des nœuds ou des articulations qui changent ſa direction.

PÉDUNCULE axillaire, *pedunculus axillaris* ; celui qui a ſon point d'inſertion dans l'aiſſelle formée par l'union de la feuille avec la tige, ou même dans l'angle de diviſion des rameaux & de la tige.

PÉDUNCULE appliqué contre la tige, *pedunculus adpreſſus* ; celui qui eſt parallèle avec la tige, qui en eſt rapproché dans toute ſa lon-gueur, & qui y paroît même appliqué.

PÉDUNCULE biflore, *pedunculus biflorus* ; celui qui ne porte que deux fleurs.

PÉDUNCULE bractéifère, *pedunculus bracteatus* ; celui qui porte des bractées.

PÉDUNCULE caulinaire, *pedunculus caulinus* ; celui qui s'inſère ſur la tige, & non pas ſur les rameaux ni ſur la racine.

PÉDUNCULE cirrhifère, *pedunculus cirrhiferus* ; celui qui produit
latéralement

latéralement une ou plufieurs vrilles : tels font les péduncules de la vigne.

PÉDUNCULE commun, *pedunculus communis :* on donne ce nom à tout péduncule qui porte plufieurs fleurs, foit qu'il fe ramifie, foit qu'il ne fe ramifie point. Le péduncule commun, *pl. X, fig. 8 R*, n'eſt affez ordinairement qu'une continuation de la tige ; & fi les fleurs ou les fruits qu'il porte, ont chacun un péduncule particulier ; ce péduncule particulier fe nomme PÈDUNCULE partiel, propre ou médiat.

PÉDUNCULE cotonneux, laineux ou drapé, *pedunculus tomentofus*, vel *lanatus ; voyeẓ* à l'art. POILS.

PÉDUNCULE court, *pedunculus brevis*, celui dont la longueur n'égale pas celle de la fleur dans fon parfait développement.

PÉDUNCULE cuifant, *pedunculus urens ;* celui qui eſt recouvert de poils menus, mais dont la piqûre produit les effets de la brûlure.

PÉDUNCULE cylindrique, *pedunculus teres ;* celui qui eſt arrondi dans toute fa longueur.

PÉDUNCULE décurrent, *pedunculus decurrens ;* celui qui fe prolonge fur la tige ou fur les rameaux, & qui y laiſſe une faillie fenfible.

PÉDUNCULE demi-cylindrique, *pedunculus femi-teres ;* celui qui eſt aplati d'un côté, & convexe de l'autre.

PÉDUNCULE droit, *pedunculus erectus ;* celui qui forme, avec la tige, un angle fort aigu, c'eſt-à-dire, qui eſt rapproché de la tige dans toute fa longueur, mais qui laiſſe cependant un intervalle affez fenfible, pour qu'on voie qu'il ne la touche que par fon point d'infertion.

PÉDUNCULE écailleux, *pedunculus fquammofus ;* celui fur la fuperficie duquel on rencontre des écailles.

PÉDUNCULE en maſſue, *pedunculus clavatus ;* celui qui augmente d'épaiſſeur depuis fa bafe jufqu'à fon extrémité fupérieure où il s'arrondit, & qui a quelque reſſemblance avec une maſſue.

PÉDUNCULE épaiſſi, *pedunculus incraffatus ;* celui qui augmente en épaiſſeur depuis fa bafe jufqu'à fon fommet, ou jufqu'à fon infertion fur la fleur ou le fruit, & qui ne fe retrécit point à cette extrémité-là.

PÉDUNCULE épineux, *pedunculus fpinofus ;* celui qui porte des pointes ou des épines qui font corps, qui font parfaitement continues avec lui, & qui ne peuvent en être féparées, fans qu'il y ait de déchirement fenfible.

PÉDUNCULE feuillé, *pedunculus foliatus ;* celui fur lequel on rencontre des feuilles & des fleurs en même temps.

PÉDUNCULE filiforme, *pedunculus filiformis* ; celui qui eſt ſi menu, qu'on le peut comparer à un brin de fil.

PÉDUNCULE foible , débile , *pedunculus flaccidus* ; celui qui ſe trouve entraîné par le poids des parties de la fructification dont il eſt ſurchargé, qui étoit droit avant que les fleurs fuſſent développées , ou que les fruits euſſent acquis un poids auquel il eſt obligé de céder.

PÉDUNCULE foliaire , *pedunculus foliaris* ; celui qui a ſon point d'inſertion ſur une feuille : quand il s'inſère ſur le côté de la feuille , on le nomme *laterifolius*.

PÉDUNCULE hériſſé , *pedunculus hirtus* ; *voyez* , pour toutes les eſpèces de poils qui recouvrent les différentes parties des plantes , l'art. POILS ou l'art. BORDS velus.

PÉDUNCULE incliné , *pedunculus declinatus* ; celui qui ſe recourbe en arc , mais qui s'éloigne encore moins de la terre par ſon point d'in-ſertion ſur la tige , que par ſon extrémité ſupérieure.

PÉDUNCULE linéaire , *pedunculus linearis* ; celui qui eſt mince comme un fil , ou comme une ligne que l'on traceroit avec une pointe.

PÉDUNCULE long , *pedunculus longus* , celui qui eſt d'une lon-gueur extraordinaire.

PÉDUNCULE médiat , *pedunculus medius* ; celui qui eſt une diviſion du péduncule commun , & qui ſe diviſe en péduncules propres. *Voyez* ces mots.

PÉDUNCULE montant , *pedunculus aſcendens* ; celui qui eſt un peu arqué à ſa baſe , mais qui regagne la ligne verticale par ſon ſommet.

PÉDUNCULE nu , *pedunculus nudus* ; celui qui ne porte ni feuilles , ni écailles , ni poils , mais ſeulement une ou pluſieurs fleurs.

PÉDUNCULE oppoſé aux feuilles , *pedunculus oppoſiti-folius* ; celui qui a ſon point d'inſertion ſur la tige ou ſur les rameaux , de manière qu'il eſt toujours oppoſé à un pétiole , c'eſt-à-dire , qu'il occupe un côté de la tige , tandis que le pétiole d'une feuille occupe l'autre , mais dans un ſens diamétralement oppoſé. *Voyez* PÉDUNCULES oppoſés.

PÉDUNCULE ouvert , *pedunculus patens* ; celui qui fait , pour ainſi dire , l'équerre avec la tige ou les rameaux.

PÉDUNCULE partiel , *pedunculus partialis* ; celui qui n'eſt point une continuation de la tige , mais qui eſt une diviſion ou une rami-fication du péduncule commun. Il a toujours ſon point d'inſertion ſur les rameaux ou ſur les parties latérales de la tige , ou ſur les parties la-térales du péduncule commun. On l'appelle péduncule propre , quand il porte immédiatement la fleur : on l'appelle péduncule médiat , quand il eſt encore diviſé en d'autres péduncules qui portent les fleurs.

PÉDUNCULE penché , *pedunculus cernuus* ; celui qui a ſon extré-mité ſupérieure plus baſſe que le point de ſon inſertion ſur la tige ou fur les rameaux , & qui porte des fleurs qui font tournées vers la terre.

PÉDUNCULE pendant, *pedunculus pendulus* , *pl. X* , *fig. 7 & 8 R;* celui qui eft dans une fituation pendante & perpendiculaire, fans qu'il y ait de caufes de foibleffe ou de furcharge.

PÉDUNCULE perpendiculaire, *pedunculus perpendicularis* vel *ftrictus;* celui qui eft droit, qui s'élève fur la tige ou fur les rameaux dans une direction verticale ou perpendiculaire à l'horizon.

PÉDUNCULE pétiolaire, *pedunculus petiolaris ;* celui qui a fon point d'infertion fur un pétiole.

PÉDUNCULE propre, *pedunculus proprius* , celui qui porte immé-diatement la fleur. *Voyez* PÉDUNCULE commun, PÉDUNCULE partiel.

PÉDUNCULE pubefcent, *pedunculus pubefcens* vel *villofus ; voyez* l'art. POILS.

PÉDUNCULE quadriflore, *pedunculus quadriflorus ;* celui qui porte quatre fleurs : on appelle quelquefois *pedunculus quinqueflorus, fexflo-rus* , celui qui en porte cinq, fix ; mais il eft plus ordinaire qu'on nomme *multiflorus* , celui qui en porte plus de quatre, ou qui en porte un nombre indéterminé.

PÉDUNCULE qui s'infère fur la tige parmi les feuilles , *pedun-culus interfoliaceus ;* celui qui a fon point d'infertion fur la tige ou fur les rameaux, & qui vient pêle-mêle avec les feuilles , & fans aucun ordre.

PÉDUNCULE qui occupe fur la tige un rang au deffous de celui des feuilles , *pedunculus extrafoliaceus ;* celui qui a fon point d'infertion fur la tige , plus bas que les feuilles ont le leur.

PÉDUNCULE qui occupe fur la tige un rang au deffus de celui des feuilles , *pedunculus fuprafoliaceus ;* celui qui a fon point d'infertion fur la tige , beaucoup plus haut que les feuilles ont le leur.

PÉDUNCULE raméal , *pedunculus rameus ;* celui qui s'infère fur les rameaux , & non fur toute autre partie de la plante.

PÉDUNCULE retourné , *pedunculus refupinatus ;* celui qui porte des fleurs ou des fruits, dont la furface fupérieure devient l'inférieure, & l'inférieure , la fupérieure.

PÉDUNCULE rude , *pedunculus fcaber ;* celui qui eft remarquable par quelques rugofités.

PÉDUNCULE fimple , *pedunculus fimplex ;* celui qui ne fe divife point, & qui porte une ou plufieurs fleurs qui n'ont pas d'autres pédun-cules, foit qu'il ait fon point d'infertion fur les parties latérales du pé-duncule commun, ou de l'extrémité fupérieure de la tige, foit qu'il foit attaché fur les parties latérales des rameaux , ou même fur les racines.

PÉDUNCULE folitaire , *pedunculus folitarius ;* celui qui vient tou-jours feul fur une plante.

PÉDUNCULE terminal , *pedunculus terminalis ;* celui qui termine la tige ou les rameaux , comme font ceux de la tulipe , du lis , du pied-de-veau.

PÉDUNCULE tétragone , *pedunculus tetragonus ;* celui qui a quatre faces égales fur toute fa longueur.

PÉDUNCULE tortueux : quand il s'entortille autour des corps qui l'environnent , on le nomme *pedunculus volubilis ;* quand il forme alternativement des angles faillans & rentrans , on le nomme *pedunculus flexuofus.*

PÉDUNCULE très court , *pedunculus breviffimus ;* celui qui eft à peine vifible , ou qui , comparé à la hauteur de la fleur qu'il porte , n'en eft guère que la quatrième partie.

PÉDUNCULE très-long , *pedunculus longiffimus ;* celui dont la longueur excède deux ou trois fois la hauteur de la fleur qu'il porte.

PÉDUNCULE triflore , *pedunculus triflorus ;* celui qui porte toujours trois fleurs.

PÉDUNCULE trigone , *pedunculus trigonus* vel *triqueter ;* celui qui a trois faces exactement planes.

PÉDUNCULE uniflore , *pedunculus uniflorus ;* celui qui ne porte jamais qu'une fleur , comme la hampe. On le nomme biflore , *biflorus ;* triflore , *triflorus ;* quadriflore , *quadriflorus,* quand il porte deux , trois, quatre fleurs ; & multiflore , *multiflorus,* quand il en porte un nombre indéterminé.

PÉDUNCULE velu , *pedunculus pilofus* vel *villofus ; voyez* l'art. POILS ou l'art. BORDS velus.

Si l'on vient à examiner l'enfemble des péduncules , on dit qu'ils font alternes entre eux , égaux , épars, géminés , oppofés , ferrés , verticillés , &c.

PÉDUNCULES alternes entre eux, ceux qui font placés alternativement autour de la tige ou des rameaux , c'eft-à-dire, qui y font inférés l'un après l'autre comme les feuilles de la *fig. 69, pl. VIII.*

PÉDUNCULES égaux , *pedunculi æquales ;* ceux qui , dans l'état de parfait développement, ont à peu près tous la même longueur ; ils font inégaux , *inæquales,* par la raifon contraire.

PÉDUNCULES épars , *pedunculi fparfi ;* ceux qui font nombreux & qui font placés alternativement & fans ordre de tous les côtés de la tige , comme les feuilles de la *fig. 21 , pl. X.*

PÉDUNCULES géminés , *pedunculi geminati ;* ceux qui viennent deux à deux fur le même point d'infertion.

PÉDUNCULES oppofés entre eux, *pedunculi oppofui ;* ceux qui font
inférés

inférés fur la tige, l'un d'un côté, l'autre de l'autre, & dont le point d'infertion de l'un, eft parfaitement oppofé & dans la même direction que celui de l'autre : les péduncules oppofés font à la tige ou aux rameaux, ce que les bras élevés font au corps d'un homme.

PÉDUNCULES ferrés, *pedunculi coarcti ;* ceux qui font nombreux, & qui font ferrés contre la tige ou les rameaux.

PÉDUNCULES verticillés, *pedunculi verticillati ;* ceux qui font difpofés autour de la tige, comme les rayons d'une roue le font fur leur moyeu.

PÉDUNCULÉ, ÉE ; ce qui eft porté par un péduncule ; *voyez* FLEURS, FRUITS.

PENCHÉ, ÉE. Lorfque la TIGE, les FEUILLES, les FLEURS d'une plante s'éloignent de la ligne verticale, & font hors de leur à-plomb, on dit qu'elles penchent, qu'elles font penchées.

PENDANT, TE ; ce qui retombe dans une direction verticale ; *voyez* PÉDUNCULES, RAMEAUX, FEUILLES, FLEURS, FRUITS

PENTAGONE, qui a cinq côtés & cinq angles remarquables.

PENTAGYNIE, *pentagynia*, de deux mots grecs qui fignifient cinq femelles ; comme la plupart des ordres qui divifent les claffes de Linnæus, font fondés fur la confidération des piftils, les fleurs qui ont cinq piftils, font de l'ordre *pentagynie*.

PENTANDRIE, *pentandria*, de deux mots grecs qui fignifient cinq maris. La pentandrie eft la claffe V du Syftème fexuel ; elle comprend les plantes qui ont cinq étamines.

PEPIN ; c'eft une femence couverte d'une tunique propre, épaiffe & coriacée, qui fe trouve au centre de certains fruits, tels que les pommes, les poires, les melons, les citrouilles. On donne improprement le nom de pepin aux graines que l'on trouve dans le raifin.

PEPINIÈRE. Une pepinière eft un terrein dans lequel on plante de jeunes arbres que l'on élève jufqu'à ce qu'ils foient propres à être tranfplantés ailleurs. On appelle JARDINIER PEPINIÉRISTE, celui qui s'occupe de la culture des arbres en pepinière.

PERFEUILLÉES ou PERFOLIÉES. On appelle feuilles perfeuillées, *fig. 68, pl. VIII*, celles qui font traverfées par la tige ou les rameaux.

PÉRIANTHE, *perianthium*. Parmi les fept efpèces de calice de Linnæus, le périanthe eft la feule qui ait confervé le nom de calice : or, qui dit périanthe, dit calice. Ou le périanthe eft monophylle, c'eft-à-dire, qu'il eft d'une feule pièce, *perianthium monophyllum, pl. IV, fig. 65* ; ou il eft diphylle, c'eft-à-dire, compofé de deux pièces, *perianthium diphyllum* ; ou il eft triphylle, *triphyllum* ; quadriphylle, *quadri-*

M m

phyllum; pentaphylle, *pentaphyllum ;* polyphylle, *polyphyllum ,fig. 66 pl. IV,* ou *fig. 36* , quand il y a plufieurs pièces, comme celle *B* , inférées à l'endroit marqué *A. Voyez* CALICE.

PÉRICARPE , *pericarpium.* C'eft en général cette partie du fruit qui enveloppe les femences ou les graines : on diftingue huit efpèces de péricarpes , qui portent autant de noms différens. Le péricarpe eft appelé *capfu'e* , quand il a une forme approchante des *fig. 19 , 20, 21 & 22, pl. V,* ou , pour mieux dire , quand il diffère effentiellement des fept autres efpèces de péricarpe : on le nomme *coque* ou *follicule,* quand il eft d'une feule pièce, qu'il s'ouvre de bas en haut, comme dans la *fig. 23 , pl. V.* On le nomme *filique* ou *filicule ,fig. 24 , 25 , 26* , quand il eft compofé de deux paneaux latéraux *A B* , & d'une membrane intermédiaire , que l'on nomme cloifon *c ,fig. 24.* S'il n'eft compofé que de deux panneaux réunis par deux futures , à l'une defquelles feulement les femences font attachées , on le nomme *gouffe, fig. 27, 28 , 29.* Si fa chair eft pulpeufe , & qu'il renferme un noyau , on l'appelle *fruit à noyau* ou *prunette, fig. 31 , 32 , 33 , 34 & 35 ;* fi fa chair eft ferme & plus ou moins fucculente , & qu'elle renferme dans des loges fymétriques des pepins , on le nomme *fruit à pepins ,fig. 36 , 37 ;* fi fa chair eft molle , fucculente , & qu'elle renferme des graines éparfes & difpofées fans ordre *,fig. 38 ,39, 40* , on le nomme *baie.* S'il eft compofé d'écailles difpofées fur un axe commun, on le nomme *cône , fig. 41.* Toutes les graines font renfermées dans une de ces huit efpèces de péricarpe , ou bien elles font nues dans un calice qui en fait les fonctions , ou portées par l'extrémité d'un péduncule qui leur fert de réceptacle. *Voyez* , pour plus ample explication, les mots CAPSULE, COQUE, SILIQUE, GOUSSE, FRUIT A NOYAU , FRUIT A PEPIN , BAIE & CÔNE. On dit que le péricarpe eft unicapfulaire, *unicapfulare ;* bicapfulaire, *bicapfulare ;* tricapfulaire, *tricapfulare ;* multicapfulaire, *multicapfulare* , quand il eft compofé d'une , de deux, de trois ou de plufieurs capfules. Un péricarpe qui feroit compofé de trois capfules réunies , & dont chaque capfule n'auroit qu'une loge , feroit appelé *péricarpium tricapfulare* & *triloculare.*

PERPENDICULAIRE; ce qui ne penche ni d'un côté, ni d'un autre. *Voyez* TIGE.

PERSISTANT , TE ; ce qui eft d'une durée remarquable. Il faut , pour fe faire une idée jufte de la fignification de ce mot, voir l'article CALICE , pour favoir ce qu'on entend par calice perfiftant; l'article COROLLE , pour favoir ce qu'on veut dire par corolle perfiftante, comment elle diffère de la corolle caduque , de la corolle tombante; & les mots FEUILLES , STIPULES , VOLVA, RACINE , &c.

PERSONNÉES; *voyez* FLEURS perfonnées, ou en mufle, ou en mafque.

PÉTALE , *petalum* vel *petalos ;* c'eſt le nom que l'on donne à chacune des pièces qui compoſent les corolles polypétales : on dit qu'une
corolle eſt dipétale, *corolla dipetala ;* tripétale, *tripetala ;* tétrapétale,
tetrapetala ; pentapétale, *pentapetala ;* polypétale, *polypetala ;* quand
elle eſt compoſée de deux, de trois, de quatre, de cinq ou de pluſieurs
pétales.

On diſtingue dans le pétale, *fig. 19* , *pl. I* , le limbe *A* , la lame *B* &
l'onglet *c.* Le *limbe* eſt l'extrémité ſupérieure du pétale ; l'onglet en
eſt l'extrémité inférieure , la partie par laquelle le pétale tient au
réceptacle ; & la lame eſt l'eſpace occupé entre le limbe & l'onglet.

On trouve dans le nombre, la forme, l'inſertion, la grandeur reſpective, dans la couleur même des pétales, un très-grand nombre de
caractères très-favorables pour diſtinguer les plantes. On dit qu'un
pétale eſt très-entier , *petalum integerrimum ;* arrondi , *ſubrotundum ;*
alongé, *elongatum ;* friſé, *criſpum ;* échancré, *emarginatum ;* oreillé ,
auritum ; velu , *hirſutum ;* coloré, *coloratum.* &c. On dit encore que
le pétale eſt ſtaminifère, *petalum ſtaminiferum* , quand il porte une ou
pluſieurs étamines ; qu'il eſt en forme de capuchon, *cucullatum* , &c.
Voyez , pour les différens noms que l'on a donnés aux fleurs , à cauſe de
la couleur de leurs pétales , le mot FLEURS colorées , & celui COROLLE.

PÉTALÉES. On appelle FLEURS *pétalées* , toutes celles qui ſont
compoſées de pétales ; & fleurs *apétales* , celles qui n'en ont pas.

PÉTIOLAIRE ; ce qui vient ſur le pétiole , qui appartient au pétiole. On appelle vrilles pétiolaires , *pl. IX* , *fig. 13* , *14 ;* celles qui ne
font qu'une ſuite ou un prolongement des pétioles.

PETIOLE , *petiolus ;* c'eſt le nom que l'on donne à cette partie de
la plante qui ſert de ſupport aux feuilles ſeulement : le pétiole eſt la
queue de la feuille, comme le péduncule eſt la queue de la fleur & du
fruit.

On conſidère dans le pétiole, la forme, la grandeur comparée à celle
des feuilles , ſa diſpoſition ſur la tige ou les rameaux , ſa direction , la
manière dont ſe fait ſon inſertion ſur la tige, le nombre de feuilles
qu'il porte , & comment il a , ſur chaque feuille , ſon point d'inſertion.

PÉTIOLE adhérent , *petiolus inſertus ;* celui qui n'a avec la tige
qu'une ſimple adhéſion, qui ne la touche que par un ſimple contact ,
& qui ne s'élargit point à ſa baſe, comme le pétiole que l'on nomme
PÉTIOLE cohérent.

PÉTIOLE aiguillonné, *petiolus aculeatus ;* celui qui eſt armé de
pointes ou d'aiguillons qui peuvent en être détachés , ſans qu'il paroiſſe
ſur la tige ou les rameaux de déchirement ſenſible.

PÉTIOLE ailé, *petiolus alatus , pl. IX , fig. 16 ;* celui qui porte ſur
ſes côtés une partie de la ſubſtance membraneuſe & pulpeuſe, dont

la feuille eſt compoſée, & qui y eſt inſérée de la même manière que les barbes d'une plume le ſont ſur la côte.

PÉTIOLE amplexicaule, *petiolus amplexicaulis* ; celui qui s'élargit à ſa baſe, & qui enveloppe la tige.

PÉTIOLE anguleux, *petiolus angulatus* ; celui qui porte longitudinalement ſur ſes côtés quelques angles ſaillans.

PÉTIOLE appendiculé, *petiolus appendiculatus* ; celui qui ſe termine à ſa baſe par pluſieurs appendices.

PÉTIOLE à trois faces planes, *petiolus triqueter* ; celui qui a la forme d'un priſme, c'eſt-à-dire, qui eſt applati également de trois côtés, & dont les angles ſont très-ſaillans.

PÉTIOLE canaliculé, *petiolus canaliculatus* ; celui qui eſt remarquable par un ſillon creuſé dans toute la longueur de ſa ſurface ſupérieure, c'eſt-à-dire, de la ſurface qui répond au dedans de la feuille.

PÉTIOLE cohérent, *petiolus adnatus* ; celui qui eſt ſi fortement attaché à la tige ou aux rameaux, qu'on ne peut l'en ſéparer ſans enlever avec lui une partie de l'écorce.

PÉTIOLE commun, *petiolus communis*. On appelle ainſi dans une feuille compoſée, recompoſée ou ſurcompoſée, le gros pétiole qui ſert de baſe, de point d'appui à tous les autres.

PÉTIOLE court, *petiolus brevis* ; celui qui eſt un peu plus court que la feuille qu'il porte.

PÉTIOLE cylindrique, *petiolus teres* ; celui qui eſt arrondi dans toute ſa longueur.

PÉTIOLE décurrent, *petiolus decurrens* ; celui qui ſe prolonge ſur la tige ou ſur les rameaux, & qui y laiſſe une ſaillie très-ſenſible.

PÉTIOLE demi-cylindrique, *petiolus ſemi-teres* ; celui qui eſt arrondi d'un côté, & un peu applati de l'autre.

PÉTIOLE divergent, *petiolus patulus* vel *divergens* ; celui qui forme avec la tige ou les rameaux, un angle plus ou moins droit, ſoit que les feuilles ſoient éparſes ou verticillées.

PÉTIOLE épineux, *petiolus ſpinoſus* ; celui qui eſt armé de pointes ou d'aiguillons qui ne peuvent en être ſéparés ſans déchirement ſenſible, parce qu'ils font corps avec lui.

PÉTIOLE glabre, *petiolus glaber* ; celui qui eſt liſſe, ſans poils ni glandes, &c.

PÉTIOLE immédiat, *petiolus proximus* ; celui ſur lequel ſont inſérés les pétioles propres des folioles des feuilles compoſées, recompoſées & ſurcompoſées. Dans la feuille ſimplement compoſée, le pétiole commun eſt imimmédiat en même temps, parce que c'eſt ſur lui que

ſont

font inférées immédiatement les folioles qui ont chacune leur pétiole propre, ou qui font retrécies en pétiole ; dans les feuilles recompofées, les pétioles immédiats font les premières divifions du pétiole commun, parce que les pétioles des folioles s'infèrent immédiatement fur elles. Dans les feuilles furcompofées, les pétioles immédiats font les deuxièmes divifions du pétiole commun, & pour lors, quand on tient une feuille furcompofée, on obferve, 1°. le pétiole commun; 2°. le pétiole partiel ; 3°. le pétiole immédiat ; & 4°. le pétiole propre, au moyen duquel la foliole s'infère fur le pétiole immédiat.

PÉTIOLE linéaire, *petiolus linearis ;* celui qui eft menu comme un fil, & égal dans toute fa longueur.

PÉTIOLE long, *petiolus longus ;* celui qui eft plus long que la feuille qu'il porte.

PÉTIOLE médiocre, *petiolus mediocris ;* celui dont la longueur égale celle de la feuille qu'il porte.

PÉTIOLE membraneux, *petiolus membranaceus ;* celui qui eft comprimé & applati comme une feuille.

PÉTIOLE montant, *petiolus affurgens ;* celui qui s'élève en formant un peu l'arc.

PÉTIOLE ouvert, *petiolus patens ;* celui qui forme avec la tige ou les rameaux un angle droit.

PÉTIOLE plane, *petiolus planus ;* celui qui eft applati également fur fa longueur de deux côtés, & qui a une certaine épaiffeur.

PÉTIOLE propre, *petiolus proprius ;* celui qui fait partie de la foliole, & par lequel elle eft attachée au pétiole commun, ou à quelques-unes de fes divifions; comme dans toutes les feuilles compofées, re-compofées & furcompofées.

PÉTIOLE recourbé, *petiolus recurvatus ;* celui qui forme l'arc de bas en haut.

PÉTIOLE redreffé, *petiolus erectus ;* celui qui forme avec la tige un angle aigu.

PÉTIOLE terminé en gaîne, *petiolus vaginans;* celui qui, à fon extrémité inférieure, fe termine en une gaîne membraneufe, qui enveloppe un certain efpace de la tige ou des rameaux.

PÉTIOLE très-court, *petiolus breviffimus;* celui dont la longueur eft furpaffée plufieurs fois par celle de la feuille qu'il porte.

PÉTIOLE très-long, *petiolus longiffimus;* celui dont la longueur furpaffe plufieurs fois celle de la feuille qu'il porte.

PÉTIOLE velu, *petiolus villofus* vel *hirfutus ;* celui qui eft garni de poils : on dit qu'il eft laineux ou drapé , tomenteux, pubefcent, barbu , &c. quand les poils qui recouvrent fa fuperficie, reffemblent à de la laine, du coton , du poil follet, de la barbe, &c. *Voyez* l'art. POILS.

Quelquefois, lorfque l'on a befoin de comparer l'enfemble des feuilles fur une tige à feuilles compofées, on dit que leurs pétioles font rapprochés , *petioli approximati ;* qu'ils font éloignés , écartés les uns des autres , *divaricati , remoti ,* &c.

PÉTIOLÉES. On appelle feuilles pétiolées, celles qui font portées par un pétiole.

PHRASE botanique , *phrafis phytologica ;* c'eft une defcription très-abrégée , qui préfente dans autant de cadres particuliers , les caractères propres à chaque plante. De même que toutes les productions du règne végétal ont un nom générique qui convient à toutes les efpèces du même genre , & un nom fpécifique qui n'appartient qu'à un individu, à une efpèce de chaque genre ; elles ont auffi leur *phrafe générique* qui détaille tous les caractères communs à toutes les efpèces d'un même genre , & leur *phrafe fpécifique* qui expofe tous les caractères qui ne conviennent qu'à une efpèce.

PHYTOLOGIE , *phytologia ,* de deux mots grecs qui fignifient plante & difcours. La *phytologie* eft l'art de décrire les plantes , & la Botanique eft l'art de les connoître méthodiquement au moyen de leurs caractères. On emploie cependant les mots *phytologie* & *botanique ,* comme fynonymes , malgré qu'ils aient deux fignifications très-différentes.

PIED. On donne fouvent le nom de pied à la partie du tronc ou de la tige d'une plante qui eft la plus près de terre : le pied d'un champignon porte le nom de pédicule ; quelquefois auffi on emploie le mot pied , pour fignifier le mot plant ou le mot plante ; & l'on dit faire abattre cent pieds d'arbres , donner deux pieds d'œillets , au lieu de dire , faire abattre cent arbres, donner deux plantes d'œillets.

PINNATIFIDES ; *voyez* FEUILLES pinnatifides.

PINNÉES. On appelle feuilles pinnées ou feuilles ailées , celles qui portent fur deux côtés oppofés d'un pétiole commun , un certain nombre de folioles : delà les feuilles bipinnées, tripinnées ,&c.

PIQUANS; c'eft le nom commun aux épines & aux aiguillons des plantes. Les piquans portent le nom d'épines , *fpinæ ,* quand ils font continus à la partie de la plante fur laquelle ils ont leur point d'infertion : on les nomme aiguillons , *aculei .* quand il ne font que contigus. *Voyez* EPINES, *voyez* AIGUILLONS.

PIQUANT , TE ; ce qui eft garni de pointes piquantes.

PIRIFORME , qui a la forme d'une poire. Il y a une efpèce de

veſſe-loup , que l'on nomme *lycoperdon piriforme* , à cauſe de la reſſemblance qu'elle a avec une poire.

PISTIL , *piſtilum*. On regarde dans une fleur le piſtil , comme ſon
organe femelle ; il eſt communément compoſé de l'ovaire ou embryon ,
pl. IV , *fig.* 51 *A* , d'un ſtyle *B* , & d'un ſtygmate *c*. On dit que le piſtil
eſt complet , *piſtilum completum* , quand il a , comme celui qui eſt re-
préſenté *fig.* 51 , ovaire, ſtyle & ſtygmate. On dit qu'il eſt incomplet ,
piſtilum incompletum , quand il manque de ſtyle ou de ſtygmate : il y
a des fleurs qui n'ont qu'un ſeul piſtil ; d'autres qui en ont deux , trois,
quatre , cinq , ſix , & quelquefois un nombre indéterminé. Quand on
veut ſavoir le nombre des piſtils qui n'ont pas de ſtyle , on compte
les ſtygmates , & l'on peut regarder comme une règle générale , que
la GYNANDRIE (*voyez* ce mot) , aura lieu toutes les fois que les étamines s'uniront à ce qui occupera préciſément le centre de la fleur,
parce que , quand même la fleur n'auroit pas de piſtil , ce qui occupe
le centre du réceptacle en tient lieu.

Le piſtil occupe toujours le centre des fleurs , *pl. IV* , *fig. 1 D*. Les
fleurs qui n'ont que des piſtils ſans étamines , ſont appelées fleurs femelles ; celles qui n'ont que des étamines ſans piſtils , ſont appelées
fleurs mâles ; celles qui ont étamines & piſtils , ſont appelées fleurs
hermaphrodites. On conſidère dans le piſtil ſa préſence, ſon abſence,
le nombre , la forme & la ſituation. *Voyez* OVAIRE , STYLE , STYG-
MATES & MÉTHODES.

PIVOT. On donne ce nom au tronc d'une racine , quand il s'enfonce verticalement dans la terre.

PIVOTANTE ; *voyez* RACINE pivotante.

PLACENTA , *receptaculum ſeminale*. On donne ce nom à la partie
d'un fruit quelconque , ſur laquelle portent immédiatement les ſemences ou les graines, qu'elles ſoient environnées ou non des huit
eſpèces de péricarpe ; il ſuffit qu'elles aient leur point d'inſertion ſur
cette partie , & que ce ſoit elle qui leur tranſmette immédiatement les
ſucs nourriciers dont elles ont beſoin pour leur ſubſiſtance.

PLANE ; ce qui eſt élargi , uni , égal , qui n'eſt point raboteux, ou
bien encore ce qui eſt dans une ſituation parallèle à l'horizon.

PLANT. On appelle ainſi un lieu planté de jeunes arbres. On dit
auſſi du plant de vigne, du plant de noyer , &c. pour dire de jeunes
pieds de vigne enracinés , ou de jeunes pieds de noyer.

PLANTARD ; c'eſt une branche d'arbre aſſez groſſe qui n'a point
de racines , que l'on étête & que l'on fiche en terre , afin qu'elle pro-
duiſe un arbre de la même eſpèce : quelques-uns appellent *boutures* ces
mêmes branches d'arbres , lorſqu'elles ſont de petite taille ; d'autres

au contraire prétendent que l'on ne doit appeler *boutures*, que les branches d'une tige herbacée, & *plantards*, les branches d'une tige ligneuſe.

PLANTATION. On appelle ainſi un terrain conſidérable, dans lequel on a planté beaucoup d'arbres. On dit une belle plantation, une plantation de peupliers, une plantation d'arbres étrangers.

PLANTE, *planta*. On donne ce nom à toute produ&ction naturelle qui peut occuper un rang dans le règne végétal. La plante ligneuſe qui s'élève beaucoup, & qui n'a qu'une tige, eſt appelée arbre, *arbor*. La plante ligneuſe qui s'élève beaucoup moins, & qui a communément pluſieurs tiges, porte le nom d'*arbriſſeau*, *planta fruticoſa* : celle qui s'élève beaucoup moins encore, & dont les tiges également ligneuſes, ne portent pas de bourgeons comme les arbres & les arbriſſeaux, & ſubſiſtent pendant un ou pluſieurs hivers, eſt appellée arbuſte, *planta ſuffruticoſa* vel *ſuffruteſcens* : celle qui n'a pas ſa tige ligneuſe, eſt appelée *herbe* : quand une herbe périt entièrement tous les ans, on la nomme plante annuelle, *planta annua* : quand elle ſubſiſte par ſes racines pendant deux ans, on la nomme biſannuelle, *biſannua* : quand elle ſubſiſte pendant trois ans, triſannuelle, *triſannua* : ſi elle dure davantage, on dit qu'elle eſt vivace, *planta perennis*. Au mot VÉGÉTAL, nous dirons un mot de l'organiſation interne de la plante en général, & nous la ſuivrons dans tous ſes degrés de développement.

PLANTES acaules, *plantæ acaules* ; celles qui n'ont pas de tige en général. Dans la claſſe des champignons, des lichens, nous avons un très-grand nombre de plantes acaules ; mais, dans la claſſe des herbes, *herbæ acaules* vel *ſeſſiles*, il n'y en a qu'un petit nombre qui ſont privées de tige, & dans ce cas, leurs pétioles & leurs péduncules partent immédiatement de leur racine.

PLANTES acotyledones, *plantæ acotyledones* ; celles qui ont été produites par une graine qui n'avoit pas de cotyledon, & dont la *plantule* étoit compoſée de la *plumule* & de la *radicule* ſeulement.

PLANTES agreſtes, *plantæ agreſtes*. On appelle ainſi toutes les plantes qui viennent dans les champs ſans avoir beſoin de culture.

PLANTES alimentaires. On donne ce nom aux plantes deſtinées à fournir aux hommes des alimens de première néceſſité. Le froment, le ſeigle, le riz, la pomme de terre, ſont regardés comme plantes alimentaires.

PLANTES androgynes, *plantæ androgynæ* vel *monoices* : ce ſont toutes les plantes qui, ſur le même individu, ont des fleurs mâles & femelles ſéparées.

PLANTES annuelles (qui ne durent qu'un an), *plantæ annuæ* ; *voyez* le mot PLANTE.

PLANTES

PLANTES baccifères, *plantæ bacciferæ.* On nomme ainsi toutes les plantes, arbres ou herbes, qui ont pour fruits une ou plusieurs baies.

PLANTES bâtardes, *plantæ spuriæ ;* celles qui ont été produites par des semences, à la fécondation desquelles la poussière séminale de quelques autres plantes a pris part. Les fleurs doubles ou pleines, qui fixent toute l'attention des Fleuristes, font abâtardies par leurs soins ; il n'y a point d'artifice auquel ils n'aient recours pour se procurer ces monstruosités, & pour les rendre plus monstrueuses encore. Ces soins font nécessaires, il est vrai, pour balancer l'état artificiel de ces plantes bâtardes avec leur état naturel, avec cet état originel, dans lequel elles retomberoient bientôt, si l'on abandonnoit à la Nature seule le soin de les cultiver.

PLANTES bifères, *plantæ biferæ.* On donne ce nom à toutes les plantes qui donnent chaque année deux fois des fleurs & des fruits.

PLANTES bifannuelles, *plantæ bifannuæ ;* celles qui durent deux ans ; *voyez* PLANTE.

PLANTES cataleptiques, *plantæ catalepticæ.* On appelle ainsi les plantes, dont les différentes parties qui les composent, ne reprennent jamais la direction qu'elles avoient, quand une fois elle a été changée par quelque cause étrangère.

PLANTES caulescentes, *plantæ caulescentes ;* celles qui ont des tiges ; c'est par là qu'elles diffèrent des plantes qui n'en ont pas, & que l'on nomme sessiles.

PLANTES cryptogames, *plantæ cryptogamæ ;* celles dont les organes de la fructification ne font pas connus ou ne font pas apparens.

PLANTES des champs incultes, *plantæ campestres ;* des champs cultivés, *arvenses ;* des terrains cultivés autour des jardins, *cultæ ;* des rues autour des maisons, *ruderales,* des prairies, *pratenses ;* des montagnes, *montanæ ;* des forêts, *sylvaticæ ;* des bois, *nemorosæ ;* des marais, *palustres, paludosæ ;* des lacs, *lacustres ;* des bords de la mer, *maritimæ ;* des sables, *arenosæ,* &c. Il n'y a point de plantes qui viennent indifféremment dans toutes sortes de terrains, & qui se plaisent également à toutes sortes d'expositions ; l'une aime les lieux secs & arides ; l'autre les lieux humides, les marais : si l'eau vient à manquer à celle-ci, elle devient chétive, & prend un air de langueur qui la rend souvent méconnoissable ; il est donc très-important de remarquer les lieux qui font les plus convenables aux plantes, afin de n'être pas tenté de regarder à chaque pas, comme espèce nouvelle, ce qui n'est qu'une variété accidentelle. Ce que nous venons de dire peut s'appliquer aussi aux changemens qu'apportent la culture, le degré de température & quelques circonstances étrangères.

PLANTES dicotyledones ou bicotyledones, *plantæ dicotyledones*, celles qui ont été produites par une graine à deux cotyledons , *pl. V, fig. 10 H , fig. 11 AB.*

PLANTES dioïques, *plantæ dioicæ ;* celles qui ne portent jamais que des fleurs d'un feul fexe : les fleurs mâles fe trouvent fur un individu , & les fleurs femelles fur un autre.

PLANTES diurnes, *plantæ diurnæ ;* celles qui ne durent qu'un jour au plus, mais jamais plus d'un jour.

PLANTES douteufes, *plantæ dubiæ ;* celles dont les parties de la fru&ification ne font qu'imparfaitement connues , & fur lefquelles les fentimens des Savans font encore partagés.

PLANTES éphémères, *plantæ ephemeræ ;* celles qui font de très-courte durée, qui naiffent & qui meurent en peu de temps, mais qui durent cependant un jour au moins.

PLANTES exotiques, *plantæ exoticæ ;* celles qui nous font étrangères, & que nous ne pouvons avoir dans nos climats , qu'à force d'apporter des foins à leur culture. *Voyez* PLANTES indigènes.

PLANTES hybrides ou polygames , *plantæ polygamæ* vel *hybridæ ;* celles qui portent des fleurs hermaphrodites & des fleurs mâles ou femelles fur le même pied ou fur différens pieds , foit que les hermaphrodites foient fur un pied , & les mâles ou femelles fur un autre, foit que les hermaphrodites fe trouvent avec des fleurs femelles ou avec des fleurs mâles féparément fur le même pied. *Voyez* PLANTES polygamiques. On les divife en polygamiques monoïques , & en polygamiques dioïques mâles ou femelles.

PLANTES indigènes , *plantæ indigenæ ;* celles qui croiffent fpontanément dans nos climats , & qui s'y reproduifent d'elles-mêmes. Il y a un très-grand nombre de plantes qui ne font point originaires de nos climats, mais qui s'y font fi bien naturalifées , qu'elles y font regardées comme plantes indigènes.

PLANTES la&efcentes, *plantæ la&efcentes ;* celles qui rendent , par des incifions ou par des caffures faites à leur tige , ou à quelques-unes de leurs parties , un fuc blanc comme du lait : tels font les tithymales , les laitues, les pavots.

PLANTES médicinales, *plantæ medicinales ;* ce font toutes les plantes qui , employées comme il convient, foit à l'intérieur , foit à l'extérieur, peuvent apporter du foulagement à nos maux. *Voyez* l'art. PROPRIÉTÉS des plantes & le mot VÉGÉTAL.

PLANTES monocotyledones , *plantæ monocotyledones ;* celles qui ont été produites par une graine qui n'avoit qu'un feul cotyledon, *pl. V, fig. 4 & 5.*

PLANTES monoïques ou androgynes , *plantæ monoicæ* vel *andro-gynæ ;* celles qui portent des fleurs mâles & femelles féparément fur le même individu: tels font les melons , les concombres , le noyer , le mûrier , le bouleau , &c.

PLANTES multifères , *plantæ multiferæ.* On appelle ainſi les plantes qui donnent des fleurs pluſieurs fois l'année , ou qui font en fleurs toute l'année.

PLANTES noſtrates ,*plantæ noſtrates ;* celles que nous trouvons com-munément fous nos pas , qui viennent fur les chemins , autour des lieux habités.

PLANTES ombellifères , *plantæ umbelliferæ ;* celles qui portent leurs fleurs & leurs fruits en ombelle. On diſtingue les plantes qui portent de vraies ombelles , d'avec celles qui en portent de fauſſes. *Voyez* le mot OMBELLE.

PLANTES paraſites , *plantæ paraſiticæ ;* celles qui viennent fur d'au-tres plantes , & qui vivent à leurs dépens , comme le gui , l'orobanche, la cuſcute.

PLANTES polygames ou polygamiques , dioïques femelles , *plantæ polygamæ dioicæ fœminæ ;* celles qui portent fur deux individus de la même eſpèce , des fleurs hermaphrodites & des fleurs femelles , les hermaphrodites feules fur un pied , & les fleurs femelles fur un autre.

PLANTES polygamiques dioïques mâles , *plantæ polygamæ dioicæ mares ;* celles qui portent fur deux individus de la même eſpèce , des fleurs hermaphrodites & des fleurs mâles , les hermaphrodites feules fur un pied , & les fleurs mâles fur un autre ; quand, fur le même pied, elles portent des fleurs hermaphrodites avec des fleurs mâles ou fe-melles , elles font polygamiques monoïques , au lieu d'être dioïques.

PLANTES polygamiques monoïques femelles , *plantæ polygamæ monoicæ fœminæ ;* celles qui portent féparément fur le même individu des fleurs hermaphrodites (c'eſt-à-dire des fleurs où l'on rencontre des étamines & des piſtils, & qui portent du fruit) ; & des fleurs femelles (c'eſt-à-dire , des fleurs qui n'ont que des piſtils fans étamines, & qui portent auſſi du fruit) , comme font celles de la pariétaire.

PLANTES polygamiques monoïques mâles , *plantæ polygamæ mo-noicæ mares ;* celles qui portent féparément fur le même individu , des fleurs hermaphrodites (c'eſt-à-dire , des fleurs où l'on rencontre des étamines & des piſtils, & qui portent du fruit) ; & des fleurs mâles (c'eſt-à-dire , des fleurs qui n'ont que des étamines fans piſtils, & qui ne portent jamais de fruit). *Voyez* FLEURS polygames , & l'article MÉ-THODE botanique , pag. 115 & 117.

Il y a auſſi quelques plantes , comme les *veratrum* , qui portent fur le même individu , des fleurs hermaphrodites , des fleurs mâles & des

fleurs femelles féparées : ces plantes font conféquemment polygamiques monoïques mâles & femelles.

PLANTES potagères. On leur donne auffi le nom de légumes : ce
font les plantes qu'on emploie communément à l'ufage de la cuifine :
on appelle jardin potager, celui où l'on ne cultive que des plantes potagères, comme des choux, des carottes, &c.

PLANTES rétiformes, *plantæ retiformes ;* celles dont les feuilles,
les tiges ou les racines font alongées, & d'une extrème fineffe, & qui,
par leur entrelacement, repréfentent un filet ou un rets.

PLANTES fubterrannées, *plantæ fubterraneæ ;* celles qui acquièrent,
fans fortir de terre, un degré de développement parfait.

PLANTES touffues, *plantæ cæfpitofæ ;* celles qui donnent une grande
quantité de rameaux entrelacés, croifés & ramaffés en touffe.

PLANTES trifannuelles (qui durent trois ans), *plantæ trifannuæ ;*
voyez le premier article du mot PLANTE.

PLANTES vénéneufes ou venimeufes, *plantæ venenofæ.* On appelle
ainfi celles qui peuvent devenir nuifibles, lorfqu'on ne les emploie pas
comme il convient. *Voyez* l'art. PROPRIÉTÉS des plantes, & le mot
VÉGÉTAL.

PLANTES vivaces (qui durent plus de trois ans), *plantæ perennes ;*
voyez le premier article du mot PLANTE.

PLANTES ufuelles. On divife les plantes ufuelles en plantes alimentaires, en plantes médicinales, & en plantes d'ufage dans les arts.

PLANTS enracinés, *vivi radices.* On donne ce nom à de jeunes arbres garnis de racines, & propres à être tranfplantés.

PLANTULE, *plantula.* La plantule eft en général la jeune plante,
peu de temps après qu'elle eft fortie de la graine ; quand elle eft encore en abrégé toute entière dans la graine, elle porte le nom d'EM-
BRYON, *corculum. Voyez* ce mot. On diftingue dans la plantule, *pl.*
V, fig. 11, la plumule *L,* la radicule *M,* & les lobes ou cotyledons *AB ;*
quelquefois les lobes s'élargiffent, prennent de la couleur, & reffemblent à de véritables feuilles ; on les nomme pour lors feuilles 'féminales ; il s'enfuit qu'ils confervent le nom de lobes ou cotyledons dans
les *fig. 8, 9, 10, pl. V,* & qu'ils portent le nom de feuilles féminales
dans la *fig. 11.*

PLAT, TE ; ce qui a la fuperficie unie, qui n'eft ni concave, ni
convexe.

PLEIN, NE ; ce qui n'a aucun vide. On appelle pédicule plein,
pediculus vel *ftipes plenus,* celui qui n'a aucune cavité intérieure, qui
n'eft ni creufé, ni fiftuleux. On appelle fleurs pleines, *flores pleni,*
celles

celles qui font devenues monftrueufes par la culture, & dont les étamines & les piftils font remplacés par un nombre prodigieux de pétales.

PLEIN vent. Les Agriculteurs appellent arbre de plein vent, celui
auquel ils laiffent la faculté de s'élever à toute la hauteur dont il eft
naturellement fufceptible.

PLIÉ, ÉE; ce qui a une courbure naturelle. On dit que les feuilles
font pliées fur elles-mêmes, lorfqu'elles font encore dans le bouton
ou dans la graine; qu'elles font pliées en gouttière, lorfque leurs
côtés forment, avec la nervure majeure, eft le chevron brifé, &c.

PLISSÉ, ÉE; ce qui eft plié en plufieurs doubles; fi les plis font à
angles obtus, & forment des ondulations, on ne dit plus pliffé, mais
on dit ondé. *Voyez* FEUILLES pliées, FEUILLES ondées ou ondulées.
On dit auffi que la membrane qui forme le *collet* & le *volva* des champignons, eft pliffée en manière de peignoir, quand elle eft comme celle
que la *fig. 6 B*, *pl*, *VI*, repréfente.

PLUMEUX, SE; ce qui eft barbu comme une plume; *Voyez* AI-
GRETTE, POILS.

PLUMULE, *plumula*; c'eft cette partie de la plantule qui s'élève
& qui doit former la tige de la plante. Le premier degré de développement de la plumule d'une graine monocotyledone, eft repréfenté
fig. 4 A, *pl*. *V*. Le premier degré de développement des graines dicotyledones, eft repréfenté dans la *fig. 9 F*, & dans la *fig. 10 G*. On voit
la plumule bien développée dans la *fig. 8 I*, & dans la *fig. 11 L*, *pl. V*.

POILS, *pili*: ce font des productions minces, courtes & chevelues,
que l'on rencontre fur les différentes parties des plantes, & qu'on foup-
çonne être autant de petits vaiffeaux excrétoires. Il y a très-peu de
plantes qui ne foient couvertes de poils, fur-tout dans leur jeuneffe;
mais ce n'eft fouvent qu'à l'aide du microfcope, qu'on peut les diftinguer. Si l'on confidère les épines & les aiguillons, comme des armes
pour garantir les plantes du ravage qu'y feroient une infinité d'animaux, on pourroit bien regarder les poils, comme deftinés à s'oppofer
au tort qu'y feroient une multitude d'infectes de toute efpèce, ainfi
qu'à les préferver des injures de l'air. On dit qu'ils font fimples ou
folitaires, *folitarii*, quand ils viennent feul à feul, & qu'ils ne fe divifent
point; s'ils viennent réunis en faifceaux, & qu'ils forment de petits
pinceaux, on dit qu'ils font fafciculés, *fafciculati*, &c.

On appelle Superficie velue, *fuperficies pilofa* vel *hirta* vel *hirfuta*,
celle qui eft recouverte de poils diftincts, qui ne font ni rudes, ni doux,
pl, *X*, *fig. 12 A*; Superficie hériffée, *fuperficies hifpida*, celle qui eft
recouverte de poils diftincts, durs & fragiles, *fig. 12 B*; Superficie barbue, *fuperficies barbata*, celle qui eft recouverte de poils droits, courts,
rudes & parallèles entre eux, comme ceux qui font repréfentés *pl. X*,
fig. 12 C; Superficie ciliée, *fuperficies ciliata*, celle qui eft recouverte de

poils qui reſſemblent à ceux qui ſont repréſentés dans la *fig. 12 D ;* Superficie tomenteuſe ou cotonneuſe, *ſuperficies tomentoſa , fig. 12 E*, celle qui eſt recouverte de poils doux, nombreux, rapprochés & entrelacés; Superficie laineuſe ou drapée, *ſuperficies lanata, fig. 12 F*, celle qui eſt recouverte de poils nombreux, rapprochés, entrelacés, & moins doux que ceux qui recouvrent la ſuperficie cotonneuſe; Superficie pubeſcente, *ſuperficies pubeſcens, fig. 12 G*, celle qui eſt recouverte de poils extrêmement doux & fins, & qui reſſemblent à du duvet ou à du poil follet. Quand les poils rendent comme ſatinée la ſuperficie d'une choſe , on dit qu'elle eſt ſoyeuſe, *ſuperficies ſericea*, &c.

POILS crochus, *pili hamoſi :* on appelle ainſi les poils qui ſont fermes, élaſtiques, qui ont leur extrémite courbée en hameçon, & qui rendent les parties qu'ils recouvrent, ſuſceptibles de s'attacher aux habits. Quand chaque crochet eſt double, on nomme ces poils *pili glochides;* quand chaque crochet eſt triple, c'eſt-à-dire, quand il ſe diviſe à ſon extrémité ſupérieure en trois autres crochets, on les nomme *pili triglochides.*

POILS étoilés, *pili ſtellati ;* ceux qui ſont ſimples, mais qui partent pluſieurs enſemble d'un point commun, d'où ils divergent en formant une étoile.

POILS plumeux, *pili plumoſi, pl. V, fig. 16 A ;* ceux qui, vus au microſcope, préſentent de deux côtés oppoſés, une ſaillie compoſée de poils menus, diſpoſés comme les barbes d'une plume.

POILS rameux, *pili ramoſi ;* ceux qui ſe diviſent & ſe ramifient, pour ainſi dire, en deux, trois ou quatre parties ; ce qu'on peut rarement appercevoir à l'œil nu.

POILS rudes, *pili ſcabri ;* ceux qui ſont fermes, épais, roides, courts, qui rendent la ſuperficie des plantes d'une très-grande rudeſſe. Lorſqu'ils ſont plus longs & comme deſſéchés, on les nomme *ſtrigoſi.*

POINÇON, *ſpadix :* c'eſt cette eſpèce de réceptacle que l'on obſerve dans les fleurs des *arum, fig. 34, pl. IV.*

POINTES. On donne ce nom aux aiguillons & aux épines. Il y a auſſi un genre de champignon, dont le chapeau eſt doublé de pointes.

POINTS d'appui ; *voyez* SUPPORTS.

POINTU, UE. On nomme ainſi tout ce qui eſt terminé en pointe ; quelquefois la pointe eſt aiguë, quelquefois elle eſt obtuſe ; *voyez* FEUILLES pointues, *voyez* STYGMATE terminé en pointe.

POIX, *pix*, ſubſtance réſineuſe que l'on tire des pins & des ſapins, par des entailles qu'on y fait.

POLYADELPHIE, *polyadelphia*, de deux mots grecs qui ſignifient pluſieurs frères. La polyadelphie eſt la claſſe XVIII du Syſtême ſexuel; elle renferme les plantes qui ont pluſieurs étamines réunies par leurs filets en trois corps ou en plus de trois corps.

POLYANDRIE , *polyandria* , de deux mots grecs qui fignifient plufieurs maris. La polyandrie eft la XIIIe claffe du Syftème fexuel ; elle
renferme les plantes qui ont depuis vingt jufqu'à cent , ou un nombre
indéterminé d'étamines qui ne tiennent point au calice.

POLYGAMIE , *polygamia* , de deux mots grecs qui fignifient plufieurs noces. La polygamie eft la claffe XXIIIe du Syftème fexuel ; elle
renferme les plantes qui portent , ou fur le même individu , des fleurs
hermaphrodites & des fleurs unifexuelles mâles ou femelles ; ou fur
deux individus de la même efpèce , des fleurs hermaphrodites & des
fleurs mâles fur l'un , & des fleurs hermaphrodites avec des fleurs femelles fur l'autre ; ou bien encore , des fleurs mâles fur un individu ,
des fleurs femelles fur un autre , & des fleurs hermaphrodites fur un
troifième individu de la même efpèce.

POLYGONE , qui a plufieurs angles & plufieurs côtés très-diftinfts.

POLYGYNIE , *polygynia* , de deux mots grecs qui fignifient plufieurs
femelles. Les plantes dont on a déterminé la claffe felon les principes
du Syftème fexuel , font du VIIe ordre , la polygynie ; *voyez* page 116 ,
quand chaque fleur a plus de fix piftils , ou même quand elle en a un
nombre indéterminé.

POLYPÉTALE. On appelle corolle polypétale , celle qui eft compofée de plufieurs pièces : on divife les corolles polypétales , en polypétales régulières & en polypétales irrégulières. *Voyez* COROLLE.

POLYPHYLLE. On appelle calice polyphylle , *calix polyphyllus* vel
perianthium polyphyllum , *pl. IV, fig. 66* , celui qui eft compofé de
plufieurs pièces. *Voyez* CALICE, PÉRIANTHE. On appelle auffi collerette polyphylle , *involucrum polyphyllum* , celle qui eft divifée jufqu'à l'endroit de fon infertion , en plufieurs parties diftinftes. *voyez*
COLLERETTE.

POLYSPERME , qui a plufieurs femences. On appelle BAIE polyfperme , *bacca polyfperma* , celle qui contient un très grand nombre
de femences : on donne auffi ce nom aux huit efpèces de péricarpes ,
quand les graines qu'elles contiennent font fi fines , qu'on n'en peut déterminer au jufte le nombre.

POMMETTE , *pomum*. M. de la Mark appelle ainfi les fruits charnus qui contiennent des pepins dans des loges pratiquées à leur centre.
Voyez FRUITS à pepin. La *pommette* eft la fixième efpèce de péricarpe.

PONCTUÉ, ÉE ; ce qui eft parfemé de points remarquables. On
remarque fi les points font calleux & élevés , ou s'ils font fimplement
planes & colorés.

PORES , *pori*. Tous les corps animés ont des pores abforbans , au
moyen defquels ils reçoivent du dehors l'air & les liqueurs néceffaires
pour leur exiftence ; & des pores exhalans ou excréteurs , deftinés à

tranfmettre au dehors un air nuifible, ou quelques fluides, dont la préfence troubleroit l'équilibre de leurs fonctions économiques. Outre
ces pores qui font d'une fineffe extrême, & qui peuvent être regardés
comme autant de petits vaiffeaux particuliers, on remarque encore
fur la fuperficie de quelques plantes, comme fur les *bolets*, *pl. VI*,
fig. 16, 17, 18, 19, 21, 22, de petits tubes que l'on regarde comme
les organes médiats de la fructification de ces plantes; quelques-uns,
comme dans la *fig. 16*, font très-fins, égaux, fufceptibles d'être détachés les uns des autres, & contigus avec la chair du chapeau; d'autres, *fig. 17*, font auffi très-fins & égaux, mais continus avec la chair
du chapeau qu'ils recouvrent, & quelquefois même continus entre eux,
de manière à ne pouvoir être féparés; d'autres, *fig. 19*, font très-
courts, très-inégaux en largeur & en profondeur; il y en a auffi qui font
fi fins, *fig. 21*, qu'à peine peut-on les diftinguer, & qui font en partie continus & en partie contigus; d'autres enfin, *fig. 22*, qui font quelquefois contigus, quelquefois continus, mais qui reffemblent parfaitement à ces alvéoles que l'on remarque fur les gâteaux de cire que l'on
retire des ruches à miel : ces efpèces d'*alvéoles* végétales ne font pas toujours auffi régulières que celles que forment les abeilles; mais il y a
des individus où elles font affez conftamment pentagones, & d'autres où
elles font hexagones : il eft effentiel de faire cette remarque. Il en eft
de ces efpèces de champignons que l'on nomme *bolets*, comme de celles
que l'on nomme *agarics*; ce n'eft que dans l'état de développement
parfait, que l'on peut juftement faifir les caractères qui les diftinguent.

PORT, *habitus, facies exterior plantæ*. Il n'y a point de plantes qui,
indépendamment des caractères qui la diftinguent, n'ait une façon d'être
qui lui eft particulière, une forme habituelle qu'aucune autre plante
n'a qu'elle; l'œil exercé diftingue affez bien une plante par fon port;
mais on ne peut établir de règles pour cela : on dit bien que telle plante a
à peu près le même port que telle autre; mais on ne dit point, & l'on
ne peut point dire, de manière à fe faire entendre clairement, ce qui
conftitue le port d'une plante, & comment le port de celle-ci diffère
du port de celle-là; c'eft par-là cependant que la Nature s'eft plu à
diftinguer le mieux la plupart des êtres qu'elle a crées; il faut bien que
ce figne lui ait paru fuffifant pour faire reconnoître les plantes; auffi
voyons-nous que tous les animaux libres ne s'y trompent pas, & il eft à
préfumer que l'homme qui s'y exerceroit, ne s'y tromperoit pas plus
qu'eux.

POTAGÈRES. On appelle plantes potagères ou herbes potagères,
toutes celles que l'on cultive dans les jardins potagers pour l'ufage de
la cuifine. On emploie affez indifféremment les mots potagères & légumineufes, comme fynonymes.

POUSSIÈRE féminale, *pollen*. Au moment de l'épanouiffement des
fleurs,

fleurs, il s'échappe des anthères, *pl. IV, fig. 7 AB*, une poudre plus ou moins fine & communément colorée, que l'on regarde comme la pouffière prolifique des plantes. Tout femble bien prouver en effet que cette pouffière eft l'effence qui détermine la fécondation des graines ; mais on ne fait pas encore s'il faut qu'elle foit reçue en fubftance dans l'ovaire, ou bien fi un fimple contact fuffit. *Voyez* ANTHÈRES. Si on obferve cette pouffière au microfcope, elle paroît être un amas de petits corps orbiculaires, que l'on ne peut mieux comparer qu'à des œufs de poiffons : ces petits corps font de nature réfineufe, & s'enflamment aifément à la chandelle Les abeilles ramaffent cette pouffière à l'aide des broffes de poils dont leurs cuiffes font couvertes ; elles la portent dans leur laboratoire, où, après une certaine préparation, elle devient la matière de la vraie cire.

Cette pouffière prolifique paroît jouer un grand rôle dans le règne végétal ; il n'eft prefque point de plantes fur lefquelles on n'en découvre, pour peu qu'on les obferve avec attention : j'en ai trouvé abondamment fur toutes les efpèces d'*agarics* ; mais ce n'eft point, comme on le croit, entre les deux lames qui compofent chaque feuillet, qu'elle fe trouve, c'eft fur leur furface extérieure, *pl. VI, fig. 10* : j'en ai vu fortir des pores ou tuyaux de quelques efpèces de *bolets*, fous la forme d'une vapeur : j'en ai trouvé fur plufieurs *peziges* ; aux extrémités des digitations des *clavaires*, des pointes d'*hydnes* ; enfin je crois qu'elle eft par-tout, & que par-tout elle eft néceffaire : mais qui oferoit affurer que par-tout elle a les mêmes fonctions ? Ici elle paroît être la matière prolifique deftinée à la fécondation des graines ; là elle paroît être la graine elle-même & la graine fécondée. Il s'en faut bien que tout ce que la Nature fait, foit à la portée de nos fens ; pour un point que nous découvrons, nous en laiffons des milliers à découvrir : fans ceffe nous créons des fyftêmes que nous voyons un inftant après s'écrouler ; & pour vouloir trop bien connoître la Nature, nous nous en rendons par là même, moins en état.

PRINCIPES de Botanique, *elementa Botanicæ.* On appelle ainfi certaines règles établies, dans la vue de rendre l'étude de cette fcience plus facile, & la pratique plus fûre.

Dans l'expofition des principes de la Botanique, nous avons préféré l'ordre de Dictionnaire, parce que cet ordre nous a femblé devoir être celui qui rempliroit le mieux l'objet que nous nous fommes propofé dans cet ouvrage. De cette manière, le précepte fe préfente avec clarté fous le nom qui lui eft confacré ; il n'exige point que l'efprit foit dans une tenfion gênante, ni que la mémoire fe charge d'une sèche nomenclature, avec laquelle l'ufage feul a le droit de familiarifer. Nous avons cru auffi que les élémens de cette fcience devoient être bornés à ce qui eft purement néceffaire ; qu'il falloit les réduire à la plus grande fimplicité poffible, & même en écarter tout ce qui paroiffoit tenir à une forte d'érudition qui auroit pu partager l'attention du commençant.

Nous devions principalement nous attacher à ce que les perfonnes qui fe font procuré l'HERBIER DE LA FRANCE , trouvaffent dans l'étude de la partie élémentaire de la Botanique , autant de facilité qu'elles en trouvent à connoître les plantes au moyen des figures coloriées que nous leur en avons données ; mais il étoit encore un objet qui ne paroiffoit pas mériter moins toute notre attention , c'étoit que ce *Dictionnaire élémentaire* pût devenir utile à ceux même qui , éloignés du commerce des Lettres , ne trouvent autour d'eux ni gens inftruits à confulter , ni jardins botaniques , ni herbiers naturels ou artificiels , dans lefquels ils puiffent prendre des leçons : nous avons réuni pour cela tous nos efforts ; nous avons cru qu'il étoit néceffaire de montrer comment les élémens de la Botanique tiennent aux loix de la Nature, en les expofant dans l'ordre progreffif où ils fe préfentent naturellement , quand on en vient à un examen férieux & détaillé du végétal, des différentes parties organiques qui le compofent , & de leurs fonctions refpectives : nous avons fait voir que fi la Nature a fes loix, fi chaque plante a une forme qui lui eft particulière , des caractères qui la diftinguent d'une autre , l'art a auffi des moyens diverfement combinés, qui font comme autant de refforts que le Botanifte met continuellement en jeu, pour s'affurer comment une plante diffère effentiellement d'une autre plante , pour parvenir enfuite à trouver le nom que l'on eft convenu le plus unanimement de lui donner , & paffer de-là à la connoiffance des propriétés des végétaux & à celle de leur ufage.

Celui qui voudra fuivre un plan méthodique dans l'étude des plantes, le trouvera tout tracé à l'article VÉGÉTAL de ce Dictionnaire. Chaque principe y eft rappelé par le nom qui lui eft propre ; il y verra la plante fous la forme d'une graine ; cette graine paffera dans l'état de germination ; la jeune plante qui en naîtra, prendra tous les jours un nouveau degré d'accroiffement ; elle acquerra des forces , fe couvrira de feuilles , deviendra adulte , produira des fleurs , des fruits , aura peutêtre une nombreufe poftérité , & périra enfin lorfqu'elle aura rempli les fonctions pour lefquelles elle avoit été créée.

Suppofons maintenant que l'on foit déja inftruit des principes de la Botanique , & affez familier avec le langage de cette fcience , pour en faire de foi-même une jufte application , pour entendre parfaitement tous les Auteurs qui ont écrit fur ce genre d'étude , & pour parvenir même à affigner à chaque plante le rang qu'elle doit occuper fuivant les principes de divifions de telle ou telle méthode ; peut-on fe flatter que par le moyen des meilleures méthodes connues , on va trouver le nom que les Botaniftes font convenus de donner à chaque plante ? Je n'oferois trop l'affurer , fur-tout fi l'Auteur de la méthode que l'on adopte, n'a pas donné la figure de chaque plante qu'il a décrite , & s'il ne nous en montre pas les formes en nous les expliquant· Lorfque nos yeux ne

peuvent foulager notre efprit, il eſt bien rare que nous ayions une idée
nette de l'objet que nous defirons connoître, & ce feroit une erreur de
croire que c'eſt à l'ufage feul des meilleurs livres, que ceux qui font le
plus verſés dans la Botanique, doivent leur inſtruction ; il s'en faut bien :
une étude fuivie dans les jardins botaniques, fur des berbiers naturels
& artificiels ; des expériences mille fois répétées fur la Nature ; des
voyages multipliés ; une vérification exacte de fynonymie , & une
correfpondance établie entre les gens de l'art, voilà ce qui les a formés.
Mais vous, au pouvoir de qui toutes ces reſſources ne font peut-être
pas , coment donc vous y prendrez - vous ? Faites, comme dit J. J.
ROUSSEAU , pag. 99, & comme nous favons qu'il a fait lui-même :
lorfque vous trouverez en fleur une plante que vous ne connoîtrez
pas , décrivez-la exactement dans les termes de l'art; n'oubliez rien
fur-tout de fes détails caractériſtiques ; ramaſſez-en, s'il fe peut, deux
ou trois échantillons, & confervez-les de votre mieux ; lorfque vous
en aurez un certain nombre, amufez vous à les claſſer fuivant une méthode quelconque; adreſſez-vous enfuite à un Botaniſte inſtruit; il n'en
eſt point qui ne fe faſſe un plaiſir d'y ajouter les noms. Cette marche,
lente en apparence, eſt bien la plus courte & la plus fûre de toutes ;
elle feule vous fervira plus que les ouvrages les plus favans & les plus
méthodiques ; elle ne manquera pas de vous conduire à de nouvelles découvertes, parce qu'elle vous forcera au befoin d'une attention foutenue & d'une exactitude fcrupuleufe ; vous vous trouverez
bientôt en état de jouir du fruit de vos recherches , & de concourir à donner à la fcience tout le degré de perfection dont elle eſt fufceptible.

Nous voilà arrivés enfin à ce terme , où nous devons fonger à ne
plus regarder la Botanique, que comme un moyen auxiliaire, & comme
le fil qui doit nous conduire à un objet plus utile & plus intéreſſant :
cet objet eſt l'art de nous approprier les plantes, & de les faire fervir
utilement à nos différens befoins. Il reſte encore à faire dans l'Agriculture, dans la Médecine, dans les Arts , des milliers de découvertes importantes, qui font en notre pouvoir.

PROLIFICATION des fleurs , *prolificatio florum.* La prolification a
lieu toutes les fois que nous voyons fortir du centre d'une fleur, un
ou pluſieurs rameaux chargés de feuilles , ou qui portent une ou plufieurs autres fleurs dont le limbe dépaſſe plus ou moins celui de la corolle
qui les porte. Une autre efpèce de prolification fe remarque auſſi fur
certains fruits : fouvent on voit une petite pomme fortir de l'œil d'une
autre pomme, & cela fe remarque auſſi dans la poire, dans le coing,
&c. Ces monſtruoſités ne font probablement que l'effet d'un dérange-
ment caufé dans l'économie végétale, par une furabondance d'engrais,
ou par la piqûre de quelque infecte. *Voyez* FLEURS prolifères.

PROPRE , fe prend ici pour ce qui appartient immédiatement à

une chofe ; *voyez* CALICE propre , ENVELOPPE , TUNIQUE , PÉDUN-
CULE , PÉTIOLE , &c.

PROPRIÉTÉS des plantes , *plantarum proprietates*. Il ne faut pas confondre les propriétés des plantes avec leurs qualités. Les propriétés des
végétaux font leurs vertus particulières ; elles fuppofent d'avance
l'exiftence des QUALITÉS ; *voyez* ce mot. Pour peu que nous apportions
d'attention à examiner ce qui fe paffe entre tous les êtres qui compofent
les trois règnes de la Nature , nous voyons qu'il y a entre eux une certaine intelligence & une forte d'union, qu'ils ont tous des propriétés réci-
proques les uns pour les autres , & qu'ils fe prêtent fans ceffe des fecours
mutuels pour leur exiftence , ce qui nous conduit naturellement à
croire que les plantes ne font pas plus créées pour nous, que nous
fommes créés pour elles, & que nous avons pour elles les mêmes propriétés qu'elles ont pour nous.

Mais il fembleroit que l'homme devroit avoir fur les animaux , l'avantage de diftinguer avec certitude parmi les plantes , celles qui peuvent
lui fournir les alimens les plus fains , & celles qui pourroient remédier le
plus fûrement & le plus promptement aux maux qui tendent à abréger le cours de fa vie ; nous voyons avec affliction, que c'eft tout le
contraire ; fa raifon eft plus fouvent en défaut que l'inftinct des
animaux libres , & nous voyons tous les jours que , lors même que
la liberté du choix eft le plus en fon pouvoir, il s'empoifonne avec ce
qu'il croit le mieux connoître. Il n'eft pas bien difficile de deviner la
caufe de ces méprifes fatales , dont nous nous ne fommes que trop
fouvent les victimes. L'homme naturellement curieux , embraffant trop
d'objets à la fois , eft obligé de glifier rapidement fur ce qui mériteroit
de fa part la plus fcrupuleufe attention ; & ne pouvant affez compter fur
le rapport de fes fens , parce qu'il les exerce trop peu , il étudie, il obferve ; mais comme fes entreprifes font toujours au-deffus de fes forces,
les refforts de fon imagination s'affoibliffent avant qu'il ait pu arriver
à fon but; il effleure tout , & n'eft jamais fûr de rien.

Quand nous pafferons tout le temps de notre vie à raffembler de
tous les points de la furface de notre globe , les plantes qui les recouvrent , à quoi cela nous conduira-t-il ? bien loin de rapprocher la
fcience de fon véritable but, c'eft le moyen de l'en éloigner. Au milieu des reffources que la Nature nous offre dans les plantes qu'elle a
femées fous nos pas, nous ferons encore obligés d'abandonner au ha-
fard le foin des découvertes , & de vivre comme fi ces reffources n'exif-
toient pas pour nous. Il eft donc du devoir du fage de fe borner à étudier les plantes dont il doit faire tous les jours un ufage familier; les
plantes alimentaires , les *plantes médicinales* , celles que nous regardons
comme *vénéneufes* , & qui pourroient être de grands remèdes, auffi bien
qu'elles font quelquefois pour nous de grands poifons , & toutes celles
qu'on emploie dans les arts , méritent d'autant mieux la préférence fur

les

les autres, qu'elles ne font encore que très-imparfaitement connues, & que celles que nous nous flattons de connoître le mieux ; auroient encore befoin d'être foumifes à une infinité d'expériences, pour conftater plus juftement leurs vertus.

PROVIGNER ; c'eft multiplier les arbres ou arbuftes, en couchant en terre leurs branches fans les féparer du tronc ; elles y prennent racines, & produifent de nouvelles plantes de la même efpèce : ces branches ainfi mifes en terre, fe nomment *provins*.

PRUNE ou PRUNETTE, *drupa* ; c'eft la cinquième efpèce de PÉRICARPE ; *voyez* ce mot ; c'eft le fruit à noyau proprement dit, *fructus mollis cum officulo*. La cerife, la prune, la pêche, la noix, font des fruits à noyau ou des prunettes de M. le Chev. DE LA MARCK.

PUBESCENT, TE ; ce qui eft recouvert de poils doux, très-fins & plus ou moins diftincts ; *voyez* POILS.

PULPE, *pulpa* : on appelle ainfi la fubftance médullaire ou charnue des fruits. La pulpe eft aux fruits ce que le *parenchime* eft aux feuilles & aux jeunes tiges.

PULPEUX, SE, fe dit de tout ce qui a une certaine épaiffeur, & qui eft compofé d'une pulpe plus ou moins fucculente ; *voyez* FEUILLES.

PYRAMIDAL, LE ; ce qui eft en forme de pyramide.

Q.

QUADRANGULAIRE ; ce qui a quatre angles ; *voyez* TIGE, & FEUILLES quadrangulaires.

QUADRICAPSULAIRE. On appelle fruit quadricapfulaire, celui qui eft compofé de quatre capfules diftinctes.

QUADRILATÉRALE, qui a quatre côtés égaux, ou quatre faces égales.

QUADRILOCULAIRE, qui eft à quatre loges ; *voyez* CAPSULE uniloculaire.

QUADRIPHYLLE, qui eft de quatre pièces diftinctes ; *voyez* CALICE monophylle.

QUADRIJUGUÉES. On appelle feuilles quadrijuguées, les feuilles compofées, qui, fur un pétiole commun, portent quatre paires de folioles oppofées.

R r *

QUADRIVALVE, qui a quatre valves ou panneaux ; *voyez* CAPSULE univalve.

QUALITÉS des plantes, *plantarum qualitates* : chaque plante a des qualités qui lui font particulières , & qui font comme le principe , la bafe de fes propriétés. Le goût & l'odorat, aidés par l'analogie & l'expérience, nous indiquent affez bien les qualités d'une plante, & nous en apprennent affez juftement les vertus , parce que les plantes qui ont la même faveur & la même odeur, ont ordinairement les mêmes vertus. Nos modernes diftinguent de dix efpèces de faveur ; 1°. la faveur aqueufe ou infipide , *fapor aquofus* ; 2°. la faveur sèche, *fapor ficcus* ; 3°. douce, *dulcis* ; 4°. graffe, *unctuofus* vel *pinguis* ; 5°. vifqueufe, *vifcofus* ; 6°. acide, *acidus* ; 7°. falée, *falfus* ; 8°. âcre, *acris* ; 9°. amère, *amarus* ; & 10°. auftère ou ftiptique , *ftipticus.* Ils diftinguent auffi fix efpèces d'odeur; 1°. l'odeur douce & agréable , *odor flagrans* ; 2°. l'odeur forte & aromatique, *odor aromaticus* ; 5°. l'odeur d'ambre, *odor ambrofiacus* ; 4°. l'odeur d'ail, *odor alliaceus* ; 5°. l'odeur puante, *odor virofus*, & 6°. l'odeur nauféeufe, cette odeur fade qui foulève l'eftomac , *odor naufeofus* ; mais il n'eft guère poffible de déterminer au jufte ces différences de faveur & d'odeur ; on ne peut fe règler que fur des à-peu-près, parce que l'on n'a pas là-deffus de principes certains, & qu'il n'eft même pas poffible d'en avoir.

QUATERNÉS , ÉES. On donne ce nom à toutes les parties des plantes qui font difpofées quatre par quatre fur un même point d'infertion. *Voyez* FEUILLES quaternées.

QUEUE : ce qu'on appelle vulgairement queue dans une feuille ; dans une fleur ou un fruit, porte en Botanique le nom de PÉTIOLE ou de PÉDUNCULE. *Voyez* ces mots. On dit le *pétiole* d'une feuille & le *péduncule* d'une fleur, d'un fruit. La queue ou le petit pied qui foutient les aigrettes , les glandes , porte le nom de *pédicule.* On donne auffi ce nom à la tige proprement dite , des champignons. On dit que le chapeau de tel champignon eft continu avec fon pédicule ; que tel autre a le pédicule court , long , renflé , &c.

QUINÉS , ÉES. On donne ce nom à toutes les parties des plantes qui font difpofées cinq par cinq fur un même point d'infertion.

QUINQUANGULAIRE, qui a cinq angles. On emploie rarement ce mot dans la langue françoife : on s'en fert plus fréquemment dans les defcriptions latines, *femen quinquangulare, caulis quinquangularis* , &c.

R.

RABATTU, UE. On donne ce nom à toutes les parties des plantes qui étoient d'abord dans une situation droite, & qui se renversent ensuite, retombent ou se replient sur elles mêmes. *Voyez* FEUILLES réfléchies ou rabattues.

RABOTEUX, SE. On appelle ainsi tout ce qui a une surface inégale, tout ce qui n'est point uni.

RACINE, *radix :* nous avons dit à l'article PLANTULE, que lorsqu'une graine germoit, il en sortoit deux petits corps, l'un que l'on nommoit *radicule,* c'est à-dire, petite racine, & l'autre que l'on appeloit *plumue,* qui étoit destiné à former la tige & ses dépendances. Nous avons donné pour exemple différentes graines en germination, *pl. V.* On voit dans la *fig. 11,* la radicule du chanvre *M*, bien développée, & que l'on peut déja appeler racine.

Les racines sont douées d'une succion plus ou moins forte ; elles pompent de la terre & des corps sur lesquels elles ont pris naissance, les sucs nécessaires à la nutrition & à l'accroissement des végétaux : elles sont communément situées à l'extrémité inférieure des tiges, & pour la plupart implantées dans la terre ; mais il y en a aussi qui tiennent les plantes fixées sur les corps les plus durs ; d'autres qui sont suspendues dans l'eau, & d'autres qui sont insérées sur d'autres plantes. Nous avons aussi quelques plantes, comme les truffes, qui ne paroissent composées que de racines.

L'examen des racines pourroit fournir des caractères certains depuis l'instant où la plante est dans l'état de germination, jusqu'à celui où elle est près de son dépérissement, si l'on observoit avec assez d'attention sa forme, sa consistance, sa durée & sa direction. Il est bon de remarquer aussi l'insertion de la tige sur la racine, & si elle est pourvue de collet, ou si elle n'en a pas.

RACINE articulée, *radix articulata, pl. VII, fig. 31 ;* celle qui est composée d'une substance charnue, rétrécie & renflée alternativement, & ayant des articulations ou des nœuds remarquables ; elle diffère de la racine noueuse, en ce qu'elle n'est pas composée de petits corps unis entre eux par des productions filamenteuses.

RACINE bulbeuse, *radix bulbosa, pl. VII, fig. 16, 17.* Quand l'extrémité inférieure d'une tige est renflée, arrondie ou ovale ; qu'elle a à sa partie inférieure une certaine portion de chair *B B*, qui donne naissance aux racines proprement dites, & qu'elle est recouverte d'une

ou de plufieurs enveloppes ou tuniques membraneufes qu'on peut aifément détacher, elle eft bulbeufe : elle diffère de la racine tubereufe,
en ce que les fibrilles radicales de celle-ci partent latéralement, inférieurement & fans ordre, du corps charnu qui la compofe, en ce que fa
fubftance ou fa chair eft ordinairement plus ferme & plus compacte que
celle de la racine bulbeufe, & en ce qu'elle n'eft jamais recouverte de
tuniques ou d'enveloppes membraneufes, qu'on en puiffe aifément détacher. Les racines du lis, du colchique font bulbeufes, & celles du
pain de pourceaux, du navet, de la brione, font tubereufes ; mais on
confond affez fouvent, dans plufieurs Ouvrages de Botanique, ces deux
dénominations. La bulbe peut être chevelue, fibreufe, filamenteufe,
rameufe, rétiforme, &c. fuivant la forme & la difpofition de fes fibrilles.
Voyez BULBE. Il y a des racines qui font compofées de deux, de trois
ou de plufieurs bulbes que l'on nomme CAYEUX, *bulbuli* vel *adnata*.

RACINE chevelue, *radix comofa*, pl. *VII*, *fig.* 27 ; celle qui eft
compofée de fibrilles fi déliées, qu'elles reffemblent à des cheveux. On
appelle ces fibrilles le chevelu de la racine.

RACINE dichotome ou bifurquée, *radix dichotoma* vel *bifurca*. On
appelle ainfi la racine qui eft divifée en deux troncs principaux qui
font la fourche.

RACINE fafciculée, *radix fafciculata*, pl. *VII*, *fig.* 23 ; celle qui
eft compofée de plufieurs parties qui tiennent enfemble près de la
tige, & qui s'écartent les unes des autres à mefure qu'elles s'éloignent.
On les appelle vulgairement racines en botte. Toutes les efpèces de
racines peuvent être appelées fafciculées, foit qu'on n'entende parler
que de leur chevelu, foit qu'on veuille parler des premières divifions
du tronc.

RACINE fibreufe, *radix fibrofa* ; celle qui eft compofée de ramifications plus ou moins fines qui diminuent fenfiblement de groffeur depuis le lieu de leur infertion fur la tige jufqu'à leur extrémité : ces fibrilles radicales ont différentes formes qui les font diftinguer en fila-
menteufes, quand elles reffemblent à des fils ; en chevelues, quand
elles reffemblent à des cheveux, &c.

RACINE filamenteufe, *radix filamentofa* ; celle dont les fibrilles
font très-fines, & reffemblent à du fil ou à de la foie.

RACINE fufiforme, *radix fufiformis*, pl. *VII*, *fig.* 29 ; celle qui
eft alongée, & qui va en diminuant à fes extrémités, comme un fufeau.

RACINE globuleufe, *radix globofa* ; celle qui eft d'une forme fphérique, comme un oignon. On nomme bulbe globuleufe, *bulbus glo-
bofus*, celle qui eft arrondie & charnue ; il y a auffi des racines tubereufes, comme celle de la pomme de terre, auxquelles on donne ce nom.

RACINE

RACINE grumeleufe , *radix grumofa* , *pl. VII* , *fig. 23* , *24* ; celle
qui eft compofée de plufieurs petits corps de même nature que la racine tubereufe , communément ronds , ou terminés en pointes aux deux
extrémités , & fufpendus un à un par une efpèce de filet ; tantôt ils
font adhérens à l'extrémité inférieure de la tige fur un même point
d'infertion ; tantôt ils font placés fans ordre fur un tronc qui leur
eft commun, ou fur les divifions du tronc radical , &c. On ne doit point
confondre la racine grumeleufe avec la racine bulbeufe, la racine tubereufe proprement dite , la racine noueufe , ni avec la racine fibreufe :
les racines de la renoncule ficaire , celles de quelques anémones font
grumeleufes.

RACINE horizontale, *radix horizontalis* , *pl. VII* , *fig. 28* , *30 &*
31 ; celle qui a une direction parallèle à l'horizon , & qui eft plus ou
moins enfoncée en terre. Les racines traçantes , les racines ftolonifères
font toujours horizontales.

RACINE ligneufe , *radix fruticofa* ; celle qui eft dure , folide , d'une
confiftance approchant de celle du bois , & qui fubfifte trois, quatre
années ou plus , comme celle des arbres , des arbriffeaux.

RACINE palmée, *radix palmata* , *pl. VII* , *fig. 22* ; celle qui eft compofée de plufieurs divifions charnues , épaiffes , inégales , & étalées
comme les doigts d'une main ouverte.

RACINE parafite, *radix parafitica*. On appelle ainfi la racine d'une
plante qui croît fur une autre plante , & aux dépens de laquelle elle
vit. Le gui que nous trouvons enraciné fur les poiriers , fur le chêne ;
la cufcute qui fe trouve fur le thim , fur la perficaire ; l'hipocifte qui
s'attache aux racines du cifte , ont des racines parafites.

On a obfervé que la plupart des plantes parafites prenoient racine
fur l'individu même deftiné à les porter, mais que la cufcute au contraire
prenoit d'abord racine dans la terre , & qu'à l'aide d'un grand nombre
de mamelons doués d'une forte fuccion, elle s'attachoit aux plantes qui
l'environnoient , & vivoit à leurs dépens , malgré que le bas de fa tige
fût defféché.

RACINE pivotante, *radix perpendicularis* , *fig. 29* ; celle qui s'enfonce dans la terre perpendiculairement à l'horizon.

RACINE napiforme , *radix napiformis* ; celle qui a la forme du navet ;
c'eft la forme la plus commune aux racines tubereufes.

RACINE noueufe, *radix nodofa* , *pl. VII* , *fig. 26* ; celle qui eft compofée de plufieurs petits corps fufpendus les uns au bout des autres par
un fil commun, comme des grains de chapelet ; fi au contraire on remar-
quoit d'efpace en efpace , fur toute fa longueur, des étranglemens très-
fenfibles , on l'appelleroit articulée , *radix articulata*.

RACINE rameufe , *radix ramofa*, *fig. 25* , *pl. VII* ; celle qui fe divife en plufieurs rameaux latéraux qui fe fubdivifent eux-mêmes.

RACINE rampante ou traçante, *radix repens*, *pl. VII*, *fig. 30* ; celle qui s'étend horizontalement & peu profondément, quand elle jette des brins de tous côtés, qui forment autant de tiges, comme dans la renoncule rampante. On la nomme racine ftolonifère, *radix ftolonifera*, *fig. 28.*

RACINE rétiforme , *radix retiformis* ; celle qui eft compofée de fibrilles d'une fineffe extrême , & dont l'entrelacement repréfente un filet ou un rets.

RACINE ftolonifère , *radix ftolonifera*, *pl. VII* , *fig. 28* ; celle qui pouffe d'intervalle à autre des rameaux qui s'éloignent du tronc , & qui produifent de nouvelles plantes , que l'on nomme DRAGEONS. Les racines ftolonifères font prefque toujours horizontales & rampantes.

RACINE traçante, *voyez* RACINE rampante.

RACINE tronquée , *radix truncata* vel *præmorfa* , *fig. 19* , *pl. IV* ; celle dont l'extrémité inférieure eft comme rongée ou caffée ; il y a beaucoup de racines tubéreufes qui font dans ce cas-là.

RACINE tubéreufe , *radix tuberofa*, *pl. VII* , *fig. 18* , *19* , *21* ; celle qui eft charnue , courte , plus ou moins arrondie , qui n'eft pas compofée de tuniques , ni même qui n'en eft pas recouverte; qui n'a pas, comme la BULBE , un corps particulier , d'où les racines partent comme d'un point commun , mais qui donne naiffance fur toute fa furface à des fibres radicales qui y croiffent fans ordre déterminé ; *voyez* RACINE bulbeufe.

RACINE turbinée , *radix turbinata* ; celle qui a la forme d'une toupie.

RACINE vivace , *radix perennis* ; celle qui fubfifte pendant plufieurs années : dans le nombre des plantes vivaces , il y en a qui font vivaces par leurs racines & leurs tiges , mais elles ne le font pour la plupart que par leurs racines , c'eft-à-dire, qu'elles perdent leurs tiges tous les ans.

RADICAL , LE, qui appartient à la racine , ou qui part immédiatement de la racine ; *voyez* HAMPE , FEUILLES , FLEURS , VOLVA.

RADICANT , TE , qui produit des racines. Il y a des plantes , comme le lierre , la cufcute , dont les tiges produifent des racines. *Voyez* TIGE radicante & FEUILLES radicales.

RADICULE , *radicula* , *roftellum* ; c'eft le rudiment de la racine, la racine en petit. C'eft ordinairement la radicule qui paroît la première dans une graine germée , comme on peut le voir , *fig. 6* , *pl. V* : elle eft déja quelquefois fort longue , comme dans les *fig. 4* , *5* , *7* , *8* , *9* , *10* , *11* , que la plumule commence à peine à paroître.

RADIÉ, ÉE; ce qui eſt diſpoſé comme les rayons d'une roue. On appelle fleurs radiées, les fleurs compoſées, dont le diſque eſt occupé par des fleurons, & la circonférence par des demi-fleurons.

RAFFE ou RAFLE; *voyez* RAPE.

RAMASSÉ, ÉE. On donne ce nom aux feuilles, aux fleurs, aux rameaux, aux poils, &c. Quand ils ſont très-rapprochés les uns des autres, on dit ramaſſés en faiſceau, en tête, par paquets, &c.

RAMÉAL, LE; ce qui appartient aux rameaux, qui croît ſur les rameaux ou les branches d'une plante; *voyez* FEUILLES raméales.

RAMEAUX ou BRANCHES, *rami :* une tige ſe diviſe par le haut en rameaux, & par le bas en racines. Le Botaniſte trouve dans l'inſertion des rameaux, dans leur direction, leur conſiſtance, leur couleur même, une foule de caractères qu'il emploie très-utilement pour la diſtinction des eſpèces. *Voyez* à l'art. BRANCHES, ce qu'on entend par branche du premier, du ſecond ordre, branche à bois, branche à fruits, &c.

RAMEAUX alternes, *rami alterni;* ceux qui ſont placés autour des tiges, & qui ſont diſpoſés par gradation, tantôt d'un côté, tantôt de l'autre, comme ceux de la PÉDICULAIRE, repréſentée *pl. III.*

RAMEAUX cirrhifères, *rami cirrhoſi* vel *fulcrati;* ceux qui ont des vrilles ou d'autres parties qui leur en tiennent lieu, & au moyen deſquelles ils grimpent ſur les corps voiſins en s'y accrochant.

RAMEAUX courbés, *rami deflexi;* ceux qui penchent en dehors, ou plutôt ceux dont l'extrémité ſupérieure s'incline vers la terre en formant un peu l'arc.

RAMEAUX diſtiques, *rami diſtichi;* ceux qui ſont diſpoſés ſur la tige, de deux côtés ſeulement.

RAMEAUX divergens, *rami divergentes;* ceux qui ſont très-rapprochés à leur inſertion ſur la tige avec laquelle ils forment des angles plus ou moins droits, & qui s'écartent enſuite à peu près également les uns des autres.

RAMEAUX droits, *rami erecti;* ceux qui ont une direction verticale. Si la tige qui les porte eſt perpendiculaire à l'horizon, ils forment avec elle des angles très-aigus; ſi au contraire la tige eſt dans une ſituation horizontale, les rameaux forment avec elle des angles très-ouverts.

RAMEAUX épars, *rami ſparſi;* ceux qui naiſſent ſans ordre autour de la tige, & qui ſont peu nombreux.

RAMEAUX étalés, *rami divaricati;* ceux qui forment avec la tige des angles droits ou preſque droits.

RAMEAUX oppoſés; *rami oppoſiti;* ceux qui ſont diſpoſés ſur la tige, comme les bras le ſont ſur le corps d'un homme.

RAMEAUX pendans, *rami penduli;* ceux dont la foibleſſe eſt ſi grande, qu'ils ne peuvent fe foutenir, & qui font entraînés par leur propre poids vers la terre.

RAMEAUX réfléchis, *rami reflexi ;* ceux qui font dans une direction pendante, mais dont les extrémités font recourbées vers la tige. Quand leurs extrémités fe recourbent en deffous, on les nomme *rami retroflexi.*

RAMEAUX ramaffés, *rami conferti ;* ceux qui naiffent fans ordre remarquable autour de la tige ; mais qui font fi nombreux & fi rapprochés, qu'ils forment une touffe qui cache prefque entièrement la tige.

RAMEAUX ferrés, *rami coarcti ;* ceux qui font très-rapprochés de la tige, & qui s'élèvent dans la même direction qu'elle.

RAMEAUX verticillés, *rami verticillati ;* ceux qui font placés autour de la tige en VERTICILLE ; *voyez* ce mot, ou qui font difpofés fur la tige, comme les rayons d'une roue fur fon moyeu. Quand il n'y a que trois rameaux placés de la forte, on les nomme *rami terni verticillati ;* quand il y en a quatre, *rami quaterni verticillati ;* s'il y en a cinq, *quini ;* s'il y en a fix, *fexti,* &c.

RAMEUX, SE, qui fe divife en rameaux ou en branches ; *voyez* TIGE rameufe, RACINE, PÉDICULE, &c.

RAMIFICATION, *ramificatio ;* c'eft la difpofition des branches confidérées en elles-mêmes, & relativement les unes aux autres. On appelle auffi ramifications, les dernières divifions des branches ou des rameaux d'une plante, & les dernières divifions des nervures d'une feuille.

RAMPANT, TE. On appelle ainfi toutes les plantes dont les tiges s'étendent au loin fur la terre fans s'élever. Les racines que l'on nomme rampantes, font celles qui s'étendent dans la terre, en confervant une direction parallèle à l'horizon.

RAPE, RAEFE ou RAFLE, *rachis ;* c'eft le réceptacle commun aux graminées, aux fleurs en épi & aux fleurs en grappe. On dit la rape d'un épi de feigle, de froment ; la rape du raifin, delà le proverbe (lorfqu'il a mangé les grains de fon raifin, il nous en fait fucer la raffe).

RAPPORT. On entend principalement en Botanique, fous cette dénomination, cette efpèce de conformité que l'on apperçoit entre les caractères d'une plante & ceux d'une autre plante de la même famille. Les plantes qui compofent des familles parfaitement naturelles, comme les ombellifères, les graminées, &c. ont des rapports entre elles fi marqués, qu'il n'eft pas néceffaire d'être inftruit, pour favoir qu'elles ne doivent point être féparées les unes des autres.

RAPPROCHÉ, ÉE, fe dit de toutes les parties des plantes qui font fi voifines les unes des autres, qu'on pourroit les croire réunies ; *voyez* ANTHÈRES, FEUILLES, FLEURS.

RASSEMBLÉ,

RASSEMBLÉ, ÉE. On donne ce nom à toutes les parties des plantes qui viennent très-près les unes des autres. On dit rassemblé en anneau, en corymbe, en tête, en épi, par paquets, &c.

RAYÉ, ÉE, se dit de tout ce dont la superficie est marquée de raies apparentes. Si les raies ne sont pas creusées profondément, on dit *strié*; si elles sont creusées en gouttière, on dit *sillonné*.

RAYON, *radius* : on donne ce nom à toutes les parties des plantes qui sont disposées comme les rayons d'une roue, ou comme les branches d'un parasol. On appelle aussi rayons, *radii*, les demi-fleurons qui environnent le disque des FLEURS radiées; *voyez* ce mot.

REBORD ; c'est comme si l'on disoit un bord en saillie, un bord élevé sur un autre bord.

RÉCÉPER. On appelle récéper un arbre, récéper la vigne, quand on la coupe par le pied. Les Cultivateurs récépent un arbre qui donne de mauvais fruits, pour en faire des sujets pour les greffer.

RÉCEPTACLE, *receptaculum*. On distingue en général trois espèces de réceptacles; celui de la fleur, c'est-à-dire, le lieu où les pétales sont insérés; celui du fruit, c'est-à-dire, ce qui porte immédiatement le fruit & le réceptacle des semences que l'on nomme PLACENTA ; *voyez* ce mot.

RÉCEPTACLE alvéolé, *receptaculum favosum* ; celui qui est commun à quelques espèces de fleurs composées, & sur la superficie duquel, lorsque les fleurs sont tombées, ou lorsqu'on les en a détachées, on rencontre des espèces de cellules alvéolaires.

RÉCEPTACLE applati, *receptaculum planum* ; celui qui est commun à beaucoup de fleurs composées, & qui, après la chûte des fleurs, paroît uni comme s'il avoit été coupé horizontalement.

RÉCEPTACLE commun, *receptaculum commune* ; celui qui porte plusieurs petites fleurs.

RÉCEPTACLE nu, *receptaculum nudum* ; celui sur lequel, après la chûte des fleurs, ou après qu'on en a détaché les fleurs, on ne rencontre ni poils, ni paillettes, &c.

RÉCEPTACLE velu, *receptaculum villosum* ; celui sur la superficie duquel, après la chûte des fleurs, on rencontre des poils plus ou moins longs & plus ou moins flexibles.

RECOMPOSÉES. On appelle feuilles recomposées, celles qui sont composées deux fois, c'est-à-dire, qui ont, 1°. un pétiole commun ; 2°. des pétioles immédiats ; & 3°. des pétioles propres, quand elles ne sont pas rétrécies en pétioles. Les feuilles surcomposées sont encore plus divisées; elles sont composées plus de deux fois.

RECOURBÉ, ÉE ; ce qui étoit d'abord dans une direction droite, mais qui s'en éloigne en se courbant en arc; *voyez* POILS, PÉTIOLE.

On emploie affez ordinairement les mots courbés & recourbés comme fynonymes.

REDRESSÉ , ÉE ; ce qui étoit d'abord dans une direction horizontale ou penchée, mais qui regagne la ligne verticale par une de fes extrémités ; *voyez* PÉTIOLE.

RÉFLÉCHI , IE ; ce qui eft replié fur foi-même, & qui fe courbe foit en dedans , foit en dehors ; *voyez* BORDS roulés , RAMEAUX , FEUILLES , STIPULES.

RÉGNE végétal , *regnum vegetale ;* tous les corps confidérés comme productions de la nature, ont été rangés par les Naturaliftes fous trois chefs de divifions : le RÈGNE minéral , le RÈGNE végétal & le RÈGNE animal. Lors donc que l'on veut parler de ces corps qui croiffent par intus-fufception , qui vivent, fe reproduifent & meurent, mais qui n'ont pas, comme l'animal, la faculté de fe mouvoir volontairement, on dit le règne végétal , au lieu de dire les végétaux, les plantes.

RÉGULIER , RE ; ce qui a une forme fymétrique ; *voyez* CHAPEAU , COROLLE.

REJETONS ou REJETS , *ftolones* , & mieux *taleæ ;* ce font les nouvelles pouffes produites par le tronc ou la tige d'une plante, & non pas par la racine ; c'eft par là qu'elles different des DRAGEONS : on dit, voilà le rejet de cette année , voilà un beau rejet bien vert.

RELEVÉ , ÉE ; il ne fe dit guère qu'en parlant des bords d'une feuille , du limbe d'un pétale , quand ils forment un rebord qui s'élève plus que le refte ; *voyez* BORDS , FEUILLES , &c.

RENFLÉ , ÉE. On appelle pédicule renflé , celui qui a une efpèce de gonflement qui augmente de beaucoup fon diamètre. Feuilles renflées , celles qui font charnues & épaiffes dans le milieu.

RÉNIFORME ; ce qui a la forme d'un rein ou d'un rognon ; *voyez* FEUILLES , SEMENCES , SILICULE.

RENVERSÉ , ÉE ; ce qui s'éloigne de la direction primitive en retombant ; *voyez* FEUILLES.

REPLIÉ , ÉE ; ce qui eft plié plufieurs fois & en différens fens ; *voyez* RAMEAUX repliés.

REPRODUCTION , *reproductio.* On comprend en général fous cette dénomination , tous les moyens que la nature & l'art emploient pour perpétuer les efpèces : les *femences* , les *cayeux* , les *drageons* , les *boutures* , la *greffe* , font autant de moyens de reproduction.

RÉSEAU ; c'eft un tiffu de fibres entrelacées comme les mailles d'un filet ou d'un rets.

RÉSINES , *refinæ :* ce font des excrétions épaiffes , vifqueufes , inflammables qui fuintent naturellement par des filtres deftinés à cet ufage , & qui fe répandent fur la fuperficie des plantes.

Les réfines diffèrent des gommes, en ce qu'elles font fufceptibles de s'enflammer, & qu'on ne peut les diffoudre qu'à l'aide d'un fpiritueux, comme l'efprit-de-vin.

RESPIRATION des plantes. Les plantes ne refpirent pas comme l'animal ; mais le paffage de l'air à travers fes trachées ou fes vaiffeaux aériens, fa dilatation ou fa condenfation fucceffive, lui tiennent lieu de refpiration. *Voyez* TRACHÉES.

RESSERRÉ, ÉE, fe dit des parties des plantes qui font très-rapprochées les unes des autres, & qui font même comme entaffées ; *voyez* PANICULE.

RÉTIFORME, qui a la forme d'un rets ou d'un filet ; *voyez* CHAPEAU, RACINE, FEUILLES, PLANTES.

RÉUNI, IE, fe dit de plufieurs parties qui n'en font qu'une ; *voyez* ANTHÈRES, FILETS.

RHOMBOIDAL, LE. On donne ce nom à tout ce qui a une figure rectiligne à deux angles aigus & deux obtus, dont il n'y a guère que ceux qui font parallèles qui foient égaux. *Voyez* FEUILLES.

RIDÉ, ÉE. On appelle ainfi tout ce qui a une furface inégale & remarquable par des enfoncemens & des élévations alternatifs ; *voyez* FEUILLES, SUPERFICIE.

ROIDE ; ce que l'on ploie difficilement ; *voyez* TIGE, FEUILLES, POILS.

RONDACHE ; efpèce de bouclier rond dont on fe fervoit autrefois. On appelle feuilles en rondache, celles qui font élargies & arrondies à leurs bords. On appelle auffi ftygmate en rondache, celui qui eft très-plat & arrondi.

RONGÉ, ÉE ; ce qui a l'air d'avoir été entamé par les dents d'un animal.

ROSACÉE. On appelle fleur rofacée, celle dont les pétales font comme ceux de la rofe ; *voyez* COROLLE rofacée & FLEUR en rofe.

ROUE, *voyez* COROLLE en roue.

ROULÉ, ÉE ; ce qui a une ou plufieurs circonvolutions remarquables ; *voyez* VRILLE, BORDS, FEUILLES.

Il eft bon de faire obferver ici, que l'on appelle *folium involutum*, celle qui eft roulée en deffus comme une boucle de cheveux ; & *revolutum*, quand elle eft roulée dans le fens contraire.

ROUTINE, *quotidiana, exercitatio ;* c'eft une forte de capacité, de faculté acquife par une longue habitude, par une longue expérience, & fans qu'on ait fuivi de principes ; elle diffère par là de la vraie fcience

qui ne s'acquière que par principes , & que l'on n'exerce que par méthode.

RUBANTÉ , ÉE ; ce qui est applati & coloré comme un ruban ;
voyez TIGE.

RUDE ; ce qui est âpre au toucher , & dont la superficie est inégale
& dure; *voyez* TIGE , FEUILLES.

RUNCINÉ , ÉE ; ce qui est découpé latéralement & profondément
en lobes profonds & élargis ; *voyez* FEUILLES runcinées.

S.

SABRE , *voyez* FEUILLES en sabre.

SACHETS , *voyez* l'art. FRUCTIFICATION , pag. 88.

SAGITTÉ , ÉE; ce qui est en forme de fer de flèche ; *voyez* FEUILLES.

SARMENT , *sarmentum :* ce mot ne convient proprement qu'aux
branches de la vigne , mais on l'emploie assez communément pour
signifier les branches souples & pliantes de quelques autres plantes que
l'on nomme PLANTES sarmenteuses , *plantæ sarmentosæ* vel *fermen-
taceæ.*

SAUVAGEONS. Les Cultivateurs appellent ainsi les arbres sauvages
qu'ils arrachent des bois pour les mettre en pepinière , & greffer dessus
des espèces précieuses ; *voyez* GREFFE.

SAVEUR , *sapor.* La saveur est l'objet du goût , comme l'odeur ,
odor est celui de l'odorat. Nous avons dit à l'art. QUALITÉS des plantes ;
voyez ce mot , que l'on distinguoit dix espèces de *saveur ,* comme on
distingue six espèces d'*odeur.*

SCARIEUX , SE ; ce qui est aride , sec & sonore au tact ; *voyez*
FEUILLES scarieuses.

SCIE , *voyez* FEUILLES dentées en scie.

SCROTIFORME , qui a la forme du scrotum , ou bien ce qui a quelque ressemblance avec les testicules d'un animal ; *voyez* CAPSULE scrotiforme.

SÉCRÉTION , *secretio :* c'est la filtration proprement dite des différentes liqueurs des plantes. Les vaisseaux séveux sont les organes se-
crétoires de la sève , &c.

SECTATEURS , *sectatores.* On appelle Sectateurs , ceux qui suivent
l'opinion de quelques Philosophes , de quelques Savans qui , sont du
même sentiment qu'eux , & qui en adoptent les systêmes. Un Botaniste

nifte devient le Sectateur de Tournefort ou de Linnæus , quand il
adopte de préférence la méthode de l’un au fyflême de l’autre.

SECTIONS , *fectiones ;* ce font les premières divifions des claffes
d’une méthode botanique ; ce font des claffes fubalternes , fi l’on peut
s’exprimer ainfi , qui font à leur tour divifées en genre , comme les
genres le font en efpèces. *Voyez* MÉTHODE botanique.

SEGMENS, *fegmenta ;* nom que l’on donne aux divifions d’une feuille,
d’une corolle , d’un calice d’une feule pièce, &c. il fignifie dans fon acception géométrique , l’efpace compris entre un arc & fa corde.

SEMENCE ou GRAINE, *femen :* c’eft cette partie du fruit qui eft deftinée à reproduire une nouvelle plante femblable à celle qui lui a donné
naiffance. On diftingue dans les femences, la TUNIQUE PROPRE, les
COTYLEDONS , l’EMBRYON , la RADICULE & la PLUMULE.

On fait que la reproduction des plantes , par les femences, eft le
moyen le plus général , & l’on pourroit même dire , le moyen univerfel ;
mais, comme il y a encore des plantes dans lefquelles on n’a point
apperçu de femences , les fentimens font très-partagés fur la manière dont quelques-unes fe reproduifent. Les femences fourniffent des
caractères effentiels pour la diftinction des efpèces ; on ne peut les
obferver avec trop d’attention : on remarque leur nombre, leur difpofition , leur attache , leur forme , leur couleur même , &c.

SEMENCE aigrettée , *femen pappofum ;* on appelle ainfi celle qui
porte une efpèce de plumet ou d’aigrette. Quand l’aigrette qu’elle porte
eft fimple , c’eft-à-dire, que les poils qui la compofent font réunis en
un feul faifceau , *pl. V , fig. 13 A , & fig. 14 B ,* on la nomme aigrette
fimple , *pappus fimplex ;* quand elle fe ramifie , que les poils qui la
compofent ne font pas fimples ni réunis en un feul point , on la nomme
aigrette rameufe , *pappus ramofus vel plumofus , fig. 16 A.*

L’aigrette eft ou pédiculée ou feffile : lorfqu’elle eft portée fur un
pédicule particulier , on l’appelle aigrette pédiculée , *pappus pediculatus vel ftipitatus , pl. V , fig. 14 , 16 ;* quand les poils ou filets partent
immédiatement de la graine , on dit que l’aigrette eft feffile , *pappus
feffilis , fig. 13.*

SEMENCE ailée , *femen alatum , fig. 17 & 18 B , pl. V ;* celle qui
porte fur les côtés une membrane faillante plus ou moins ferme.

SEMENCE arrondie , *femen fubrotundum , pl. V , fig. 3 B ;* celle qui
fe termine en rond fur fes côtés , qui eft plus ou moins applatie en
deffus & en deffous, & qu’on ne pourroit pas faire rouler fur tous fens :
telle eft la lentille , la vefce.

SEMENCE couronnée , *femen coronatum , pl. V , fig. 12 ;* celle qui
porte à fon extrémité fupérieure un calice perfiftant qui y forme
comme une couronne.

V u

SEMENCE couverte, *femen tectum*, *fig. 30 & 34 B*, *pl. V*; celle qui, outre fa tunique propre, a encore une feconde enveloppe qui la recouvre, commme le gland, l'amande, la noifette.

SEMENCE cunéiforme, *femen cuneiforme fig. 3 A*, *pl. V*; celle qui a la forme d'un coin.

SEMENCE dicotyledone ou bilobe, *femen bilobum* vel *dicotyledone*; *voyez* SEMENCE monocotyledone.

SEMENCE étoilée ou en forme d'étoile, *femen ftellatum*, *pl. V. fig. 18 A*; celle qui a des pointes difpofées comme les rayons d'une étoile.

SEMENCE globuleufe, *femen globofum*; celle qui eft ronde comme un pois, & qui, fur un plan incliné, peut rouler fur tous fens.

SEMENCE monocotyledone ou unilobe, *femen monocotyledone*, *fig. 4, 5, pl. V*; celle qui n'a qu'un lobe ou cotyledon. On nomme dicotyledone ou bilobe, *fig. 6, 7, 8, 9, 10, 11, pl. V*, *femen dicotyledone*, celle qui a deux lobes ou cotyledons : on appelle femence acotyledone *femen acotyledone*, celle qui n'a point de cotyledon.

SEMENCE nue, *femen nudum*, *fig. 1, 2, 3, 7, pl. V*; celle qui n'a d'autre enveloppe que fa tunique propre *B*, *fig. 7*.

SEMENCE réniforme, *femen reniforme*, *fig. 3 D*, *pl. V*; celle qui a la forme d'un rein ou d'un rognon.

SEMENCE triangulaire, *femen triangulare* vel *triquetrum*; celle qui eft à trois angles, & à trois côtés.

SEMI-CYLINDRIQUE, qui eft cylindrique d'un côté & un peu applati de l'autre; *voyez* TIGE.

SEMI-DOUBLE, *voyez* FLEURS femi-doubles.

SEMI-FLOSCULEUSE. On appelle ainfi une fleur compofée, quand elle n'eft formée que par l'agrégation ou par un affemblage de demifleurons. *Voyez* COROLLE femi-flofculeufe.

SÉMINAL, LE, qui a rapport à la femence, qui appartient aux femences ou aux graines; *voyez* FEUILLES féminales.

SÉMINATION, *feminatio*; c'eft, à proprement parler, la difperfion des femences ou des graines des plantes. La Nature nous offre dans cette opération un phénomène bien digne de notre attention : nous ne pouvons voir, fans le plus grand étonnement, combien fes reffources font variées, & jufqu'à quel point tout a été prévu & difpofé pour le bien. Nous avons déja dit qu'il y avoit une forte d'enchaînement entre tous les êtres, & qu'ils fe prêtoient fans ceffe des fecours mutuels pour leur exiftence. En effet, les femences ne pouvoient pas fe femer d'ellesmêmes; il falloit que quelques agens en favorifaffent la difperfion. Le vent, les courans d'eau, les animaux, l'homme même y contribuent fans en avoir la volonté. Nous voyons des femences pourvues d'aigrettes; nous en voyons d'autres qui ont des ailes membraneufes;

d'autres des efpèces de crochets, au moyen defquels elles s'attachent au poil des animaux qui vont les femer au loin ; d'autres qui font enduites d'une humeur vifqueufe ; d'autres qui ont la fingulière propriété de ne pas perdre la faculté de germer, malgré qu'elles aient féjourné long-temps dans les inteftins d'un animal ; d'autres enfin qui, par un mécanifme des plus fimples, font jetées au loin par le jeu des panneaux élaftiques qui les contenoient.

SEMIS. Les Cultivateurs appellent ainfi un terrain dans lequel ils fement des graines d'arbres ou d'arbuftes, pour y former un bois, ou pour en enlever les plants lorfqu'ils auront acquis un certain degré d'accroiffement, & les mettre en pepinière.

SENSIBILITÉ ou IRRITABILITÉ des plantes, *plantarum irritabilitas.* Il y a des plantes qui font douées d'une efpèce de fenfibilité qui paroît avoir beaucoup d'analogie avec ces mouvemens involontaires que nous éprouvons lorfque quelque chofe nous chatouille. Leurs parties fe contractent, & cette contraction dure tant que la caufe fubfifte. *Voyez* MIMEUSE.

SERRE. On appelle ainfi une galerie clofe de vitrages, & en belle expofition, où l'on renferme avant l'hiver les plantes qui craignent la gelée. On appelle *orangerie,* une ferre d'orangers ; & *ferre chaude,* celle dans laquelle on cultive des plantes étrangères, à qui l'on donne le degré de température qui leur convient, en y allumant du feu.

SERRÉ, ÉE ; ce qui eft très-rapproché, & comme entaffé l'un fur l'autre ; *voyez* PÉDUNCULE, RAMEAUX.

SESSILE ; ce qui eft fans queue. On appelle AIGRETTE feffile, GLANDES feffiles, celles qui n'ont pas de pédicule ; STYGMATE feffile, celui qui n'a pas de ftyle ; FEUILLES, FOLIOLES, STIPULES feffiles, celles qui n'ont pas de pétioles ; FLEURS, FRUITS feffiles ; ceux qui n'ont pas de péduncule ; PLANTE feffile, celle qui n'a pas de tige, &c.

SÉTACÉ, ÉE ; ce qui eft alongé & menu comme un cheveu ou comme de la foie de cochon ; *voyez* FEUILLES, STYLE.

SÈVE, *humor plantarum.* On comprend affez ordinairement fous cette dénomination, toutes les liqueurs néceffaires à l'accroiffement & à l'entretien des plantes ; mais on ne doit pas confondre la sève avec le fuc propre, ni avec cette liqueur huileufe, gommeufe ou réfineufe, qui eft filtrée par des glandes deftinées à cet ufage.

La sève, dont les fonctions peuvent être comparées à celles que remplit le fang dans les animaux, eft une liqueur limpide fans couleur, fans faveur & fans odeur, qui ne fert uniquement qu'à l'accroiffement du végétal, & qui n'influe en rien fur fes qualités. *Voyez* l'art. MOUVEMFNT de la sève, & celui SUCS des plantes.

SEXES des végétaux, *plantarum fexus :* la plupart des fleurs font de deux fexes à la fois ; ce qu’on entend par *hermaphrodites*, c’eft-à-dire, qu’elles ont, comme la fleur du lis, repréfentée *pl. IV*, des étamines *CD*, confidérécs comme organes mâles, & un ou plufieurs piftils *A* confidérés comme organes femelles ; mais il y a auffi des plantes dont les fleurs font unifexuelles, c’eft-à-dire, qui n’ont qu’un feul fexe, & qui ont befoin d’être rapprochées pour que la FÉCONDATION ait lieu. *Voyez* ce mot. Les fleurs unifexuelles font mâles, quand elles n’ont que des étamines ; elles font femelles, quand elles n’ont que des piftils.

SIFFLET, *voyez* GREFFE en.

SILICULE, *filicula*. La filicule eft compofée comme la filique, de laquelle elle ne diffère que par fa longueur. La filique eft beaucoup plus longue que large, & la filicule eft au contraire prefque auffi large, & quelquefois même plus large que longue : elles font l’une & l’autre produites par les FLEURS cruciformes. *Voyez* ce mot. On trouvera plufieurs exemples de filicules, *fig. 26, pl. V* : nous y avons développé celle du *thlafpi burfa paftoris* : on verra comme ces deux panneaux *VV* fe féparent lorfque les graines approchent de leur maturité, & comment les graines font attachées à la CLOISON *L* qui leur fert de PLA-CENTA.

Il y a des filicules arrondies, *filiculæ fubrotundæ* ; alongées, *elongatæ* ; cordiformes, *cordiformes* vel *cordatæ* ; réniformes, *reniformes* ; bilobées, *bilobæ* ; lunulées, *lunulatæ* ; échancrées, *emarginatæ* ; minces, *tenues* ; épaiffes, *craffæ*. *Voyez* ces mots chacun à la place qu’il doit occuper dans ce Dictionnaire.

SILIQUE, *filiqua* ; c’eft la troifième efpèce de péricarpe ; elle eft, comme la SILICULE, produite par les FLEURS cruciformes. La filique eft ordinairement compofée de deux panneaux *AB, fig. 24, pl. V*, & d’une cloifon membraneufe *c*. Quelques filiques cependant, comme celle de la chélidoine, n’ont point de cloifon intermédiaire. Dans les filiques à cloifon, les femences ne font point attachées aux panneaux *AB*, mais à la cloifon de laquelle on parle ; au lieu que dans les filiques qui n’ont pas de cloifon, & que l’on pourroit nommer fauffes filiques, les femences font attachées aux deux panneaux. On pourroit bien confondre la filique avec la COQUE, que l’on nomme auffi FOLLICULE, *fig. 23, pl. V*. Ces deux efpèces de péricarpes fe reffemblent affez ; mais le follicule n’eft jamais que d’une feule pièce, au lieu que la filique eft toujours de plufieurs pièces ; il y a auffi beaucoup de différence dans la difpofition des graines de l’une & de l’autre. *Voyez* COQUE.

On remarque dans la filique la forme, la longueur comparée à la largeur, la pofition & la manière dont les panneaux fe féparent de la cloifon : il y en a, comme on le voit dans les deux filiques fupérieures de la *fig. 24, pl. V*, dont les panneaux *AB* commencent à fe détacher par le bas, & d’autres qui fe détachent par le haut.

SILIQUE

SILIQUE arrondie, *siliqua subrotunda* : celle sur les bords de laquelle on ne remarque ni angles, ni applatissemens, & dont le diamétre de la hauteur égale celui de la largeur ; ce qui la rend SILICULE.

SILIQUE articulée, *siliqua articulata ;* celle qui est rétrécie & renflée par intervalles, comme font celles du radis, du raifort. La silique représentée sans être ouverte, *pl. V, fig. 24*, est une silique articulée.

SILIQUE comprimée, *siliqua compressa ;* celle dont les panneaux sont applatis.

SILIQUE lancéolée, *siliqua lanceolata ;* celle qui est arrondie, alongée & pointue.

SILIQUE tétragone, *siliqua tetragona ;* celle qui a quatre faces égales & distinctes d'un bout à l'autre, & qui forme quatre angles saillans.

SILLONNÉ, ÉE, qui est remarquable par des lignes creusées en gouttière suivant la longueur ; *voyez* FEUILLES, TIGE.

SIMPLE, ce qui n'est pas composé ; *voyez* AIGRETTE, CALICE, EPINES, FLEUR, PÉDUNCULE, TIGE, FLEURS, FEUILLES, POILS.

SIMPLES, *plantæ officinales* On donne ce nom à toutes les plantes qui font d'un usage plus ou moins fréquent en médecine. On dit que la mauve est un bon simple.

SINUÉ, ÉE ; ce qui est remarquable par des sinus.

SINUS, *sinus ;* lorsque l'on considère les bords d'un pétale, d'une feuille, &c. on y rencontre souvent des parties saillantes & des parties rentrantes. Il est de règle assez générale, que les parties saillantes sont appelées angles ou lobes ; & les parties rentrantes, sinus ou échancrures. On verra des feuilles échancrées à leur sommet, *folia emarginata*, *pl. VIII, fig. 46, 47 ;* & des feuilles sinuées, *folia sinuata, fig. 59, 60, 63.*

Tout ce qui concerne les sinus, les angles & la direction des parties qui composent les plantes, est presque toujours fort mal déterminé ; qui voudroit s'occuper à faire la critique des définitions que l'on a données sur ces trois objets, dans tous les ouvrages de Botanique, en rencontreroit à chaque pas l'occasion. On ne s'arrête point assez à ne prendre le mot que dans sa juste acception : on emploie comme synonymes, des termes qui ne le font point, & de-là naît une espèce de confusion qui exigeroit, pour être réformée, un travail absolument nouveau.

SITUATION, *situs*. Il ne suffit pas d'avoir égard au nombre & à la forme des parties qui composent les plantes, il faut encore s'attacher à en saisir la disposition, la situation : c'est l'insertion & la direction d'une partie qui en fait la situation.

SOL, *solum.* C'est le nom que l'on donne à un terroir considéré suivant sa qualité. Les plantes varient beaucoup suivant la nature du sol &

leur expofition. Elles éprouvent dans un fol étranger, ce qu'elles
éprouveroient dans un jardin où elles ne viendroient qu'à force de foins:
les unes y perdent leur odeur & leur faveur : les autres au contraire l'acquièrent à un plus haut degré ; ainfi nous voyons la lauréole gentille ,
perdre prefque toute fon odeur agréable , & les arbres fruitiers donner
de bien meilleurs fruits par la culture.

SOLAIRES. Linnæus appelle fleurs folaires , *flores folares* , celles qui
s'épanouiffent & fe ferment pendant que le foleil eft fur l'horizon ; il
les divife en équinoxiales , *equinoxiales* (celles qui ont une heure fixe
pour s'ouvrir) : en tropiques , *tropici* (celles qui s'ouvrent le matin &
fe ferment le foir) ; & en météoriques , *meteorici* (celles dont le moment de l'épanouiffement eft dérangé par la température de l'atmofphère,
& qui peuvent nous indiquer le temps qu'il fera).

SOLIDE ; ce qui eft d'une fubftance ferme & compacte ; *voyez* BULBE,
SUBSTANCE , TIGE.

SOLITAIRE , qui vient feul ; *voyez* FLEUR, PÉDUNCULE , STIPULE,
STYLE.

SOMMEIL des plantes . L'état d'une fleur , qui, aux approches de
la nuit , fe penche , prend un air de langueur , & fe refferre , eft comparé à celui d'un animal qui dort.

SOMMET , *apex ;* c'eft en général le haut , la partie la plus élevée
d'une chofe. Le fommet de l'étamine, c'eft l'ANTHÈRE ; le fommet d'une
FEUILLE , c'eft l'extrémité oppofée au PÉTIOLE ; le fommet d'un PÉ-
TALE , c'eft fon LIMBE qui eft oppofé à l'ONGLET.

SOUCHE : on appelle ainfi le bas du tronc d'un arbre coupé.

SOUS-ARBRISSEAUX , *fuffrutices.* Les fous-arbriffeaux ou arbuftes
feroient appelés arbriffeaux , s'ils avoient des bourgeons , & porteroient
le nom d'herbes, fi leurs tiges n'étoient pas des ligneufes, c'eft-à-dire, fi les
parties qui compofent leurs tiges , n'avoit la même dureté & la même
folidité que ce que nous appelons bois. Ils perfiftent l'hiver , & nous en
avons même quelques-uns , dont la durée égale celle de certains arbres.

SOUS-AXILLAIRES. On donne ce nom à tout ce qui a fon point
d'infertion au-deffous de ce qui eft axillaire ; une tige qui porte des
rameaux , au-deffous defquels des feuilles ont leur point d'infertion ,
les rameaux & tout ce qui naît entre les feuilles & la tige , font axillaires , & les feuilles font fous-axillaires , *folia fubaxillaria* vel *fubalaria.*

SOUS-LIGNEUSES. On appelle ainfi les plantes qui perdent leurs
rameaux tous les hivers , & qui confervent leurs tiges. *Voyez* TIGE
fous-ligneufe.

SOUS-ORBICULAIRE ; ce qui a plus de largeur que de longueur.
On appelle FEUILLE fous-orbiculaire , *folium fuborbiculare ,* celle qui

eft prefque ronde , mais qui a cependant un peu moins de hauteur que de largeur.

SOUTIENS ; *voyez* SUPPORTS.

SPATHE , *fpatha*, *fig. 67 T* , *pl. IV* ; c'eft une efpèce de voile, une gaîne membraneufe d'une feule pièce, qui renferme une ou plufieurs fleurs , quelquefois même des bouquets entiers , qui s'ouvre de côté , qui fe defféche & périt dans quelques individus , prefque auffitôt que les fleurs qu'elle contenoit en font forties , & qui perfifte long-temps dans d'autres, & furvit même aux fleurs. C'étoit la feconde efpèce de calice de Tournefort, qu'il nommoit calice improprement dit & propre.

Obferv. de M. de la Marck. On trouve fous certaines fleurs des écailles membraneufes , blanchâtres ou colorées, & plus ou moin tranf-parentes , mais qui n'ont jamais contenu ces fleurs ; on doit les mettre au rang des bractées, & ne point les confondre avec les fpathes , comme ont fait quelques Botaniftes , donnant ainfi à cette partie une extenfion trop vague , & qui ne s'accorde plus avec l'idée qu'on attache commu-nément au mot fpathe.

SPATULÉ, ÉE, qui a la forme d'une fpatule ; *voyez* FEUILLES.

SPÉCIFIQUE ; ce qui appartient inclufivement à l'efpèce ; ce qui la caractérife , & qui la rend diftincte : ce que Linnæus appelle *nomen tri-viale*, eft le nom fpécifique.

SPHÉRIQUE ; ce qui eft rond comme un globe , & qui peut rouler fur tous fens. On emploie affez ordinairement les mots fphériques & orbiculaires , comme fynonymes.

SPIRALES, circonvolutions d'une chofe autour d'une autre. Le mot SPIRE ne fe prend que pour un tour de la fpirale; *voyez* VRILLE.

SPONGIEUX, SE ; ce qui eft mou , élaftique, percé de trous iné-gaux , croifés , & plus ou moins larges comme une éponge.

SPONTANÉE. On appelle mouvement fpontanée , *motus fpontaneus*, celui qui s'exécute naturellement , qui ne dépend d'aucunes caufes étrangères.

STABLE ; ce qui perfifte ; il eft oppofé à caduc. Les feuilles du houx font ftables ; celles du noyer font caduques : quelquefois auffi le mot ftable eft employé comme fynonyme de conftant ; dans ce fens , il figni-fie ce qui eft toujours de même.

STIGMATE , *ftigma* ; c'eft la partie fupérieure du piftil, *fig. 51 c* , *pl. IV*; il eft porté par le ftyle *B* ; mais quand le ftyle manque , le ftig-mate repofe immédiatement fur l'ovaire ou le germe , *fig. 47* , *pl. IV*, ou bien *fig. 64.* On croit que le ftigmate d'une fleur remplit exacte-ment les mêmes fonctions que la vulve dans les animaux ; que la pouf-fière qu'il reçoit de l'anthère, eft tranfmife par le ftyle à l'ovaire où elle féconde les graines qui y font en petit. Quand le ftigmate repofe immédiatement fur le germe, on le nomme ftigmate feffile, *ftigma feffile, fig. 64, pl. IV*, quand il eft porté par un pédicule qu'on nomme ftyle, on le nomme ftigmate pédiculé, *ftigma pediculatum, fig. 51, pl. IV. Voyez* les articles CASTRATION, FRUCTIFICATION, POUSSIÈRE fécondante, MÉTHODE botanique, &c.

Souvent le ftigmate eft feul, on le nomme folitaire, *ftigma folitarium.* Quelquefois auffi une fleur a un fi grand nombre de ftigmates, qu'il n'eft pas poffible de les compter, on dit pour lors qu'ils font nombreux, *ftigmata numerofa ;* d'autres fois ils reffemblent parfaitement à des étamines ou à des pétales, & quelquefois encore on ne fait fi ce que l'on voit eft un ftigmate ou un ftyle ; il eft effentiel de déterminer le nombre, la forme & la pofition des ftigmates, & fouvent il ne l'eft pas moins d'avoir égard à leur direction, à leur grandeur refpective, ou comparée à celle des étamines, ou à celle des pétales ; *voyez* STYLE, PISTIL & MÉTHODE botanique.

STIGMATE barbu, *ftigma barbatum ;* celui fur lequel on rencontre des poils durs & très-apparens.

STIGMATE bifide, *ftigma bifidum, pl. IV, fig. 45 A, 49 B, 58 B ;* celui qui fait la fourche.

STIGMATE caduc, *ftigma caducum ;* celui qui ne perfifte pas avec le fruit.

STIGMATE canaliculé, *ftigma canaliculatum, pl. IV, fig. 52 ;* celui qui eft creufé en gouttière fur toute fa longueur.

STIGMATE échancré, *ftigma emarginatum ;* celui qui paroît comme déchiré ou comme rongé.

STIGMATE en cœur, *ftigma cordatum ;* celui qui a la forme d'un cœur.

STIGMATE en crochet, *ftigma uncinatum* vel *hamofum ;* celui qui eft crochu comme un hameçon.

STIGMATE en maffue, *ftigma clavatum ;* celui qui eft mince à fon extrémité inférieure, & qui prend infenfiblement la forme d'un battant de cloche.

STIGMATE en plateau, *ftigma peltatum pl. IV, fig. 64 ;* celui qui eft très-élargi à fa fuperficie, convexe en deffous, & plane ou concave en deffus.

STIGMATE en rondache, *ftigma orbiculatum ;* celui qui eft convexe en deffus & en deffous, anguleux des côtés, & qui a la forme de deux foucoupes qu'on appliqueroit l'une fur l'autre en fens contraire.

STIGMATE en tête, *ftigma capitatum ; globofum, pl. IV, fig. 51 c ;* lorfqu'il a la forme d'une tête fphérique, on dit *ftigma capitatum planum,* lorfque fa tête eft applatie ; *ftigma capitatum truncatum,* lorfqu'elle eft tronquée, &c.

STIGMATE

STIGMATE feuillé, *stigma foliaceum;* celui qui est aminci comme une feuille, mais qui n'est pas coloré comme la fleur; s'il est coloré, on le nomme pétaliforme, *stigma petaliforme, fig. 50, pl. IV.*

STIGMATE pédiculé, *stigma pediculatum, pl. IV, fig. 51 c;* celui qui est porté par un style *B.*

STIGMATE persistant, *stigma persistens;* celui qui persiste avec le fruit.

STIGMATE pétaliforme, *stigma petaliforme, pl. IV, fig. 50;* celui qui est aminci & coloré comme un pétale.

STIGMATE plumeux, *stigma plumosum, pl. IV, fig. 47;* celui qui est garni de poils disposés comme les barbes d'une plume.

STIGMATE pubescent; *voyez* l'art. POILS.

STIGMATE rayonné, *stigma radiatum, pl. IV, fig. 64;* celui dont la superficie est remarquable par un point central, commun à plusieurs rayons.

STIGMATE réfléchi, *stigma reflexum, pl. IV, fig. 54 o;* celui dont les divisions sont recourbées sur elles-mêmes.

STIGMATE sessile, *stigma sessile, pl. IV, fig. 46, 47, 48 64;* celui qui repose immédiatement sur l'ovaire.

STIGMATE sphérique, *stigma globosum;* celui qui est très-arrondi, *fig. 44, & fig. 51 c.*

STIGMATE staminifère, *stigma staminiferum;* celui qui porte les étamines.

STIGMATE staminiforme, *stigma staminiforme;* celui qui a la même forme que les étamines.

STIGMATE terminé en pointe aiguë, *stigma acutum* vel *aculeatum, fig. 46;* celui qui finit en pointe, ou qui porte une ou plusieurs pointes aiguës.

STIGMATE triangulaire, *stigma triangulare, pl. IV, fig. 52;* celui qui est à trois angles remarquables, & qui se divise ordinairement en trois parties.

STIGMATE trifide, *stigma trifidum;* celui qui est fendu en trois, *fig. 54 o.*

STIGMATE trilobé, *stigma trilobum; voyez pl. IV A,* celui de la fleur du lis.

STIGMATE tronqué, *stigma truncatum;* celui qui sembleroit avoir été rogné à son extrémité supérieure.

STIGMATE velu; *voyez* à l'art. POILS, les différens noms que l'on doit donner aux diverses parties qu'ils recouvrent.

STIPULE, *stipula, pl. X, fig. 13 A;* c'est une petite production mem-

braneufe & foliacée de la même nature , & fouvent de la même couleur que les feuilles de la plante à qui elle appartient , mais qui
en diffère toujours par fa forme ; quelquefois elle eft folitaire , *ftipula
folitaria* ; mais plus fouvent on en trouve deux qui accompagnent les
pétioles ou les péduncules à leur infertion fur la tige ou fur les rameaux.

Il ne faut pas confondre les STIPULES avec les BRACTÉES, qu'on
nomme auffi FEUILLES florales ; on trouve toujours les ftipules près des
feuilles, des rameaux ou des vrilles, & les bractées au deffus ou au deffous
des fleurs , des fruits & fur les péduncules. Quelques Botaniftes appellent bractées deux petites feuilles qui accompagnent le péduncule à
fon infertion fur la tige ou fur les rameaux ; comme elles appartiennent plutôt à la tige qu'au péduncule, je penfe qu'il vaudroit mieux les
appeler ftipules.

Les ftipules fourniffent un grand nombre de caractères très-faillans ,
& qui peuvent faciliter beaucoup la diftinction des plantes qui en font
pourvues ; les principaux fe tirent de leur nombre , de leur forme & de
leur fituation ; quelquefois auffi on eft obligé d'avoir recours à leur
durée , leur couleur , leur grandeur même , comparée à celle des feuilles , &c. On dit qu'une tige eft ftipulée , *caulis ftipulatus* , quand elle
porte des ftipules.

STIPULES appuyées ou cohérentes, *ftipulæ adnatæ* vel *adnexæ* ;
celles qui font comme appliquées , comme collées fur la tige , & qui la
touchent dans prefque toute leur longueur.

STIPULES amplexicaules ou embraffantes , *ftipulæ amplexicaules* ;
celles qui embraffent la tige à leur infertion.

STIPULES axillaires , *ftipulæ axillares* ; celles qui viennent à l'aiffelle
ou dans l'angle formé par l'infertion d'un pétiole ou d'un péduncule fur
la tige ou les rameaux.

STIPULES caduques , *ftipulæ caducæ* vel *deciduæ* ; celles qui perfiftent
peu , & qui tombent avant ou avec les feuilles.

STIPULES ciliées , *ftipulæ ciliatæ* ; celles fur la fuperficie defquelles
on rencontre des poils longs très-apparens , & qui reffemblent à des
cils.

STIPULES courtes , *ftipulæ breves* ; celles qui ne font guère plus
longues que larges. On dit qu'elles font très-courtes , *breviffimæ*, quand
on a de la peine à les voir.

STIPULES crochues , *ftipulæ uncinatæ* ; celles qui font recourbées
à leur extrémité fupérieure , & qui forment le crochet.

STIPULES décurrentes ou courantes , *ftipulæ decurrentes* ; celles qui
fe prolongent fur la tige , & qui y laiffent une faillie fenfible.

STIPULES dentées en fcie , *ftipulæ ferratæ* ; celles dont les bords
font remarquables par des dents courbés de bas en haut.

STIPULES droites, *stipulæ erectæ* ; celles qui forment avec la tige un angle très-aigu.

STIPULES dures & piquantes, *stipulæ indurescentes, spinescentes & pungentes* ; celles qui font coriaces, dures & piquantes.

STIPULES en dedans des feuilles, *stipulæ intrafoliaceæ* ; celles qui font placées entre les feuilles & la tige ou les rameaux : quand elles font en dehors ou quand elles font inférées fur la tige plus bas que l'infertion du pétiole, elles font *extrafoliaceæ* ; quand elles font placées de chaque côté du pétiole, elles font latérales, *laterales*.

STIPULES en fer de flèche ou fagittées, *stipulæ sagittatæ* ; celles qui font pointues à l'extrémité fupérieure, élargies à leur bafe, & terminées de chaque côté par un appendice tombant.

STIPULES en fer de lance, *stipulæ lanceolatæ* ; celles qui font élargies à leur bafe, & qui fe terminent en pointe à leur extrémité fupérieure.

STIPULES en forme d'alène, *stipulæ subulatæ* ; celles qui font très-étroites, & qui s'amincissent encore depuis leur bafe jufqu'à leur fommet, où elles fe terminent en pointe.

STIPULES en forme de croissant, ou lunulées, *stipulæ lunatæ* vel *lunulatæ* ; celles qui font arrondies à leur fommet, & qui ont deux appendices qui, en fe réfléchissant du côté du pétiole, repréfentent un croissant.

STIPULES en gaîne, *stipulæ vaginantes* ; celles qui font membraneufes à leur bafe, & qui embraffent la tige comme dans une gaine.

STIPULES géminées, *stipulæ geminæ*, *fig. 15 A, pl. X* ; celles qui viennent deux à deux à la bafe des pétioles ou des péduncules, comme celles des feuilles de l'orobe, du pois. Il eft indifférent qu'elles foient axillaires, fous-axillaires ou latérales.

STIPULES latérales, *stipulæ laterales* ; celles qui font fituées fur les côtés des pétioles ou des péduncules.

STIPULES longues, *stipulæ longæ* ; celles qui font très-apparentes, & qui ont dans leur longueur plus de deux fois leur largeur. On dit qu'elles font très-longues, *longissimæ*, quand, dans leur longueur, elles ont trois, quatre fois ou davantage leur largeur.

STIPULES multifides, *stipulæ multifidæ* vel *fissæ* ; celles qui font divifées profondément en plufieurs parties.

STIPULES oppofées aux feuilles, *stipulæ oppofitifoliæ* ; celles qui font inférées fur la tige à l'oppofé des feuilles.

STIPULES ouvertes, *stipulæ patentes* ; celles qui forment avec la tige, un angle très-ouvert & prefque droit.

STIPULES perfiftantes, *stipulæ perfiftentes* ; celles qui fubfiftent après la chûte des feuilles.

STIPULES qui naiſſent en dehors des feuilles, *ſtipulæ extrafoliaceæ;* celles qui ne ſont point axillaires, & qui ſont inſérées ſur la tige plus bas que la baſe des pétioles ou des péduncules; ſi elles viennent préciſément au-deſſous de l'aiſſelle formée par la réunion du pétiole avec la tige, elles ſont *extrafoliaceæ & ſubalares.*

STIPULES réfléchies, *ſtipulæ reflexæ;* celles qui retombent ſur elles-mêmes.

STIPULES ſeſſiles, *ſtipulæ ſeſſiles;* celles qui n'ont pas de pétiole, ou qui ne ſont pas retrécies en pétiole.

STIPULES ſous-axillaires, *ſtipulæ ſubalaræ* vel *ſubaxillariæ;* celles qui naiſſent au-deſſous de l'aiſſelle formée par la réunion du pétiole avec la tige.

STIPULES très-entières, *ſtipulæ integerrimæ;* celles ſur les bords deſquelles on ne remarque ni diviſions ni découpures, ni aucunes inégalités quelconques. Elles ſont entières, *integræ,* quoiqu'elles ſoient dentées ou fendues; mais elles ne ſont pas très-entières.

Comme la conformation des ſtipules eſt à peu près la même que celle des feuilles, nous renvoyons au mot FEUILLES pour faciliter l'intelligence de quelques termes que nous pourrions avoir omis dans cet article, ou que nous avons cru pouvoir nous diſpenſer d'y placer, parce qu'ils ſont peu uſités.

STOLONIFÉRE, qui porte des drageons; *voyez* RACINE, TIGE.

STRIÉ, ÉE; ce dont la ſuperficie eſt recouverte de lignes parallèles qui l'élèvent & l'abaiſſent alternativement, mais qui ſont moins profondes que celles qui recouvrent la ſuperficie ſillonnée. *Voyez* SUPERFICIE, CHAPEAU, FEUILLES & TIGE.

STYLE, *ſtylus.* Le ſtyle eſt figurément au PISTIL, ce que le filet eſt à l'ÉTAMINE; c'eſt cette eſpèce de pédicule grêle *B, fig. 51, pl. IV,* qui ſurmonte l'ovaire ou le germe *A,* & qui porte le ſtigmate *C;* quelquefois l'extrémité inférieure du ſtyle ne peut être diſtinguée de l'ovaire, parce qu'il y a continuité de l'un avec l'autre. La même choſe arrive à ſon extrémité ſupérieure, quand le ſtigmate n'a pas une forme qui le diſtingue de manière qu'on ne ſait où doit finir juſtement ce qui doit porter le nom de ſtyle, ni où doit commencer ce qu'on appelle ſtigmate; dans ce cas, l'extrémité ſupérieure du ſtyle ſe nomme STIGMATE, & l'extrémité inférieure, OVAIRE. On regarde le ſtyle comme faiſant dans le végétal, les mêmes fonctions que le vagin dans l'animal, & le ſtigmate, celles de la vulve. Pour peu que l'on obſerve avec attention les organes de la fructification d'une fleur dont les parties ſont diſtinctes, on trouve en effet beaucoup d'analogie dans leurs fonctions comparées à celles des parties génitales des animaux. *Voyez*
ce qui

ce que nous avons dit là-dessus à l'article POUSSIÈRE féminale , FRUC-
TIFICATION.

STYLE bifide , bifurqué ou fourchu , *ſtylus bifidus* , *bifurcatus* vel
bifurcus , *pl. IV* , *fig. 45 A , 49 A , 58 B ;* celui qui , à ſon extrémité ſupérieure , eſt diviſé en deux parties égales ou à peu près égales.

STYLE court , *ſtylus brevis* , *pl. IV* , *fig. 44 ;* celui dont l'extrémité
ſupérieure s'éloigne peu de l'ovaire ; lorſqu'il y a bien peu d'eſpace entre
le ſtigmate & l'ovaire, on dit que le ſtyle eſt très-court , *ſtylus breviſſimus.*

STYLE cylindrique , *ſtylus cylindricus* vel *teres ;* celui qui eſt arrondi
& égal dans toute ſa longueur.

STYLE en alêne , *ſtylus ſubulatus ;* celui qui ſe termine ſenſiblement
en une pointe aiguë , depuis ſa baſe juſqu'à ſon extrémité ſupérieure ou
juſqu'à ſon inſertion ſur le ſtigmate.

STYLE flétri , *ſtylus marceſcens :* après une gelée, quand les Cultivateurs regardent l'état du ſtyle dans les plantes qu'ils cultivent ; s'il eſt
penché, s'il paroît comme fanné avant que le fruit ſoit noué , ils en
augurent avec raiſon que ces fleurs ne produiront pas de fruits.

STYLE filiforme, *ſtylus filiformis ;* celui qui eſt ſi grêle , qu'on peut
le comparer à un fil.

STYLE long, *ſtylus longus ;* celui dont l'extrémité ſupérieure ſurpaſſe en hauteur les étamines ou les pétales, comme on le voit dans la
fleur du lis *AB* , *pl. IV ;* lorſqu'il eſt beaucoup plus long , on dit qu'il
eſt très-long , *longiſſimus :* tel eſt celui de la *pl. III , fig. D.*

STYLE nul , *ſtylus nullus :* on dit que le ſtyle eſt nul , quand le ſtigmate repoſe immédiatement ſur l'ovaire.

STYLE plane , *ſtylus planus ;* celui qui eſt applati de deux côtés ſur
toute ſa longueur.

STYLE quadrifide , *ſtylus quadrifidus ;* celui qui , à ſon extrémité ſupérieure , eſt diviſé en quatre parties.

STYLE quinquefide , *ſtylus quinquefidus ;* celui qui , à ſon extrémité
ſupérieure , eſt diviſé en cinq parties.

STYLE ſétacé , *ſtylus ſetaceus ;* celui qui, par ſa ténuité , peut être
comparé à un cheveu ou à une ſoie de cochon.

STYLE ſolitaire ; *ſtylus ſolitarius* , *pl. IV* , *fig. 51.* Quelques plantes
portent, ſur le même ovaire, deux, trois, quatre , cinq ou un plus
grand nombre de ſtyles ; mais quand l'ovaire ne porte qu'un ſeul ſtyle ,
on dit qu'il eſt ſolitaire.

STYLE trifide *ſtylus trifidus* , *pl. IV* , *fig. 54 ;* celui qui , à ſon extrémité ſupérieure , eſt diviſé en trois parties.

STYLE velu. Remarquez de quelle eſpèce ſont les poils qui le recouvrent ; & *voyez*, pour les différens noms que l'on doit leur donner, l'art. POILS.

SUBDIVISÉ , ÉE , qui eft divifé , & dont chaque divifion eft encore divifée une ou plufieurs fois.

SUBEREUX , SE ; ce qui eft compofé d'une fubftance molle & élaf-tique comme du liège, qui a à peu près la même confiftance que du liège ; *voyez* CHAIR, SUBSTANCE , CHAPEAU.

SUBMERGÉ , ÉE ; ce qui vient fous l'eau, qui ne flotte jamais à fa fuperficie ; *voyez* FEUILLES fubmergées.

SUBSTANCE , *fubftantia*. C'eft en général la matière dont une chofe eft compofée. Si elle oppofe une certaine réfiftance , on dit qu'elle eft folide, *folida* ; fi elle n'en oppofe que très-peu , on dit qu'elle eft molle, *mollis* ; fi elle eft aqueufe , *aquofa* ; fi elle eft dure , ferrée & compacte, *compacta* ; fi elle eft caffante , *fragilis* ; fi elle eft élaftique , *elaftica* ; fpongieufe , *fpongiofa* ; fubereufe , *fuberofa* ; ligneufe, *lignofa*, *frutefcens* ; filandreufe , *filamentofa* ; gluante , vifqueufe , *vifcofa*, *glutinofa*, &c. On la compare encore à mille chofes connues , comme à de la terre, du fable , de la viande, de l'herbe , &c.

SUBULÉ , ÉE, qui a la forme d'une alêne ; *voyez* FEUILLES fubulées.

SUCS des plantes , *plantarum fucci* : fous cette dénomination , l'on comprend en général toutes les liqueurs , dont la circulation eft né-ceffaire pour l'entretien des végétaux. Cependant on en excepte la sève : ces fucs font compofés principalement de parties huileufes & de parties falines , à qui nous devons les propriétés des plantes que nous em-ployons à nos différens ufages ; mais comme une culture forcée fait aux propriétés des végétaux , ce qu'elle feroit à leur forme & à leurs couleurs ; de-là vient que l'emploi que nous en faifons , n'eft pas toujours fuivi de tout le fuccès que nous en attendions , parce que les plantes fe trouvent altérées par l'art du Cultivateur , ou gâtées par la mal-adreffe ou par la mauvaife foi de celui qui en fait commerce.

Outre le fuc propre , celui dans lequel réfident les qualités de la plante , il fe trouve encore quelques autres fucs qui forment , par leur épanchement , les RÉSINES, les GOMMES & les GOMMES-RÉSINES (*voyez* ces mots). On nomme PLANTES lactefcentes , celles qui rendent un fuc blanc comme du lait , lorfqu'on a fait quelques incifions à leurs tiges , à leurs rameaux, ou à quelques-unes de leurs parties. Autant le fuc propre des tithymales , des laitues, des fcorfonnères , & de toutes les plantes lactefcentes , eft remarquable par fa couleur blanche , autant celui de la chélidoine majeure l'eft par fa couleur jaune ; celui de la patience fanguine, par fa couleur rouge , &c. *Voyez* VAISSEAUX.

SUCCULENT , TE , qui eft rempli de fuc. On appelle auffi fruits fuc-culens , ceux dont la chair eft fondante , ou dont la pulpe eft agréable au goût.

SUJET. Les Cultivateurs appellent ainsi l'arbre qui doit recevoir la GREFFE. *Voyez* ce mot.

SUPERFICIE, *superficies ;* c'est, dans l'acception géométrique, la longueur & la largeur sans profondeur ; mais, en Botanique, c'est la surface proprement dite, l'extérieur d'un corps quelconque. On dit que la superficie est striée, *superficies striata ;* sillonnée, *sulcata ;* rude, *aspera ;* unie, *lævis ;* raboteuse, *rugosa ;* visqueue, *visquosa ;* velue, *pilosa*, &c. Les mots SUPERFICIE & SURFACE sont employés en Botanique comme synonymes.

SUPERFLUE , *voyez* POLYGAMIE, pag. 117 & 151.

SUPÉRIEUR, RE , de deux parties insérées l'une au bout de l'autre, ou l'une sur l'autre, dans une direction perpendiculaire à l'horizon ; l'une est supérieure, & l'autre inférieure ; *voyez* CALICE supérieur, COROLLE supérieure, OVAIRE.

SUPPORTS, *fulcra*. On distingue plusieurs espèces de supports ou de soutiens dans les plantes : la hampe, *scapus ;* le pédicule, *pediculus* vel *stipes ;* le pétiole, *petiolus ;* le péduncule, *pedunculus*, &c. On pourroit regarder la vrille, *cirrhus*, comme un support, & cela seroit bien moins ridicule, que de mettre dans la classe des supports des plantes, les stipules, les écailles, les poils, les glandes, &c.

SURCOMPOSÉ , ÉE, qui est composé ou divisé plus de deux fois ; *voyez* FEUILLES surcomposées.

SURFACE, *superficies ;* c'est en général la partie la plus extérieure d'un corps, celle qui se présente la première. On dit que telle partie d'une plante est raboteuse à sa superficie ou à sa surface ; qu'elle est velue, tomenteuse, veloutée, gluante, humide, sèche, colorée, &c. On trouvera les définitions de tous ces termes, en les cherchant chacun dans le lieu qu'ils doivent occuper dans ce Dictionnaire. La surface des feuilles se nomme *pagina*. On distingue dans une feuille & dans un pétale la surface supérieure, *pagina superior*, & la surface inférieure, *pagina inferior* vel *prona pars*. La surface supérieure est toujours le côté de la feuille qui est tourné vers le ciel ; le côté opposé est la surface inférieure.

SURGEONS ou REJETTONS. On appelle ainsi de petites branches qui poussent sur le tronc des arbres, & principalement vers le pied.

SUTURE , *futura ;* c'est la jointure de deux parties parallèles ; *voyez* SILIQUE.

SUSPENDU , UE ; ce qui est soutenu en l'air comme un plomb au bout de sa corde.

SYLVESTRE , qui vient dans les bois, dans les forêts, dont le sol est aride.

SYNGENESIE, *singenesia*, de deux mots grecs qui signifient ensemble

& génération. La fyngénéfie eft la claffe XIXe du fyftême. fexuel de Linnæus ; elle renferme les plantes qui ont plufieurs étamines réunies en forme de gaîne ou de cylindre, par leurs anthères, & quelquefois, mais, rarement par leurs filets.

SYNONYMES, *nomina fynonyma* : ce font généralement les noms différens, tant génériques que fpécifiques, que les plantes ont reçus des différens Auteurs qui les ont décrites. L'art de raffembler ces noms, de les rapprocher de la plante à laquelle ils appartiennent inclufivement, eft appelé SYNONYMIE, *fynonymia*. Perfonne n'a fait un travail auffi étendu fur cette partie de la Botanique, que Linnæus dans fon *Species plantarum* : il a rapporté tous les noms, toutes les phrafes avec citation des figures des plus célèbres Auteurs qui ont écrit fur la Botanique, & nous a rendu par-là fon Ouvrage d'une grande utilité. Il ne faut pas confondre la fynonymie avec la nomenclature ; ces deux mots ne fignifient point la même chofe. La nomenclature eft fimplement l'art de donner un nom à une plante nouvelle, ou de trouver, à l'aide d'une méthode, celui qu'on lui a donné ; au lieu que la fynonymie eft l'art de rapporter à une plante connue tous les noms que lui ont donnés ceux qui l'ont décrite.

SYSTÈME, *fyftema*. Le fyftême proprement dit, eft une efpèce de méthode artificielle fondée fur certains principes diverfement combinés, mais defquels on ne peut jamais s'écarter. La plupart des Auteurs ne font pas de différence entre le fyftême & la méthode artificielle proprement dite. Le fait eft qu'il s'en trouve ordinairement bien peu entre ce que nous regardons en Botanique comme fyftêmes & comme méthodes, parce que les meilleures méthodes que nous ayions, tiennent à un ordre fyftématique qui les rapproche du fyftême, ou bien ce font des fyftêmes entés fur des méthodes. Quoi qu'il en foit, il y a une différence effentielle à faire entre l'un & l'autre : c'eft que la méthode artificielle peut non-feulement varier fes reffources, mais encore multiplier à volonté fes moyens, & en employer de nouveaux, toutes les fois qu'ils femblent néceffaires pour conduire plus fûrement à l'objet ; au lieu que le fyftême ne le peut pas. *Voyez* l'expofition du Syftême fexuel de Linnæus, pag. 114.

T.

TALON ; c'eft ce qui foutient la feuille des orangers. On donne auffi ce nom à la partie qu'occupoit un œilleton d'artichaut, avant qu'il fût féparé du pied.

TEIGNE. On donne ce nom à une certaine maladie qui attaque l'écorce des arbres, & qui les fait périr.

TENACE,

TENACE , fe dit en général de tout ce qu'on a peine à féparer.

TERGÉMINÉ , ÉE , géminé trois fois ; *voyez* FEUILLES tergéminées.

TERMINAL , LE ; ce qui fe trouve tout à l'extrémité d'une chofe, qui termine une chofe quelconque ; *voyez* EPINE , FLEUR , PÉDUN-CULE terminales , &c.

TERNÉ , ÉE , qui eft difpofé trois par trois fur le même point d'in-fertion ; *voyez* FEUILLES ternées.

TERRAIN. M. Duhamel, dans fa préface des arbres fruitiers , dit , tout Cultivateur doit fe borner à favoir fi fa terre eft sèche ou humide , forte ou légère , meuble ou compacte , fablonneufe , glaifeufe ou ar-gileufe. Les yeux & la main fuffifent pour juger de ces qualités ; & la fertilité des terres fe connoît mieux & plus fûrement par l'expérience que par les analyfes les plus recherchées. Le Botanifte doit , auffi bien que le Cultivateur, apprendre à fe connoître aux différentes efpèces de terrain , afin de pouvoir s'affurer pourquoi les plantes d'une même efpèce diffèrent entre elles.

TERRESTRE , qui vient fur la terre ou dans la terre.

TESTICULES des végétaux ; *voyez* à l'art. FRUCTIFICATION , page 86 , la comparaifon que fait le Botanifte Suédois, des anthères des fleurs avec les tefticules des animaux.

TÈTE , *capitulum* ; c'eft un affemblage de fleurs aux extrémités des tiges ou des rameaux, remarquable dans beaucoup de plantes , & particulièrement dans les trèfles ; tantôt elle eft nue , *capitulum nudum* , parce qu'on ne remarque entre les fleurs aucunes feuilles florales ; tan-tôt elle eft feuillée, *foliofum* , parce qu'on rencontre des feuilles flo-rales à fa bafe , ou entre les fleurs qui la compofent ; tantôt elle eft glo-buleufe ou arrondie , *globofum* , *fubrotundum* ; tantôt arrondie d'un côté & plate de l'autre, *dimidiatum* ; tantôt régulière , *regulare* ; tantôt irré-gulière , *irregulare*, &c.

TÉTRADYNAMIE , *tetradynamia* , de deux mots grecs qui figni-fient quatre puiffances. La tétradynamie eft la XVe claffe du Syftème fexuel ; elle renferme les plantes qui ont quatre grandes étamines & deux plus courtes & oppofées, & dont le fruit eft ou une filique ou une filicule.

TÉTRAGONE , qui a quatre angles & quatre côtés égaux ; *voyez* ANTHÈRES , PÉDUNCULE , SILIQUE.

TÉTRAGYNIE , *tetragynia* , de deux mots grecs qui fignifient quatre femelles. Les plantes dont on a trouvé la claffe au moyen des étamines, en fuivant les principes du Syftème fexuel de Linnæus , font de l'ordre IVe , tétragynie , quand elles ont quatre piftils.

TÉTRANDRIE , *tetrandria* , de deux mots grecs qui fignifient quatre maris. La tétrandrie eft la claffe IVe du Syftême fexuel ; elle comprend toutes les plantes qui ont quatre étamines égales en hauteur : les caractères qui déterminent cette claffe, font très-fujets à induire en erreur : les fleurs labiées, fi on ne les jugeoit fouvent par analogie, au lieu d'être de la didynamie, *didynamia*, fe trouveroient rangées dans la tétrandrie, parce que leurs étamines ne font pas toujours bien fenfiblement de grandeur inégale. *Voyez* l'art. MÉTHODE, pag. 115, 116 & 119.

TIGE, *caulis*. La tige eft à l'herbe, ce que le tronc eft à l'arbre : elle eft divifée à une de fes extrémités par les rameaux & leurs dépendances, & à l'autre, par les racines. On remarque dans la tige fa préfence ou fon abfence, fa forme, fa direction, fa confiftance, fa durée, fa hauteur comparée à celle des rameaux ou des feuilles, & la manière dont elle fe partage par le haut en branches, & par le bas en racines.

TIGE aiguillonnée, *caulis acculeatus ;* celle dontl a fuperficie eft garnie d'aiguillons ou de piquans qui ne tiennenr qu'à l'écorce, comme dans la ronce, le rofier.

TIGE ailée, *caulis alatus ;* celle qui eft garnie longitudinalement de membranes qui s'élèvent au-deffus de fa fuperficie, & qui ne font ordinairement qu'une prolongation des feuilles, qu'on nomme pour cela FEUILLES décurrentes ; *voyez* ce mot.

TIGE à angles aigus, à angles obtus ; *voyez* TIGE anguleufe.

TIGE anguleufe, *caulis angularis*, *angulatus* vel *angulofus ;* celle qui a fur toute fa longueur plus de deux angles faillans : elle eft triangulaire, *triangularis* vel *trigonus*, quand elle a trois angles faillans; *triqueter*, quand elle a trois faces exactement planes & égales ; quadrangulaire, *quadrangularis*, quand elle a quatre angles tranchans ; & *tetragonus*, quand elle a quatre faces exactement planes, & par conféquent quatre angles, &c. (Les jeunes branches de plufieurs arbres font fouvent anguleufes ; mais elles s'arrondiffent la plupart en vieilliffant). Quand les angles d'une tige font coupans & aigus, on dit *caulis acutangularis ;* s'ils font un peu arrondis ou obtus, on dit *obtufe-angularis*.

TIGE âpre ou rude, *caulis fcabra ;* celle qui eft recouverte de poils courts & épais, ou d'inégalités, qui la rendent rude au toucher.

TIGE arborée, *caulis arboreus* vel *arborefcens ;* celle à qui les feuilles & les rameaux raffemblés à l'extrémité fupérieure, donnent la forme d'un arbre.

TIGE articulée, *caulis articulatus ;* celle qui a des nœuds de diftance à autre, ou qui eft remarquable par des gonflemens & des étranglemens alternatifs.

TIGE à fupports, *caulis fulcratus ;* celle qui a des SUPPORTS proprement dits, *voyez* ce mot, c'eft-à-dire, celle que la Nature a pourvue de vrilles ou de poils rudes & crochus, au moyen defquels elle grimpe fur les corps voifins, & fur lefquels elle étaie fa foibleffe. Les vrilles de la vigne font les fupports des branches de cette plante. Les poils rudes qu'on remarque fur les tiges du houblon, font auffi fes fupports.

TIGE à trois côtes, *caulis triqueter ; voyez* TIGE anguleufe.

TIGE bulbifère, *caulis bulbiferus ;* celle qui, pour racines, porte des bulbes.

TIGE comprimée, *caulis compreffus ;* celle qui eft applatie dans toute fa longueur de deux côtés oppofés.

TIGE cotonneufe; *voyez* TIGE velue.

TIGE couchée, *caulis procumbens ;* celle qui eft couchée fur la terre, foit qu'elle ne puiffe fe foutenir par fa foibleffe, foit que ce foit fa direction naturelle, fans que fa foibleffe y ait aucune part.

TIGE courbée ou penchée, *caulis incurvatus* vel *introrfùm nutans ;* celle dont l'extrémité fe courbe en dedans, c'eft-à-dire, qui étoit d'abord un peu penchée, mais qui regagne la ligne verticale par fon fommet ; quand au contraire elle eft dans une direction perpendiculaire à l'horizon, & qu'elle s'en éloigne un peu à fon fommet, on dit qu'elle eft *nutans,* vel *extrorfùm incurvatus, reflexus.*

TIGE creufe, *caulis excavatus ;* celle qui étoit originairement pleine, mais qui, en vieilliffant, s'eft defféchée à fon centre, ou dans laquelle quelques infectes fe font creufé une habitation. Il ne faut pas confondre la tige creufe avec la tige fiftuleufe ; *voyez* l'art. FISTULEUX.

TIGE crevaffée, *caulis rimofus ;* celle dont l'écorce eft remarquable par des fentes & des crevaffes profondes.

TIGE cuifante ou brûlante, *caulis urens ;* celle dont la fuperficie eft recouverte de poils, qui font autant d'aiguillons, dont la piqûre caufe une démangeaifon douloureufe & une chaleur cuifante.

TIGE cylindrique, *caulis teres ;* celle qui eft parfaitement arrondie fur toute fa longueur, & qui n'a ni angles ni gouttières.

TIGE defcendante, *caulis defcendens* vel *declinatus ;* celle qui étant plus perpendiculaire qu'horizontale, fe courbe beaucoup, & retombe vers la terre en formant l'arc.

TIGE diffufe, *caulis diffufus ;* celle dont les rameaux s'écartent en tous fens, s'étalent fans ordre, & forment avec la tige des angles très-ouverts.

TIGE droite, *caulis erectus ;* celle qui eft plus perpendiculaire à l'horizon, qu'oblique ; quand elle eft non-feulement droite; mais encore qu'elle diminue fenfiblement & par gradation d'une extrémité à l'autre, en confervant une certaine roideur, on la nomme *caulis erectus* vel *frictus.*

TIGE écailleufe, *caulis fquamofus ;* celle qui eft recouverte d'écailles, ou de petites feuilles rangées comme des écailles de poiffons.

TIGE échinée, *caulis muricatus* vel *echinatus;* celle qui eft recouverte de pointes aiguës & piquantes comme celles de la chauffe-trappe.

TIGE effilée, *caulis virgatus ;* celle qui s'élève comme une baguette, & se soutient bien malgré sa foiblesse apparente. Le mot *virgatus* convient aussi à celle qui ne produit que des rameaux très-alongés & très-grêles.

TIGE embriquée, *caulis imbricatus ;* celle qui est couverte d'écailles ou de feuilles rangées comme les tuiles le sont sur les toits.

TIGE engaînée, *caulis vaginatus* vel *tunicatus ;* celle qui est enveloppée d'une espèce de membrane qui lui sert de gaîne.

TIGE entière, *caulis integer ;* celle qui n'a ni nœuds, ni articulations, ni divisions quelconques.

TIGE entortillée, *caulis volubilis ;* celle qui n'a pas de vrilles, mais qui s'élève en s'entortillant autour des corps qui l'environnent, comme font les tiges du haricot, du houblon.

Parmi les plantes qui ont des tiges entortillées, on remarque que les unes font constamment roulées de gauche à droite, *caulis sinostrùm volubilis*, comme [C], & d'autres de droite à gauche, *dextrorsùm volubilis*, comme [Ↄ]; *voyez* VRILLE.

TIGE en zig-zag, *caulis flexuosus ;* celle qui se plie de côté & d'autre en la manière du Z. Ces espèces de tiges ont de distance à autre des nœuds qui changent leur direction, & qui leur font former alternativement des angles saillans & rentrans.

TIGE épineuse, *caulis spinosus ;* celle sur la superficie de laquelle on rencontre des épines qui tiennent au bois & non à l'écorce, & qu'on ne peut détacher de la tige sans les casser, comme dans l'aubépine, le groseiller épineux.

TIGE étalée, *caulis divaricatus ;* celle qui produit des rameaux qui forment avec elle des angles obtus. Le mot *divaricatus* convient aussi aux tiges qui, en partant du collet de la racine, forment entre elles des angles obtus, & s'écartent beaucoup de la perpendiculaire à l'horizon.

TIGE fastigiée, *caulis fastigiatus, fig. 11, pl. X ;* celle dont toutes les branches arrivent à la même hauteur, & font à peu près toutes au même niveau, comme si on les avoit coupées.

TIGE feuillée, *caulis foliatus ;* celle qui est garnie de feuilles. On n'emploie ce mot que pour établir un caractère distinctif entre une espèce qui auroit beaucoup de feuilles, & une autre du même genre qui en auroit peu, ou qui n'en auroit point du tout. La tige de l'une seroit nommée *caulis foliatus*, & l'autre *caulis nudus.*

TIGE feuilletée, *caulis tunicatus ;* celle qui est composée de membranes ou d'espèces de tuniques appliquées les unes sur les autres, ou bien encore celle qui, sans être composée de tuniques, est seulement recouverte d'une ou de deux membranes, qu'on peut aisément détacher.

TIGE

TIGE fiſtuleuſe, *caulis fiſtuloſus ;* celle qui eſt cylindrique & tubulée, comme la tige de l'oignon, celle de la dent de lion. On ne doit
pas confondre la tige fiſtuleuſe avec la TIGE creuſe. *Voyez* ce mot;
voyez auſſi ce que nous avons dit à l'art. FISTULEUX.

TIGE fourchue, *caulis dichotomus* vel *furcatus ,* ſeu *bifurcus ;* celle
qui fait la fourche, qui ſe diviſe à ſon extrémité ſupérieure, ou dès ſa
racine, en deux parties à peu près égales, & dont tous les rameaux ſe
bifurquent également, & n'ont jamais plus de deux rayons divergens.

TIGE genouillée, *caulis geniculatus ;* celle qui fait à chaque nœud
le bâton rompu, & dont les nœuds ſont gonflés.

TIGE glabre, *caulis glaber ;* celle qui n'a ſur ſa ſuperficie ni poils ,
ni duvet, ni aucunes inégalités ſenſibles.

TIGE gladiée, *caulis anceps.* Lorſqu'elle eſt applatie, & qu'elle a
deux angles oppoſés & un peu tranchans, comme la lame d'un couteau, qui ſeroit tranchante des deux côtés.

TIGE grimpante, *caulis ſcandens ;* celle qui ne peut s'élever qu'à
l'aide des corps voiſins, ſoit en s'y entortillant, ſoit ſeulement en s'ap-
puyant ſur eux. Toutes les tiges ſarmenteuſes ſont grimpantes ; mais
on n'appelle tige ſarmenteuſe, *caulis ſarmentoſus*, que la tige grimpante
qui perſiſte l'hiver, & *caulis ſcandens*, celle qui ne perſiſte pas.

TIGE haute d'une ligne, d'un pouce, d'une coudée, de ſix pieds ou
environ, &c. Lorſque l'on cherche à ſavoir la hauteur moyenne d'une
tige ou de quelque autre partie d'une plante, on la compare avec celle
de quelque choſe de connu, comme avec l'ongle, le pouce, le bras ;
ce qui revient à peu près au même que la hauteur géométrique priſe
comparativement. On appelle *caulis capillaceus*, celle qui n'a pas en hauteur plus du diamètre d'un cheveu ; ce qui revient au diamètre d'une
ligne tracée avec une pointe. *Caulis linearis ,* celle qui n'a pas plus de
hauteur que le blanc que l'on trouve à la racine de l'ongle ; ce qui fait
à peu près la ligne géométrique. *Caulis ungularis*, celle qui a à peu près
en hauteur la largeur de l'ongle ; ce qui revient à la moitié du pouce géométrique. *Caulis pollicaris* vel *uncialis*, celle qui a en hauteur le diamètre
de la plus groſſe phalange du pouce ; ce qui fait un pouce de Roi ou
douze lignes géométriques ou environ. *Caulis palmaris*, celle qui a
quatre doigts de hauteur ou environ ; ce qui fait près de trois pouces géométriques. *Caulis dodrans* vel *dodrentalis*, celle qui a en hauteur toute
l'étendue qui peut être compriſe entre l'extrémité du pouce & celle
du petit doigt étendus ; ce qui peut faire neuf pouces ou environ. *Caulis
ſpithameus*, celle qui égale en hauteur l'étendue compriſe entre l'extrémité du pouce & celle du doigt index étendus ; ce qui fait à peu près
ſept pouces. *Caulis pedaus*, celle dont la hauteur eſt égale à celle
compriſe depuis la ſaignée juſqu'à la baſe du pouce ; ce qui fait un
pied ou environ. *Caulis cubitalis*, celle qui a une coudée de haut, c'eſt-

à-dire, une longueur égale à celle qui se trouve depuis le coude jusqu'à l'extrémité des doigts ; ce qui fait dix-sept pouces ou environ. *Caulis brachialis*, celle qui est longue comme le bras d'un homme ; ce qui peut revenir à vingt-quatre pouces géométriques. *Caulis orgyalis*, celle qui égale en hauteur un homme d'une bonne taille ; ce qui peut aller de cinq pieds & demi à six pieds.

TIGE herbacée, *caulis herbaceus*; celle qui n'a pas plus de consistance que de l'herbe, & qui périt tous les ans, comme celle du seigle, du senevé, celle de la tulipe.

TIGE hérissée & rude, *caulis hirtus* vel *scaber*; celle dont la superficie est couverte de poils rudes plus ou moins longs, & qui la rendent rude au toucher.

TIGE inclinée, *caulis declinatus* ; celle qui est pliée en arc depuis sa base jusqu'à son sommet, sans qu'il y ait de cause de foiblesse ou de surcharge. Si elle s'incline en dedans, on dit *inclinatus* ; en dehors, *reclinatus*.

TIGE lâche, *caulis debilis*, *flaccidus* vel *laxus* ; celle qui n'a point une force proportionnée à sa hauteur, & qui s'écarte de la perpendiculaire, sans qu'il y ait d'autres causes que sa foiblesse. Les tiges des graminées sont des tiges lâches.

TIGE ligneuse, *caulis fruticosus* ; celle qui a la consistance du bois, depuis la racine jusqu'aux extrémités de ses rameaux, & qui subsiste plus de trois ans. *Voyez* la différence qu'il y a entre la tige ligneuse & la tige sous-ligneuse.

TIGE lisse, *caulis lævis* ; celle dont la superficie est égale, unie, sans poils, ni aspérités.

TIGE linéaire, *caulis linearis* vel *capillaris*; celle qui est très-alongée, & mince comme un fil.

TIGE membraneuse, *caulis membranaceus* ; celle qui est comprimée & applatie comme seroit une feuille.

TIGE montante, *caulis ascendens* vel *adscendens* ; celle qui étant plus horizontale que perpendiculaire, regagne la ligne verticale en se courbant en arc de bas en haut.

TIGE nue, *caulis nudus*. On appelle ainsi celle qui ne se ramifie point, & sur toute la longueur de laquelle on ne trouve ni feuilles, ni fleurs, ni aucune espèce d'articulation. On appelle aussi *caulis nudus* vel *ferè nudus*, tige nue ou presque nue, celle sur laquelle on ne rencontre qu'un petit nombre de rameaux, de feuilles ou de fleurs, en comparaison avec la tige d'une autre espèce du même genre, qui seroit très-rameuse, très-feuillée, &c.

TIGE oblique, *caulis obliquus* ; celle qui s'élève obliquement, &

dont l'extrémité eft auffi éloignée de la ligne perpendiculaire à l'horizon , que de l'horizon même.

TIGE ouverte , *caulis patens ;* celle avec laquelle les rameaux forment autant d'angles droits. Le mot *patens* convient auffi aux tiges qui divergent entre elles en partant de la racine , & qui forment toujours , avec la perpendiculaire à l'horizon , des angles peu aigus.

TIGE paniculée , *caulis paniculatus ;* celle qui produit des rameaux qui, en fe divifant & fe fubdivifant diverfement, repréfentent une panicule.

TIGE penchée , *caulis nutans ; voyez* TIGE courbée.

TIGE perpendiculaire, *caulis perpendicularis ;* celle dont la direction eft verticale , comme une corde qui ferviroit à fufpendre un pois quelconque.

TIGE prolifère , *caulis prolifer ;* celle qui ne fe ramifie que vers fon extrémité fupérieure , & dont les rameaux font plus nombreux qu'ils ne doivent l'être naturellement.

TIGE pubefcente , *caulis pubefcens ; voyez* TIGE velue.

TIGE quadrangulaire, *caulis quadrangularis ; voyez* TIGE anguleufe.

TIGE radicante , *caulis radicans ;* celle qui s'attache aux corps qui l'environnent , au moyen de petites racines qu'elle produit latéralement, comme font les tiges du lierre

TIGE rameufe , *caulis ramofus ;* celle qui produit latéralement des rameaux : lorfqu'elle porte un nombre de branches extraordinaire , on l'appelle *caulis ramofiffimus* , par oppofition à celle qui n'a qu'un petit nombre de rameaux, & qu'on appelle *caulis fubramofus.*

Lorfque fes rameaux font oppofés en fautoir , ou repréfentent une efpèce de croix de Saint André, on la nomme *caulis brachiatus :* dans ce cas ils font toujours deux à deux de diftance en diftance , & la direction des premiers croife toujours celle des feconds.

TIGE rampante , *caulis repens , fig. 6 , pl. X ;* celle qui eft couchée fur la terre & qui s'étend au loin : quand fes rameaux prennent racine , & produifent de nouvelles plantes , on la nomme ftolonifère ou traçante , *caulis ftolonifer.*

TIGE roide, *caulis rigidus ;* celle qui eft élaftique , & qui reprend avec viteffe la même direction qu'elle avoit avant qu'on la courbât.

TIGE rubantée, *caulis fafciatus ;* celle qui eft naturellement applatie en forme de ruban ; quelquefois auffi cette forme lui eft accidentelle, ayant été forcée de paffer entre deux corps durs, comme dans une filière , elle a été obligée de changer en une forme applatie fa figure cylindrique , & eft devenue rubantée.

TIGE rude, *caulis scaber ;* celle dont la superficie est chargée d'as-
périt·s qui la rendent raboteuse & rude au toucher.

TIGE sans feuilles, *caulis aphyllus ;* celle qui n'a pas de feuilles ,
comme sont les tiges de la prêle d'hiver, celles de tous les champignons.
On les nomme aussi tiges nues.

TIGES sans nœuds, *caulis enodis* vel *æqualis ;* celle sur laquelle on
ne remarque ni nœuds , ni articulations.

TIGE sarmenteuse, *caulis sarmentosus ;* celle qui produit des rameaux foibles, eu égard à leur longueur , & garnis, pour l'ordinaire,
de vrilles , au moyen desquelles ils s'accrochent aux corps qui les environnent , comme sont les farmens de la vigne ; ceux de la clématite
sont aussi sarmenteux ; ils persistent l'hiver.

TIGE semi-cylindrique , *caulis semi-teres ;* celle qui est ronde d'un
côté & applatie de l'autre.

TIGE fillonnée, *caulis sulcatus ;* celle qui a sur sa superficie des fillons
longitudinaux & profonds. Elle diffère de la tige cannelée, en ce qu'elle
n'a pas , comme elle , des cannelures aussi fines , ni aussi nombreuses.

TIGE simple , *caulis simplex ;* celle qui ne se ramifie point , ou qui
n'a des divisions que vers son sommet. On appelle *caulis simplicissimus,*
celle qui ne se ramifie point du tout.

TIGE solide, *caulis solidus ;* celle qui est tout-à-fait pleine , & d'une
consistance au centre qui égale celle de la circonférence.

TIGE sous-ligneuse, *caulis suffruticosus* vel *subfrutescens;* celle qui
ne subsiste que par sa base , & dont les rameaux périssent tous les ans,
comme dans la douce amère , dans l'armoise auronne.

TIGE sous-rameuse , *caulis subramosus ;* celle qui porte latéralement
un très-petit nombre de branches.

TIGE spongieuse , *caulis spongiosus* vel *inanis ;* celle dont l'extérieur
est ferme & solide , & dont l'intérieur est rempli d'une substance spongieuse , molle ou élastique. Dans les champignons, il y en a dont le pédicule est spongieux ; mais ce caractère n'est pas toujours constant ;
car on observe que dans plusieurs individus de la même espèce, les uns
ont le pédicule spongieux, les autres l'ont solide ; & on pourroit même
regarder comme une règle générale , que leur pédicule est solide dans
leur jeunesse , mais qu'il devient spongieux en vieillissant , au contraire
des arbres & arbustes dont la substance est d'autant moins spongieuse ,
qu'ils acquièrent plus d'âge ; & tel arbre dont la tige est très-spongieuse
dans l'état de jeunesse , devient très-solide dans l'état de vieillesse.

TIGE stipulée, *caulis stipulatus ;* celle qui est remarquable par des
stipules

ftipules , comme font les tiges du houblon , & celles d'un grand nombre
de plantes légumineufes.

TIGE ftolonifère ou traçante , *caulis ftolonifer* , *fig. 28* , *pl. VII* , &
fig. 1 , *pl. X* ; celle qui du collet de fa racine , produit des rameaux qui
s'étendent au loin fur la terre , y prennent racine , & produifent de nouvelles plantes *AB* , comme dans le fraifier , la renoncule rampante.

TIGE ftriée , *caulis ftriatus* ; celle dont la fuperficie eft remarquable
par des cannelures ou des lignes longitudinales , parallèles & peu creufées : telle eft la tige de la prèle , *fig. H* , *pl. VI*.

TIGE fubéreufe , *caulis fuberofus* ; celle dont la fubftance eft molle ,
flexible & élaftique comme le liège , & qui , après avoir reçu la preffion
de l'ongle , reprend en peu de temps la forme qu'elle avoit auparavant.

TIGE tombante ou retombante , *caulis reclinatus* ; celle qui avoit
d'abord une direction droite , mais qui , en avançant en âge , retombe fur
la terre. Si fon fommet fe relève un peu vers le ciel , on dit , *reclinatus apice afcendente* ; s'il eft comme fufpendu vers la terre , on dit ,
reclinatus apice pendente ; s'il eft couché fur la terre , on dit , *caulis
reclinatus apice procumbente*.

TIGE tordue ou torfe , *caulis tortus* vel *contortus* ; celle qui n'eft point
ce qu'on appelle communément de droit fil , c'eft-à-dire , celle dont les
fibres longitudinales qui la compofent , font tournées en fpirales comme
la mêche d'un tire-bouchon.

TIGE tortue , *caulis flexuofus*. *Voyez* TIGE en zig-zag.

TIGE traçante ; *voyez* TIGE ftolonifère.

TIGE triangulaire , *caulis triangularis* vel *trigonus* ; *voyez* TIGE anguleufe.

TIGE velue , *caulis pilofus* vel *hirfutus* feu *hirtus* ; hériffée , *hifpidus* ;
barbue , *barbatus* ; ciliée , *ciliatus* ; tomenteufe , *tomentofus* ; laineufe ,
lanatus ; pubefcente , *pubefcens* ; foyeufe , *fericeus*. *Voyez* , pour l'intelligence de ces différens termes , l'art. POILS , & les figures qui y correfpondent.

TISSU réticulaire ou cellulaire , *reticulare opus* ; c'eft un affemblage
de petites outres ou de véficules jointes bout à bout , & rangées très-
près les unes des autres ; elles rempliffent exactement les intervalles
que laiffent les mailles en lozange des vaiffeaux féveux. On appelle
tiffu cellulaire , la partie de l'écorce qui eft entre l'enveloppe cellulaire ,
& le liber.

TOMBANT, TE ; ce qui tombe avant , s'exprime en latin par
caducus ; ce qui tombe avec , par *deciduus* ; & ce qui ne tombe
qu'après , ou ce qui ne tombe pas , s'exprime par le mot *perfiftens*. Le

mot TOMBANT ſe prend auſſi quelquefois pour PENDANT , TE , & ſignifie ce qui eſt comme ſuſpendu ; alors on emploie les mots *pendens* , *dependens* , *decumbens* , *procumbens* , *reclinatus* , &c. *Voyez* TIGE tombante , FEUILLES , FLEURS , &c.

TORS, SE , ou TORDU , UE, *tortus* vel *contortus ; voyez* TIGE tordue.

TORTU , UE , ou TORTUEUX , *flexuoſus* , qui eſt en zig-zag ; *voyez* TIGE en zig-zag.

TOURNÉ , ÉE. On dit que le fruit eſt tourné , que les grains de raiſin ſont tournés , quand ils ſont dans un état de *maturation* parfaite.

TRAÇANT , TE, ſe prend pour RAMPANT , TE , ou mieux encore pour STOLONIFÈRE ; *voyez* TIGE ſtolonifère & RACINE rampante.

TRACHÉES , *tracheæ :* c'eſt le nom que l'on donne à des vaiſſeaux aériens , c'eſt-à-dire , à des vaiſſeaux deſtinés à porter aux différentes parties des plantes , l'air qui doit entretenir la fluidité des ſucs néceſſaires à leur nourriture , & principalement le mouvement de la ſève. Il eſt aiſé de voir ces trachées dans les dernières pouſſes d'un arbre ; elles paroiſſent ſous la forme de vaiſſeaux aſſez gros & formés d'une lame roulée en ruban de queue ; ſi l'on alonge cette lame avec précaution , & qu'on la laiſſe aller enſuite , elle reprend bientôt ſa première ſituation.

L'air eſt néceſſaire aux plantes , c'eſt ce dont on ne peut douter ; mais il y a des plantes à qui il en faut bien peu : on a reconnu , & l'expérience le confirme encore tous les jours , qu'il y avoit des arbres qui, pour être multipliés de boutures , vouloient être privés preſque entièrement d'air , pendant une ou pluſieurs années : on les enferme ſous de grands châſſis ou ſous de vaſtes cloches ; on en arroſe les bords , & on ne les découvre que lorſqu'ils ſont propres à être tranſplantés , ayant l'attention de ne leur donner l'air que peu à peu.

TRAINÉES. On dit que les plantes font des trainées , quand elles jettent de côté & d'autre des racines ſtolonifères , ou bien des jets qui s'implantent dans la terre , qui s'y enracinent, & deviennent autant de nouveaux pieds.

TRANCHANT , TE ; ce qui eſt applati & remarquable par un côté très-aminci & coupant. On nomme *caulis acuto-angularis* , la tige tranchante.

TRANSPIRATION des plantes. Il y a dans le végétal , comme dans l'animal , des conduits excréteurs , deſtinés à pouſſer au dehors un air vicié , ou quelques fluides inutiles ou même nuiſibles , ſous la forme d'une vapeur connue ſous le nom de tranſpiration ſenſible & inſenſible. Ces vaiſſeaux paroiſſent au microſcope comme autant de petits tuyaux ou de pores de différens calibres , & ſont plus abondans & plus élargis ſur la ſurface ſupérieure des feuilles , que ſur toutes les autres parties

de la plante : la tranfpiration qui fe fait par là eft fi néceffaire au végétal , que lorfqu'on l'arrête en couvrant de quelques corps gras fa fuperficie , on le voit auffi-tôt fe fanner , & peu de temps après périr.

TRANSVERSAL , LE , fe prend ici pour ce qui eft pofé en travers ;
voyez CLOISON.

TRAPÉZIFORME ; ce qui a la forme d'un trapèze , c'eft-à-dire ,
qui a quatre côtes qui ne fe reffemblent point, ou dont deux au plus font
parallèles. *Voyez* FEUILLES trapéziformes.

TRIANDRIE , *triandria*, de deux mots grecs qui fignifient trois
maris. La triandrie eft la claffe IIIe du Syftême fexuel ; elle renferme les
plantes qui ont trois étamines.

TRIANGULAIRE , qui a trois angles faillans ; *voyez* FEUILLES ,
TIGE triangulaires.

TRICAPSULAIRE. On appelle fruit tricapfulaire , celui qui eft compofé de trois capfules.

TRIFIDE , qui eft d'une feule piéce , mais divifée ou fendue en
trois , plus ou moins profondément.

TRIGONE , qui a trois angles & trois côtés , ou trois faces diftinctes
& exactement planes & égales.

TRIGYNIE , *trigynia*, de deux mots grecs qui fignifient trois femelles. Lorfque , par le nombre, la forme , l'infertion ou la grandeur
refpective des étamines , on a déterminé la claffe d'une plante felon les
principes du Syftème fexuel, cette même plante eft du troifième ordre
de fa claffe , fi elle a trois piftils.

TRIJUGUÉ, ÉE. On appelle feuilles trijuguées , celles qui font trois
fois conjuguées ; *voyez* FEUILLES conjuguées.

TRILOBÉ , ÉE , qui eft divifé en trois lobes ; *voyez* STIGMATE trilobé , FEUILLES lobées.

TRILOCULAIRE , qui eft à trois loges ; *voyez* CAPSULE uniloculaire.

TRIPHYLLE , qui eft compofé de trois pièces diftinctes , ou de trois
feuilles ; *voyez* CALICE monophylle.

TRISANNUEL , LE , qui dure trois ans ; *voyez* HERBE , PLANTE.

TRITERNÉ , ÉE. On appelle feuilles triternées , *folia triterna* vel
triternata , celles qui font inférées trois par trois fur les dernières ramifications d'un pétiole commun, comme dans la *pl. IX , fig. 23.*

TRIVALVE , qui eft compofé de trois valves ou panneaux ; *voyez*
CAPSULE univalve.

TRIVIAL. Linnæus appelle *nomen triviale* , le nom par lequel il diftingue l'efpèce du genre : par exemple, il donne à la pédiculaire des
marais, *pl. III* , le nom générique *pedicularis* , & le nom trivial ou

fpécifique *paluftris* ; mais je crois qu'il vaut mieux traduire l'adjectif *triviale*, par l'adjectif françois (fpécifique), & non pas par l'adjectif (trivial), qui, dans notre langue, a quelque chofe de bas.

TRONC, *truncus*, c'eft la partie d'une tige quelconque qui occupe l'efpace compris entre les racines & les branches ; cependant le tronc, dans l'acception la plus commune, eft pris pour la tige ligneufe des arbres & des arbriffeaux, confidérée fans branches & fans racines. Le lieu où la racine s'unit au tronc, porte le nom de collet, *collum radicale*. On diftingue dans le tronc proprement dit, l'EPIDERME, l'ECORCE, l'AUBIER, le BOIS & la MOELLE. On remarque auffi fa forme, fa groffeur comparée à celle de fes branches, fa direction, & la manière dont il fe divife pas le bas en racines, & par le haut en branches. Ce que l'on nomme tronc radical, n'eft autre chofe que la *mère racine*, comme les cultivateurs la nomment, c'eft-à-dire, le corps de la racine ou le plus gros brin, d'où partent immédiatemment toutes les ramifications principales.

TRONQUÉ, ÉE ; ce qui fembleroit devoir être plus long, qui fe termine brufquement comme fi on l'eût rogné ou rongé. *Voyez* FEUILLES, RACINES tronquées, PÉDICULE & STIGMATE tronqués.

TRUFFE, *tuber*. Il eft malheureux pour le langage de la Botanique, que le mot *truffe*, dont la fignification eft réfervée à défigner un genre de plantes qui viennent fous terre, y naiffent, y vivent, s'y reproduifent & y meurent fans qu'il en paroiffe rien au dehors ; il eft malheureux, dis-je, que ce mot foit devenu fi refpectable par fon ancienneté ; il feroit bien propre à être employé comme fubftantif de ce que nous appelons (racine tubéreufe), qui, dans notre langue, ne peut être exprimée par un feul mot.

TUBERCULE, *tuberculum* : il fe dit en général de toute excroiffance en forme de boffe ou de grains de chapelets que l'on rencontre fur les feuilles, les tiges, les racines, & particulièrement fur les racines tubéreufes.

TUNIQUE, *tunica*. On appelle ainfi toute efpèce de productions membraneufes, qui fervent d'enveloppe aux différentes parties des plantes, & qui font fufceptibles d'être détachées les unes des autres. Il y a des tiges, des racines, qui ne font compofées uniquement que de tuniques appliquées les unes fur les autres ; & d'autres qui font renfermées dans une tunique comme dans une bourfe. *Voyez* ENVELOPPE, BULBE, VOLVA. Ce qu'on appelle TUNIQUE propre, *arillus*, eft une membrane particulière qui recouvre les femences, &, qui, lorfqu'elles font dans l'état de germination, eft obligée de fe déchirer pour livrer paffage à la plantule. *Voyez* GERMINATION & EMBRYON. On pourra voir, *pl. V*, un tableau affez curieux fur la *germination*. On verra la tunique propre A dans la *fig. 5*, dans la *fig. 7 B*, & dans la *fig. 9 E*.

TUNIQUÉ,

TUNIQUÉ, ÉE ; ce qui eft recouvert d'une ou de plufieurs tuniques très-apparentes.

TURBINÉ, ÉE ; ce qui eft court & d'une forme conique, ou qui a quelque reffemblance avec une toupie ou une poire.

TUYAUX. On emploie affez communément ce mot, comme fynonyme de TUBE. Il convient en général à tout ce qui a une forme cylindrique & fiftuleufe, & qui eft percé à jour aux deux bouts.

U.

UMBILIC & mieux OMBILIC, *umbilicus* ; c'eft le nom que l'on donne tantôt à une petite cavité centrale, tantôt à une petite protubérance, ou à un point feulement, que l'on rencontre à la fuperficie de quelques fruits, au centre de quelques feuilles, ou fur d'autres parties encore. On appelle baie ombiliquée, *bacca umbilicata*, celle au centre de laquelle on remarque un ombilic : cet ombilic du fruit, eft toujours formé des débris du ftyle ou de ceux du calice. Sur une feuille, il eft l'extrémité du pétiole central, &c.

UNI, IE, *lævis* ; ce qui eft liffe, égal.

UNICAPSULAIRE, qui n'a qu'une capfule ; *voyez* PÉRICARPE.

UNIFLORE, qui ne porte qu'une fleur ; *voyez* PÉDUNCULE.

UNILATÉRAL, LE, qui ne vient que d'un feul côté ; *voyez* GRAPPE, FLEURS, &c.

UNILOBE, qui n'a qu'un lobe ou cotyledon ; *voyez* SEMENCE.

UNILOCULAIRE, qui n'a qu'une loge ; *voyez* CAPSULE, GOUSSE.

UNIVALVE, qui n'a qu'une valve, ou qui n'eft compofé que d'une valve ; *voyez* CAPSULE univalve.

UNIVERSEL, LE : il s'emploie ici comme fynonyme de GÉNÉRAL, LE ; *voyez* COLLERETTE univerfelle, OMBELLE univerfelle.

USAGES des plantes, *ufus plantarum*. De tous les temps, l'homme a fait jouer tous les refforts de fon imagination, pour tâcher de découvrir dans les productions du règne végétal, quelque chofe qui pût lui être utile : il s'eft approprié toutes les plantes qu'il a pu faire fervir à fe procurer les douceurs de la vie : on les a rangées fous trois divifions principales ; 1°. les plantes alimentaires ; 2°. les plantes médicinales ; & 3°. celles qui font d'ufage dans les arts, dans lefquelles on comprend toutes les plantes que nous faifons fervir à notre agrément, &c.

V.

VAISSEAUX, *vafa*. On diftingue dans les plantes trois efpèces de vaiffeaux. Les vaiffeaux féveux deftinés à porter la sève aux extrémités des rameaux, & à la reporter aux racines; les vaiffeaux propres deftinés à contenir le fuc propre ; & les vaiffeaux aériens qui ne contiennent que de l'air. Les premiers font très-fins, très-fimples & difpofés fuivant la longueur des tiges & des rameaux; les feconds, les vaiffeaux propres, font plus gros, moins nombreux que les vaiffeaux féveux; ils font auffi parallèles à la longueur des tiges, mais ne contiennent que ce qu'on appelle le fuc propre, c'eft-à-dire, une liqueur colorée, & qui a de la faveur & de l'odeur : ce fuc propre, comme nous l'avons déja dit, eft blanc dans les tithymales, jaune dans la chélidoine, rouge dans la patience fanguine, doux dans une plante âcre, dans une autre, &c. C'eft de ce fuc que dépendent les propriétés des plantes. Les troifièmes, les vaiffeaux aériens, qu'on nomme trachées, au lieu d'être parallèles à la longueur des tiges ou des rameaux, font tournés en fpirales ou en tirebourre; ils font deftinés, dit-on, au paffage de l'air feulement; ils le tranfmettent librement aux autres vaiffeaux avec lefquels ils s'abouchent, & favorifent par là le mouvement & la préparation des liqueurs qu'ils contiennent.

On appelle vaiffeaux abforbans, *vafa abforbentia*, ceux qui s'abouchent à la furface inférieure des feuilles ; c'eft autant de fuçoirs deftinés à pomper l'humidité de l'air ; ils font fi néceffaires à l'économie végétale, qu'on auroit beau renverfer les feuilles d'une branche faine, de manière que leur furface inférieure fût tournée du côté du ciel, qu'elles fe retourneroient toujours. On diftingue ceux-ci des vaiffeaux excrétoires, *vafa excretoria*, qui comme les glandes, les poils, les anthères, &c. paroiffent deftinés à tranfmettre au dehors quelques liqueurs fuperflues.

VALVES, *valvæ*. On diftingue de plufieurs efpèces de valves. Les unes que l'on nomme indifféremment VALVES ou VALVULES, font des efpèces de panneaux qui compofent la capfule multivalve. *Voyez* CAPSULE univalve. Les autres font des efpèces de paillettes qui, dans les fleurs graminées, font les fonctions de pétales ; celles-ci font ordinairement tranfparentes, coriaces, rayées, ovales ou oblongues, pointues & terminées par un filet grêle & plus ou moins alongé, qu'on nomme BARBE ; *voyez* ce mot. On dit qu'une bale eft à deux, à trois valves, quand elle n'eft compofée que de deux ou trois paillettes de cette efpèce. On diftingue de trois efpèces de valves dans les fleurs des *graminées*, les florales, les calicinales & les communes. Les valves florales font celles qui embraffent immédiatement les étamines & le piftil.

Les valves calicinales font celles qui fe trouvent derrière les valves florales, c’eft-à-dire, celles qui font féparées des parties de la fructification par des valves intermédiaires, & qui ne fervent aux parties fexuelles que d’enveloppe fecondaire. Les valves communes font celles qui font les fonctions de calice commun, c’eft-à-dire, celles qui réuniffent en épilet plufieurs bales qui peuvent avoir chacune leurs valves florales & leurs valves calicinales. *Voyez* EPILET.

VALVULES, *valvulæ*. On appelle valvules ou valves les panneaux de la capfule multivalve ; *voyez* CAPSULE univalve.

VARIÉTÉS, *varietates*. On diftingue en Botanique les variétés d’avec les efpèces : la variété n’eft qu’un jeu de la nature, & l’art n’y a pas tant de part que l’on penfe : l’art entretient la variété, la multiplie par différens procédés ingénieux ; mais il ne dépend pas de lui de faire changer les couleurs, les formes, quand il le defire ; ce qui lui réuffit par hazard une fois, il le répéte inutilement cent autres, & il n’y a rien de certain là-deffus.

VÉGÉTAL. Nous avons parlé féparément de toutes les parties qui compofent les végétaux. Nous les avons développées le plus clairement qu’il nous a été poffible, afin que l’œil du commençant pût faifir fans peine les caractères par lefquels les plantes fe reffemblent ou diffèrent effentiellement. A chaque article de ce Dictionnaire, nous avons montré ce qu’il importoit de connoître méthodiquement, pour que l’étude de la Botanique devînt plus facile & plus fûre. La forme, la difpofition, la direction, le nombre, la grandeur, foit refpective, foit comparée, la confiftance, la couleur même font autant de détails dans lefquels nous avons tâché de ne rien laiffer à defirer. Il s’agit maintenant de raffembler toutes ces parties confidérées du côté de leur organifation ; de les unir par les rapports les plus marqués, & d’en compofer un tableau dans lequel on puiffe fuivre le végétal dans tous fes degrés de développement, depuis le premier inftant de fon exiftence jufqu’au dernier, fe tracer de foi-même un plan méthodique pour fe diriger dans l’étude de la Botanique, & fe faire une jufte idée de l’économie végétale, & de l’organifation des végétaux en général.

On appelle VÉGÉTAUX ou PLANTES, *vegetabilia* vel *plantæ*, tout ce qui vient d’une graine, qui fe développe & vit fans avoir la faculté de fe mouvoir volontairement, & qui perpétue fon efpèce au moyen de fes graines, ou par quelques moyens équivalents, comme par les cayeux, les boutures, &c. Le végétal reffemble au minéral par la privation de fentiment & du mouvement fpontanée ; mais il en diffère effentiellement par la vie & l’organifation ; car la plante vit & s’accroît par *intus-fufception*, au lieu que le minéral ne vit point, & ce n’eft que par *juxta-pofition* que fon volume augmente. Le végétal reffemble bien plus encore à l’animal, qu’il ne reffemble au minéral ; comme lui, il naît, il vit, il s’accroît, fe reproduit & meurt; mais il n'a pas ce fentiment, cette faculté de vouloir qui diftingue l'animal. Tout ce qui femble approcher le plus de cette faculté dans le végétal, n'eft que purement mécanique, & n'eft nullement l'effet du fentiment, ni de la réflexion.

C'eft d'après ces différences fi marquées, que l'on a cru devoir divifer en trois règnes, toutes les productions de la Nature. Les minéraux compofent le *règne minéral ;* les

RÈGNE VÉGÉTAL (1).

végétaux, le *règne végétal ;* & les animaux, le *règne animal.* L'étude du règne végétal fe nomme Botanique ; cette fcience a, comme toutes les autres fciences, fes principes,

BOTANIQUE.

PRINCIPES.

fon langage particulier. Les connoiffances acquifes d'après ces principes, forment le Botanifte, qu'il ne faut pas confondre avec le routinier, c'eft-à-dire, avec celui qui con-

BOTANISTE.
Routine.
CARACTÈRES.

noît les plantes fans avoir eu de principes, fans le fecours de leurs caractères, & fans fuivre aucune méthode.

SEMENCE.

Une graine fe préfente : voilà l'œuf végétal, fi l'on peut s'exprimer ainfi ; c'eft de cet œuf que va fortir la plante que nous allons fuivre, à mefure qu'elle prendra fucceffivement différens degrés d'accroiffement.

Toute femence fécondée renferme l'embryon d'une plante femblable à celle qui l'a produite elle-même. Elle a, comme toutes les autres parties qui compofent les plantes, une forme extérieure qui la diftingue, & une organifation

ÉMBRYON *de la plante.*

interne qui lui eft propre. Sa forme extérieure fournit rarement quelques caractères; mais il n'en eft pas de même de fon organifation interne, puifqu'on en fait aujourd'hui la bafe de la Botanique.

SÉMINATION.

Rien n'eft plus fait pour mériter notre attention, que les moyens que la Nature emploie pour la difperfion des graines ou leur fémination. Si l'on examine un peu attentivement ce que devient une graine après qu'elle a été femée, on la voit en peu de temps, fe gonfler, augmenter

GERMINATION.
Tunique propre.
Cotyledons.

confidérablement de volume ; fa tunique propre fe déchire, fes lobes ou cotyledons fortent de leur berceau, s'écartent, livrent paffage à la plantule, & l'on dit que la femence eft dans l'état de germination.

Le premier degré de germination s'annonce ordinairement par l'apparition d'une efpèce de petit bec que l'on

Radicule.

appelle la radicule. Ce petit bec fe tourne vers la terre,

---

(1) Pour la facilité du Commençant, on a rappelé dans cet article ce qui conftitue effentiellement les principes généraux de la Botanique : ces principes, dont on n'a pu dire ici qu'un mot, fe trouvent mieux développés à chaque article de ce DICTIONNAIRE ; c'eft pourquoi on a mis en marge les termes qui renvoient à chacun de ces articles.

produit

produit de droite & de gauche des fibrilles latérales deftinées à former le chevelu ou les ramifications de la racine,
dont la radicule eft toujours le pivôt, quel que foit le
degré d'accroiſſement que prenne la plante.

Racine.

Immédiatement après le développement de la radicule,
on voit paroître la plumule : elle tient aux lobes de la femence, jufqu'à ce qu'elle puiſſe recevoir, par le moyen
de fes racines, quelques fucs pour l'entretien de fon
exiſtence (car on fait que les lobes de la femence fervent, pour ainfi dire, de mamelles à la jeune plante).
La plumule, dis-je, s'élève, quitte fes cotyledons, ou
ne les conferve que fous la forme de feuilles féminales ; & l'on voit toutes les parties de la plantule
augmenter en hauteur par l'alongement des lames qui les
compofent, acquérir tous les jours un diamètre plus grand
par l'épaiſſiſſement de ces mêmes lames, & toutes fes parties prendre fucceſſivement la forme & la direction qui
leur conviennent.

Plumule.

Feuilles féminales.
Plantule.

Si de la graine que nous avons fous les yeux dans l'état
de germination, doit naître une herbe, & que cette herbe
doive avoir une tige, des branches, &c., la plumule s'éle-
vra plus ou moins, prendra la direction qui lui eft propre,
un port, c'eft-à-dire, une manière d'être particulière à fon
efpèce ; mais fa tige ne portera point de boutons aux
aiſſelles de fes feuilles ; elle reſtera toujours herbeuſe,
périra tous les ans, ou ne durera que trois ans au plus.

Herbe.

Port.

Si de cette graine doit naître un arbuſte ou fous-ar-
briſſeau, la plumule deviendra une tige dont la confiſtance
fera ligneuſe ; elle ne portera pas plus de boutons aux aiffelles de fes feuilles que la tige de l'herbe ; mais elle fera
de plus longue durée, perfiſtera tous les hivers, & donnera, à quelques exceptions près, tous les ans des fleurs
& des fruits.

Arbuste.

Si la plumule eft deſtinée à devenir la tige d'un arbriſſeau, elle fe divifera à fa bafe ou dès fon collet, en
plufieurs rameaux à peu près égaux. Ces rameaux feront
d'une confiſtance ligneuſe, s'élèveront beaucoup moins
que les arbres, mais, comme eux, porteront des boutons.

Arbrisseau.

Si enfin cette jeune plante eft deſtinée à devenir un arbre, nous la verrons s'élever tout d'un feul jet jufqu'à une
certaine hauteur ; car c'eft le propre de la plupart des arbres.
Nous appellerons l'efpace compris entre fa racine & fes
premières branches, tronc ; & branches du premier ordre,
les plus gros rameaux ; branches du fecond, du troifième,

Arbre.

Tronc.

Rameaux.

du quatrième ordre , leurs divisions & leurs subdivisions.

Si nous examinons l’organisation interne du tronc & de ses divisions , nous trouverons sous une peau mince, que l’on nomme épiderme, l’écorce proprement dite : deſſous l’écorce ſe préſentera le livret ; nousverrons que des lames déliées , coniques à leur extrémité ſupérieure , & peu adhérentes entre elles , dont le livret eſt compoſé , s’uniſ-ſent tous les ans aux dernières couches concentriques de l’aubier, lequel n’eſt qu’un bois imparfait, qui , avec le temps , acquerra une dureté d’autant plus grande , que ſes couches concentriques ſeront plus rapprochées, & lequel deviendra enfin d’une nature parfaitement ligneuſe. Au centre du bois, nous trouverons un petit canal rempli d’une ſubſtance médullaire , que l’on appelle moelle. Si nous obſervons au microſcope les différentes parties qui com-poſent les couches concentriques du bois , nous apperce-vrons qu’elles ſont formées de fibres diverſement arrangées, d’une multitude de vaiſſeaux de toute eſpèce, tant excré-toires que ſecrétoires , deſtinés au paſſage de l’air, de la sève, ces deux fluides qui charient tous les autres , & qui les dépoſent dans toutes les parties du végétal où ils ſont attendus pour ſon accroiſſement & ſon entretien.

Quelquefois il paroît au dehors des arbres , des eſpèces de tumeurs cauſées par l’épanchement, l’extravaſation des liqueurs végétales ; ce qui nuit à leur accroiſſement, & qui les rend monſtrueux & languiſſans ; quelquefois même ces maladies ſont terminées par une mort prochaine de l’individu qui en eſt attaqué.

Nous avons commencé à examiner la charpente végé-tale , ſi l’on peut s’exprimer ainſi : nous avons ſuivi la plan-tule dans ſes degrés d’accroiſſement, & nous l’avons vu paſ-ſer d’une conſiſtance herbeuſe à une conſiſtance ligneuſe, former le tronc, & ſe diviſer par le bas en racines , & par le haut en rameaux ; mais ce que nous n’avons pas vu en-core, & que nous ne verrons qu’avec le plus grand éton-nement, c’eſt que les dernières ramifications de la tige d’un arbre , miſes en terre, ou inférées entre l’écorce & l’aubier d’un autre arbre vivant, peuvent devenir autant de plantes auſſi parfaites que celle à laquelle elles appar-tenoient. Si l’expérience journalière ne nous offroit ſans ceſſe ce phénomène dans l’art de multiplier par la greffe, par les boutures , je ne ſais pas ſi le croire ne paſſeroit pas pour un excès d’*extravagance ;* c’eſt cependant un fait qu’il n’eſt plus poſſible de révoquer en doute. Combien donc

Epiderme.
Ecorce.
Livret.

Aubier.

Bois.

Moelle.

Vaisseaux.

Trachées.

Liqueurs.

Mouvement de la sève.

Maladies des plantes.
Extravaſation des ſucs de plantes.

Multiplication artificielle.

Greffe.
Boutures.

n'éprouveroit-on pas plus de répugnance encore à croire que dans chaque bouton, que l'on trouve placé d'espace en espace sur un rameau, il y a une plante pourvue de tous les organes qui composent la plante la plus parfaite ? c'est encore ce que l'expérience confirme tous les jours, & ce qu'elle nous montre dans l'art de multiplier par le moyen des écussons. Ces boutons dont nous parlons, sont destinés à servir d'abri pendant l'hiver aux parties delicates qu'ils renferment: ils ne contiennent pas tous des rameaux ; les uns ne doivent produire que des feuilles; d'autres que des fleurs ; mais il y en a qui produisent la même année des feuilles, des fleurs & du bois. Pour avoir occasion d'observer successivement les feuilles, les fleurs, les fruits & les différentes parties qui les composent; nous allons suivre dans ses développemens successifs, le bouton à bois & à fleurs, le bouton mixte proprement dit.

Ecussons.

Boutons.

Au renouvellement du printemps, nous le voyons se gonfler ; les écailles qui le composent, s'écartent, laissent un passage libre aux parties qu'elles renferment; voilà cette nouvelle pousse que le Cultivateur appelle bourgeon.

Bourgeon.

Ce bourgeon est à peine développé, que l'on remarque déja, sur toute sa superficie, des feuilles placées d'espace en espace, & portées chacune par une queue que l'on nomme pétiole; entre chaque pétiole & le rameau, on pourroit déja voir un nouveau bouton semblable à celui d'où cette nouvelle tige vient de sortir; ce bouton, l'année d'ensuite, remplira les mêmes fonctions.

Feuilles.

On nomme foliation, l'instant où commencent à paroître les feuilles : on les voit prendre la forme & la direction qui leur est propre, & rester attachées aux rameaux jusqu'aux approches de l'hiver; c'est à cet instant, à moins qu'elles ne soient vivaces, qu'elles quittent les rameaux & vont couvrir la terre à laquelle elles rendent avec usure ce qu'elles en avoient reçu.

Foliation.

Effeuillaison.

C'est de l'épanouissement du pétiole que sont formées les nervures que l'on rencontre sur la surface des feuilles, & ces ramifications d'une finesse extrême, dont une substance pulpeuse que l'on nomme parenchime, remplit les intervalles. On remarque dans la feuille l'extrémité opposée au pétiole, que l'on nomme le sommet, & ce même bord qui, à l'extrémité supérieure de la feuille, se nomme sommet, porte sur les parties latérales le nom de côtés. Une feuille est communément aplatie : on distingue sa sur-

Pétiole.

Parenchime.

Sommet.

Côtés.

Surface supérieure.
Surface inférieure.
face supérieure d'avec sa surface inférieure , & si elle n'a pas de pétiole , on remarque la manière dont elle est inférée sur la tige ou les rameaux.

Stipules.
Quelquefois on trouve de chaque côté du pétiole deux petites feuilles que l'on nomme stipules ; leur forme est tout-à-fait différente de celle des autres feuilles de la plante. Ces mêmes feuilles , si on les rencontre sur un péduncule , ou à la base d'une fleur , changent de nom ; on les appelle *Bractées.* bractées : d'autres fois on trouve sur les côtés du pétiole , ou à son extrémité , une production filamenteuse & diversement contournée , que l'on nomme vrille ; ou *Vrille.* bien quelquefois encore on y rencontre des poils , des *Poils.* *Glandes.* glandes , des rugosités , &c.

Pores.
Si l'observateur attentif veut porter ses regards du côté de l'utilité des feuilles relativement à la plante qui en est pourvue , il trouvera qu'elles sont si nécessaires au végétal , que , lorsqu'il en est privé , il devient languissant , & quelquefois même périt ; si on les observe au microscope , on voit leur surface ou plutôt leur épiderme , percé d'une infinité de trous d'une finesse extrême , destinés les uns à *Transpiration.* pomper l'air & l'eau qui doivent servir à entretenir la fluidité de la sève , & les autres à la transpiration sensible & insensible de la plante.

Après avoir examiné les feuilles dont le développement précède presque toujours l'instant de l'apparition *Floraison.* des fleurs que l'on nomme floraison , nous allons entrer dans quelques détails sur la structure de la fleur proprement dite , sur son organisation , & sur ses fonctions tant générales que particulières.

Fleur.
On remarque dans les fleurs quatre parties principales ; 1°. le calice ; 2°. la corolle ; 3°. les étamines ; & 4°. les *Complette.* pistils. Une fleur est complette , quand elle a ces quatre *Incomplette.* parties bien distinctes ; elle est incomplette , si elle est privée d'une seule de ces parties.

Dans une fleur complette , mais dont toutes les parties sont simples , les pistils occupent le centre , les étamines les entourent , la corolle occupe le second rang , & le calice le troisième. Quelquefois entre les étamines & la corolle , on trouve des espèces de productions minces & colorées , qui ne ressemblent ni aux pétales , ni aux étamines , ni aux pistils , ni au calice , & que l'on nomme nec- *Nectaire.* taires , mais que quelques Botanistes , dans l'intention de fixer d'une manière déterminée ce que l'on doit entendre par corolle & calice , ont appelé pétales , quand ces petits

corps

corps fe font trouvés placés immédiatement derrière les étamines.

Calice.

Selon l’acception la plus commune, le calice eft cette enveloppe extérieure, & communément verte, que l’on regarde comme une production de l’écorce de la plante. La

Corolle.
Pétales.

corolle eft cette enveloppe colorée, compofée d’une ou de plufieurs pièces, que l’on nomme pétales; elle fait l’ornement de la plante, & l’on croit qu’elle eft produite par une extenfion du liber; mais ce qu’il y a de malheureux, c’eft qu’on n’eft encore guère d’accord fur le nom que l’on doit donner à ces deux parties effentielles; fouvent l’un nomme corolle, ce que l’autre appelle calice ou nectaire, & de là naiffent des difficultés fans nombre, qui ne manqueroient pas d’embarraffer confidérablement celui qui fait les premiers pas dans la carrière de la Botanique, s’il ne favoit fe tenir en garde contre ces changemens arbitraires.

Fructification.

Fécondation.

Ovaire.

Embrions des femences.

La corolle ne s’ouvre que lorfque les organes de la fructification, c’eft-à-dire, lorfque les étamines & les piftils approchent de l’inftant où doit s’opérer la fécondation. A la bafe du piftil, on trouve affez ordinairement une petite protubérance, une petite boule, que l’on nomme ovaire. C’eft dans cette petite boule que font contenus les rudimens ou les embrions des femences, & c’eft là qu’ils font fécondés par la pouffière féminale des étamines. Cette pouffière eft reçue par le ftigmate; c’eft ainfi que l’on nomme la partie fupérieure du piftil, & y eft fi néceffaire,

Castration.

que fi l’on coupe les anthères avant l’émiffion de cette pouffière fécondante, ou que l’on s’oppofe à ce qu’elle foit répandue fur les ftigmates, toutes les graines font ftériles.

Pistils.

Style.

Stigmate.

Les piftils repofent fur l’ovaire; ils font compofés du ftyle & du ftigmate. On remarque leur nombre, leur forme, & leur grandeur même, foit entre eux, foit comparée à celle des étamines ou des pétales.

Etamines.
Filet.

Anthère.

Les étamines font inférées ou fur le germe ou fur le placenta, ou fur la corolle ou fur le calice; elles font compofées du filet & de l’anthère. On remarque le nombre des étamines, leur infertion, leur grandeur refpective ou comparée avec celle des piftils ou des pétales, & leur réunion, foit par leurs anthères, foit par leurs filets.

Sexes.

Hermaphrodite.

La plupart des fleurs font hermaphrodites, c’eft-à-dire, qu’elles ont étamines confidérées comme organes mâles, & piftils comme organes femelles; lorfqu’une fleur n’a

Unisexuelle.
Mâle.

que des étamines, elle eft unifexuelle mâle; fi elle n’a

Femelle.

Effloraison.

Péduncule.

Fruit.

Péricarpe.
Placenta.

Sémination.

Reproduction
ou multiplication
par les femences.

Age.

Dépérissement

Mort.

Nombre des plan-
tes.

que des piftils fans étamines, elle eft unifexuelle femelle

C’eft ordinairement peu de temps après la fécondation des fleurs qu’arrive l’effloraifon ; les pétales quittent le péduncule ; l’ovaire fe groffit, préfente même quelquefois plus de furface lui feul que toute la plante à laquelle il appartient ; voilà le fruit proprement dit, dans lequel font contenues les femences. On diftingue dans le fruit le péricarpe, le placenta, la graine, & comme dans toutes les autres parties des plantes, la forme, la fituation, la confiftance, &c. Mais ces graines, comment fe féme-ront-elles ? Qui eft-ce qui ira porter chaque graine pré-cifément dans le lieu qui fera le plus propre à favorifer fon développement ? La Nature qui a tout prévu, a difpofé tout pour que rien ne s’oppofât à la fémination des graines ; elle a donné en outre à chaque plante la faculté de pro-duire un bien plus grand nombre de femences qu’il n’en auroit fallu, fi elles euffent dû être employées toutes à la reproduction ; mais elle a compté fur ce qu’il en falloit pour la pâture des animaux, pour la nourriture de l’homme même, fur ce qui feroit porté par les vents fur des ter-rains peu convenables, fur ce qui feroit étouffé par d’autres plantes, fubmergé ou foulé aux pieds, &c. de manière qu’il n’en vient guère à bien que le nombre néceffaire. Leur difperfion ou fémination eft prefque toujours affez bien fa-vorifée par les circonftances ; & cet équilibre fi néceffaire entre le dépériffement des végétaux & leur reproduction, fe trouve on ne peut pas plus juftement entretenu.

L’herbe, lorfqu’elle a donné des graines une ou deux fois, périt affez ordinairement : il eft bien rare que fa durée aille au-delà de trois ans ; mais il n’en eft pas de même de l’arbre ; il vit prefque toujours un grand nombre d’années, & il y en a même qui vivent pendant plufieurs fiècles ; fi l’on en excepte un très-petit nombre, ils donnent tous les ans & des fleurs & des fruits, jufqu’au moment où les fucs nourriciers, ceffant d’être en jufte proportion avec les folides, la réparation n’équivaut plus à la déperdition, & l’arbre, comme l’herbe, prend un air de langueur, fe deffèche, dépérit & meurt.

Il s’en faut bien que l’on fache au jufte le nombre des plantes qui recouvrent la furface de notre globe : on porte déja le nombre des efpèces connues, à vingt mille ou environ, & tous les jours nous en découvrons encore qui n’ont point été comprifes dans cette énumération.

Il eft néceffaire de reculer les limites de fes connoif-

Utilité de la Botanique. fances, tant que cela peut tourner au profit de l'humanité; mais je crois qu'il feroit fou d'effayer à étudier cette immenfe quantité d'objets, dont l'idée feule effraie; peut-on attendre quelque utilité de ce dont on ne peut avoir qu'une connoiffance auffi fuperficielle?

Ce qui força l'homme à s'adonner à l'étude des plantes. L'homme obligé de veiller à fa confervation, fut de tout temps forcé au befoin d'une attention fuivie, dans l'ufage qu'il fit des productions des trois règnes. Cette attention & un peu d'expérience lui fuffirent fans doute tant qu'il ne porta pas fes regards au-delà de ce qui lui étoit purement néceffaire, de ce qui lui étoit prefcrit par la Nature; mais fa curiofité ne tarda pas à l'entraîner plus loin; en même temps qu'il vit fes connoiffances fe multiplier, il fentit fes reffources s'épuifer, & fe trouva plus que jamais expofé à l'erreur. Obligé de chercher quelques moyens de s'en garantir, il commença par fe faire un plan méthodique; ce plan le guida quelque temps; mais bientôt encore il lui devint abfolument inutile; la première méthode ne fut pas *Invention des méthodes.* plutôt créée, que de nouvelles découvertes la rendirent infuffifante : une feconde, une troifième méthode eurent à peu près le même fort, parce que l'entreprife fe trouva toujours au deffus des moyens de l'exécuter. On crut mieux réuffir en raffemblant des plantes de tous les coins *Jardins botaniques.* du monde, en les cultivant dans des jardins botaniques; *Herbiers.* & de celles qu'on ne put tranfporter ni cultiver, on en fit des herbiers; mais qu'eft-il arrivé? Il femble qu'on ait pris foin de cultiver le champ des autres, pendant qu'on a laiffé fon propre champ en friche; car il s'en faut bien (il eft humiliant d'en faire l'aveu), que ce qui vient fous nos pas foit connu. Eft-il donc encore un moyen de réparer tout ce temps perdu? La perte du temps eft irréparable; mais fi l'homme fe contentoit d'étudier ce qui environne le point qu'il occupe fur la terre; s'il apprenoit à connoître, & ce qui peut lui fervir, & ce qui peut lui nuire, il auroit de bien plus fréquentes occafions d'adoucir les rigueurs de fon fort. Au milieu de fes poffeffions, il *Méthods, leur néceffité.* vivroit tranquile, une méthode fimple le mettroit à l'abri de toute erreur; il pourroit fe livrer à des recherches utiles, & s'appercevroit bientôt qu'on ne connoît encore que l'écorce de la Botanique, déguifée fous un appareil fcientifique & impofant.

VÉGÉTATION, *vegetatio* : c'eft le développement fucceffif des parties qui concourent à la perfection du végétal. On diftingue dans la végétation en général, la GERMINATION ou la GERMINAISON, & l'ACCROISSEMENT.

VÉHICULE. On regarde l'air & la chaleur comme les véhicules des
fucs nourriciers des plantes. *Voyez* ces mots.

VEINÉ, ÉE, *venofus* : il fe dit des parties dans le tiffu defquelles on
apperçoit diflinctement un grand nombre de ramifications , que l'on
compare aux divifions & aux fubdivifions des artéres & des veines des
animaux ; il s'emploie auffi pour fignifier ce qui eft recouvert de nervures fines & fuperficielles. *Voyez* FEUILLES veinées.

VELU , UE , fe dit en général de tout ce qui eft recouvert de poils.
Voyez à l'art. POILS, quels font les différens noms que l'on doit donner aux plantes ou aux parties qui les compofent, lorfque l'on confidère
les poils qui les recouvrent.

VÉNÉNEUX , SE , *venenofus* ; il fe prend ici pour tout ce qui, dans
le règne végétal, peut , quoiqu'à petite dofe , devenir nuifible ; *voyez*
PLANTES vénéneufes, & l'art. PROPRIÉTÉS des plantes.

VENTRU , UE , *gibbus* vel *ventricofus* ; cela ne fe dit guère qu'en parlant du calice , lorfqu'il eft renflé comme celui de la *fig. 21 , pl. II.* On
le nomme *calix ventricofus.*

VERTICAL , LE , qui a une direction perpendiculaire à l'horizon ,
c'eft-à-dire , qui eft dans la même direction qu'une corde à laquelle un
plomb feroit fufpendu.

VERTICILLE , *verticillus , pl. X , fig. 5 & fig. 19 ;* c'eft un affemblage de feuilles ou de fleurs difpofées autour d'une tige ou autour de
fes rameaux , comme fur un axe commun ; *voyez* FEUILLES verticillées,
FLEURS verticillées. Le verticille eft ou feffile , ou pédunculé , ou colleté,
ou feuillé , ou nu , ou ramaffé.

VERTICILLE colleté , *verticillus involucratus* ; celui qui eft garni en
deffous d'une efpéce de collerette.

VERTICILLE complet , *verticillus completus* , quand il entoure également toute la tige , c'eft-à-dire, quand les fleurs ou les feuilles forment , autour de la tige ou des rameaux , une couronne ou un anneau
fans interruption : s'il fe trouve un intervalle fenfible qui partage les
fleurs qui le compofent, on dit qu'il eft incomplet , *verticillus incompletus* vel *fecundus.*

VERTICILLE feuillé , *verticillus foliatus* vel *bracteatus* ; celui qui porte
à fa bafe des bractées ou des feuilles qui ne reffemblent point à celles
du refte de la tige.

VERTICILLE pédunculé , *verticillus pedunculatus* ; celui qui eft compofé de fleurs pédunculées.

VERTICILLE nu , *verticillus nudus* ; celui qui ne porte à fa bafe ni
bractées , ni collet. On dit cependant encore que le verticille eft nu ,
lorfqu'il n'eft accompagné que de feuilles parfaitement femblables à
celles qui fe trouvent fur la plante.   VERTICILLE

VERTICILLE ramaffé, *verticillus confertus ;* celui qui eft compofé d'un grand nombre de petites fleurs très-ferrées les unes contre les autres, & pour ainfi dire, entaffées.

VERTICILLE feffile, *verticillus feffilis ;* celui qui eft compofé de fleurs qui n'ont pas de péduncule.

VERTICILLÉ, ÉE, qui eft difpofé en verticille, ou bien qui porte des verticilles ; *voyez* FEUILLES verticillées, PÉDUNCULES, RAMEAUX verticillés.

VÉSICULAIRE, qui eft en forme de petite veffie ; *voyez* GLANDES véficulaires.

VIE des végétaux, *vita vegetabilium.* La plante, comme l'animal, naît, vit & meurt. A peine l'embryon eft-il animé & forti de la graine, qu'on voit cette jeune plante faire jouer tous les refforts de fon organifation, chercher autour d'elle le lieu le plus propre à faire les frais de fon exiftence. Elle s'accroît en longueur, en largeur, fe vêtit, prend la direction qui lui eft propre, devient adulte, travaille, comme l'animal, à la reproduction de fon efpèce ; devient mère ; vieillit ; &, comme tout ce qui eft animé, dépérit enfin & meurt. *Voyez* AGE.

VISQUEUX, SE ; ce qui eft recouvert d'une efpèce de mucilage, qui en rend la fuperficie gluante. *Voyez* CHAPEAU, FRUIT, FEUILLES.

VIVACE. Une plante eft vivace, *planta perennis,* quand la durée de fa vie va au-delà de trois ans. Parmi les plantes vivaces, il y en a qui perdent leurs tiges tous les hivers, mais dont la racine reproduit tous les ans une tige nouvelle, & d'autres qui confervent leurs tiges en hiver. *Voyez* PLANTE, HERBE vivace.

VOLVA, bourfe ou chemife, *volva ;* c'eft le nom que l'on donne à l'enveloppe radicale de toutes les efpèces de champignons, c'eft une membrane plus ou moins épaiffe, qui n'eft qu'une continuation de l'extrémité inférieure du pédicule à qui elle appartient, & qui recouvre entièrement ou en partie feulement, le chapeau dans l'état de jeuneffe ; il y a même une efpèce de volva, dans lequel le champignon fe trouve renfermé comme dans une bourfe : cette bourfe fe déchire par le haut, & le champignon en fort, comme la plantule fortiroit d'une graine quelconque dans l'état de germination.

Je diftingue deux efpèces de volva, le complet & l'incomplet. J'appelle VOLVA COMPLET, *volva completa, pl.* VI *, fig.* 2, celui qui renferme le champignon dans fon entier, & qui fait exactement l'office de *tunique propre.* Ce volva eft obligé de fe fendre, *fig.* 3 A, comme celui de l'agaric oronge (vraie), pour faciliter le développement du champignon qu'il renferme ; & lorfque le champignon en eft forti, ce volva refte ordinairement attaché au pédicule, fous la forme d'une membrane diverſement pliſſée. J'appelle VOLVA INCOMPLET au contraire, *volva incompleta*, *fig. 4 B*, celui qui ne recouvre point le champignon dans ſon entier, qui n'eſt point obligé de ſe fendre pour lui livrer paſſage. Il eſt eſſentiel d'obſerver le champignon dans l'état de jeuneſſe, pour s'aſſurer de la forme de ſon volva. L'œil exercé pourroit cependant s'en aſſurer encore, après même que le champignon ſeroit développé ; car la membrane qui compoſe le volva complet, duquel le champignon eſt ſorti, eſt preſque toujours perſiſtante, & a ſes bords très-élevés, au lieu que le volva incomplet n'eſt compoſé que d'un petit rebord *N*, *fig. 5*, qui diſparoît ordinairement peu de temps après que le champignon eſt développé.

On dit que le VOLVA eſt épais, *volva craſſa*, quand il eſt compoſé d'une membrane charnue & épaiſſe, comme celui de l'agaric oronge (vraie) ; qu'il eſt mince, *volva tenuis*, quand il eſt compoſé d'une membrane qui a peu d'épaiſſeur; qu'il eſt caduc, *volva caduca*, quand il ne perſiſte que peu de temps après que le chapeau en eſt ſorti ; qu'il eſt perſiſtant, *volva perſiſtens*, quand il perſiſte autant que le champignon même, ou qu'il dure long-temps.

Il ne faut pas confondre le VOLVA *d'un champignon avec ſon* COLLET; *ces deux parties ont des fonctions très-différentes, & n'ont même aucun rapport entre elles.*

VRILLES ou MAINS, *cirrhi, capreoli* vel *claviculæ* : ce ſont ces productions filamenteuſes & en forme de tire-bouchon, au moyen deſquelles les plantes grimpantes & ſarmenteuſes s'attachent aux corps qui les environnent. Dans quelques plantes, les vrilles partent immédiatement de la tige, comme dans la vigne, la bryone ; mais on obſerve que dans le plus grand nombre des plantes vrillées ou cirrhifères, les vrilles ne ſont que d'un prolongement des pétioles, & elles portent alors le nom de vrilles pétiolaires, *cirrhi petiolares*. On remarque dans la vrille, ſa ſituation, ſon inſertion, la manière dont ſes ſpires ſont tournées, & ſi elle eſt ſimple ou diviſée.

VRILLE axillaire, *cirrhus axillaris*, *pl. X*, *fig. 14*; celle qui croît à l'aiſſelle d'un péduncule, d'un pétiole ou d'un rameau. Elle eſt ſous-axillaire, *ſubaxillaris*, quand elle eſt au contraire comme celle de la *fig. 16*.

VRILLE bifide ou bifurquée, *cirrhus bifidus* vel *bifurcatus*; celle qui ſe diviſe en deux parties, *pl. X*, *fig. 16 c*.

VRILLE entière, *cirrhus integer* vel *indiviſus*; celle qui ne ſe diviſe point, *fig. 15 D*.

VRILLE folliaire, *cirrhus foliaris*; celle qui vient immédiatement ſur la feuille.

VRILLE multifide , *cirrhus multifidus* vel *multoties divifus, fig.* 15 *e* ; celle qui fe divife en un nombre indéterminé de parties , ou du moins toujours au-deffus de trois.

VRILLE oppofée aux feuilles , *cirrhus oppofitifolius* ; celle qui a fon point d'infertion du côté de la tige , oppofé à celui où le pétiole d'une feuille a le fien. Si l'on prend pour exemple la vigne où les vrilles font fouvent oppofées aux feuilles, on trouve, d'un côté de la tige, une feuille, & de l'autre , une vrille qui ont toutes deux leur point d'infertion fur le même nœud , mais fur deux côtés oppofés.

VRILLE péduneulaire , *cirrhus peduncularis* ; celle qui vient immédiatement fur les péduncules des fleurs ou des fruits.

VRILLE pétiolaire , *cirrhus petiolaris*. On appelle ainfi la vrille qui eft portée par un pétiole , *fig.* 13 *&* 14, *pl. IX.*

VRILLE raccourcie, *cirrhus abbreviatus*. Une vrille s'étend en longueur jufqu'à ce qu'elle puiffe s'accrocher à un corps quelconque ; fitôt qu'elle a trouvé un point d'appui , elle s'entortille , fe contraĉte , tire à elle la branche fur laquelle elle a fon point d'infertion ; & , au bout de quelque temps , on croiroit que cette vrille s'eft raccourcie , parce que l'efpace compris entre la branche & le point d'appui de la vrille , fe trouve beaucoup plus court.

VRILLE radicante , *cirrhus radicans* ; celle qui s'implante en forme de racine fur les murs & fur l'écorce des arbres ; telles font celles du lierre , de la vigne-vierge , &c. Elles font douées d'une forte fuccion , au moyen de laquelle elles pompent des fucs propres à la nourriture de la plante à qui elles appartiennent : fi c'eft fur un individu vivant qu'elles ont prife , elles ne tardent pas à le faire périr : c'eft ce qu'on remarque dans les forêts , fur différens arbres garnis de lierre , dont l'état de dépériffement & de maigreur annonce une mort prochaine.

VRILLE roulée de gauche à droite , *cirrhus convolutus* vel *finiftrorfùm volubilis* ; celle qui fe roule toujours comme la vrille repréfentée *fig.* 14 *N* , *pl. X.* Il eft bon de faire obferver que fur la même plante , les vrilles fe trouvent fouvent roulées de gauche à droite & de droite à gauche : on en trouve même qui font roulées moitié d'un côté & moitié de l'autre ; mais il y a auffi des plantes dont les vrilles , ainfi que les tiges , font conftamment roulées du même côté.

VRILLE roulée de droite à gauche , *cirrhus revolutus* vel *dextrorfùm volubilis* ; celle dont les fpires fe roulent toujours dans un fens oppofé au cours du foleil, comme celles de la *fig.* 15 *M* , *pl. X.*

VRILLE trifide , *cirrhus trifidus* vel *trifurcatus, fig.* 14 *F* , *pl. X* ; celle qui fe divife en trois parties.

VRILLÉ , ÉE ou CIRRHIFÈRE , qui porte une ou plufieurs vrilles.

Z.

ZESTE ; c'eſt cette eſpèce de placenta membraneux & coriace que l'on trouve dans une noix, & qui en ſépare l'amande en quatre parties égales : on nomme auſſi zeſte une partie mince que l'on coupe ſur le deſſus de l'écorce d'une orange, d'un citron.

ZIG-ZAG, *voyez* TIGE en zig-zag ; il s'exprime en latin par l'adjectif *flexuoſus*.

F I N.

DICTIONNAIRE
DES TERMES LATINS
CONSACRÉS A L'ÉTUDE DE LA BOTANIQUE.

Dans les articles où il se trouve plusieurs n°ˢ, le premier indique la page dans laquelle on a donné la définition du terme. Tous les autres n°ˢ renvoient aux pages dans lesquelles on trouvera des exemples de l'application de ce même terme dans différens cas.

A.

Abbreviatus, *a, um*, RACCOURCI, IE — *abbreviatus cirrhus*, vrille raccourcie, pag. 211

Abortiens, *entis*, AVORTÉ, ÉE. — Le mot *abortiens* s'emploie quelquefois pour *sterilis*. — *Voyez* l'art. fleur stérile. 84

Abortus, *ús*, AVORTEMENT, 9

Abruptè, brusquement, tout d'un coup. — *Abruptè pinnata folia*, feuilles ailées & terminées brusquement sans avoir d'impaire, 55

Absorbens, *tis*, ABSORBANT, TE. — *Absorbentia vasa*, vaisseaux absorbans, 198

Acalicinus, *a um*, qui n'a point de calice.

Acaulis vel *sessilis*, *le*, seu *acaulos*, ACAULE, qui n'a pas de tige. — *Acaules plantæ*, plantes acaules, 144

Acerbus, *a, um*, ACERBE, âpre au goût comme un fruit qui n'est pas mûr.

Acerosus, *a, um*, qui a la forme d'une épingle. — *Acerosa folia*, feuilles en forme d'épingle, 61

Acidus, *a, um*, ACIDE. — *Sapor acidus*, saveur acide. *Voyez* l'art. qualités des plantes, 158

Acinaciformis, *e*, qui est en forme de sabre. — *Acinaciformia folia*, feuilles en sabre, 61

Acinus vel *acinum*, *i*, GRAIN ou petite baie que l'on nomme vulgairement grain, 94

Acotyledon, *is*, ACOTYLEDONE, qui n'a point de cotyledon. — *Acotyledon semen*, semence acotyledone, 170. — *Acotyledones plantæ*, plantes acotyledones, 39-144

Acris, *e*, ACRE. On trouve dans plusieurs Auteurs, l'adjectif *acerbus*, *a, um*, employé comme synonyme d'*acris*. — *Acris sapor*, saveur âcre, 168, & qualités des plantes, 158

Aculeatus, *a, um*, AIGUILLONNÉ, ÉE, armé de pointes ou d'aiguillons. — *aculeatus caulis*, tige aiguillonnée, 186. — *Aculeata folia*, feuilles piquantes, 67. — *Aculeatus pedunculus*, pédoncule armé de pointes, 132. — *Aculeatus petiolus*, pétiole aiguillonné, 139

Aculei, *orum*, AIGUILLONS, 3, — piquans, 142

Acuminatus, *a, um*, terminé par une pointe alongée.

Acutangularis, *e*, vel *acutangulus*, *a, um*, ce qui est anguleux & coupant, qui a des angles tranchans, ou bien seulement ce qui est terminé par un angle aigu. — *Acutangularis caulis*, tige anguleuse, 186

Acutè dentatus, *a, um*, DENTÉ, ÉE à dents aiguës. — *Acutè dentatum folium*, feuilles à dents aiguës, 60. — *Acutè emarginatus, a, um*, ECHANCRÉ, ÉE, à divisions aiguës, 60

Acutiusculus, *a, um*, qui est un peu anguleux, un peu coupant.

Acutus, *a, um*, AIGU, UE, terminé par un angle aigu; il s'emploie aussi quelquefois pour désigner ce qui est tranchant. — *Acuta folia*, feuilles aiguës, 54, — pointues, 67

Adnatum, *i*, vel *bulbulus*, *i*, CAYEU, 26

Adnatus, *a, um*, ATTACHÉ le long de; — quelquefois on le fait synonyme d'*adnexus*, qui signifie ATTACHÉ à, COHÉRENT, qui tient après. — *Adnata corollæ filamenta*, filets insérés sur la corolle, ou le long de la corolle, 75. — *Adnatæ* vel *adnexæ stipulæ*, stipules appuyées & cohérentes, 178

Adpressus, *a, um*; il se prend pour signifier qu'une chose est rapprochée d'une autre chose, ou qu'elle est même pressée contre une autre chose. — *adpressa folia*, feuilles appliquées, ou pressées contre, 55

Adscendens vel *ascendens*, *entis*, REDRESSÉ, RELEVÉ, ÉE; il s'emploie aussi pour désigner ce qui s'élève en formant l'arc, & qui regagne la ligne verticale par son extrémité supérieure. — *Ascendens caulis*, tige montante, 190

Adversus, *a, um*, (se'on Linnæus), est ce qui présente le côté au midi.

Æqualis, *e*, EGAL, LE, 46. — *Æqualis margo*, bords égaux, 13. — *Æqualia filamenta*, filets

Hhh

égaux , 75. — *Æquales pedunculi* , péduncules égaux , 136
Æquivalvis , *e* , qui eſt compoſé de valves
égales entre elles.
Æquor , *ris* , RASE CAMPAGNE.
Æſtivalis , *le* , vel *æſtivus* , *a* , *um* , ESTIVAL, LE ,
qui vient en été. — *Æſtivales* vel *æſtivi flores,*
fleurs eſtivales , 80
Æſtivatio , *nis* , l'action de l'été, ou ſon influence ſur la végétation.
Affinis , *e* , qui a des rapports avec quelque
choſe de connu.
Ager , *ri* ; il ſe prend pour les champs en va-
leur , les moiſſons.
Aggregatus , *a* , *um* , AGRÉGÉ , ÉE ; il ſe prend
tantôt pour rapproché , tantôt pour raſſemblé , ramaſſé, &c. — *Aggregati bulbi* , bulbes
rapprochées , 20. — *Aggregati flores* , fleurs
agrégées , 77 — ramaſſées , 83
Agreſtis , *e* , AGRESTE. — *Agreſtes plantæ* , plantes
agreſtes , 114
Agricultor , *ris* , AGRICULTEUR , 2
Agricultura , *æ* , AGRICULTURE , 3
Ala , *æ* , AILE. — *Alæ corollæ* , ailes d'une corolle papilionnacée , 4
Alatus , *a* , *um* , AILÉ , ÉE. — *Alatus petiolus* , pétiole ailé , 139. — *Alatum ſemen* , ſemence
ailée , 169
Albicans , *tis* , qui tire ſur le blanc. — *Albicans
flos* , 78
Alburnum , *i* , AUBIER , 9
Albus vel *candidus* , *a* , *um* , BLANC, CHE. — *Al-
bus flos* , 78
Alimentarius, *a* , *um* , ALIMENTAIRE. — *Alimen-
tariæ plantæ* , plantes alimentaires , 144-156.
Alliaceus , *a* , *um* , qui ſent l'ail. — *Alliaceus
odor* , odeur d'ail , 158
Alternatim , ALTERNATIVEMENT.
Alterné pinnata folia , feuilles ailées , folioles
alternes , 55
Alternus , *a* , *um* , ALTERNE. — *Alterni flores* ,
fleurs alternes , 77. — *Alterna folia* , feuilles
alternes , 55. — *Alterni rami* , rameaux alternes , 163
Amarus , *a* , *um* , AMER , RE. — *Amarus ſapor* ,
ſaveur amère , 158
Ambroſiacus , *a* , *um* , qui ſent l'ambre. — *Ambroſiacus odor* , odeur d'ambre , 158
Amentaceus , *a* , *um* , AMENTACÉ , ÉE , fait en
chaton ou qui porte des chatons. — *Amentacei arbores* , arbres amentacés , 8. — *Amentacea ſpica* , épi faux , épi chatonnier , 48
Amentum , *i* , vel *julus* , *i* , CHATON 31
Amplexicaulis , *e* , AMPLEXICAULE. — *Amplexicaulis petiolus* , pétiole amplexicaule , 140.
— *Amplexicaules bracteæ* , bractées amplexicaules , 18. — *Amplexicaulia folia* , feuilles
amplexicaules , 55. — *Amplexicaules ſtipulæ,*
ſtipules amplexicaules , 178
Ampliatus , *a* , *um* , ELARGI , IE , ETENDU , UE.
Amplius , *oris* , PLUS GRAND , PLUS GRANDE.
Analogia , *æ* , ANALOGIE , 4

Analyſis plantarum , ANALYSE des plantes ; 4
Anatome , *es* , vel *diſſectio* , *nis*, *plantarum*, ANA-
TOMIE végétale. 5
Anceps , *itis* , GLADIÉ , ÉE ; ce dont les deux
côtés oppoſés ſont anguleux. — *Anceps cau-
lis* , tige gladiée , 189
Androgynus , *a* , *um* , ANDROGYNE ou MONOI-
QUE. — *Flores androgyni* vel *monoici* , fleurs
monoïques , 82. — *Androgynæ plantæ* , plan-
tes androgynes ou monoïques. 144
Angulatus vel *anguloſus* , *a* , *um* , ANGULEUX, SE.
— *Angulatus caulis* , Tige anguleuſe , 186
Angulatus , vel *anguloſus calix* , calice an-
guleux , 21. — *Angulata capſula* , capſule
anguleuſe , 24. — *Anguloſa folia* , feuilles an-
guleuſes , 55
Angulus , *i* , ANGLE. *Voyez* l'art. ſinus , 173
Anguſtifolius , *a* , *um* , qui porte des feuilles
étroites.
Angyoſpermia , *æ* , ANGYOSPERMIE , 116
Annulatus , *a* , *um* , ANNULLÉ , ÉE. — *Annu-
latus ſtipes* , pédicule annullé. 131
Annuus , *a* , *um* , ANNUEL , LE , qui ne dure
qu'un an. — *Annua radix* , racine annuelle.
— *Annua herba*, herbe annuelle , 97-98-144
Annulus , *i* , COLLET , 33
Anomalus , *a* , *um* , ANOMAL , LE. — *Anomali
flores* , fleurs anomales , 77
Anthera, ANTHÈRE, 5 ; *voyez* l'art. étamines , 49
Antherifer , *a* , *um* , qui porte des anthéres, c'eſt-
à-dire , des étamines ſans filets.
Apertio , *nis corollæ* , EPANOUISSEMENT d'une
corolle , 48
Apetalus , *a* , *um* , APÉTAL , LE , qui n'a pas de
pétale (il eſt oppoſé à *petalodes.*
Apertura , *æ corollæ* , OUVERTURE , ENTRÉE
d'une corrolle.
Apex , SOMMET , extrémité ſuperieure , 174.
— Sommet d'une feuille , 54
Aphyllus , *a* , *um* , qui eſt ſans feuilles. — *Aphyl-
lus caulis* , tige ſans feuilles , 191
Apophyſis , APOPHYSE ; excroiſſance plus ou
moins alongée , qui vient ſur une partie
quelconque.
Appendiculatus , *a* , *um* APPENDICULÉ , ÉE. —
Appendiculatus petiolus , pétiole appendi-
culé , 140
Approximatus , *a* , *um* , RAPPROCHÉ , ÉE. —
Approximata folia , feuilles rapprochées , 68.
— *Approximati petioli* , pétioles rappro-
chés , 142
Aqueus , *a* , *um* , qui eſt limpide & ſans couleur
comme de l'eau.
Aquoſus , *a* , *um* , AQUEUX , SE , qui n'a pas plus
de goût ni de conſiſtance que de l'eau.
Sapor aquoſus , 158. — *Aquoſa ſubſtantia* , 182
Araneoſus , *a* , *um* , ARANÉEUX , SE , ou réti-
forme , qui reſſemble à une toile d'araignée.
— *araneoſus annulus* , collet aranéeux , 33
Arbor , *ris* , ARBRE , *arbores* , arbres , 8. *Voyez*
auſſi l'art. plante , 144
Arboreus , *a* , *um* , vel *arboreſcens* , *tis* , qui a la

forme d'un arbre. — *Arboreus caulis*, tige arborée, 186

Arbuscula, *æ*, synonyme de *suffrutex*, 8

Arbustivus, *a*, *um*, qui a la forme d'un arbuste.

Arcens, *entis*, qui écarte, qui empêche d'approcher.

Arcuatim, en arc.

Arenosus, *a*, *um*, qui vient dans les terrains sablonneux. — *Arenosæ plantæ*, 145

Argenteus, *a*, *um*, ARGENTÉ, ÉE.

Argila, *æ*, ARGILE, terrain argileux.

Argyrocomus, *a*, *um*, qui est d'un blanc argenté & comme satiné. — *Flos argyrocomus*, 78

Aridus, *a*, *um*, ARIDE, SCARIEUX, SE.—*Arida folia*, feuilles scarieuses, 70

Arillus, *li*, TUNIQUE propre, 196.

Arista, *æ*, BARBE, 10

Arma plantarum, ARMES des plantes; *voyez* AIGUILLONS, 5, POILS, 149

Aromaticus, *a*, *um*, AROMATIQUE, qui sent les aromates. — *Aromaticus odor*, odeur aromatique, 158

Arrectus, *a*, *um*, s'emploie quelquefois pour *erectus*, *a*, *um*; il signifie ce qui est droit & roide

Articulatio, *nis*, ARTICULATION, 8

Articulatus, *a*, *um*, ARTICULÉ, ÉE. — *Articulatus bulbus*, bulbe articulée, 19. — *Articulata radix*, racine articulée, 159. — *Articulata folia*, feuilles articulées, 55. — *Articulatum legumen*, légume articulé, 93. *Articulatus caulis*, tige articulée, 186

Articulus, *i*; c'est le coude que fait à chacun de ses nœuds une tige en zig-zag, 188

Artificialis, *e*, ARTIFICIEL, LE, qui n'a rien de naturel, qui ne dépend que de l'art. *Artificialis methodus*, méthode artificielle, 109

Arvensis, *e*, qui vient dans les terres labourables qu'on laisse reposer. — *Arvenses plantæ*, 145

Arvum, *i*, terre labourable qui n'est point ensemencée.

Arundinaceus, *a*, *um*, ARUNDINACÉ, ÉE, qui a quelque ressemblance avec les tiges du roseau.

Ascendens vel *adscendens*, *tis*, ASCENDANT, TE, qui va en montant. Il se prend aussi souvent pour *rectus*, *a*, *um*.— *Ascendentia folia*, 56. — *Ascendens pedunculus*, pédoncule montant, 134. — *Ascendens caulis*, tige montante, 190

Asper, *a*, *um*, RUDE, RABOTEUX, SE. — *Aspera folia*, feuilles rudes, 69. — *Aspera superficies*, superficie rude, 183

Asperifolius, *a*, *um*, qui a les feuilles rudes au toucher.

Assimilans, *tis*, qui a quelque ressemblance avec une chose connue.

Assurgens, *tis*, RELEVÉ, ÉE, MONTANT, TE, qui s'élève en formant un peu l'arc, 166. — *Assurgentia folia*, 68. — *Assurgens petiolus*, pétiole montant, 141

Ater vel *niger*, *ra*, *rum*, NOIR, RE. — *Niger flos*, 78

Atropurpureus, *a*, *um*, qui est d'un pourpre noirâtre, 78

Attenuatus, *a*, *um*, ATTÉNUÉ, ÉE, AMINCI, IE. *Attenuatus pedunculus*, pédoncule aminci, 132

Attingens, *tis*, qui égale en hauteur, ou bien qui touche à une chose quelconque.

Auctus, *ûs*, ALONGEMENT, AUGMENTATION.

Aulæum, *i floris*; c'est la corolle considérée comme lit nuptial.

Aurantiacus, *a*, *um*, ORANGÉ, ÉE, qui est de couleur orangée. *Aurantiacus flos*, 78

Aureus, *a*, *um*, DORÉ, ÉE.

Auritus, *a*, *um*, OREILLÉ, ÉE. — *Aurita folia*, feuilles oreillées. 65. — *Auritum petalum*, pétale oreillé, 139

Autumnatio, *nis*, se prend pour le temps de la maturité des graines, pour le temps de l'EFFEUILLAISON, & pour toute influence sensible de l'automne sur la végétation.

Autumnalis, *le*, qui vient en automne. — *Autumnales flores*, fleurs automnales, 77

Avenius, *a*, *um*, sans aucuns vaisseaux ni nervures.

Axillaris, *e*, AXILLAIRE, qui vient dans l'aisselle, 9. — *Axillares flores*, fleurs axillaires, 77. — *Axillares bracteæ*, bractées axillaires, 17. — *Axillares spinæ*, épines axillaires, 49. — *Axillaria folia*, feuilles axillaires, 56. — *Axillaris pedunculus*, pédoncule axillaire, 132

Axis, *is*, axe, 9

B.

Bacca, *æ*, BAIE, 9

Baccifer, *a*, *um*, BACCIFÈRE, qui porte des baies. — *Bacciferæ plantæ*, plantes baccifères. 145

Barbatus, *a*, *um*, BARBU, UE. — *Barbatus* vel *barbata margo*, bord barbu — 14, *barbata superficies*, superficie barbue, 149

Basis, *is*, BASE, 10. — Base d'une feuille, 54

Bicapsularis, *e*, BICAPSULAIRE, *bicapsulare pericarpium*, pericarpe bicapsulaire, 138

Bicornis, *e*, qui a deux cornes qui font la fourche.

Bicuspidatus, *a*, *um*, vel *bicuspes idis*, BICUSPIDÉ, ÉE, qui se termine par deux pointes. — *Bicuspida* vel *bicuspidata folia*, 67

Bibulus, *a*, *um*, qui attire, qui pompe l'eau.

Bidens, *tis*, vel *bidentatus*, *a*, *um*, qui a deux dents.

Biennis, *e*, qui ne dure que deux ans.

Bifariàm, en deux façons, de deux manières différentes.

Bifer, a, um, BIFÈRE, qui donne deux fois chaque année des fleurs & des fruits. — *Biferæ plantæ*, plantes biferes, 145

Bifidus, a, um, BIFIDE, qui eſt d'une ſeule pièce, mais fendue en deux. — *Bifida corolla*, corolle bifide. *Voyez* l'art. COROLLE monopétale, 37. *Bifida folia*, feuilles bifides, 62

Biflorus, a, um, BIFLORE, qui a deux fleurs. — *Biflorus pedunculus*, péduncule biflore, 132. — Péduncule uniflore, 136

Biforus, a, um, qui a deux trous, deux cavités.

Bifurcatio, nis, BIFURCATION, 11

Bifurcatus, bifurcus, vel *dichotomus, a, um*, BIFURQUÉ, ÉE, FOURCHU, UE, ou DICHOTOME, qui fait la fourche. — *Bifurca radix*, racine dichotome ou bifurquée, 160

Bigeminatus vel *bigeminus, a, um*, BIGEMINÉ, ÉE. — *Bigemina folia*, feuilles bigeminées, 56

Bijugus vel *bijugatus, a, um*, BIJUGUÉ, ÉE. — *Bijuga folia*, feuilles bijuguées, 56-58

Bilabiatus, a, um, qui eſt à deux lèvres.

Bilamellatus, a, um, qui eſt à deux lames, qui eſt compoſé de deux lames, ou qui eſt doublement lamellé.

Bilobus, a, um, BILOBÉ, ÉE, qui a deux lobes. — *Bilobæ ſiliculæ*, ſilicules bilobées, 172. — Quelquefois il s'emploie comme ſynonyme de DICOTYLEDONE. — *Bilobum* vel *dicotyledon ſemen*, ſemence dicotyledone ou bilobe, 170

Bilocularis, e, BILOCULAIRE, qui a deux loges. — *Bilocularis capſula*, capſule biloculaire, 24. — *Legumen biloculare*, legume ou gouſſe biloculaire, 93

Binatus, vel *binus, a, um*, BINÉ, ÉE, ou deux à deux à chaque articulation. — *Binata folia*, feuilles binées ou géminées, 56

Binervius, a, um, qui a deux nervures très-apparentes. — *Binervia folia*, 65

Bipartitus, a, um, qui eſt diviſé ou partagé en deux juſqu'à la baſe; il s'emploie ſouvent, mais très-improprement, comme ſynonyme de *bifidus*. — *Bipartitus calix*, calice de deux pièces, ou diviſé en deux parties juſqu'à ſa baſe, 25. *Bipartita folia*, 66

Bipinnatus, a, um, BIPINNÉ, ÉE, ou deux fois ailé, ée. — *Bipinnata folia*, feuilles bipinnées, 56

Biſannuus, a, um, BISANNUEL, LE, *biſannua herba*, herbe biſannuelle, 11-97-98-144.

Biternatus, a, um, BITERNÉ, ÉE. — *Biternata folia*, feuilles biternées, 56

Bivalvis, e, BIVALVE. — *Bivalvis capſula*, capſule bivalve, 24-25

Bivaſcularis, e, BIVASCULAIRE, qui eſt à deux loges en forme de cornets ou de godet.

Botanica, æ, BOTANIQUE, 15

Botanicus, i, BOTANISTE, 15-16

Brachialis, le, qui égale en hauteur le bras d'un homme, ou bien qui a vingt-quatre pouces de hauteur ou environ. — *Brachialis caulis*, 189

Brachiatus, a, um, qui eſt diſpoſé comme les bras d'un homme. — *Decuſſatim brachiati rami*, rameaux diſpoſés en croix. — *Brachiatus caulis*, 191

Bractea, æ, BRACTÉE OU FEUILLE FLORALE, 17

Bracteatus, a, um, BRACTEIFERE, qui porte des bractées, 18. — *Bracteatus pedunculus*, péduncule bracteifère, 132

Bracteiformis, e, BRACTEIFORME. — *Bracteiformia folia*, feuilles bracteiformes, 56

Brevis, e, COURT, TE, 40. — *Brevis pedunculus*, péduncule court, 133. — *Brevis ſtylus*, 181

Breviſſimus, TRÈS-COURT, TE, *breviſſima folia*, feuilles très-courtes, 71. — *Breviſſima filamenta*, filets très-courts, 76. — *Breviſſimus pedunculus*, péduncule très-court, 136. — *Breviſſimus petiolus*, pétiole très-court, 141

Brumalis vel *hyemalis, le*, qui a quelques rapports à l'hiver, au ſolſtice d'hiver.

Bulbiferus, a, um, BULBIFÈRE, qui porte une bulbe. — *Bulbiferus caulis*, tige bulbifère, 187

Bulboſus, a, um, BULBEUX, SE, *bulboſus ſtipes*, pédicule bulbeux, 131. *Bulboſa radix*, racine bulbeuſe, 159-160

Bulbulus, i, CAYEU, ou petite bulbe, 26

Bulbus, bi, BULBE, 18-19-20

Bullatus, a, um, BULLÉ, ÉE, qui eſt relevé en boſſettes. — *Bullata folia*, feuilles bullées, 57.

C.

Caducus, a, um, CADUC, QUE, qui tombe avant, 20-193. — *Caducus calix*, calice caduc, 20. — *Caduca corolla*, corolle caduque, 36. — *Caducum ſtigma*, ſtigmate caduc, 176

Cæruleo-purpureus, a, um, qui eſt de couleur violette.

Cæruleus vel *cyalinus, a, um*, qui eſt de couleur bleue. — *Cyalinus flos*, 78

Cæſius, a, um, qui eſt d'un vert pâle & bleuâtre : on le fait quelquefois ſynonyme de *glaucus*. — *Cæſius flos*, 78

Cæſpitoſus vel *ceſpitoſus, a, um*, TOUFFU, UE, ramaſſé en touffe. — *Cæſpitoſæ plantæ*, plantes touffues, 148

Calamus, i, CHALUMEAU, tige fiſtuleuſe des roſeaux, des graminées, d'où l'on a formé la *calamarius*, & l'on appelle *calamariæ plantæ* les plantes arundinacées qui ont quelques rapports avec les roſeaux, les joncs, &c.

Calcar,

Calcar, *is*, espèce de nectaire creux d'une forme alongée & conique, & qui se recourbe assez souvent comme un ergot de coq.

Calcaratus, *a*, *um*, qui est en forme d'ergot ou d'éperon. — *Calcarata corolla*, corolle à éperon, 36

Calendarium, *ii*, *floræ*, CALENDRIER DE FLORE, 20

Calicinus, vel *calycinus a*, *um*, seu *calicinalis*, *e*, CALICINAL, LE, qui vient sur le calice, ou qui en fait partie, 23.—*Calicinales spinæ*, épines calicinales, 49

Caliculatus, *a*, *um*, CALICULÉ, qui est garni d'un second petit calice extérieur.—*Caliculatus calix*, calice caliculé, 22

Caliculus, *i*, espèce de petit calice extérieur qui accompagne un autre calice.

Calidus, *a*, *um*, CHAUD, DE; on appelle aussi les plantes des pays chauds, *plantæ calidæ*.

Calix vel *calyx*, *cis*, CALICE, 20

Calycinus, *a*, *um*; voyez *calicinus*.

Calyptra, *æ*, COIFFE, 32

Calyptratus, *a*, *um*, qui porte une coiffe.

Campaniformis, *e*, vel *campanaceus*, seu *campanulatus*, *a*, *um*, CAMPANULÉ, ÉE, ou CAMPANIFORME, 23. —*Campaniforme pileum*, chapeau campaniforme, 28. — *Campaniformis corolla*, corolle campaniforme, 36. — *Campanulati flores* fleurs campanulées, 77

Campestris, *e*, CHAMPÊTRE, qui vient dans les champs incultes, *plantæ campestres*, 145

Campus, *i*, TERRAIN inculte & découvert.

Canaliculatus, *a*, *um*, CANALICULÉ, ÉE, 23. — *Canaliculata folia*, feuilles canaliculées, 57 — 93. *Canaliculatus petiolus*, pétiole canaliculé, 140

Cancellatus, *a*, *um*, qui est disposé comme un treillage, qui a la forme d'une grille.

Candelaris, *re*, qui est en forme de lustre.

Capillaceus, *a*, *um*, CHEVELU, UE, qui a beaucoup de fibres qui ressemblent à des cheveux.

Capillaris, *e*, CAPILLAIRE, 23—189. *Capillaria folia*, feuilles capillaires, 57. *Capillaria filamenta*, filets capillaires, 74

Capitatus, *a*, *um*, qui est terminé en tête ou qui est ramassé en tête. — *Capitati flores*, 83. *Capitatum stigma*, stigmate en tête, 176

Capitulum, *i*, TÊTE, 185

Capitulum, *i*, vel *pileum*, *ei*, se prend aussi pour le CHAPEAU d'un champignon, 27

Capreolus vel *cirrhus*, *i*, VRILLE OU MAIN, 210

Capsula, *æ*, CAPSULE, 23

Carina, *æ*, CARÈNE, 26

Carinatus, *a*, *um*, CARINÉ, ÉE, 26. — *Carinata folia*, feuilles carinées, 57

Carinulatus, *a*, *um*, qui est fait en forme de carène.

Carneus, *a*, *um*, qui est de couleur de chair. — *Carneus flos*, 78

Carnosus, *a*, *um*, CHARNU, UE, 31. — *Carnosa folia*, feuilles charnues, 57

Caro, *nis*, CHAIR, 27

Cartilagineus, *a*, *um*, CARTILAGINEUX, SE, qui a de la ressemblance avec un cartilage. — *Cartilaginea folia*, feuilles cartilagineuses, 57

Caryophylleus vel *caryophyllatus*, *a*, *um*, CARYOPHILLÉ, ÉE, qui a quelques rapports avec un œillet. — *Caryophillati flores*, fleurs cariophyllées, 78

Catalepticus, *a*, *um*, CATALEPTIQUE, 26. — *Cataleptiæ plantæ*, plantes cataleptiques, 145

Catharticus, *a*, *um*, PURGATIF, VE.

Cauda, *æ*, QUEUE, voyez PÉTIOLE, 139, PÉDUNCULE, 132

Caudex, *icis*, TRONC d'arbre. Il se prend aussi pour l'extrémité inférieure d'une tige quelconque, laquelle sert à former le tronc de la racine.

Caulescens, *entis*, CAULESCENT, TE, qui a une tige bien distincte. — *Caulescentes plantæ* plantes caulescentes, 14;

Caulinus, *a*, *um*, CAULINAIRE, qui appartient à la tige. — *Caulina folia*, feuilles caulinaires, 57. — *Caulinus pedunculus*, péduncule caulinaire, 132

Caulis, TIGE, 186

Cellulæ, *arum*, CELLULES, 27

Centralis, *le*, CENTRALE, qui occupe le centre. *Centralis stipes*, pédicule central, 131

Cera, *æ*, CIRE, 31

Cerealis, *e*, qui sert à faire du pain. — *Cerealia semina*, semences avec lesquelles on fait du pain.

Cernuus, *a*, *um*, vel *nutans*, *tis*, PENCHÉ, ÉE, 137. — *Cernui flores*, fleurs penchées, 82 — *Cernuus pedunculus*, péduncule penché, 134

Cespitosus, *a*, *um*; Voyez *cæspitosus*.

Character, *is*, CARACTÈRE. — *Characteres plantarum*, caractères des plantes, 25

Chrysocomus, *a*, *um*, qui est d'un jaune orangé. — *Chrysocomus* vel *aurantiacus flos*, 78

Cichoraceus, *a*, *um*, CHICORACÉ, ÉE. Il se dit de toutes les plantes qui ont quelque affinité avec les chicorées.

Ciliatus, *a*, *um*, CILIÉ, ÉE, 31. — *Ciliata superficies*, superficie ciliée. — *Ciliata margo*, bords ciliés, 14. — *Ciliata folia*, feuilles ciliées, 57

Cinereus, *a*, *um*, CENDRÉ, ÉE, qui est de couleur cendrée. — *Flos cinereus*, 78

Cingens, *tis*, qui entoure, qui environne.

Circinalis, *e*, ROULÉ transversalement comme une boucle de cheveux sur un compas.

Circinatus, *a*, *um*, ARRONDI, IE.

Circumferentia, *æ*, CIRCONFÉRENCE, 31

Circumnascens, *tis*, qui naît autour.

Circumpositio, *nis*, MARCOTTE, 108

Circumscissus, *a*, *um*, PARTAGÉ, ÉE, horizontalement en deux valves ou deux hémisphères comme une boite à savonnette.

Circumscriptio, *nis*, se prend pour la circonférence d'une feuille, 54

Circumsepiens, *tis*, qui environne, qui entoure.

Cirrhifer vel *cirrhiferus* seu *cirrhosus*, *a*, *um*,

CIRRHIFÈRE, qui porte une ou plusieurs vrilles, 31. — *Cirrhiferus pedunculus*, pédoncule cirrhi-fère., 132; cependant on emploie aussi le mot *cirrhosus* pour signifier ce qui est en forme de vrille. — *Cirrhosa folia*, feuilles vrillées, 55-73.—*Cirrhosi rami*, rameaux cirrhifères, 163

Cirrhus vel cirrus, VRILLE, 210-183

Classis, is, CLASSE. — *Classes botanicæ*, classes botaniques, 31

Clausus, a, um, CLOS, SE, FERMÉ, ÉE.

Clavatus a, um, qui a la forme d'une massue. — *Clavatus pedunculus*, pédoncule en massue, 133 — *Clavatum stigma*, stigmate en massue, 176

Clavicula, æ, pour *cirrhus*; voyez ce mot.

Clima, tis, CLIMAT; partie de la terre ou règne le même degré de température.

Clypeatus, a, um, qui est en forme de bouclier.

Coadnatus, coadunatus, coalitus vel connatus, a, um, CONNÉ, ÉE; plusieurs choses réunies en tout ou en partie; & qui semblent avoir été collées; cependant on fait quelquefois servir *coadnatus*, pour signifier ce qui est rapproché, mais qui ne se touche point. — *Coadnata folia*, feuilles coadnées, 57

Coarctatus vel coarctus, a, um, SERRÉ, ÉE, RESSERÉ, RAPPROCHÉ, RAMASSÉ. — *Coarctata panicula*, panicule serrée, 130. — *Coarcti pedunculi*, pédoncules serrés, 137. — *Coarcti rami*, rameaux serrés. 164

Coherens, tis, qui fait partie de; il est opposé à *adherens, tis*, qui signifie ce qui est comme collé sur.

Coccineus, a, um, qui est d'un rouge écarlate. — *Coccineus flos*, 78

Collinus, a, um, qui vient sur les collines.

Collum, i, COL. — *Collum tubi*, le col, la partie supérieure du tube d'une fleur.

Color, is, COULEUR, 39

Coloratus, a, um, COLORÉ, ÉE, 134. — *Colorati flores*, fleurs colorées, 77-78. — *Colorata margo*, bords colorés, 13. — *Colorata bracteæ*, bractées colorées, 17. — *Coloratus calix*, calice coloré, 22. — *Colorata folia*, feuilles colorées, 57

Columella, æ, petite COLONNE; quelquefois on emploie ce mot pour signifier, dans une capsule, ce qui forme une communication des semences avec les cloisons, ou réunit les valves.

Columnaris, e, qui est en colonne, qui forme une colonne.

Columnifer, a, um, COLUMNIFÉRE. On appelle *plantæ columniferæ*, les plantes dont les organes de la fructification sont disposés en colonne.

Communis, e, COMMUN, NE à plusieurs, 34. — *Communis pedunculus*, pédoncule commun, 133. — *Communis calix*, calice commun, 22. — *Communis petiolus*, pétiole commun, 140. — *Commune receptaculum*, réceptacle commun, 165

Comosus, a, um, CHEVELU, UE, qui a la forme d'une chevelure. — *Comosæ bracteæ*, bractées chevelues, 17. — *Comosa radix*, racine chevelue, 16

Compactus, a, um, COMPACTE, qui est composé de parties très-serrées, très-rapprochées.

Completus, a, um, COMPLET, TE. — *Completus verticillus*, verticille complet, 208. — *Completi flores*, fleurs complètes, 79. — *Completum pistillum*, pistil complet, 143. — *Completa volva*, volva complet, 209

Compositus, a, um, COMPOSÉ, ÉE, qui est formé de plusieurs. — *Compositus bulbus*, bulbe composé, 19. — *Racemus compositus*, grappe composée, 94.—*Compositæ spicæ*, épines composées, 48. — *Composita folia*, feuilles composées, 58

Compressus, a, um, COMPRIMÉ, ÉE de deux côtés opposés. — *Compressa folia*, feuilles comprimées, 58. — *Compressum vel planum germen*, ovaire aplati ou comprimé, 129

Concavus, a, um, CONCAVE, CREUX, SE, 34. — *Concavum pileum*, chapeau concave, 27. — *Concava folia*, feuilles concaves, 58

Conceptaculum, i, COQUE ou FOLLICULE, 35

Concisus, a, um, COUPÉ, DÉCHIRÉ, ÉE.

Concolores, plusieurs choses qui sont de même couleur.

Conduplicatus, a, um, qui est plié en double de deux côtés opposés, ou qui est en double seulement.

Confertus, a, um, RAMASSÉ, ÉE, RASSEMBLÉ ou RAPPROCHÉ en touffe ou par pelotons, 163. — *Conferta folia*, feuilles ramassées, 68. — *Conferti flores*, fleurs rassemblées. *Voyez* fleurs glomérulées, 81. — *Conferti rami*, 164

Confluens, entis, CONFLUANT, TE, réuni par la base, ou ce qui paroit réuni. — *Folia confluentia*, feuilles confluantes, 58

Conformis, e, CONFORME à une chose quelconque soit dans le port, soit dans la direction.

Congeneres plantæ, plantes CONGÉNÈRES, 35

Congestus, a, um, s'emploie pour *aggregatus*, RASSEMBLÉ, RAMASSÉ en paquets. — *Flores congesti vel aggregati*, 83

Conglobatus, a, um, CONGLOBÉ, ÉE, 35

Conglomeratus vel glomeratus, a, um, CONGLOMÉRÉ, ÉE, ou GLOMÉRÉ, qui est rassemblé en tête, à l'extrémité d'une tige ou d'un pédun-

Congregatus, , a, um; voyez *aggregatus*.

Congruens, tis, qui s'unit à une chose quelconque.

Conicus, a, um, CONIQUE, qui a la forme d'un pain de sucre. — *Conicum pileum*, chapeau conique, 28

Conifer, a, um, CONIFÈRE, qui porte des cônes. 35

Conjugatus, a, um, CONJUGUÉ, ÉE. — *Conjugata folia*, feuilles conjuguées, 58

Connatus, coadnatus, coadunatus vel coalitus, a, um, CONNÉ, ÉE, RÉUNI, IE. — *Connatæ vel coalitæ antheræ*, anthères connées, 7. — *Connata folia*, feuilles connées, 58. — *Connata filamenta*, filets réunis, 75

Connivens, entis, CONNIVENT, TE, ou RAPPRO-
CHÉ, ÉE, 35-164. — *Conniventes laminæ*,
feuillets connivens, 73. — *Conniventes antheræ*, anthères conniventes, 6. — *Conniventia
filamenta*, filets connivens, 74
Consimilis, e, qui reffemble à telle ou telle chofe.
Contingens, tis, qui fe touche. On le fait quelquefois fynonyme de *connivens*. — *Antheræ
contingentes*, anthères conniventes ou rapprochées, 6
Contiguitas, tis, CONTIGUITÉ, 35
Contiguus, a, um, CONTIGU, UE avec, 35. —
Laminæ pileo vel pediculo contiguæ, feuillets
contigus, 73. — *Contiguum pileum*, chapeau
contigu, 28. — *Contiguus ftipes*, pédicule con-
tigu, 131
Continuitas, tis, CONTINUITÉ, 35
Continuus, a, um, CONTINU, UE avec, 35. —
Laminæ pileo vel pediculo continuæ, feuillets
continus, 73. — *Continuum pileum*, chapeau
continu, 28. — *Continuus ftipes*, pédicule con-
tinu, 131
Contortus, a, um, TORS, SE, CONTOURNÉ, ÉE.
— *Contorta capfula*, capfule torfe, 24. —
Contortum legumen. Voyez l'art. gouffe, 93
Contrarius, a, um, CONTRAIRE, qui vient dans
un fens oppofé.
Contractus, a, um, s'emploie pour fignifier ce
qui s'eft raccourci ou rétréci.
Convexus, a, um, CONVEXE, qui eft bombé. —
Convexum pileum, chapeau convexe, 28. —
Convexa folia, feuilles convexes.
Convolutus, a, um, ROULÉ, ÉE en fpirale &
en dedans d'un bord à l'autre, en forme de
cornet de papier.
Conus, i, vel *ftrobilus*, CÔNE, 34
Corculum, i, EMBRYON, 46-126-148
Cordato-ovatus, a, um, qui eft cordiforme &
ovale en même temps.
Cordatus, a, um, vel *cordiformis, e*, CORDI-
FORME, qui eft en forme de cœur. — *Cordata
vel cordiformia folia*, feuilles cordiformes, 58
Corolla, æ, COROLLE, 35
Corolliferus vel *corollifer, a, um*, COROLLIFÈRE,
38. — *Corollifer calix*, calice corollifère, 22.
Corollinus, a, um, qui reffemble à une corolle.
Corollula, æ, petite COROLLE. — *Corollula li-
gulata*, demi-fleuron, 42
Corona, æ, COURONNE.
Coronarius, a, um, qui forme la couronne.
Coronatus, a, um, COURONNÉ, ÉE, 40. — *Co-
ronatum femen*, femence couronnée, 169
Coronula, æ, petite COURONNE de certaines
femences ; on l'emploie quelquefois comme
fynonyme d'aigrette.
Cortex, icis, ECORCE, 45
Corticalis, e, CORTICAL, LE, qui a rapport à
l'écorce.
Corymbifer, a, um, CORYMBIFÈRE, qui porte fes
fleurs en corymbes.
Corymbofus, a, um, qui eft difpofé en corymbe.
— *Corymbofi flores*, fleurs en corymbe, 38

Corymbus, i, CORYMBE, 38
Cotyledon, nis, COTYLEDON. — *Cotyledones*, cotyledons ou lobes de la femence, 39
Craffus, a, um, EPAIS, SE. — *Craffa margo*, bords
épais, 13. — *Craffa folia*, feuilles épaiffes, 61
Crenatus, a, um, CRENÉ, CRENELÉ, ÉE ; ce qui
eft denté, mais dont les dents font arrondies
en forme de petits creneaux.
Creta, æ, CRAIE. *Cretaceus, a, um*, qui a du
rapport avec la craie, ou qui vient dans les
terrains crayeux.
Crifpus, a, um, CRÉPU, UE ; il fe prend auffi
pour FRISÉ, ÉE. — *Crifpa margo*, bords frifés,
13. — *Crifpa folia*, feuilles crépues ou frifées, 62
Criftatus, a, um, qui a la forme d'une crête de
coq.
Croceus, a, um, qui a la couleur du fafran, qui
eft d'un jaune foncé. — *Croceus flos*, 78
Cruciatim oppofitus vel *brachiatus*, OPPOSÉ, ÉE
en croix. — *Cruciatim oppofita folia*, feuilles
croifées, 59
Cruciatus, a, um, CROISÉ, ÉE, mis en croix.
On emploie quelquefois, mais à tort, *cruciformis* comme fynonyme. Ce mot eft réfervé pour
la corolle.
Crucifer, a, um, CRUCIFÈRE, 40
Cruciformis, e, CRUCIÉ, ÉE, ou CRUCIFORME,
qui a la forme d'une croix. — *Cruciformis corolla*, corolle cruciforme, 36
Cryptogamia, æ, CRYPTOGAMIE, 40-116
Cryptogamus, a, um, CRYPTOGAME. — *Cryptogamæ plantæ*, 145
Cubitalis, e ; ce qui a une coudé de haut, ou dix-
fept à dix-huit pouces environ. — *Cubitalis
caulis*, 189
Cucullatus, a, um, qui a la forme d'un capuchon.
— *Cucullata folia*, feuilles en capuchon, 61
— *Cucullatum petalum*, pétale en forme de
capuchon, 139. — Quelquefois on le fait
fynonyme de *calcaratus*. Voyez ce mot.
Cucullus, i, efpèce de nectaire qui reffemble à
un capuchon ou à un cornet de papier.
Cucurbitaceus, a, um, CUCURBITACÉ, ÉE, qui
a quelques rapports avec les courges, les
melons.
Culinaris, e, qui eft d'ufage dans la cuifine.
Culmifer, a, um, qui a pour tige un chaume.
Culmineus, a, um, qui a du rapport avec les gra-
minées.
Culmus, i, CHAUME, tige des graminées, 31
Cultivator, is, CULTIVATEUR, 40
Cultura, æ, CULTURE, 40
Cultus, a, um, CULTIVÉ, ÉE. — *Cultæ plantæ*,
plantes cultivées, ou, felon quelques-uns,
plantes qui croiffent naturellement dans les
terrains cultivés, 145
Cuneiformis, e, CUNÉIFORME, 41. — *Cuneiforme
femen*, femence cunéiforme, 170. — *Cuneifor-
mia folia*, feuilles cunéiformes, 59
Cupulæ, arum, CUPULES, 41
Cupularis, e, CUPULAIRE, qui a la forme d'un

godet ou d'une petite coupe.—*Cupulares glandulæ*,   92

Curvatio, *nis*, COURBURE.

Cuspidatus. le même qu'*acuminatus*, *a*, *um*, CUSPIDÉ, ÉE, terminé par une pointe sétacée & un peu roide. Ses composés sont *bicuspidatus*, *tricuspidatus*, &c. — *Cuspidata folia*, feuilles cuspidées,   59-67

Cuticula, *æ*, EPIDERME OU SURPEAU,   48

Cyalinus vel *cæruleus* vel *cyaneus*, *a*, *um*, *Cyalinus flos*,   78

Cyathiformis, *e*, qui a la forme d'un gobelet ou d'un ciboire.

Cylindricus, *a*, *um*, vel *teres*, *tis*, CYLINDRIQUE, 41 — *Cylindrica capsula*, capsule cylindrique, 24.— *Cylindrica folia*, feuilles cylindriques, 59

Cyma, *æ*, CYME, le sommet d'une plante.

Cymosus, *a*, *um*, qui a plusieurs cymes. On appelle aussi *flores cymosi*, les fleurs qui sont portées par des péduncules multiflores qui partent d'un même point, se ramifient, & arrivent à peu près à la même hauteur.

Cynarocephalus, *a*, *um*, CYNAROCÉPHAL, LE. — *Cynarocephalæ plantæ*, plantes qui ont quelque ressemblance avec l'artichaut.

D.

DEBILIS, *e*, vel *flaccidus*, *laxus*, *a*, *um*, LACHE, FOIBLE.—*Debilis caulis*, tige lâche, 190

Decandria, *æ*, DÉCANDRIE,   41-115

Decaphyllus, *a*, *um*, qui est composé de dix pièces.

Decemfidus, *a*, *um*; ce qui est d'une seule pièce, mais fendue en dix parties.

Decemlocularis, *e*, qui a dix loges.

Deciduus, *a*, *um*, qui tombe avec, 20-193. — *Deciduus calix*, calice tombant avec la corolle, 20

Declinatus vel *deflexus*, *a*, *um*, INCLINÉ, ÉE, qui retombe en formant l'arc.— *Declinatus pedunculus*, pédoncule incliné, 134.— *Declinatus caulis*, tige inclinée, 190. On l'emploie aussi quelquefois pour signifier ce qui est plié en nacelle. — *Folia declinata*, feuilles pliées en dessous en forme de nacelle renversée.

Decompositus, *a*, *um*, RECOMPOSÉ, ÉE, 165

Decorticans, *tis*, susceptible d'être pelé. — *Decorticans stipes*, 132. — *Decorticans pileum*, chapeau susceptible d'être pelé,   30

Decumbens, *tis*, qui retombe.

Decurrens, *tis*, DÉCURRENT, TE, 41. — *Decurrens pedunculus*, pédoncule décurrent, 133.— *Decurrentia folia*, feuilles décurrentes, 59.— *Decurrens petiolus*, pétiole décurrent, 140. — *Decurrentes stipulæ*, stipules décurrentes,   178

Decursivè pinnatus, *a*, *um*, AILÉ, ÉE avec décurrence. — *Decursivè pinnata folia*, feuilles ailées, folioles décurrentes,   55

Decussatim, en sautoir, par paires croisées.

Decussatus, *a*, *um*, qui est disposé par paires croisées d'un bout de la tige à l'autre. — *Decussata folia*, feuilles croisées,   59

Deflexus, *a*, *um*, qui retombe en formant un peu l'arc vers la terre.—*Deflexi rami*, rameaux courbés en dehors,   163

Defloratus, *a*, *um*, vel *deflorescens*, *tis*, DÉFLEURI, IE.

Defoliatio, *nis*, EFFEUILLAISON OU DÉFOLIATION,   46

Dehiscens, *tis*, qui se sépare, s'entrouvre.

Deltoideus, *a*, *um*, DELTOIDE. La figure vraiment deltoïde, est celle qui approche du *delta* des Grecs, & qui constitue la forme triangulaire; mais, en Botanique, c'est une espèce de losange, dont les deux angles latéraux sont abaissés.—*Deltoidea folia*, feuilles deltoïdes, 59

Demersus vel *submersus*, *a*, *um*, SUBMERGÉ, ÉE. — *Demersa folia*, feuilles submergées,   71

Demonstrationes botanicæ, DÉMONSTRATIONS botaniques,   42

Denominatio vel *nomenclatura*; voyez ce mot.

Densus, *a*, *um*, EPAIS, SE; ce qui est fourré, mis en touffe.

Dentatus, *a*, *um*, DENTÉ, ÉE: ce sont les angles saillans qui forment les dents, — *Dentata folia*, feuilles dentées, 59. — *Dentatæ bracteæ*, bractées dentées,   17

Denticulatus, *a*, *um*, DENTÉ, ÉE finement.

Denudatus, *a*, *um*, qui est dépouillé, découvert.

Deorsum, vers le bas.

Dependens, *tis*, PENDANT, TE, qui est comme suspendu. — *Dependentia folia*, feuilles pendantes,   66

Depressus, *a*, *um*, COMPRIMÉ, ÉE, ou DÉPRIMÉ, ÉE. — *Depressa folia*, feuilles déprimées, 60

Descendens, *tis*; il se prend pour signifier ce qui descend en terre selon telle ou telle direction. — *Caudex descendens horizontaliter*, tronc de la racine qui s'enfonce en terre horizontalement, *verticaliter*, verticalement.

Descriptio, *nis*. *Descriptiones botanicæ*, DESCRIPTIONS botaniques,   42

Desiccatio, *nis*, DESSICCATION,   42

Desiccuus, *a*, *um*, qui se dessèche, qui est susceptible d'être desséché. — *Desiccuum pileum*, chapeau susceptible d'être desséché,   30

Destitutus, *a*, *um*, qui manque d'une chose quelconque. — *Villis destitutus caulis*, tige sans poils.

Dextrorsum, de droite à gauche. — *Caulis dextrorsum volubilis*, tige roulée de droite à gauche, 188: on se suppose pour cela au centre de la spirale. — *Cirrhus dextrorsum volubilis*,   211

Diadelphia, *æ*, DIADELPHIE,   43-115

Diandria, *æ*, DIANDRIE,   43-115

Dichotomus, *bifidus* vel *bifurcatus*, *a*, *um*, DICHOTOME, FOURCHU. — *Dichotomus caulis*, tige fourchue, qui fait la fourche, 189.—*Dichotoma* vel *bifurca radix*, racine dichotome, 160

Dicotyledon,

Dicotyledon, *nis* , DICOTYLEDON , qui a deux cotyledons. — *Dicotyledon femen* , femence dicotyledone ou bilobe , 170. — *Dicotyledones plantæ*, plantes dicotyledones ,   39-146

Didymus , *a* , *um* , DIDYME , 43. Deux parties qui n'ont qu'un même point d'infertion , font didymes. — *Antheræ didymæ* , anthères didymes , *fig. 13 . . . 16 , pl. IV.*

Didynamia , *æ* , DIDYNAMIE ,   43-115-186

Difformis , *e* , DIFFORME , inégal en grandeur & en proportion. Il fe prend auffi pour fignifier le peu de reffemblance qu'une chofe a avec une autre chofe à laquelle elle devroit reffembler.

Diffufus , *a* , *um* , DIFFUS , SE , ETALÉ , ÉE. — *Diffufa panicula* , panicule diffufe , 130. — *Diffufus caulis* , tige diffufe ,   187

Digitatus , *a* , *um* , DIGITÉ , ÉE , 43. — *Digitata folia* , feuilles digitées. *Voyez palmatus* ,   60

Digonus, a, um ; il fignifie la même chofe qu'*anceps*

Digynia , *æ* , DIGYNIE ,   43

Dilatatus , *a* , *um* , DILATÉ , ÉE , OUVERT , TE.

Dilutè-carneus , qui tire fur la couleur de chair. — *Dilutè-purpureus* , qui tire fur le pourpre. — *Dilutè-virefcens* , qui tire fur le vert. *Voyez* la page 78.

Dimidiatus , *a* , *um* , d'une façon d'un côté , & d'une autre façon de l'autre. — *D midiatum capitulum* , tête arrondie d'un côté , & plate de l'autre , 185. — *Dimidiatè obveftiens* , qui recouvre une chofe d'un feul côté.

Dimittens , *tis* , qui pouffe au dehors.

Diœcia , *æ* , DIŒCIE , 43. — *Dioici flores* , fleurs dioïques , 79-116. — *Dioicæ plantæ* , plantes dioïques ,   146

Dipetalus , *a* , *um* , DIPÉTALE , qui a deux pétales. — *Dipetala corolla* , corolle d pétale , 38-139

Diphyllus , *a* , *um* , DIPHYLLE , qui eft de deux piéces , 43. — *Diphyllus calix* , calice diphylle , 22. — *Diphyllum involucrum* , collerette diphylle , 33. — *Diphyllum perianthium* , périanthe diphylle ,   137

Dipfafceus , *a* , *um* , DIPSACÉ , ÉE , qui a quelque reffemblance avec le chardon à bonnetier.

Directio , *nis* , DIRECTION ,   43

Difcoideus , *a* , *um* , qui a plufieurs fleurs portées fur un difque commun.

Difcolores paginæ. Voyez *pagina.*

Difcus , *ci* , 44. — Difque d'une feuille , 54. — Difque d'une fleur ,   163

Difpermus , *a* , *um* , DISPERME , qui a deux femences, 44. — *Difperma bacca*, baie difperme, 10

Difpofitio , *nis* , DISPOSITION ,   44

Diffectus vel *incifus* , *a* , *um* , INCISÉ peu profondément ; quelquefois cependant on le fait fynonyme de *laciniatus.*

Diffeminatus , *a* , *um* , CLAIR-SEMÉ , ÉE. — *Diffeminati flores* , fleurs rares & clair-femées , 83

Diffepimentum , *i* , CLOISON ,   32

Diflans , *tis* , feu *remotus* , *a* , *um* , DISTANT , TE, qui s'éloigne.

Diflichus , *a* , *um* , DISTIQUE , 42 , qui eft difpofé fur deux rangs oppofés , ou bien encore qui eft à deux étages. — *Diflichi rami* , rameaux diftiques , 163. — *Diflicha folia* , feuilles diftiques ,   60

Diflinctus , *a* , *um* , DISTINCT , TE , qui eft trèsapparent. — *Diflinctæ antheræ* , anthères diftinctes ,   6

Diurnus , *a* , *um* , qui ne dure qu'un jour au plus. Il fe prend auffi pour fignifier qui fleurit pendant le jour.

Diurnæ plantæ , plantes diurnes ,   146

Divaricatus vel remotus , *a* , *um* , ETALÉ , ÉE , à angles aigus & très-ouverts , 49 ; il fe prend auffi pour ce qui eft éloigné , écarté. — *D. varicatus caulis* , tige étalé , 188. — *Divaricati vel remoti petioli* , pétioles écartés , 141. — *Divaricati rami* , rameaux étalés ,   163

Divergens , *tis* , DIVERGENT , TE , qui s'écarte d'un point quelconque. On l'emploie quelquefois comme fynonyme de *patulus.* — *Divergens petiolus* , pétiole divergent , 140. — *Divergentes rami* , rameaux divergens ,   163

Divifa , *a* , *um* , DIVISÉ , ÉE en plufieurs parties, 44

Dodecandria , *æ* , DODÉCANDRIE ,   44-115

Dodecaphyllus , *a* , *um* , qui eft compofé de douze piéces.

Dodrans , *dodrantalis* , *is* , qui a neuf pouces de haut ou environ. — *Dodrans caulis* ,   189

Dolabriformis , *e* , qui eft en forme de doloir. — *Dolabriformia folia* , feuilles en doloir , 61

Dorfalis , *e* , DORSAL , LE , qui s'infère fur le dos d'une chofe.

Dorfifer , *a* , *um* , DORSIFÈRE ,   44

Dorfum , *i corollæ* , fe dit de la partie d'une corolle labiée , à laquelle les filets des étamines font attachés.

Drupa , *æ* , FRUIT A NOYAU , 89. Il fe prend auffi pour le noyau.   125

Drupaceus , *a* , *um* , DRUPACÉ , ÉE , qui porte des fruits à noyau.

Dubius , *a* , *um* , DOUTEUX , SE ; ce qui laiffe de l'incertitude. — *Dubiæ plantæ* , plantes douteufes ,   146

Dulcis , *e* , DOUX , CE. — *Sapor dulcis* , faveur douce ,   158

Dumofus , *a* , *um* , qui eft couvert de buiffons. Il fe prend auffi quelquefois pour fignifier ce qui eft en forme de buiffon.

Dumus , *i* , vel *dumetum* , *i* , BUISSON ,   18

Duodecemfidus , *a* , *um* , qui eft d'une feule piéce , mais fendue en douze parties.

Duplex , *cis* , DOUBLE , 44. — *Duplex bulbus* , bulbe double, 19. — *Duplex calix*, calice double, 22. — *Duplices flores* , fleurs doubles ,   79

Duplicatò-dentatus , *a* , *um* , SURDENTÉ , ÉE , qui a des dents dentées elles-mêmes. — *Duplicatò-dentatum folium* ,   60

Duplicatò-pinnatus, *a*, *um*, BIPINNÉ , ÉE , ou doublement AILÉ , ÉE , ailé deux fois ,   56

Duplicatò-ternatus, *a*, *um*, BITERNÉ , ÉE , ou doublement TERNÉ , ÉE , terné deux fois ,   56

Duplicatus , *a* , *um* , DOUBLE , DOUBLÉ , ÉE.

K kk

E.

Eburneus, a , um, qui eſt blanc comme de l'ivoire.

Echinatus, a , um , ECHINÉ , ÉE , hériſſé , armé de pointes ou de piquans.   45

Effoliatio, nis , EFFEUILLAISON ,   46

Efflorefcentia, æ, FLEURAISON ou FLORAISON, 85

Elaſticus, a , um , ELASTIQUE , qui a du reſſort, qui ſe remet dans ſon premier état, lorſque la compreſſion ceſſe. — *Elaſtica ſubſtantia ,* ſubſtance élaſtique,   182

Elementa Botanicæ , ELÉMENS ou PRINCIPES de Botanique ,   46-153

Ellipticò-ovatus , a , um , OVALE elliptique.

Ellipticus , a , um , ELLIPTIQUE.—*Elliptica folia,* feuilles elliptiques ,   60

Emarginatus , a , um , ECHANCRÉ , ÉE , 45.—

Emarginata folia , feuilles échancrées , 60. *Voyez* l'art. SINUS ,   173

Enervis , e , qui eſt ſans nervures. — *Enervia folia ,* feuilles ſans nervures ,   70

Enneandria , æ , ENNÉANDRIE ,   47-115

Enneaphyllus , a , um , qui eſt compoſé de neuf pièces.

Enodis , e , qui n'a pas de nœuds. — *Enodis caulis ,* tige ſans nœuds ,   191

Enſatus , a , um , vel *enſiformis , e ,* ENSI-FORME , 47. — *Enſiformia folia ,* feuilles enſiformes ,   61

Ephemerus , a , um , EPHÉMÈRE , qui eſt de courte durée — *Ephemeri flores ,* fleurs éphémères , 80. — *Ephemeræ plantæ ,* plantes éphémères ,   146

Epicrocus , a , um , JAUNE , qui a la couleur du ſafran.

Epidermis , is , EPIDERME ,   48

Equitans , tis , ſe dit d'une feuille extérieure qui embraſſe entièrement une feuille intérieure.

Equinoxialis , e , EQUINOXIAL , LE.— *Equinoxiales flores ,* fleurs équinoxiales ,   80-174

Erectus , a , um , qui ſe tient droit , qui eſt redreſſé , 166. — *Erectus petiolus ;* pétiole redreſſé , 141. — *Erecta folia ,* feuilles droites , 60. — *Erecti flores ,* fleurs droites, 79

Ericetus , a , um , qui vient dens les bruyères.

Erinaceus , a , um , ERINACÉ , ÉE , qui a la forme d'un hériſſon. — *Erinaceum pileum ,* chapeau doublé de pointes ,   29

Eroſus , a , um , RONGÉ , ÉE. — *Eroſa folia,* feuilles rongées ,   69

Eſculentus , a , um , qui eſt bon à manger.

Eſcuſſus , a , um , SECOUÉ , ÉE. — *Excuſſi fructus ,* fruits diſperſés.

Eſſentialis , e , ESSENTIEL , LE , qui ne peut varier , qui conſtitue invariablement la manière d'etre d'une choſe , & qui la diſtingue de tout.

Eunachus , a , um , qui n'eſt pas propre à la fécondation.—*Eunuchi flores ,* fleurs neutres, 82

Exaſperatus , a , um , RUDE au toucher.

Excavatus , a , um , CREUX , SE. — *Excavatus caulis ,* tige creuſe   187,

Exercitatio quotidiana , ROUTINE ,   167

Exhærens , tis , qui montre , qui fait paroitre au dehors.

Exfoliatio , EXFOLIATION ,   51

Exoticus , a , um , EXOTIQUE , qui n'eſt point naturel au climat. — *Exoticæ plantæ ,* plantes exoriques ,   52-146

Exſertus , a , um , qui paroit au dehors , qui ſe montre.

Externus , a , um , EXTERNE , qui eſt en dehors.

Extimus , a , um , ce qui ſe trouve aux extrémités, ce qui eſt le plus haut.

Extrafoliaceus , a , um , qui vient plus haut ou plus bas que les feuilles , ou en dehors des feuilles. — *Extrafoliaceus pedunculus ,* 135. — *Extrafoliaceæ ſtipulæ ,* ſtipules en dehors des feuilles ,   179-180

Extravaſatio , nis , EXTRAVASATION , 52. *Voyez* auſſi l'art. GALE ,   90

F.

FACIES , ei plantæ , vel *facies exterior plantæ ,* PORT d'une plante ,   152

Factitus , a , um , FACTICE , qui n'eſt point naturel.

Falcatus , a , um , qui eſt tourné comme un fer de faux.

Falſus , a , um , FAUX , SE.

Familiæ plantarum , FAMILLES des plantes ,   52

Farctus , a , um , FOURRÉ , ÉE , qui forme une touffe , ou qui eſt garni de.

Farinoſus, a , um , FARINEUX , SE, qui eſt comme poudré , 53. — *Farinoſum pileum ,* chapeau farineux ,   29

Faſcicularis , e , faſciatus vel *faſciculatus , a , um,* FASCICULÉ , ÉE, qui eſt raſſemblé en faiſceaux, 53. — *Faſciculati flores ,* fleurs faſciculées, 80.

Faſciculata folia , feuilles faſciculées , 62. — *Faſciculata radix ,* racine faſciculée , 160. — Quelquefois , mais aſſez improprement , on emploie le mot *faſciatus* pour le mot *tænianus ;* dans ce ſens , il ſignifie ce qui eſt rubanté. — *Faſciatus caulis ,* tige rubantée , 191

Faſciculus , i , FAISCEAU ,   52

Faſtigiatus , a , um , FASTIGIÉ , ÉE ; ce qui eſt terminé par des rameaux égaux , en hauteur & au même niveau.—*Faſtigiatus caulis ,* tige faſtigiée , 188. — *Faſtigiati flores ,* fleurs en niveau ,   38

Faux , cis , GORGE d'une corolle ,   93

Favoſus, a , um , ALVÉOLÉ , ÉE. — *Favoſum receptaculum ,* réceptacle alvéolé ,   165

Fecondatio , nis , FÉCONDATION ,   53

Fecundus, a, um, FÉCOND, DE, ou FERTIL, LE.
— Fecundi flores, fleurs fertiles, 81

Femineus, a, um, FEMELLE, qui est du sexe féminin. — Feminei flores, fleurs femelles, 81.
— Femineæ plantæ, 147

Ferè, PRESQUE. — Ferè nudus caulis, tige presque nue, 190

Ferrugineus, a, um, FERRUGINEUX, SE, qui est de couleur de rouille. — Ferrugineus flos, 78

Fertilis, e, FERTIL, LE. — Flores fertiles vel fecundi, fleurs fertiles ou fécondes, 81

Ferulaceæ, arum, FÉRULACÉES. On nomme ainsi les plantes qui ont de l'affinité avec les férules.

Fetidus, a, um, PUANT, TE, qui sent mauvais.

Fetus vel fœtus, a, um, FÉCONDÉ, ÉE.

Fibra, æ, FIBRE. — Fibræ, fibres, 74

Fibrosus, a, um, FIBREUX, SE; ce qui est composé de fibres.—Fibrosa radix, racine fibreuse, 160

Figura, æ, FIGURE. Il se prend quelquefois pour forma, pour habitus; ce qu'on entend par le PORT, 152; & quelquefois aussi il se prend pour effigies, imago, icon. — Icones plantarum, FIGURES OU IMAGES des plantes, 74

Filamentosus, a, um, FILAMENTEUX, SE, qui se partage en filets, ou laisse échapper des filets. —Filamentosa radix, racine filamenteuse, 160

Filamentum, i, FILET de l'étamine, 49. — Filamenta, filets, 74-75-76

Filices, FOUGÈRES; sous cette dénomination, sont comprises toutes les plantes qui composent, dans l'ordre naturel, la famille des fougères Voy. la note à la fin de ce DICTIONN.

Filiformis, e, FILIFORME, 76. — Filiformis pedunculus, pédoncule filiforme, 134 — Filiformes antheræ, anthères filiformes, 7. — Filiformia folia, feuilles capillaires ou filiformes, 57-62. — Filiformia filamenta, filets capillaires, 74

Fimbriatus, a, um, FRANGÉ, ÉE, 86

Fimerarius, a, um, qui vient sur le fumier.

Fissus, a, um, FENDU, UE, divisé par des fentes linéaires, 53. On a fait delà bifidus, trifidus, quadrifidus, quinquefidus, sexfidus, multifidus. Voyez ces mots. — Fissa folia, feuilles fendues, 62

Fistulosus, a, um, FISTULEUX, SE, 76. — Fistulosus caulis, tige fistuleuse, 188

Flaccidus, a, um, vel debilis, e, FOIBLE, FLASQUE, FANNÉ, qui est aisément entraîné par son propre poids. — Flaccidus pedunculus, pédoncule foible, 134. — Flaccidus caulis, tige lâche, 190

Flammeus, a, um, qui est de couleur de feu ou de flamme.

Flavus, vel luteus, a, um, JAUNE, qui est de couleur jaune. — Flavus flos, fleur jaune, 78

Flexuosus, a, um, COUDÉ plusieurs fois, ou TORTUEUX, SE, 194, qui va en serpentant, en zig-zag : quelquefois aussi, mais à tort, on le fait synonyme de volubilis.—Flexuosus caulis, tige en zig-zag, 188

Flexus, a, um, COUDÉ une seule fois, ou PLIÉ, ÉE, 149

Floralis, e, FLORAL, LE, qui appartient à la fleur. — Florales spinæ, épines florales, 49. — Floralia folia, feuilles florales, 62

Florescens, tis, qui fleurit.

Floribundus, a, um, qui donne des fleurs apparentes.

Florifer, a, um, qui porte des fleurs ou qui est destiné à en porter.—Florifera gemma, bouton à fleurs, 17

Flos, ris, FLEUR. — Flores, fleurs, 76

Flosculosus, a, um, FLOSCULEUX, SE. — Flores flosculosi, fleurs flosculeuses, 81

Flosculus, i, FLEURON, 76

Fluviatilis, e, FLUVIATILE, qui vient dans les fleuves.

Foliaceus, a, um, qui a la forme d'une feuille, qui ressemble à une feuille. Foliaceum stigma, stigmate feuillé, ou en forme de feuille, 177

Foliarius, a, um, & mieux foliaris, e, FOLIAIRE, qui appartient aux feuilles. — Foliaris pedunculus, pédoncule foliaire, 134. — Foliares spinæ, épines foliaires, 49.—Foliaris cirrhus, vrille foliaire, 210

Foliatio, nis, FOLIATION ou FEUILLAISON, 85

Foliatus, a, um, FEUILLÉ, ÉE, garni de feuilles. —Foliatus pedunculus, pédoncule feuillé, 133. Foliatus caulis, tige feuillée, 188

Foliferus vel folifer, a, um, qui porte des feuilles, ou qui est destiné à en porter. — Folifera gemma, bouton à feuilles, 17

Foliolum, i, FOLIOLE. — Foliola, folioles, 85

Folium, ii, FEUILLE. — Folia, feuilles, 53

Folliculus, i, FOLLICULE ou COQUE, 35

Fungositas, tis, FONGOSITÉ, 86

Fontinalis, e, qui vient dans les fontaines.

Foraminulosus, a, um, PERCÉ d'un grand nombre de petits trous.

Foratus, a, um, CREUSÉ ou PERCÉ, ÉE.

Forma, æ; c'est la forme, la figure extérieure d'un corps quelconque, 86; il se prend aussi pour le PORT, 152

Fornicatus, a, um, VOUTÉ, ÉE.

Fragilis, e, FRAGILE, qui se rompt aisément & sans plier. — Fragilis substantia, 182

Fragrans, tis, qui flatte, qui cause une sensation agréable. — Fragrans odor, odeur douce & agréable, 158

Frigidus, a, um, FROID, DE, — Frigidæ plantæ; On nomme ainsi les plantes naturelles aux pays froids.

Frequens, tis, FRÉQUENT, TE : il s'emploie quelquefois comme synonyme de vulgaris, & quelquefois comme l'opposé de rarus.

Frondescens, tis, qui commence à se garnir de feuilles.

Frondescentia, æ, FOLIATION ou FEUILLAISON, 85

Frons, dis, FEUILLAGE. Linnæus emploie le mot frons, pour signifier une espèce de tronc entouré de feuilles ou de rameaux réunis.

G.

Gramina, *num*, se prend pour les semences de toutes les plantes graminées, comme le froment, le seigle, l'orge, qui composent la famille naturelle des graminées, *gramineæ*.

Graminifolius, *a*, *um*, qui porte des feuilles qui ressemblent à celle des plantes graminées.

Grandiflorus, *a*, *um*, qui a de grandes fleurs.

Granulatus, *a*, *um*, GRANULÉ, ÉE, qui est composé de parties qui ressemblent à des grains.

Graveolens, *tis*, qui a une odeur forte.

Grumosus, *a*, *um*, GRUMELEUX, SE, 96. — *Grumosa radix*, racine grumeleuse, 161

Gullioca, *æ*, BROU, mais il est vieux, 18

Gummi, vel *gummis*, *is*, GOMME, 92

Gummi-resina, *æ*, GOMME-RÉSINE, 93

Gymnospermia, *æ*, GYMNOSPERMIE, 96

Gynandria, *æ*, GYNANDRIE, 96-116

H.

Habitatio, *nis plantarum*, s'emploie pour signifier le lieu où croit naturellement une plante.

Habitualis, *e*, HABITUEL, LE, qui dépend de la forme, du port considéré en général.

Habitus, *ûs plantæ*, PORT d'une plante, 151

Hamiplantæ, *arum*, HAMIPLANTES, 97

Hamosus, *æ*, *um*, COURBÉ, ÉE en hameçon. — *Pili hamosi. Voyez* AGRAFFES & POILS crochus, 2-150

Hamulosus, *a*, *um*, qui a la forme d'un petit hameçon.

Hamus, *i*, HAMEÇON, crochet, agraffe. *Hami*, agraffes, 2-40

Hastatus, *a*, *um*, HASTÉ, ÉE, qui a la forme d'un fer de pique, 97. — *Hastata folia*, feuilles hastées, 63

Hemisphericus, *a*, *um*, qui n'est convexe que d'un côté.

Heptandria, *æ*, HEPTANDRIE, 97-115

Herba, *æ*, HERBE, 97

Herbaceus vel *herbosus*, *a*, *um*, HERBACÉ, ÉE, ou HERBEUX, SE. *Herbaceus caulis*, tige herbacée, 190

Herbarium, *ii*, HERBIER, 98

Herborarius, *ii*, HERBORISTE, 101

Herborisatio, *nis*, HERBORISATION, 101

Hermaphroditus, *a*, *um*, HERMAPHRODITE, qui est de deux sexes, 102. — *Hermaphroditi flores*, fleurs hermaphrodites, 81

Hexagynia, *æ*, HEXAGYNIE, 102

Hexandria, *æ*, HEXANDRIE 102-115

Hexapetalus, *a*, *um*, HEXAPÉTALE, qui a six pétales. — *Hexapetala corolla*, corolle hexapétale, 38

Hexaphyllus, *a*, *um*, HEXAPHYLLE, qui est composé de six pièces bien distinctes. — *Hexaphyllum involucrum*, collerette hexaphylle, 33

Hians, *tis*, BAILLANT, TE, qui est entr'ouvert.

Hilum, *i*, c'est en général l'ombilic des graines.

Hircinus vel *hircosus*, *a*, *um*, qui a quelque rapport avec la forme ou l'odeur du bouc. — *Hircinus odor*, odeur de bouc.

Hirtus, *hirsutus*, *a*, *um*, VELU, UE, qui est couvert de poils distincts, mais qui ne sont ni durs, ni mous. *Voyez* l'art. POILS, 149

Hispidus, *a*, *um*, HÉRISSÉ, ÉE, qui est recouvert de poils rudes & fragiles. Quelquefois, mais à tort, on le fait synonyme d'*hirtus. Voyez* l'art. POILS, 149

Hiulcans, *tis*, qui fait entr'ouvrir, qui fait bâiller.

Hiulcus, *a*, *um*, qui est entr'ouvert.

Holeraceus, *a*, *um*, Voyez *oleraceus*.

Horarius, *a*, *um*, qui ne dure qu'une heure.

Horæus, *a*, *um*, qui vient en été. — *Horæi fructus*, fruits d'été.

Horizontalis, *e*, HORIZONTAL, LE. — *Horizontalis radix*, racine horizontale, 161. — *Horizontalia folia*, feuilles horizontales, 63

Horologium, *ii Floræ*, HORLOGE de Flore, 102

Horsum versum, de côté & d'autre.

Hortus, *ûs*, JARDIN, 104

Humidus, *a*, *um*, vel *humens*, *tis*, HUMIDE, ce dont la superficie est mouillée. — *Humidum pileum*, chapeau humide, 29

Humifusus, *a*, *um*, COUCHÉ, ÉE par terre.

Humilis, *e*, qui s'élève peu.

Humor, *ris plantarum*, se prend pour la sève, 171

Humus, *i*, c'est la partie de la terre, la plus propre à fournir aux plantes les premiers sucs nécessaires à leur développement.

Hyalinus, *a*, *um*, qui est sans couleur, & qui a la transparence du verre ou de l'eau. — *Flos hyalinus*, 78

Hybernaculum, *i*, ABRI pour l'hiver. Linnæus comprend en général sous cette dénomination, ce qui sert d'abri aux parties délicates des plantes, comme les boutons, les cayeux. *Voyez* l'art. BOUTONS, 17

Hybernalis, *e*, HIVERNAL, LE, qui vient en hiver. — *Hybernales flores*, 81

Hybridus, *a*, *um*, HYBRIDE ou POLYGAME. — *Hybridæ plantæ*, plantes hybrides ou polygames, 146

Hypocrateriformis, *e*, HYPOCRATÉRIFORME, qui est en forme de bassin ou de soucoupe.

I.

Icones plantarum, FIGURES des plantes, 74

Icosandria, *æ*, ICOSANDRIE, 102-115

Imberbis, *e*, qui est sans barbe, sans poils.

Imbibitio, *nis*, IMBIBITION, 103

Imbricans, *tis*; ce qui recouvre une partie quelconque, à peu près dans le même ordre que des tuiles recouvrent un toit.

Imbricatus, *a*, *um*, EMBRIQUÉ ou TUILÉ, ÉE,

qui eſt recouvert de parties diſpoſées à peu près comme des tuiles ſur un toit.—*Imbricatus calix*, calice embriqué, 22. — *Imbricata folia*, feuilles embriquées ou tuilées, 60.— *Imbricatus caulis*, tige embriquée, 188

Immutabilis, *e*, qui ne change point de forme.

Impari, vel *cum impari pinnatus*, *a*, *um*, AILÉ, ÉE avec une impaire. — *Impari pinnata folia*, feuilles ailées avec une impaire, 55

Imperfectus, *a*, *um*, IMPARFAIT, TE, 103

Improprius, *a*, *um*, IMPROPRE. — *Improprius annulus*, collet impropre, 33

Inapertus, *a*, *um*, qui n'eſt pas ouvert, qui eſt creux, mais ſans ouverture.

Inæqualis, *e*, INÉGAL, LE, 103. — *Inæqualis margo*, bords inégaux, 13. — *Inæqualia filamenta*, filets inégaux, 75. — *Inæquales pedunculi*, péduncules inégaux, 136

Inæquivalvatus, *a*, *um*, & mieux *inæquivalvis*, *e*, qui eſt compoſé de valves inégales ; il eſt oppoſé à *æquivalvis*.

Inanis, *e*, qui eſt vide, qui n'eſt pas exactement rempli, ou qui n'eſt rempli que d'une ſubſtance molle. — *Inanis caulis*, tige ſpongieuſe, 192

Incanus, *a*, *um*, qui eſt recouvert de poils blanchâtres qui donnent un aſpect argenté. — *Incanus flos*, 78

Incarcerans, *tis*, qui renferme, qui tient caché.

Incarnatus, *a*, *um*, qui eſt de couleur de chair. — *Incarnatus flos*, 78

Inciſus, *a*, *um*, INCISÉ, ÉE, qui eſt découpé peu profondément. Quelquefois cependant on le fait ſynonyme de *laciniatus*.

Inclinatus vel *inflexus*, *a*, *um*, qui s'élève obliquement, & ſe rapproche de la tige par ſon extrémité ſupérieure. *Voyez inflexa folia*, feuilles obliques, 65

Includens, *tis*, qui renferme.

Incompletus, *a*, *um*, INCOMPLET, TE. — *Incompletus* vel *ſecundus verticillus*, verticile incomplet, 208. — *Incompleti flores*, fleurs incomplètes, 79 — *Incompletum piſtillum*, piſtil incomplet, 143. — *Incompleta volva*, volva incomplet, 209

Inconſpicuus, *a*, *um*, qui n'eſt pas bien apparent.

Incraſſatus, *a*, *um*, EPAISSI, IE, qui augmente ſenſiblement depuis une extrémité juſqu'à l'autre. — *Incraſſatus pedunculus*, pédoncule épaiſſi, 133

Incrementum, *i*, ACCROISSEMENT, AUGMENTATION. — *Plantarum incrementum*, accroiſſement des plantes, 1

Incumbens, *tis*, ce qui eſt comme ſuſpendu. Linnæus appelle *anthera incumbens* vel *verſatilis*, une anthère qui eſt vacillante, parce qu'elle eſt attachée par le côté au filet, comme celles des *fig. 12, 14, 17, pl. IV.* Il appelle *anthera erecta*, celle qui eſt atachée par ſa baſeau filet, comme celles que les *fig. 5, 6, 7* repréſentent.

Incurvatus vel *incurvus*, *a*, *um*, qui ſe recourbe en dedans, mais qui a peu d'ouverture. —

Incurvi aculei, aiguillons courbés en dedans, 3 — *Incurvata capſula*, capſule courbée en dedans, 24. — *Incurvata folia*, feuilles courbées en dedans, 59

Indigenus, *a*, *um*, INDIGÈNE, 103. — *Indigenæ plantæ*, plantes indigènes, 52-146

Individuum, *i*, INDIVIDU, 103

Indiviſus, *a*, *um*, qui n'eſt point diviſé, qui n'a aucunes diviſions ſenſibles.

Indureſcens, *tis*, qui ſe durcit, & devient coriace. — *Indureſcentes ſtipulæ*, ſtipules dures, 179

Inermis, *e*, vel *muticus*, *a*, *um*, qui eſt ſans épines ou ſans arêtes.

Inferus, *a*, *um*, INFÉRIEUR, RE. — *Inferus calix*, calice inférieur, 22. — *Infera corolla*, corolle inférieure, 37. — *Inferum germen*, ovaire inférieur, 129

Infernè, en bas, par le bas ; *ſupernè*, vers le haut.

Infimus, *a*, *um* ; ce qui eſt le plus bas, ce qui eſt le plus près de la terre. Il eſt oppoſé à *extimus*.

Inflatus, *a*, *um*, RENFLÉ, ÉE, VÉSICULEUX ou VÉSICULAIRE. — *Inflatum legumen*, légume renflé & véſiculaire, 93

Inflexus, *a*, *um*, qui s'élève obliquement en formant l'arc à ſon ſommet, & en ſe rapprochant de la tige. — *Inflexa folia*, feuilles courbées en dedans. 59-65-68

Infloreſcentia, *æ*, FLORAISON, 85

Infundibuliformis, *e*, INFUNDIBULIFORME, qui a la forme d'un entonnoir. — *Infundibuliforme pileum*, chapeau infundibuliforme, 29. — *Infundibuliformis corolla*, corolle infundibuliforme, 37

Inodorus, *a*, *um*, INODORE, qui n'a pas d'odeur, 103

Inſerere vel *inoculare*, ſe prend ici pour greffer ou enter. *Voyez* les procédés les plus uſités dans l'art de la greffe, p. 94 & ſuiv.

Inſertio, *nis*, INSERTION, 103. Il ſe prend auſſi pour l'opération de la greffe.

Inſertus, *a*, *um*, INSÉRÉ, ÉE ſur. Lorſque la partie inſérée n'eſt que comme collée ſur la partie qui la reçoit, on ſe ſert du mot *inſerus* vel *adhærens*. Lorſque cette partie fait corps avec celle ſur laquelle elle a ſon point d'inſertion, on emploie le mot *cohærens* vel *adnatus*. *Voyez* pétiole adhérent, 139, pétiole cohérent, 140

Inſidens, *tis*, qui repoſe ſur une choſe quelconque.

Inſignitus, *a*, *um*, REMARQUABLE par...

Inſtructus, *a*, *um*, qui eſt garni, pourvu d'une choſe quelconque. — *Villis inſtructus caulis*, tige garnie de poils.

Integer, *ra*, *rum*, ENTIER, RE. — *Integra folia*, feuilles entières, 61

Integerrimus, *a*, *um*, TRÈS-ENTIER, RE. — *Integerrima folia*, feuilles très-entières, 72. — *Integerrimæ bracteæ*, bractées très-entières, 18. — *Integerrimum petalum*, pétale très-entier, 139

Interceptus, *a*, *um* ; ENTRECOUPÉ, ÉE.

Interfoliaceus, a, um, qui vient parmi les feuilles.
— *Interfoliaceus pedunculus,* 135
Intermedius, a, um, INTERMÉDIAIRE, qui se trouve entre deux choses, & qui empêche qu'elles se touchent.
Internodium, ii, ENTRE-NŒUD, espace compris entre deux nœuds.
Internus, a, um, interne, qui est en dedans.
Interpositus, a, um, qui se trouve parmi ou entre plusieurs choses, & qui les sépare.
Interruptè pinnatus, a, um, AILÉ, ÉE avec interruption. — *Interruptè pinnata folia,* feuilles ailées avec interruption, 55
Interruptus, a, um, qui est interrompu, qui n'est pas continu dans la disposition de ses parties.
Intimus, a, um, qui se trouve au centre.
Intorsio, nis; c'est l'état d'une chose qui est entortillée.
Intrafoliaceus, a, um, qui vient entre les feuilles ou en dedans des feuilles. — *Intrafoliaceæ stipulæ,* stipules en dedans des feuilles, 179
Intùs vel introrsùm, en dedans; il est opposé à *extrorsùm.*
Intus-susceptio, nis, INTUS-SUSCEPTION; c'est l'introduction au dedans des plantes, des sucs nécessaires à leur accroissement.

Inundatus, a, um, qui est submergé, qui reste caché sous l'eau. Il est opposé à *natans.*
Invertens, tis; ce qui replie un corps dans un sens opposé, ou qui le force à se replier.
Involucellum, i, pour *involucrum partiale,* COLLERETTE partielle. *Voyez* COLLERETTE, 32
Involucratus, a, um; ce qui est entouré d'une enveloppe. — *Involucratus verticillus,* verticille colleté, 208
Involucrum, i. On donne assez communément ce nom à toutes espèces d'enveloppes; cependant, quand on trouve le mot *involucrum* seul, il signifie presque toujours collerette, 32
Involutus, a, um, ROULÉ, ÉE en dedans ou en dessus, 167. — *Involuta margo,* bords roulés en dessus, 14. — *Involuta folia,* feuilles roulées en dessus, 69-167
Involvens, tis, qui enveloppe une chose en s'entortillant autourd'elle.
Irregularis, e, IRRÉGULIER, RE, 104. — *Irregularis corolla,* corolle irrégulière, 37 — *Irregularia filamenta,* filets irréguliers, 75
Irritabilitas, tis plantarum, IRRITABILITÉ des plantes, 172
Juliferus, a, um, qui porte des chatons. — *Juliferi arbores,* arbres amentacés ou à chatons.
Julus, i, vel *amentum, i,* CHATON, 31

L.

Labiatus, a, um, LABIÉ, ÉE, qui est à deux lèvres. — *Labiata corolla,* corolle labiée, corolle en gueule, 37. — *Labiati flores,* fleurs labiées. *Voyez* FLEURS en musle, 80
Labium, ii, LÈVRE. — *Labia* vel *labiæ,* se prend pour les lèvres d'une corolle monopétale, lorsqu'elle est irrégulière, & qu'elle représente un musle à deux lèvres, 105
Labyrinthiformis, e, LABYRINTHIFORME, qui est tortueux comme les routes d'un labyrinthe.
Lacerus, a, um, ce qui est comme déchiré, ou ce dont les bords sont divisés irrégulièrement par des segmens difformes. — *Lacera folia,* feuilles déchirées, 59
Laciniæ, arum; ce sont des espèces de lanières qui partagent plus ou moins profondément une partie quelconque, considérée comme étant d'une seule pièce.
Laciniatus, a, um, LACINIÉ, ÉE, ou DÉCHIQUETÉ, ÉE; ce qui est profondément découpé en plusieurs parties, dont chaque partie est encore découpée sans ordre. — *Laciniata margo,* bords laciniés, 14. — *Laciniata folia,* feuilles déchiquetées, laciniées, 59-63
Lactescens, tis, vel *lactifluus, a, um,* LACTESCENT, TE, LAITEUX, SE, qui donne du lait. — *Lactescens pileum,* chapeau laiteux. 29. *Lactescentes plantæ,* plantes lactescentes, 146
Lacteus, albus vel *niveus, a, um,* qui est blanc comme du lait.

Lacunosus, a, um, LACUNEUX, SE, qui a des lacunes, des vides remarquables.
Lacustris, e, LACUSTRE, qui vient dans les lacs. — *Lacustres plantæ,* plantes lacustres, 145
Lævis, e, UNI, IE, 106. — *Lævis margo,* bords lisses, 14. — *Læve pileum,* chapeau lisse, 29. *Lævia folia,* feuilles lisses, 63
Lamellatus vel *lamellosus, a, um,* LAMELLÉ, ÉE, 105. — *Lamellatum pileum,* chapeau lamellé ou doublé de feuillets, 28
Lamina, æ, LAME d'un pétale, 105. On se sert aussi du mot *Lamina,* pour désigner ces espèces de feuillets qui tapissent la surface interne des chapeaux des agarics. — *Laminæ,* FEUILLETS des agarics, 73
Lanatus, lanuginosus vel *laniger, a, um,* LAINÉ ou DRAPÉ, ÉE, 105. — *Lanata superficies,* superficie laineuse, 150. — *Lanata margo,* bords laineux, 14. *Voyez* l'art POILS, 149
Lanceolatus, a, um, LANCÉOLÉ, ÉE, qui est terminé en pointe aux deux extrémités, 105. — *Lanceolata folia,* feuilles lancéolées, 63
Laterifolius, a, um, qui vient sur le côté des feuilles. — *Flores laterifolii,* fleurs insérées sur le côté des feuilles, ou sur le côté de leur pétiole.
Latifolius, a, um, qui est à larges feuilles.
Latitans, tis, qui se cache, qui est caché.
Latus, ris, CÔTÉ. — *Latera folii,* côtés d'une feuille, 54

Lateralis, *e*, LATÉRAL, LE, qui vient sur le côté, 105. — *Lateralis stipes*, pédicule latéral, 131. — *Lateralis spica*, épi latéral, 48. — *Laterales bracteæ*, bractées latérales, 18

Laxus, *a*, *um*, LACHE, qui n'est pas serré, 104. On en a composé les mots *laxè-ramosus, a, um, laxè-spicatus, laxè imbricatus*, &c.

Legumen, *is*, LÉGUME ou GOUSSE, 93

Leguminosus, *a*, *um*, LÉGUMINEUX, SE, 105. — *Leguminosi flores*, fleurs légumineuses, 82

Lenticularis, *e*, LENTICULAIRE, 105. — *Lenticulares glandulæ*, glandes lenticulaires, 92

Liber, *ri*, LIBER ou LIVRET, 105-106

Liber, *ra*, *rum*, LIBRE, 105. — *Libera filamenta*, filets libres, 75

Lignifer, *a*, *um*, qui rapporte du bois, ou qui est destiné à en produire. — *Ligniferi rami*, branches qui ne donnent que du bois, 18

Lignosus, *a*, *um*, qui a la consistance du bois, LIGNEUX, SE, 106. — *Lignosa substantia*, substance ligneuse, 183

Lignum, *i*, BOIS, 12

Ligulatus, *a*, *um*, LIGULÉ, ÉE, qui est en languette, 106. — *Ligulati flores*, fleurs ligulées, 106. — *Ligulata corollula*, demi-fleuron, 42. — *Ligulata folia*, feuilles ligulées, 63

Liliaceus, *a*, *um*, LILIACÉ, ÉE. — *Liliacei flores*, fleurs liliacées ou fleurs en lis, 82

Limbus, *i*, LIMBE, 106

Linea alba, LIGNE blanche qu'on remarque sur toute la longueur de quelques feuilles. — *Folium lineâ albâ notatum.*

Linearis, *e*, LINÉAIRE, étroit comme un fil, 106. *Linearis pedunculus*, péduncule linéaire, 134. — *Linearia folia*, feuilles linéaires, 63. — *Linearis petiolus*, pétiole linéaire, 141. Quelquefois aussi on emploie le mot *linearis*, pour signifier ce qui n'a qu'une ligne de hauteur, 189

Lineatus, *a*, *um*; ce qui est marqué de lignes qui ne sont ni creusées, ni relevées en bosse.— *Lineata folia*, feuilles marquées de lignes, 64

Linguiformis, *e*, vel *ligulatus* seu *lingulatus, a, um*, LIGULÉ, ÉE, qui a la forme d'une langue. *Linguiformia folia*, feuilles ligulées, 63

Litoralis, *e*, qui vient sur les bords des rivières, des fleuves. Il s'emploie plus souvent pour désigner ce qui vient sur les bords de la mer.

Lividus, *a*, *um*, LIVIDE, PLOMBÉ, ÉE.— *Lividus color*, couleur plombée.

Lobatus, *a*, *um*, LOBÉ, DIVISÉ, ÉE profondément en plusieurs parties distantes. On en a composé *bilobus, trilobus, quadrilobus, quinquelobus, multilobus*. — *Lobata folia*, feuilles lobées, 64

Lobus, *i*, LOBE. On distingue ceux des semences d'avec ceux des pétales, des feuilles, &c. 106

Loculamentum, *i*, BOITE, étui, trou, loge.

Loculus, *i*, BOURSE, étui.

Locus, *i insertionis*, se prend pour le lieu de l'insertion, la place qu'occupe une chose qui s'insère sur une autre.

Locusta, *æ*, vel *spicula*, *æ*, EPILET, petit épi, 49

Longifolius, *a*, *um*, qui porte de longues feuilles.

Longissimus, *a*, *um*, TRÈS-LONG, UE. — *Longissimus petiolus*, pétiole très-long, 141. — *Longissimus pedunculus*, péduncule très-long, 136. — *Longissima folia*, feuilles très-longues, 72.—*Longissima filamenta*, filets très-longs, 76

Longus, *a*, *um*, LONG, UE, 107.—*Longus pedunculus*, péduncule long, 134. — *Longus petiolus*, pétiole long, 141. — *Longus stylus*, style long, 181

Lucidus, *a*, *um*, BRILLANT, LUISANT, TE. — *Lucida folia*, feuilles luisantes, 64

Lumen, *nis*, LUMIÉRE, 107

Lunatus vel *Lunulatus*, *a*, *um*, LUNULÉ, ÉE, 107. *Lunata folia*, feuilles lunulées, 64. — *Lunulatæ siliculæ*, silicules lunulées, 172

Luridus, *a*, *um*, qui est d'un jaune pâle.— *Luridus flos*, 78

Lutescens, *tis*, qui tire sur le jaune. — *Lutescens flos*, 78

Luteus vel *flavus*, *a*, *um*, JAUNE, qui est de couleur jaune. — *Luteus flos*, 78

Luxurians, *antis*. On appelle *flos luxurians*, une fleur dont les organes de la fructification sont changés en pétales. *Voyez* FLEURS pleines, 82

Lyratus, *a*, *um*, LYRÉ, ÉE, 107. — *Lyrata folia*, feuilles lyrées, 64. Ses composés sont *lyratò-dentatus, a, um*, denté en lyre.—*Lyratò-pinnatus*, ailé en forme de lyre.

M.

Maceratio, *nis*, MACÉRATION, 107

Maculatus, *a*, *um*, TACHÉ, ÉE.—*Albò-maculatus*, taché de blanc.—*Nigrò-maculatus*, taché de noir.

Mammosus, *a*, *um*, MAMELONNÉ, ÉE, 108. — *Mammosum pileum*, chapeau mamelonné, 29

Manifestus, *a*, *um*, qui est en évidence, qui est très-apparent.

Marescens vel *marcescens*, *tis*, qui se flétrit ou qui est flétri. — *Marescentes flores*, fleurs flétries, 81.—*Stylus marcescens*, style flétri, 181.

Margo, *inis*, BORDS, BORDURE, 12. On le fait masculin ou féminin *ad libitum*.

Marginatus, *a*, *um*, qui a un rebord saillant.

Marinus, *a*, *um*, qui vient en pleine mer.

Maritimus, *a*, *um*, qui vient sur les bords de la mer. — *Maritimæ plantæ*, 145

Mas, *ris*, MÂLE, 108. — *Flores mares* vel *masculi*, fleurs mâles, 82-147

Masculus, *a*, *um*, MÂLE, qui est du sexe masculin. — *Masculi flores*, fleurs mâles, 82

Maturus, *a*, *um*, MUR, RE, 123

Medicinalis,

Medicinalis, e, MÉDICINAL, LE. — *Medicinales plantæ,* plantes médicinales, 146-156

Mediocris, e, ce qui, comparé à telle ou telle partie, est de grandeur ou de grosseur médiocre. — *Mediocris petiolus,* pétiole médiocre, 141

Medius, a, um, MOYEN, NE, ou MÉDIAT, TE. — *Medius pedunculus,* pédoncule médiat, 134

Medulla, æ, MOELLE, 120

Mellifer, a, um, qui porte le miel.

Membranaceus, a, um, MEMBRANEUX, SE, 108. — *Membranacea margo,* bords membraneux, 14. — *Membranacea folia,* feuilles membraneuses, 64. — *Membranaceus petiolus,* pétiole membraneux, 141

Menstruus, a, um, qui se renouvelle à chaque mois.

Meteoricus, a, um, MÉTÉORIQUE. — *Flores meteorici,* fleurs météoriques, 82-174

Methodus Botanica, MÉTHODE BOTANIQUE, 108. — Exposition de la méthode de TOURNEFORT, 110, 114. — Exposition du système sexuel de LINNÆUS, 115-120

Miliaris, e, MILIAIRE, 120

Mimosus, a, um, MIMEUX, SE, 120

Miniatus, a, um, qui est d'un rouge de vermillon.

Minutissimus, a, um, qui est très-menu, très-fin.

Mixtus, a, um, qui est composé de plusieurs choses différentes. — *Mixta gemma,* bouton mixte, 17

Mobilis, e, MOBILE, VACILLANT, TE, 120

Mollis, e, MOU, MOLLE. — *Mollis substantia,* 182

Monadelphia, æ, MONADELPHIE, 115—120

Monandria, æ, MONANDRIE. 115-121

Monocotyledon, is, MONOCOTYLEDONE, qui n'a qu'un cotyledon ou un lobe. — *Monocotyledones plantæ,* plantes monocotyledones, 39-146 — *Monocotyledon semen,* semence monocotydone, 170

Monæcia, æ, MONŒCIE, 116-121

Monogamia, æ, MONOGAMIE, 121

Monogynia, æ, MONOGYNIE, 116-121

Monoicus, a, um, MONOIQUE, 121. — *Flores monoici* vel *androgyni,* fleurs monoïques ou androgynes, 82-121. — *Monoicæ* vel *androgynæ plantæ,* plantes monoïques ou androgynes, 147

Monopetalus, a, um, MONOPÉTALE, qui n'a qu'un pétale, 121. — *Monopetala corolla,* corolle monopétale, 37-121

Monophyllus, a, um, MONOPHYLLE, qui n'est que d'une pièce, 121. — *Monophyllus calix,* calice monophylle, 22-121. — *Monophyllum involucrum,* collerette monophylle, 33. — *Monophyllum perianthium,* périanthe monophylle, 137

Monopyrenus, ra, um, qui ne renferme qu'un noyau ou une amande. — *Monopyrenus fructus,* fruit qui ne renferme qu'un noyau. — *Monopyrena nux,* noix qui ne renferme qu'une amande.

Monospermus, a, um, MONOSPERME, 121.

Monosperma bacca, BAIE monosperme, 10

Monostachius caulis, TIGE qui ne porte qu'un épi.

Monstruosus, a, um, MONSTRUEUX, SE. — Monstres végétaux, 121

Montanus, a, um, qui vient sur les montagnes, dans les lieux montagneux. — *Montanæ plantæ,* 145

Mucidus, a, um, MOISI, CHANSI, IE, ou qui ressemble à de la moisissure.

Mucosus, a, um, MORVEUX, SE, qui est recouvert, ou même qui est composé d'un mucilage qui ressemble à de la morve.

Mucro, nis, POINTE.

Mucronatus, a, um, MUCRONÉ, ÉE, ce qui est pointu. — *Mucronata folia,* feuilles mucronées, 64

Multangularis, e, qui a plusieurs angles.

Multicapsularis, e, MULTICAPSULAIRE, 122.— *Multicapsulare pericarpium,* péricarpe multicapsulaire, 138

Multicaulis planta, plante qui produit plusieurs tiges.

Multifer, a, um, MULTIFÈRE, qui rapporte plusieurs fois dans la même année des fleurs & des fruits. *Plantæ multiferæ,* plantes multifères, 147

Multifidus, a, um, MULTIFIDE, qui est d'une seule pièce, mais fendue en plusieurs parties. — *Multifida corolla,* corolle multifide, 37. — *Multifidæ bracteæ,* bractées multifides, 18. — *Multifida folia,* feuilles multifides, 62

Multiflorus, a, um, MULTIFLORE, qui porte plusieurs fleurs. — *Multiflorus pedunculus,* pédoncule multiflore, 135-136

Multilobus, a, um, qui est à plus de cinq lobes.

Multilocularis, e, MULTILOCULAIRE, qui a plus de six loges, ou qui en a un nombre indéterminé, 122. — *Multilocularis capsula,* capsule multiloculaire, 24

Multipartitus, a, um, qui est partagé jusqu'à la base, ou presque jusqu'à la base, en plus de cinq parties. — *Multipartitus calix,* calice à plus de cinq divisions, 23. — *Multipartita folia. Voyez* feuilles partagées, 66

Multiplex, cis, qui est composé d'un grand nombre, ou qui se trouve en grand nombre.

Multiplicatio, nis, MULTIPLICATION, 122

Multiplicatus, a, um, MULTIPLIÉ, ÉE; ce qui est en nombre extraordinaire. On appelle *Flores multiplicati,* les fleurs monstrueuses, dont le nombre des pétales se trouve multiplié aux dépens des organes de la fructification.

Multisiliquosus vel *multisiliquus, a, um,* qui porte plusieurs siliques qui partent d'un même point.

Multivalvis, e, MULTIVALVE, qui a plus de cinq valves ou panneaux, 123. — *Multivalvis capsula,* capsule multivalve, 25

Multoties divisus pour *multifidus, a, um,* qui est divisé en un nombre indéterminé de parties. — *Multoties divisus cirrhus,* vrille multifide, 210

Muricatus vel *echinatus, a, um,* HÉRISSÉ, ÉE, garni de pointes.

Muscariiformis, *e*, qui a la forme d'un émou-
choir, d'un petit balai.
Muticus, *a*, *um*, qui n'a point de piquans.—*Mu-*

tica folia. Voyez l'art. FEUILLES épineuses, 62
Mutilatus vel *mutilus*, *a*, *um*, MUTILÉ, ÉE, 123.
—*Multilati flores*, fleurs mutilées, 82

N.

Nanus, *a*, *um*, NAIN, NAINE. — *Arbores nani*,
arbres nains, 8
Napiformis, *e*, NAPIFORME, 123. *Napiformis ra-*
dix, racine napiforme, 161
Natans, *tis*, qui surnage, qui flotte sur l'eau.
— *Natantia folia*, feuilles flottantes, 62
Naturalis, *e*, NATUREL, LE, 123. — *Naturalis*
Methodus, méthode naturelle, 109. — *Na-*
turalis ordo, ordre naturel, 127
Nauseosus, *nauseus* vel *nauseabundus*, *a*, *um*,
NAUSEUX, SE.—*Nauseus odor*, odeur nauseuse,
158
Navicularis, *e*, NAVICULAIRE, 123
Nectarifer, *a*, *um*, qui porte des nectaires.
Nectarium, *ii*, NECTAIRE OU NECTAR, 123
Nemorosus, *a*, *um*, qui vient dans les bois, dont
le sol & l'exposition sont favorables à la végé-
tation. — *Nemorosæ plantæ*, 145
Nervosus, *a*, *um*, NERVEUX, SE, qui a des ner-
vures, 124. Ses composés sont *binervius*, *tri-*
nervius, *quadrinervius*, *quinquenervius*, &c.—
Nervosa folia, feuilles nerveuses, 65
Neuter, *ra*, *rum*, NEUTRE.—*Neutri flores*, fleurs
neutres, 82
Nidorus vel *nidorosus*, *a*, *um*, qui sent le brûlé.
Nidulans, *tis*, qui est disposé comme des œufs
dans un nid. — *Semina per pulpam baccæ ni-*
dulantia, semences éparses dans la pulpe molle
d'une baie.
Niger, *ra*, *rum*, NOIR, RE. — *Niger flos*, fleur
noire, 78
Nigricans, *tis*, vel *fuscus*, *a*, *um*, qui a une cou-
leur plombée, bistrée, comme enfumée ou
noirâtre. — *Nigricans flos*, 78
Nigro-cæruleus, *a*, *um*, qui est d'un bleu noi-
râtre, 78
Nigro-maculatus, *a*, *um*, qui est taché de noir.
Nitidus, *a*, *um*, LUISANT, BRILLANT, TE. —
Nitida folia, feuilles luisantes. 64
Niveus, *a*, *um*, qui est blanc comme de la neige.
Nodosus, *a*, *um*, NOUEUX, SE, 125. — *Nodosa*
radix, racine noueuse, 161

Nodus, *i*, NŒUD. Il se prend aussi quelquefois
pour ARTICULATION, 124
Nomenclatura, *æ*, NOMENCLATURE, 124
Nomina synonyma, SYNONYMES, 184
Nostras, *tis*, NOSTRATE. — *Nostrates plantæ*,
plantes nostrates, 147
Notabilis, *e*, vel *notatus*, *a*, *um*, REMARQUABLE
par une chose quelconque.
Nucamentum, *i*, vel *julus*, CHATON, 31
Nucleus, *ei*, NOYAU. Il se prend aussi pour
l'amande contenue dans une coque osseuse.
Nudus, *a*, *um*, NU, E, 125.—*Nudus pedunculus*,
pédoncule nu, 134.—*Nudus caulis*, tige nue,
190. — *Nuda folia*, feuilles nues, 65. — *Nu-*
dum receptaculum, réceptacle nu, 165. — *Nu-*
dum semen, semence nue, 170. — *Nudus ver-*
ticillus, verticille nu, 208
Nullus, *a*, *um*, qui n'existe pas. — *Calix nullus.*
— *Pericarpium nullum*, 125
Numerosi, *æ*, *a*, NOMBREUX, SES, 124. *Numerosa*
stigmata, stigmates nombreux, 176. — *Nu-*
merosæ spicæ, épis nombreux, 48
Numerosissimi, *æ*, *a*, TRÈS-NOMBREUX, SES. *Nu-*
merosissima folia floralia, 62. — *Numerosissima*
lamina, feuillets très-nombreux, 73
Numerus, *i*, NOMBRE. — *Numerus determinatus*;
c'est le nombre fixe, comme quatre, six, huit,
&c. — *Numerus indeterminatus*; c'est un grand
nombre, plusieurs, beaucoup, &c.
Nummularius, *a*, *um*, NUMMULLAIRE, qui a la
forme d'une pièce de monnoie. — *Nummu-*
laria folia, feuilles rondes, 69
Nutans, *tis*, qui se penche. — *Nutans introrsùm*,
qui se penche en dedans, *extrorsùm*, en dehors.
— *Nutantes flores*, fleurs penchées, 82. —
Nutans caulis, tige courbée ou penchée,
187
Nutatio, *nis*, NUTATION, 125
Nutritio, *nis*, NUTRITION, 125
Nux, *cis*, NOIX, ou coque osseuse, 124

O.

Obcordatus vel *obversè-cordatus*, *a*, *um*, qui est
en cœur renversé.
Obliquus, *a*, *um*, OBLIQUE, qui n'est ni horizontal ni vertical, mais dont la direction approche autant de l'un que de l'autre, 125. —
Obliqua folia, feuilles obliques, 65
Oblongus, *a*, *um*, OBLONG, UE, ALONGÉ, ÉE,
125.—*Oblongum pileum*, chapeau alongé, 27.

— *Oblonga folia*, feuilles oblongues, 65
Oblongò-ovatus, *a*, *um*, qui a une forme
ovale alongée.
Obovatus, *a*, *um*; ce qui a une forme ovale, plus
large par le haut.
Obscurè, OBSCURÉMENT. *Obscurè-virentia folia*,
feuilles d'un vert obscur.
Obsoletè, joint à un mot quelconque, diminue de

fa fignification. — *Obfoleté-angulatus*, qui eft anguleux, mais dont les angles font peu faillans. — *Obfoleté-lobatus*, qui eft lobé, mais dont les lobes font peu marqués. — *Obfoleté-ferratus*, denté en fcie, mais dont les dents font émouffées, &c.

Obtufé-dentatus, *a*, *um*, DENTÉ, ÉE, & dont les dents font obtufes. — *Obtufé-dentatum folium*, 59.—*Obtufé-emarginatus*, *a*, *um*, échancré, & dont les divifions font obtufes, 60

Obtufò-angularis, *e*, qui a des angles obtus. — *Caulis obtufò-angularis*, 186

Obtufus, *a*, *um*, OBTUS, SE, ou EMOUSSÉ, ÉE, 47-126. *Obtufa folia*, feuilles obtufes, 65

Obtufus, *a*, *um*, *cum acumine*; ce qui eft obtus, mais furmonté d'une pointe. — *Obtufa cum acumine folia*, 65. — *Obtufus ftrobilus*, CÔNE obtus, 34

Obverfé-cordatus vel *obcordatus*, *a*, *um*; ce qui a la forme d'un cœur renverfé, c'eft-à-dire, dont la pointe eft en bas. Il en eft de même, d'*obverfé-ovatus* vel *obovatus*, qui défigne une figure ovale dont la pointe eft en bas.

Obvolutus, *a*, *um*; c'eft lorfque deux parties s'enveloppent, s'embraffent alternativement.

Occlufus, *a*, *um*, RENFERMÉ, ÉE dans une partie quelconque.

Octandria, *æ*, OCTANDRIE, 115-126

Octofidus, *a*, *um*, qui eft d'une feule pièce, mais fendue en huit parties.

Octolocularis, *e*, qui a huit loges.

Octopetalus, *a*, *um*, OCTOPÉTALE, qui a huit pétales.

Octophyllus, *a*, *um*, qui eft compofé de huit pièces.

Oculus, *i*, BOUTON, 17

Odor, *ris*, ODEUR, 126-158-168

Oaoratus, *a*, *um*, ODORANT, TE, 126

Officinalis, *e*, OFFICINAL, LE. — *Officinales plantæ*, plantes officinales (les SIMPLES) 173.

Oleraceus, *a*, *um*, qui s'emploie comme herbes potagères. — *Oleraceæ herbæ*, herbes potagères.

Operculatus, *a*, *um*, COUVERT d'une opercule.

Operculum, *i*, OPERCULE, 127

Oppofité-pinnatus, *a*, *um*, AILÉ, ÉE avec oppofition. — *Oppofité-pinnata folia*, feuilles ailées & oppofées, 55

Oppofiti-folius, *a*, *um*, qui eft oppofé aux feuilles. — *Oppofiti-folius cirrhus*, vrille oppofée aux feuilles, 210

Oppofitus, *a*, *um*, OPPOSÉ, ÉE, 127. — *Oppofita filamenta*, filets oppofés, 75. *Oppofita folia*, feuilles oppofées, 65-127. — *Oppofiti pedunculi*, pédoncules oppofés, 136

Oppofitus, *a*, *um*, *Decuffatim* vel *cruciatim*, feu *brachiatus*, OPPOSÉ, ÉE en croix.—*Decuffatim* vel *cruciatim oppofita folia*, 127

Orbicularis, *e*, vel *orbiculatus*, *a*, *um*, ORBICULAIRE ou ARRONDI, 127.—*Orbiculare pileum*, chapeau orbiculaire, 30. — *Orbiculatus ftrobilus*, cône fphérique ou orbiculaire, 34.— *Orbiculata folia*, feuilles orbiculaires, 65

Ordo, *nis*, ORDRE, 157

Orgyalis, *e*; ce qui égale en hauteur un homme d'une bonne taille. — *Orgyalis caulis*, 189

Os, *ris corollæ*, ENTRÉE d'une corolle.

Officulus vel *officulum*, *i*, fe prend ici pour un petit noyau *Fructus mollis cum officulo*, 157

Ovalis, *e*, vel *ovatus*, *a*, *um*, OVAL, LE, qui a la forme d'un œuf, 129. — *Ovatus ftrobilus*, cône oval, 34. — *Ovata folia*, feuilles ovales, 66

Ovarium, *ii*, OVAIRE ou GERME, 129

Ovum, *i vegetabile*, ŒUF végétal, la GRAINE proprement dit.

P.

Pagina, *æ* (*pagina fuperior folii*) fe prend pour le deffus d'une feuille (*pagina inferior*) pour le deffous, 54. —*Pagina fuperior*, *pagina inferior* vel *prona pars folii*, furface fupérieure & inférieure d'une feuille, 183. —*Paginæ folii concolores*, feuille colorée également des deux côtés. —*Difcolores*, d'une couleur d'un côté, & d'une autre couleur de l'autre.

Palatum, *i*, PALAIS. — *Palatum corollæ*, palais de la corolle, 130

Palea, *æ*, PAILLE, 129

Palaceus, *a*, *um*, garni de paillettes.

Palmaris, *e*, qui a à peu près trois pouces de hauteur. — *Palmaris caulis*, 189

Palmatus, *a*, *um*, PALMÉ, ÉE. — *Palmata radix*, racine palmée, 161. — *Palmata folia*, feuilles palmées, 60-66. — Linnæus appelle *folium palmatum*, la feuille fimple fendue prefque jufqu'à fa bafe, en plufieurs parties prefque égales, comme celles des *fig.* 21, 23, 24, *pl. VIII.* Celles qu'il nomme *folia digitata*, font celles que l'on appelle feuilles quaternées, quinées, ou qui portent fur le même point plus de cinq folioles étalées.

Paluftris, *e*, vel *paludofus*, *a*, *um*, qui vient dans les marais. — *Paluftres plantæ*, 145

Panduriformis, *e*, PANDURIFORME, qui a la forme d'un violon. — *Panduriformia folia*, feuilles panduriformes, 66

Panicula, *æ*, PANICULE, 130

Paniculatus, *a*, *um*, PANICULÉ, ÉE, difpofé en panicule. — *Paniculatus caulis*, tige paniculée, 191. — *Paniculati flores*, fleurs en panicule, 80

Papilionaceus, *a*, *um*, PAPILIONNACÉ, ÉE, 130. —*Papilionacei flores*, fleurs papilionnacées, 82. — *Papilionacea corolla*, corolle papilionnacée, 37

Papillosus, a, um, MAMELONNÉ, ÉE, garni de mamelons. — *Papillosa folia*, feuilles mamelonnées, 64

Pappofus, a, um, AIGRETTÉ, ÉE. — *Pappofum femen*, femence aigrettée, 169

Pappulofus, a, um, GARNI de points véficulaires, de tubercules, de boutons.

Pappus, i, AIGRETTE, 3-169

Parabolicus, a, um, PARABOLIQUE. — *Apice parabolicus*, qui fe rétrécit depuis le fommet jufqu'à la bafe. — *Bafi parabolicus*, en parabole renverfée qui fe rétrécit depuis la bafe jufqu'au fommet, à peu près comme dans la *fig. 6, pl. VIII.* — *Parabolica folia*, feuilles en parabole, 61

Parallelus, a, um, PARALLÈLE, 130. — *Caulis æquori parallelus*, tige parallèle à l'horizon ou horizontale. — *Parallelum diffepimentum*, cloifon parallèle, 32

Parafiticus, a, um, PARASITE, 130. *Parafiticæ plantæ*, plantes parafites, 147. — *Parafitica radix*, racine parafite, 161

Partialis, e, PARTIEL, LE. — *Partialis umbella*, ombelle partielle, 126. — *Partiale involucrum*, collerette partielle, 32. — *Partialis pedunculus*, péduncule partiel, 134

Partibilis, e, qui eft fufceptible d'être détaché, féparé en plufieurs parties.

Partitus, a, um, PARTAGÉ ou DIVISÉ en plufieurs parties prefque jufqu'à la bafe. Ses compofés font *bipartitus, tripartitus, quadripartitus, quinquepartitus, multipartitus.* — *Partitæ fpinæ*, épines divifées, 48. — *Partita folia*, feuilles partagées, 66

Pafcuus, a, um, qui concerne les paturages, la nourriture du bétail en général.

Paffim, çà & là, de côté & d'autre. — *Paffim Rubiginofus*, taché de rouille par places.

Patens, tis, OUVERT, TE, mais qui fait encore un angle aigu à fon infertion. — *Patens pedunculus*, péduncule ouvert, 134. — *Patens caulis*, tige ouverte, 190. — *Patentia folia*, feuilles ouvertes, 66. — *Patens petiolus*, pétiole montant, 141

Patentiffimus, a, um, TRÈS-OUVERT, qui eft ouvert à angle droit, ou prefqu'à angle droit.

Patulus, a, um, ETALÉ, ÉE fans ordre. On le fait quelquefois fynonyme de *divergens*.

Pauci, æ, a, qui font en petit nombre. — *Pauca folia floralia*, feuilles florales en petit nombre, 62

Pauci-florus, a, um, qui a peu de fleurs.

Peculiaris, e, s'emploie comme fynonyme de *proprius. Voyez* ce mot.

Pedalis, e; ce qui a un pied de haut ou environ. — *Pedalis caulis*, 189

Pedatus, a, um, PÉDIAIRE. — *Pedata folia*, feuilles pédiaires, 66

Pedicellatus, a, um, qui a un petit péduncule particulier, outre un péduncule commun. — *Germen pedicellatum*, ovaire porté par un petit péduncule particulier.

Pedicellus, i; c'eft un petit péduncule propre aux fleurs qui ont en outre un péduncule commun.

Pediculatus feu *ftipitatus, a, um*, PÉDICULÉ, ÉE. — *Pediculatæ glandulæ*, glandes pédiculées, 192. — *Pediculatum pileum*, chapeau pédiculé, 30. — *Pediculatum ftigma*, ftigmate pédiculé, 176

Pediculus, i, vel *ftipes, itis*, PÉDICULE, 131-183.

Peduncularis, e, PÉDUNCULAIRE, qui vient fur le péduncule.

Pedunculatus, a, um, PÉDUNCULÉ, ÉE, 137. — *Pedunculati flores*, fleurs pédunculées, 82

Pedunculus, i, PÉDUNCULE, 132-183

Peltatus vel *clypeatus, a, um*; ce qui eft arrondi comme un plateau ou comme une efpèce de bouclier, que l'on nomme rondache. — *Peltata folia*, feuilles en rondache & ombiliquées, 65. — *Peltati m ftigma*, ftigmate en plateau, 176

Pendulus, a, um, vel *pendens, tis*, PENDANT, TE, 137. — *Pendulus bulbus*, bulbe fufpendue, 19. — *Pendulus pedunculus*, péduncule pendant, 135. — *Penduli rami*, 163

Penicilliformis, e, qui eft en forme de pinceau.

Pentagonus, a, um, qui a cinq côtés remarquables on cinq faces, & par conféquent cinq angles.

Pentagynia, æ, PENTAGYNIE, 116-137

Pentandria, æ, PENTANDRIE, 115-137

Pentangularis, e, qui a cinq angles.

Pentapetalus, a, um, PENTAPÉTALE, qui a cinq pétales. — *Pentapetala corolla*, corolle pentapétale, 38-139

Pentaphyllus, a, um, PENTAPHYLLE, qui eft de cinq feuilles ou de cinq pièces. — *Pentaphyllus calix*, calice pentaphylle, 23. — *Pentaphyllum involucrum*, collerette pentaphylle, 33. — *Pentaphyllum perianthium*, périanthe pent phylle, 138

Peregrinus, a, um, qui eft étranger.

Perennis, e, VIVACE, PERSISTANT, TE, 209. — *Perennis planta*, plante vivace, 144. — *Perennis radix*, racine vivace, 162

Perexilis, e, qui eft fort mince, fort délié : il s'emploie comme fynonyme de *gracilis*.

Perfectus, a, um, PARFAIT ou COMPLET, TE.

Perfoliatus, a, um, PERFOLIÉ, ÉE, 137. — *Perfoliata folia*, feuilles perfoliées, 66

Perforatus, a, um, TROUÉ, ÉE, ou feulement qui eft creufé, percé à jour.

Perianthium, ii, PÉRIANTHE, 137

Pericarpium, ii, PÉRICARPE, 138

Perpendicularis, e, vel *ftrictus, a, um*, PERPENDICULAIRE, ou qui eft très-droit, 138. — *Perpendicularis pedunculus*, péduncule perpendiculaire, 135. — *Perpendicularis radix*, racine pivotante & perpendiculaire, 161

Perpufillus, a, um, qui s'élève très-peu.

Perfiftens, tis, STABLE, qui perfifte, qui dure long-temps, 175-20-138. — *Perfiftentes bracteæ*, bractées perfiftantes, 17. — *Perfiftens*

calix

N n n

Prifmaticus , a , um , qui a la forme d'un prifme.
Procerus , a , um , qui s'élève beaucoup.
Probofcides , is , qui eft en forme de trompe.
Procumbens , entis , qui retombe.
Profundè laciniatus vel *diffeſtus ,* qui eft profondément découpé.
Prolifer, a , um , PROLIFERE. — *Prolifer caulis ,* tige prolifère, 191. — *Proliferi flores ,* fleurs prolifères, 83
Prolificatio , nis , PROLIFICATION , 155
Prominens , tis , qui domine, qui furpaſſe en hauteur.
Prominulus , qui domine un peu.
Propago , nis , fe prend communément pour le provin de la vigne ; mais Linnæus donne ce nom aux femences qui n'ont pas de tunique propre : il cite pourexemple celles des mouſſes.
Propendens , tis , qui penche, qui femble être prêt à tomber.
Proprietates plantarum , PROPRIÉTÉS des plantes, 156
Proprius , a , um , vel *peculiaris , e ,* PROPRE , 155.—*Proprius pedunculus ,* péduncule propre, 135. — *Proprius petiolus ,* pétiole propre, 141. *Proprius calix ,* calice propre, 23. — *Proprium involucrum ,* enveloppe propre, & mieux, tunique propre, 47
Proximus , a , um ; il fe prend ici pour IMMÉDIAT , TE. — *Proximus petiolus ,* pétiole immédiat, 140
Prunus , i , vel *drupa , æ ,* fe prend pour toute efpèce de fruit à noyau.
Pruriens , entis , qui donne des démangeaifons : il y a des poils qui ont cette propriété.

Pubes , is , DUVET.
Pubefcens , tis , PUBESCENT , TE , couvert de duvet. — *Pubefcens fuperficies ; voyez* l'art. POILS , 150. — *Pubefcens margo ,* bords pubefcens, 14
Pullus , a , um , qui eft d'une couleur terne & brunâtre.
Pulpa , æ , PULPE , 157
Pulpofus , a , um , PULPEUX , SE , 157. — *Pulpofa folia ,* feuilles pulpeufes, 67
Pulverulentus , a , um , POUDREUX , SE , couvert de pouſſière.
Pulvis feminalis , vel *pollen , nis ,* POUSSIÈRE fécondante ou féminale, 152
Pumilus , a , um , fynonyme de *nanus , a , um ,* NAIN , NAINE , 123-8
Punſtatus , a , um , PONCTUÉ , ÉE , garni de points planes ou creufés, ou feulement colorés, 151.—*Punſtata folia,* feuilles ponſtuées, 67
Pungens , entis , qui eft piquant comme une aiguille.
Puniceus vel *coccineus , a , um ,* qui eft d'un rouge écarlate. — *Puniceus flos ,* 78
Purpuráfcens , tis , qui tire fur le pourpre.
Purpureus , a , um , POURPRÉ , ÉE , qui eft de couleur pourpre. — *Purpureus flos ,* '78
Pufillus , a , um , qui s'élève peu.
Putamen , inis , fe prend pour la coquille de la noix, ou d'un noyau en général.
Putrefcibilis , e , qui fe corompt en peu de temps, que l'on ne peut garder. *Pileum putrefcibile,* 30
Pyramidalis , e , PYRAMIDAL , LE , 157

Q.

Quandrangularis , e , vel *quadrangulus , a , um ,* QUADRANGULAIRE , 157. — *Quadrangularia folia ,* feuilles quadrangulaires, 67
Quadricapfularis , e , QUADRICAPSULAIRE , 157
Quadrifidus , a , um , QUADRIFIDE , qui eft d'une feule pièce, mais fendue en quatre. — *Quadrifida corolla ,* corolle quadrifide, 37.—*Quadrifida folia ,* feuilles quadrifides, 62
Quadriflorus , a , um , QUADRIFLORE. — *Quadriflorus pedunculus ,* péduncule quadriflore, 135
Quadrijugus , a , um , QUADRIJUGUÉ , ÉE , 157. — *Quadrijuga folia ,* feuilles quadrijuguées, 58-67
Quadrilobus , a , um , QUADRILOBÉ , ÉE. — *Quadriloba folia ,* feuilles quadrilobées, 64
Quadrilocularis , e , QUADRILOCULAIRE , qui a quatre loges.—*Quadrilocularis capfula ,* capfule quadriloculaire, 24
Quadrinervius , a , um , qui a quatre nervures très-apparentes. — *Quadrinervia folia ,* 65
Quadripartitus , a , um , PARTAGÉ , ÉE en quatre parties jufqu'à la bafe. — *Quadripartita folia ,* 66. — *Quadripartitus calix ,* calice divifé en quatre parties, 23
Quadryphyllus vel *tetraphyllus , a , um ,* QUADRYPHYLLE ou TÉTRAPHYLLE , qui eft de quatre pièces diftinſtes, 157. — *Quadriphyllum involucrum ,* collerette quadriphylie, 33. — *Quadriphyllum perianthium ,* périanthe quadriphylle ou tétraphylle, 137
Quadriqueter , a , um , qui a quatre faces ou quatre côtés planes.
Quadrifpermus vel *tetrafpermus , a , um ,* qui a quatre femences.
Quadrivalvis , e , QUADRIVALVE , qui a quatre valves ou panneaux, 158. — *Quadrivalvis capfula ,* capfule quadrivalve, 25
Quadrivafcularis , e , qui a quatre loges en forme de cornets ou de godets.
Qualitates plantarum , QUALITÉS des plantes, 158
Quaternatus vel *quaternus , a , um ,* QUATERNÉ , ÉE , 158. — *Quaternata folia ,* feuilles quaternées, 60-67
Quinatus vel *quinus , a , um ,* QUINÉ , ÉE , difpofé cinq par cinq à chaque articulation , ou fur le

même point d'infertion , 158. — *Quina* vel *quinata folia* , feuilles quinées , 67

Quinquangularis , e , QUINQUANGULAIRE , 158

Quinquecapfularis , e , qui a cinq capfules.

Quinquefidus , a , um , qui eft d'une feule piéce, mais fendue en cinq parties. — *Quinquefida corolla* , corolle quinquefide, 37. — *Quinquefida folia* , feuilles quinquefides , 62

Quinqueflorus , a , um , QUINQUEFLORE. — *Quinqueflorus pedunculus* , péduncule qui porte cinq fleurs , 135

Quinquelobus , a , um , QUINQUELOBÉ , ÉE , qui eft à cinq lobes. — *Quinqueloba folia* , feuilles quinquelobées , 64

Quinquelocularis , e , QUINQUELOCULAIRE , qui a cinq loges. — *Quinquelocularis capfula* , capfule quinqueloculaire , 24

Quinquenervius , a , um , qui a cinq nervures très-apparentes. — *Quinquenervia folia* , 65

Quinquepartitus , a , um , DIVISÉ , PARTAGÉ , ÉE en cinq parties jufqu'a la bafe , ou prefque jufqu'à la bafe. — *Quinquepartita folia* , 66. — *Quinquepartitus calix* , calice divifé en cinq, 23

Quinquevalvis , e , QUINQUEVALVE , qui a cinq valves ou panneaux. — *Quinquevalvis capfula,* capfule quinquevalve , 25

Quinquevafcularis , e , qui a cinq loges en forme de cornets ou de godets.

O.

Racemofus , a , um , qui eft difpofé en grappe. — *Racemofi flores* , fleurs en grappe , 80-94

Racemus , i , GRAPPE , 94

Rachis , is , RAPE , RAFFE ou RAFLE , 164

Radiatus , a , um , RADIÉ ou RAYONNÉ , ÉE , 163. — *Radiata folia* , feuilles radiées ou verticillées, 73. — *Radiati flores* , fleurs radiées , 83. — *Radiatum ftigma* , ftigmate rayonné , 177

Radicalis , e , RADICAL , LE , 162. — *Folia radicalia* , feuilles radicales , 68

Radicans , antis , RADICANT , TE , qui prend racine , qui produit des racines. — *Radicans caulis* , tige radicante , 191. — *Radicantia folia* , feuilles radicantes , 68. — *Radicans cirrhus* , vrille radicante , 211

Radicatio , nis , fe prend pour la difpofition des racines , en général.

Radicatus , a , um , pour *radicans*. *Voyez* ce mot.

Radicula , æ , vel *roftellum , i* , RADICULE , 162

Radius , ii , RAYON , 165

Radix , cis , RACINE , 159-162

Rameus , a , um , RAMÉAL , LE , 103. — *Rameus pedunculus* , pédoncule raméal , 135. — *Ramea folia* , feuilles raméales , 68

Ramifer , a , um , qui produit des rameaux , ou qui eft deftiné à en produire. — *Ramifera gemma* , bouton à bois , 17

Ramificatio , nis , RAMIFICATION , 164

Ramofus , a , um , RAMEUX , SE , 164. — *Ramofus caulis* , tige rameufe , 191. — *Ramofa radix* , racine rameufe , 162. — *Ramofus pappus* , aigrette rameufe , 169. — *Ramofa fpica* , épi rameux , 48. — *Ramofi pilei* , poils rameux, 150

Ramofiffimus , a , um , TRÈS-RAMEUX , SE.

Ramus , i , BRANCHE , RAMEAU , 18. *Rami* , rameaux ou branches & leurs divifions, 163-164

Rarus , a , um , RARE , qui eft en petit nombre. *Rara folia* , feuilles rares & éloignées fur la tige , 60. — *Raræ laminæ* , feuillets rares , 73. — *Rari flores* , fleurs rares & clairfemées , 83

Rariflorus , a , um , qui ne porte qu'un petit nombre de fleurs.

Rarifolius , a , um , qui ne porte qu'un petit nombre de feuilles.

Receptaculum , i , RÉCEPTACLE , 165

Reclinatus , a , um , RENVERSÉ , ÉE. — *Reclinata folia* , 65-69

Reclufio , nis ; c'eft l'inftant où une fleur fe referme.

Recompofitus , a , um , RECOMPOSÉ , ÉE , qui eft compofé deux fois. — *Recompofita folia*, feuilles recompofées , 68

Reconditus , a , um , CACHÉ , ÉE

Rectus vel *erectus , a , um* , DROIT , TE , 44

Recurvatus , a , um , RECOURBÉ , ÉE en dehors , 165. — *Recurvatus petiolus* , pétiole recourbé , 141. — *Recurvata capfula* , capfule courbée en dehors , 24

Recutitus , a , um ; ce qui eft comme écorché , ce dont il fembleroit qu'on a ôté la peau.

Recurvus , a , um , RECOURBÉ ou COURBÉ , ÉE en dehors. — *Recurvi aculei* , aiguillons courbés en dehors , 3

Reflexus , a , um , vel *dependens , tis* , RETOMBANT , TE , qui eft réfléchi ou rabattu, 159-166. — *Reflexi rami* , rameaux rétléchis , 164. — *Reflexa margo* , bords réfléchis , 14. — *Reflexa folia* , feuilles tombantes ou pendantes, 66-68

Regnum vegetabile , RÈGNE végétal , 166

Regularis , e , RÉGULIER , RE , 166. — *Regularis corolla* , corolle réguliere , 38

Remotus , a , um , ELOIGNÉ , ÉE. — *Remota folia,* feuilles éloignées , 60

Reniformis , e , RÉNIFORME , 166. — *Reniformia folia* , feuilles réniformes , 68. — *Reniforme femen* , femence réniforme , 170

Repandus , a , um , GODRONNÉ , ÉE. *Repanda folia* , feuilles godronnées , 63

Repens , entis , REMPANT , TE , 164. — *Repens radix* , racine rempante ou traçante , 162. — *Repens caulis* , tige rempante , 191

Reproductio , nis , REPRODUCTION , 166

Res herbaria, æ, pour *Botanica , æ,* BOTANIQUE, 15

Refinæ , arum , RÉSINES , 166

Reftans , tis , eft employé par Linnæus au lieu de *perfiftens*. — *Pedunculi reftantes* , péduncules qui reftent attachés à la plante après la chûte des organes de la fructification.

Refupinatio , nis floris , fe prend pour l'état d'une

fleur dont la lèvre où le pétale supérieur devient l'inférieur.

Refupinatus, *a*, *um*, RETOURNÉ, ÉE. — *Refupinata folia*, feuilles retournées, 69. — *Refupinatus pedunculus*, péduncule retourné, 135

Reticularis, *e*, RÉTICULAIRE, qui reffemble à un rets. — *Reticulare opus*, tiffu réticulaire, 193

Retiformis, *e*, RÉTIFORME, 167. — *Retiformis radix*, racine rétiforme, 162. — *Retiformis annulus*, collet rétiforme, 33. — *Retiformia folia*, feuilles rétiformes, 69

Retroflexus, *a*, *um* ; il fe prend pour fignifier ce qui eft replié fur lui-même.

Retrorsò-dentatus, *a*, *um*, DENTÉ, ÉE, & dont les dents font tournées à rebours. — *Retrorsòdentatum folium*, feuille dentée à rebours, 60

Ret fus, *a*, *um*, EMOUSSÉ, ÉE, & terminé par un finus obtus & peu profond. — *Retufa folia*, feuilles émouffées, 61

Revolutus, *a*, *um*, ROULÉ, ÉE en deffous, 167. *Revoluta folia*, feuilles roulées en deffous, 69

Rhombeus, *a*, *um*, vel *rhomboidalis*, *e*, RHOMBOIDE, RHOMBOIDAL, LE, 167. — *Rhombea folia*, feuilles rhomboïdes, 59-69

Rictus, *ûs*, GUEULE ouverte : il fe prend pour l'écartemnnt des deux lèvres d'une corolle labiée, & pour l'efpace compris entre les bords ou le limbe des pétales des autres efpèces de corolle.

Rigidus, *a*, *um*, ROIDE. — *Rigidus caulis*, tige roide, 191. — *Folia rigida*, feuilles roides, 69

Rimofus, *a*, *um*, CREVASSÉ, ÉE. — *Rimofus caulis*, tige crevaffée, 187

Ringens, *entis*, qui eft à deux lèvres ouvertes. — *Ringens corolla*, corolle en mafque, 36

Roridus, *a*, *um*, qui eft remarquable par une humidité qui fembleroit avoir été produite par la rofée.

Rofaceus, *a*, *um*, ROSACÉ, ÉE, qui a la forme d'une rofe. — *Rofacea corolla*, corolle rofacée, 38. — *Rofacei flores*, 84

Rofeus, *a*, *um*, qui eft de couleur de rofe. — *Rofeus flos*, 78

Roftellum, *li*, RADICULE, 162

Roftratus, *a*, *um*, qui eft en forme de bec.

Rotatus, *a*, *um*, qui eft fait en roue, qui fait la roue. — *Rotata corolla*, corolle en roue, 37

Rotundus vel *rotundatus*, *a*, *um*, ROND, ARRONDI, SPHÉRIQUE, ORBICULAIRE.

Ruber, *ra*, *rum*, ROUGE. *Voyez* l'article COULEUR, 39

Rubiginofus, *a*, *um*, qui eft de couleur de rouille.

Rubrò-maculatus, *a*, *um*, TACHÉ, ÉE de noir.

Rugofus, *a*, *um*, RIDÉ, ÉE, RABOTTEUX, SE, 167. — *Rugofum pileum*, chapeau ridé, 30. — *Rugofa fuperficies*, fuperficie rabotteufe, 183

Ruderalis, *e*, vel *Ruderatus*, *a*, *um*, qui vient autour des maifons & parmi les gravois. — *Ruderales plantæ*, 145

Runcinatus, *a*, *um*, RUNCINÉ, ÉE, 168. — *Folia runcinata*, feuilles runcinées, 69

Rupeftris, *e*, qui vient fur les rochers.

S.

Sagittatus, *a*, *um*, SAGITTÉ, ÉE, 168. — *Sagittata folia*, feuilles fagittées, 69. — *Sagittatæ ftipulæ*, ftipules en fer de flèche, 179

Salfus, *a*, *um*, SALÉ, ÉE. — *Salfus fapor*, faveur falée, 158

Sanguineus, *a*, *um*, qui eft d'un rouge de fang.

Sapidus, *a*, *um*, qui a une faveur quelconque.

Sapor, *ris*, SAVEUR, 158-168

Sarmentofus vel *farmentaceus*, *a*, *um*, SARMENTEUX, SE. — *Sarmentofus caulis*, tige farmenteufe, 192. — *Sarmentofæ plantæ*, plantes farmenteufes, 168

Sarmentum, *i*, SARMENT, 168

Scaber, *ra*, *rum*, RABOTEUX, SE, 159-168. — *Folia fcabra*, feuilles rudes ou rabotcufes, 69. — *Scaber pedunculus*, péduncule rude, 135. — *Scabri pili*, poils rudes, 150

Scabrities, *ei*, & mieux, *fcabritia*, *æ*, fe prend pour la rudeffe d'une chofe quelconque.

Scandens, *entis*, GRIMPANT, TE. — *Scandens caulis*, tige grimpante, 189

Scapus, *i*, HAMPE, 97-183

Scariofus, *a*, *um*, SCARIEUX, SE, 168. — *Folia fcariofa*, feuilles fcarieufes, 70

Sciffilis, *e*, qui fe rompt facilement.

Scrotiformis, *e*, SCROTIFORME, qui reffemble au fcrotum, 168. — *Scrotiformis capfula*, capfule fcrotiforme, 24

Scutellatus, *a*, *um*, qui a la forme d'une écuelle.

Sectator, *ris*, SECTATEUR, 168

Secretio, *nis*, SECRÉTION, 168

Sectio, *nis*, SECTION, *fectiones botanicæ*, 169

Secundus, *a*, *um*, qui eft compofé de parties penchées ou tournées d'un feul côté. On emploie quelquefois les mots *fecundus & unilateralis*, comme fynonymes, quoiqu'à la rigueur ils aient une fignification très-différente. — *Secundi* vel *unilaterales flores*, fleurs unilatérales, 85

Segmentum, *i*, SEGMENT. *Segmenta*, 169

Segregatus, *a*, *um*, SÉPARÉ, ÉE. — *Polygamia fegregata*, polygamie féparée (*Phil. B.*).

Semen, *nis*, SEMENCE OU GRAINE, 169

Semi-amplexicaulis, *e*, SEMI-AMPLEXICAULE, qui n'embraffe la tige qu'à moitié.

Semi-cylindraceus, *a*, *um*, vel *femi-teres*, *tis*, femi-cylindrique, 170

Semi-duplex, *cis*, SEMI-DOUBLE. — *Semi-duplices flores*, fleurs femi-doubles, 84

Semi-flofculofus,

Semi-flosculosus , a , um , SEMI-FLOSCULEUX, SE , 170. — *Semi-flosculosi flores ,* fleurs semi-flosculeuses, 84

Semi-flosculus , i , DEMIFLEURON, 42

Semi-inferus , a , um , DEMI-INFÉRIEUR , RE. — *Semi-inferum germen ,* ovaire demi-inférieur , 129

Seminalis , e , SÉMINAL , LE, 170 , qui a quelque rapport avec la femence. — *Seminalia folia ,* feuilles féminales , 70. — *Seminale receptaculum ,* placenta , 143

Seminatio , nis , SÉMINATION , difperfion des femences, 170

Seminifer , a , um , qui porte des femences.

Semi-teres , tis , DEMI - CYLINDRIQUE ou SEMI-CYLINDRIQUE , 42 , 170. — *Semi-teres pedunculus ,* péduncule femi-cylindrique , 133

Semi-uncialis , e , qui n'a que fix lignes de hauteur.

Sempervirens , entis , qui eft toujours vert.—*Sempervirentes arbores ,* arbres toujours verts , 8. — *Sempervirentia folia ,* 66

Senfilis vel *fenfibilis , e ,* qu'on apperçoit aifément.

Senus , a , um , SIX par SIX. — *Sena folia ;* c'eft felon Linnæus , une feuille compofée , qui porte fix folioles fur le même point d'infertion.

Sericeus , a , um , SOYEUX , SE , SATINÉ , ÉE , qui reffemble à du fatin , ou qui eft comme argenté. — *Sericeus flos ,* 78. — *Sericea margo ,* bords foyeux , 14.—*Sericea fuperficies ,* fuperficie foyeufe , 150

Serotinus , a , um , TARDIF , VE ; il eft oppofé à *præcox.*

Serratò-ferratus , a , um , DENTÉ , ÉE en fcie , & dont chaque dent eft encore dentée en fcie.

Serratus vel *ferratò-dentatus , a , um ,* DENTÉ , ÉE en fcie. — *Serratæ bracteæ ,* bractées dentées en fcie , 17. — *Serratum folium ,* feuille dentée en fcie , 60

Seffilis , e , qui n'a pas de pied , de tige ou de pédicule , &c. 171. — *Seffilis bulbus ,* bulbe adhérente à la tige , 19. — *Seffile pileum ,* chapeau feffile , 30.—*Seffilia folia ,* feuilles feffiles , 70. — *Seffiles flores ,* fleurs feffiles , 84. — *Seffile germen ,* ovaire feffile , 129. — *Seffilis pappus ,* aigrette feffile , 169. — *Seffile ftigma ,* ftigmate feffile , 176

Setaceus , a , um , SÉTACÉ , ÉE , qui reffemble à de la foie de porc , 171. — *Setacea folia ,* feuilles fétacées , 70. — *Setaceus ftylus ,* ftyle fétacé , 181

Setæ , arum ; on donne ce nom à certains poils rudes comme de la foie de porc.

Setofus , a , um , qui eft garni de poils rudes.

Sexangularis , e , qui a fix angles.

Sexfidus , a , um , qui eft d'une feule pièce , mais fendue en fix.

Sexflorus , a , um , qui porte fix fleurs. — *Sexflorus pedunculus ,* 135

Sexjugus , a , um. Voyez FEUILLES conjuguées, 58

Sexlocularis , e , SEXLOCULAIRE , qui a fix loges,

Sexlocularis capfula , capfule fexloculaire , 24

Sexus , ûs plantarum , SEXE des végétaux , 171

Sexvalvis , e , qui eft compofe de fix valves ou panneaux.

Siccus , a , um , SEC , SÈCHE , qui n'eft ni humide , ni pulpeux. — *Siccum pileum ,* chapeau fec, 30

Silicula , æ , SILICULE , 172

Siliqua , æ , SILIQUE , 172

Siliquofæ plantæ , plantes qui ont des filiques pour fruits.

Simplex , cis , SIMPLE , 173. — *Simplex bulbus ,* bulbe fimple , 19. — *Simplex calix ,* calice fimple , 23. — *Simplex fpica ,* épi fimple , 48. — *Simplices fpinæ ,* épines fimples , 48. — *Simplicia folia ,* feuilles fimples , 70. — *Simplices flores ,* fleurs fimples , 84. — *Simplex pedunculus ,* péduncule fimple , 135. —*Simplex pappus ,* aigrette fimple , 169

Simpliciffimus , a , um , TRÈS-SIMPLE.

Siniftrorfum , de gauche à droite. — *Caulis finiftrorfum volubilis ,* 188. — *Cirrhus finiftrorfum volubilis ,* 211

Sinuatus , a , um , SINUÉ , ÉE , 173 ; il fe prend auffi quelquefois pour FESTONNÉ , ÉE. — *Sinuata folia ,* feuilles finuées , 70. — *Sinuata margo ,* bords feftonnés , 13. *Voyez* l'article SINUS , 173

Sinus , ûs , SINUS OU ECHANCRURE , 54-173

Situs , ûs , SITUATION , 173

Solares plantæ , PLANTES SOLAIRES. 174

Solidus , a , um , SOLIDE , qui a de la confiftance. *Solidus caulis ,* tige folide , 192. — *Solidus bulbus ,* bulbe folide , 19. — *Solida fubftantia ,* fubftance folide 182

Solitarius , a , um , SOLITAIRE , qui eft feul. — *Solitarius pedunculus ,* péduncule folitaire, 135. — *Solitaria bractea ,* bractée folitaire , 17. — *Solitarii flores ,* fleurs folitaires , 84. — *Solitaria fpica ,* épi folitaire , 48. — *Solitarium ftigma ,* ftigmate folitaire , 176. — *Solitarius ftylus ,* ftyle folitaire , 181

Solum , i , SOL , 173

Somnus , i plantarum , SOMMEIL des plantes , 174

Sordidè-albicans , tis , qui eft d'un blanc fale. — *Sordidè-lutefcens ,* d'un jaune fale. — *Sordidè-purpureus , a , um ,* d'un pourpre fale.—*Sordidè-virefcens ,* d'un vert fale , 78

Spadiceus , a , um , SPADICÉ , ÉE.—*Spadicei flores ,* fleurs fpadicées. On nomme ainfi les fleurs qui font portées fur une colonne que l'on nomme *poinçon ,* lequel étoit renfermé en entier dans un ou plufieurs fpathes , comme cela fe remarque dans les *arum ,* les *palmiers.*

Spadix , cis , POINÇON . 150

Sparfus , a , um , EPARS , SE , 48. — *Sparfi flores ,* fleurs éparfes , 80. — *Sparfi pedunculi ,* péduncules épars, 136.—*Sparfa folia ,* feuilles éparfes , 62. — *Sparfi rami ,* rameaux épars , 163

Spatha , æ , SPATHE , 175

Spathaceus , a , um , qui eft pourvu d'un fpathe , ou qui a la forme d'un fpathe.

Suberosus , *a* , *um* , SUBÉREUX , SE , qui ressemble à du liège , 182. — *Suberosus caulis* , tige subereuse , 193. — *Suberosum pileum* , chapeau subéreux , 30. — *Suberosus stipes* , pédicule subéreux , 132

Submersus vel *demersus* , *a* , *um* , SUBMERGÉ , ÉE. —*Demersa folia* , feuilles submergées , 71

Suborbicularis , *e* , vel *subrotundus* , *a* , *um* , SOUS-ORBICULAIRE ; ce qui approche de la figure ronde , 174. — *Suborbiculare folium* , feuille sous-orbiculaire , 174

Substantia , *æ* , SUBSTANCE , 182

Subterraneus , *a* , *um* , SUBTERRANÉ , ÉE. — *Subterraneæ plantæ* , plantes subterranées , 148

Subtùs , en dessous , au dessous , par dessous. — *Subtùs lanatus* , laineux en dessous.

Subulatus , *a* , *um* , SUBULÉ , ÉE , 182.—*Subulata folia* , feuilles subulées , 71.—*Subulatæ stipulæ* , stipules en forme d'alène , 179

Succi plantarum , SUCS des plantes , fluides nécessaires à la végétation , 162·85

Succosus vel *succulentus* , *a* , *um* , SUCCULENT , TE , ou PULPEUX , SE , 182

Suffrutex , *cis* , SOUS-ARBRISSEAU ou ARBUSTE. *Suffrutices* , sous-arbrisseaux , 144-174

Suffruticosus , *a* , *um* , vel *frutescens* , *tis* , SOUS-LIGNEUX , SE , 174. — *Suffruticosus caulis* , tige sous-ligneuse , 192

Suffugium , *ii* , ABRI.—*Plantarum suffugium* , abri des plantes , 1

Sulcatus , *a* , *um* , SILLONNÉ , ÉE , 173. — *Sulcatus caulis* , tige sillonnée , 192. — *Sulcata folia* , feuilles sillonnées , 70. — *Sulcata superficies* , superficie sillonnée , 183

Sulphureus , *a* , *um* , qui a la couleur du soufre.

Superâ parte , se prend pour EN DESSUS , comme *pronâ parte* pour en dessous.

Superans , *tis* , qui surpasse en hauteur.

Superficies , *ei* , SUPERFICIE , 54-183

Superfluus , *a* , *um* , SUPERFLU , UE. — *Polygamia superflua* , polygamie superflue (SYST. VEG. *LIN.*)

Superus , *a* , *um* , SUPÉRIEUR , RE , 183. — *Superus calix* , calice supérieur , 23. — *Supera corolla* , corolle supérieure , 38. — *Superum germen* , ovaire supérieur , 129

Suprà-decompositus , *a* , *um* , SURCOMPOSÉ , ÉE , composé plus de deux fois , 183. — *Suprà-decomposita folia* , feuilles surcomposées , 71

Suprà-foliaceus , *a* , *um* , qui vient plus haut que les feuilles. — *Suprà-foliaceus pedunculus* , 135

Surculus , *i* , BOURGEON , JET ou jeune pousse , 104

Sutura , *æ* , SUTURE , 183

Sylvestris , *e* , vel *sylvaticus* , *a* , *um* , qui vient dans les bois peu élevés , dont le terrain est aride. — *Sylvaticæ plantæ* , 145

Syngenesia , *æ* , SYNGENESIE , 116-183

Synonymia , *æ* , SYNONYMIE , 184. — *Synonyma nomina* , synonymes , *idem.*

Synopsis , *is.* Il s'emploie quelquefois comme synonyme de *figura* , *d'icon* , & signifie dessin , peinture , gravure même ; d'autres fois on l'emploie pour signifier une description considérée comme peinture verbale d'un sujet quelconque.

Systema , *tis* , SYSTÈME , 109-184. — *Systema sexuale* , système sexuel , 114

Systematicus , *a* , *um* , qui tient , qui a rapport , ou qui est conforme à un système.

T.

Tænianus , *a* , *um* , RUBANTÉ , ÉE , qui a la forme d'un ruban , 168

Talea , *æ* , BOUTURE , 17. — Il se prend aussi pour le rejet , avant d'être détaché du corps de l'arbre qui l'a produit. — *Taleæ* vel *stolones* , rejettons , 166

Tectus , *a* , *um* , COUVERT , TE. — *Tectum semen* , semence couverte , 170

Tegens , *tis* , qui recouvre.

Tenellus , *a* , *um* , DÉLICAT , TE , qui est fort tendre , fort fragile.

Tenuifolius , *a* , *um* , qui est à feuilles étroites.

Tenuis , *e* , AMINCI , IE , MINCE.—*Tenuis margo* , bords amincis , 13. — *Tenue pileum* , chapeau mince , 30

Teretiusculus , *a* , *um* , qui est un peu cylindrique·

Teres , *etis* , CYLINDRIQUE. — *Teres pedunculus* , péduncule cylindrique , 133. — *Teretia folia* , feuilles cylindriques , 59

Tergeminus vel *triplicatò-geminus* , *a* , *um* , TERGÉMINÉ , ÉE. — *Tergemina folia* , feuilles tergéminées , 71

Terminalis , *e* , TERMINAL , LE , qui termine , qui se trouve aux extrémités. — *Terminalis spica* , épi terminal , 48. — *Terminales flores* , fleurs terminales , 84. — *Terminales spinæ* , épines terminales. — *Terminalis pedunculus* , péduncule terminal , 136

Ternatus , *ternus* vel *trinus* , *a* , *um* , TRINÉ ou TERNÉ , ÉE , 185. *Ternata folia* , feuilles ternées , 71

Terraneus , *a* , *um* , qui appartient à la terre.

Terreus , *a* , *um* , qui est composé de terre. — Il s'emploie aussi pour signifier ce qui est de couleur de terre.—*Terreus flos* , 78

Tessellatus , *a* , *um* , qui est disposé par carreau , ou qui est coloré par petits carreaux , comme un habit d'arlequin.

Teter , *ra* , *rum* , qui a une odeur puante & vireuse.

Tetradynamia , *æ* , TÉTRADYNAMIE , 115-185

Tetragonus , *a* , *um* , TÉTRAGONE , qui a quatre faces égales. — *Tetragona siliqua* , silique tétragone , 173

Tetragynia , *æ* , TÉTRAGYNIE , 185

Tetrandria , a , TÉTRANDRIE ,   185
Tetrapetalus, a, um , TÉTRAPÉTALE , qui a quatre
pétales. — *Tetrapetala corolla ,* corolle tétrapétale ,   38-139
Tetraphyllus vel *quadriphyllus , a , um ,* TÉTRA-
PHYLLE , qui eft de quatre pièces. — *Tetraphyllus caulis ,* calice tétraphylle , 23. — *Tetraphyllum* vel *quadriphyllum involucrum ,* collerette quadriphylle , 33. — *Tetraphyllum* vel
quadriphyllum perianthium , périanthe quadriphylle ou tétraphylle ,   137
Tetrafpermus , a , um , TÉTRASPERME , qui a
quatre femences. — *Tetrafperma bacca ,* baie
tétrafperme ,   10
Thalamus , i ; c'eft le calice confidéré comme
lit nuptial des plantes.
Thyrfoideus , a , um , DISPOSÉ en bouquet. —
Thyrfoidei flores , fleurs en bouquet ,   79
Thyrfus , i , BOUQUET ,   16-94
Tinctorius , a , um , qui fert à faire de la teinture.
Tomentofus , a , um , TOMENTEUX , SE , ou CO-
TONNEUX , SE. — *Tomentofa margo ,* bords to-
menteux , 14. — *Tomentofa fuperficies ,* fuper-
ficie tomenteufe ,   150
Tomentum , i , DUVET.
Torofus vel *torulofus , a , um ,* qui eft relevé en
bofle.
Torfio , nis , fe prend pour la direction d'une
plante,foit d'un côté,foit d'un autre,lorfqu'elle
s'écarte de la ligne verticale.
Tortilis , e , qui fe tortille , qui fe contourne.
Tortus vel *contortus , a , um ,* TORDU , UE. —
Tortus caulis , tige tordue ou torfe,   193
Trachea , arum , TRACHÉES ,   194
Tranfverfus , a , um , TRANSVERSAL , LE , 195. —
Tranfverfum diffepimentum , cloifon tranfver-
fale ,   32
Trapeziformis , e , TRAPÉZIFORME. — *Trapezi-
formia folia ,* feuilles trapéziformes ,   71
Triandria , æ , TRIANDRIE ,   115-195
Triangularis , e , TRIANGULAIRE , 195. — *Trian-
gularia folia ,* feuilles triangulaires ,   72
Trianthera filamenta , FILETS qui portent trois an-
thères.
Tricapfularis , e , TRICAPSULAIRE , 195. — *Tri-
capfulare pericarpium ,* péricarpe tricapfulaire ,
                                                 138
Tricoccus , a , um , qui eft à trois coques.
Tricufpidatus , a , um , vel *tricufpes , dis ,* TRI-
CUSPIDÉ , ÉE , qui porte trois pointes. — *Tri-
cufpida* vel *tricufpidata folia ,* feuilles tricuf-
pidées ,   67-72
Triduus vel *triduanus , a , um ,* qui dure trois jours.
Trifidus , a , um , TRIFIDE , qui eft d'une feule
pièce , mais fendue en trois , 195. — *Trifida
corolla ,* corolle trifide , 37. — *Trifida folia ,*
feuilles trifides , 62. — *Trifidum ftigma ,* ftigmate trifide ,   177
Triflorus , a , um , TRIFLORE , qui porte trois fleurs.
— *Triflorus pedunculus ,* péduncule triflore, 136
Triglochines pili , poils divifés en trois parties
qui font le crochet ,   150

Trigonus , a , um , TRIGONE , qui a trois angles
bien faillans ,   195
Trigynia , æ , TRIGYNIE ,   165
Trijugus , a , um , TRIJUGUÉ , ÉE. — *Trijugata*
vel *trijuga folia ,* feuilles trijuguées ,   58-72
Trilobus , a , um , TRILOBÉ , ÉE , 195. — *Triloba
folia ,* feuilles trilobées ,   64
Trilocularis , e , TRILOCULAIRE, qui a trois loges,
195. — *Trilocularis capfula ,* capfule triloicu-
laire , 24. — *Triloculare pericarpium ,* péricarpe
triloculaire ,   138
Trinervius , a , um , qui a trois nervures principales & très-apparentes. — *Trinervia folia ,* 65
Trinus , a , um , TRINÉ , ÉE.—*Trina folia ,* feuilles
trinées ,   72
Tripartitus , a , um , PARTAGÉ , ÉE en trois , divifé ou fendu en trois jufqu'à la bafe. — *Tripartitus calix ,* calice de trois pièces , ou partagé
en trois , 23. — *Tripartita folia ,*   66
Tripetalus, a , um , TRIPÉTALE, qui a trois pétales.
Tripetala corolla , corolle tripétale , 38-139
Triphyllus , a , um , TRIPHYLLE , qui eft de trois
pièces , 159. — *Triphyllus calix ,* calice triphylle , 23. — *Triphyllum involucrum ,* collerette triphylle , 33. — *Triphyllum perianthium ,*
périanthe triphylle ,   137
Tripinnatus , a , um , TRIPINNÉ , ÉE.—*Tripinnata*
vel *triplicatò - pinnata folia ,* feuilles tripinnées ,   72
Triplicatò-geminus, a , um , pour *tergeminus. Voyez*
ce mot.
Triplicatò-ternatus vel *triternatus , a , um ,* TRI-
TERNÉ , ÉE. — *Triplicatò-ternata folia ,* feuilles
triternées ,   72
Triplinervius , a , um , qui a trois nervures qui
fe divifent chacune en trois autres nervures.
Triqueter vel *prifmaticus , a , um ,* qui a trois angles & trois faces planes. — *Triquetra folia ,*
feuilles à trois côtés , 56.—*Triqueter petiolus ,*
                                                 140
Trifannuus, a , um , TRISANNUEL , LE , qui dure
trois ans. — *Herba trifannua ,* herbe trifannuelle ,   37-98-144
Trifpermus , a , um , TRISPERME , qui a trois femences. — *Trifperma bacca ,* baie trifperme ,
Triftis , e , qui eft d'une couleur fale , ou qui n'a
rien qui flatte dans l'enfemble.
Triternatus ; voyez *triplicatò-ternatus.*
Trivalvis , e , TRIVALVE , qui a trois valves ou
panneaux. — *Trivalvis capfula ,* capfule tri-
valve ,   25
Trivafcularis , e , qui eft à trois loges en forme
de cornets ou de godets.
Triviale nomen , nom fpécifique. *Voyez* l'article
TRIVIAL ,   195
Tropicus , a , um , TROPIQUE. — *Tropicei flo-
res ,* fleurs tropiques ,   84-174
Truncatus vel *præmorfus , a , um ,* TRONQUÉ ,
ÉE , 169. — *Truncata folia ,* feuilles tronquées,
72. — *Truncata* vel *præmorfa radix ,* racine
tronquée ,   162
Truncus , i , TRONC ,   196

                                                 Tuber ,

Tuber, *eris*, TRUFFE, 196
Tuberculum, *i*, TUBERCULE, 196
Tuberosus, *a*, *um*, TUBÉREUX, SE. — *Tuberosa radix*, racine tubéreuse, 162
Tubulatus vel *tubulosus*, *a*, *um*, TUBULÉ, ÉE. *Tubulatus calix*, calice tubulé, 23. — *Tubulosa folia*, feuilles tubulées, 72
Tubus, *i*, TUBE. *Tubus corollæ*, tube d'une corolle; voyez l'art. LIMBE, 106
Tunica, *æ*, TUNIQUE, 196
Tunicatus, *a*, *um*, TUNIQUÉ, ÉE, qui est recouvert d'une ou de plusieurs tuniques, ou composé de tuniques. — *Tunicatus caulis*, tige feuilletée, 188
Turbinatus, *a*, *um*, TURBINÉ, ÉE, qui a la forme d'une toupie. — *Turbinatum germen*, ovaire turbiné, 129. — *Turbinata radix*, racine turbinée, 162
Turgidus vel *inflatus*, *a*, *um*, GONFLÉ, OU RENFLÉ, ÉE, VÉSICULEUX, SE.—*Turgidum legumen*, gousse gonflée, 93
Turio, *nis*, BOURGEON : ce mot s'emploie comme synonyme de *surculus*.

U.

Uliginosus, *a*, *um*, qui vient dans les lieux humides.
Umbella, *æ*, OMBELLE, 126-127
Umbellatus, *a*, *um*, OMBELLÉ, ÉE, disposé en ombelle. — *Umbellati flores*, fleurs ombellées ou en ombelle, 80
Umbellifer, *a*, *um*, OMBELLIFÈRE OU OMBELLÉ, ÉE.—*Umbelliferæ plantæ*, plantes ombellifères, 147
Umbellula, *æ*, OMBELLULE OU OMBELLE PARTIELLE, 126
Umbilicatus, *a*, *um*, OMBILIQUÉ, ÉE, 127. — *Umbilicatum pileum*, chapeau ombiliqué, 30. *Umbilicata folia*, feuilles ombiliquées, 65
Umbo vel *discus folii*, se prend pour le centre d'une feuille.
Umbilicus, *i*, OMBILIC, 127-197
Uncialis, *e*, qui a un pouce de hauteur. — *Uncialis* vel *pollicaris caulis*, 189
Uncinatus vel *hamosus*, *a*, *um*, qui est courbé en hameçon ou en crochet. — *Uncinatum* vel *hamosum stigma*, stigmate en crochet, 176
Unctuosus, *a*, *um*, vel *pinguis*, *e*, ONCTUEUX, SE, GRAS, SE. — *Unctuosus sapor*, saveur grasse, 158
Undatus vel *undulatus*, *a*, *um*, ONDÉ, ONDULÉ, ÉE. Ces deux mots, quoique l'un soit un diminutif de l'autre, s'emploient souvent comme synonymes, 127.—*Undata* vel *undulata folia*, feuilles ondées, 65
Unguicularis vel *ungularis*, *e*, qui a la forme, la hauteur ou la largeur de l'ongle.—*Caulis ungularis*, 189
Unicapsulus, *a*, *um*, vel *unicapsularis*, *e*, UNICAPSULAIRE, qui n'a qu'une seule capsule. —

Unicapsulare pericarpium, péricarpe unicapsulaire, 138
Unguis, *is*, ONGLET, 127
Unicus, *solus* vel *solitarius*, *a*, *um*, qui vient seul.
Uniflorus, *a*, *um*, UNIFLORE, qui ne porte qu'une fleur. — *Uniflorus pedunculus*, pédoncule uniflore, 136
Uniformis, *e*, UNIFORME, qui se trouve partout de même.
Unilateralis, *e*, UNILATÉRAL, LE, 197, ce qui est inséré d'un seul côté. — *Unilaterales flores*, fleurs unilatérales, 85. — *Secundus* vel *unilateralis racemus*, grappe unilatérale, 94
Unilocularis, *e*, UNILOCULAIRE. — *Uniloculare legumen*, légume ou gousse uniloculaire, 93. *Unilocularis capsula*, capsule uniloculaire, 24
Unisexus, d'un seul sexe. — *Flores unisexus*, fleurs unisexuelles, 85
Univalvis, *e*, UNIVALVE. — *Univalvis capsula*, capsule univalve, 24-25
Univascularis, *e*, qui n'est qu'à une loge en forme de cornet.
Universalis, *e*, UNIVERSEL, LE. — *Universalis umbella*, ombelle universelle, 127. — *Universale involucrum*, collerette universelle, 32
Unus vel *solitarius*, *a*, *um*, qui vient seul à seul.
Upocarpius flos, fleur dans le milieu de laquelle on voit le fruit en entier.
Urceolatus, *a*, *um*, qui est en forme de burette.
Urens, *tis*, BRULANT, CUISANT, TE. — *Urens pedunculus*, pédoncule cuisant, 133
Usus plantarum, USAGES des plantes, 197
Utricularis, *e*, UTRICULAIRE, qui a la forme d'une outre ou d'un petit sac. — *Utriculares glandulæ*, 92
Utriculus, *i*, UTRICULE, petite OUTRE.

V.

Vagina, *æ*, GAINE, 90
Vaginans, *tis*, qui fait la gaine, qui a la forme d'une gaine. — *Vaginans petiolus*, pétiole terminé en gaine, 141.—*Vaginantia folia*, feuilles en gaine, 61. — *Vaginantes stipulæ*, stipules en gaine, 179
Vaginatus, *a*, *um*, VAGINÉ, ÉE, qui est renfermé dans une espèce de gaine. — *Vaginatus stipes*, pédicule vaginé, 131.—*Vaginatus caulis*, tige engainée, 188
Valva vel *valvula*, *æ*, VALVE OU VALVULE, *Valvæ*, valves & leurs différentes espèces, 198
Valvatus, *a*, *um*, qui est entouré de, ou composé de valves.

Valvula, æ, voyez *valva*.

Variatio, *nis*, CHANGEMENT produit par un accident quelconque.

Variegatus, *a*, *um*, PANACHÉ, ÉE, qui est de couleurs variées. — *Variegatus flos*, 78

Varietas, *tis*, VARIÉTÉ. — *Varietates*, 199

Vasa, *orum*, se prend en général pour les vaisseaux des plantes destinés au passage des liqueurs, 198

Vegetabilia, *um*, VÉGÉTAUX ; *voyez* l'art. végétal, 199

Vegetatio, *nis*, VÉGÉTATION, 207

Venenosus, *a*, *um*, VÉNÉNEUX, SE, 208. — *Venenosæ plantæ*, plantes vénéneuses, 148-156

Venosus, *a*, *um*, VEINÉ, ÉE, 208. — *Venosa folia*, feuilles veinées, 72

Ventricosus vel *gibbus*, *a*, *um*, VENTRU, UE, 208

Vernatio, *nis*, se prend pour la disposition des feuilles dans les boutons.

Vernalis, *e*, vel *vernus*, *a*, *um*, PRINTANIER, RE. — *Flores verni*, fleurs printanières, 83

Verrucosus, *a*, *um*, VERRUQUEUX, SE, garni de verrues.

Versatilis, *e*, vel *incumbens*, *tis*, VACILLANT, TE.

Versatiles antheræ : on appelle ainsi les anthères, lorsqu'elles sont portées par un filet, comme celles des fleurs 5-7, *pl. II.*

Vertex, *icis*, CIME, SOMMET, 31

Verticalis, *e*, VERTICAL, LE, 208. — *Verticalia folia*, feuilles verticales, 73. — *Verticales flores*, fleurs verticales, 85

Verticillatus, *a*, *um*, VERTICILLÉ, ÉE, 209. — *Verticillata* vel *radiata folia*, feuilles verticillées, 73. — *Verticillati flores*, fleurs verticillées, 85. — *Verticillati pedunculi*, pédoncules verticillés, 137. — *Verticillati rami*, 164

Verticillus, *i*, VERTICILLE, 208

Vesicularis, *e*, VÉSICULAIRE, qui a la forme d'une vessie. — *Glandulæ vesiculares*, 92

Vexillum, *i*, ETENDARD, 51

Vigiliæ plantarum, veilles des plantes.

Villosus, *a*, *um*, selon sa véritable acception, c'est ce qui est couvert de poils mous & très-distincts ; mais on le fait quelquefois synonyme de *pilosus* — *Villosum receptaculum*, réceptacle velu, 165

Violaceus, *a*, *um*, VIOLET, TE, qui est de couleur violette. — *Violaceus flos*, 78

Vires plantarum, se prend pour les propriétés des plantes.

Virescens, *tis*, qui tire sur le vert.

Virgatus, *a*, *um*, qui a des rameaux très-foibles & inégaux. On l'emploie aussi pour signifier ce qui est grêle & effilé. — *Virgatus caulis*, tige effilée, 187

Viridis, *e*, VERT, TE. *Viridis flos*, fleur verte, 78

Virosus, *a*, *um*, PUANT, TE, VIREUX, SE. — *Odor virosus*, odeur puante, 158

Viscositas, *tis*, HUMEUR gluante & épaisse, qui recouvre quelques plantes, & qui poisse les doigts.

Viscidus, *viscosus* vel *glutinosus*, *a*, *um*, GLUANT, TE, VISQUEUX, SE, 209. — *Viscida* vel *glutinosa folia*, feuilles visqueuses, 73. — *Viscosum pileum*, chapeau visqueux, 30. — *Viscosus sapor*, saveur gluante & visqueuse, 158. — *Viscosa* vel *glutinosa substantia*, 182

Vita vegetabilium, VIE des végétaux, 209

Vitreus, *a*, *um*, qui est transparent & sans couleur comme du verre.

Vivipar, *a*, *um*, VIVIPARE. On appelle *vivipara semina*, les semences qui germent sur la plante qui les a produites.

Vivi radices, PLANTS enracinés, 148

Volubilis, *e*, qui se roule en spirales. — *Volubilis pedunculus*, 136. — *Volubilis caulis*, tige entortillée, 188. — *Volubilis dextrorsùm*, qui se roule de droite à gauche ; *sinistrorsùm*, de gauche à droite.

Volva, *æ*, VOLVA, enveloppe radicale des champignons, 17-209

Vulgaris, *e*, VULGAIRE ; ce qui est le plus connu : on l'emploie aussi comme synonyme de *frequens* ; il signifie en ce sens ce que l'on trouve communément.

Fin du Dictionnaire des Termes latins.

Quelques Lecteurs auroient peut-être désiré qu'on eût mis au rang des termes latins consacrés à l'étude de la Botanique, les *oliganteræ*, les *cryptantheræ* de ROYE. ; les *diplostemones*, les *mejostemones* de HALL ; les *pallostemonopetalæ*, les *tetramacrostemones* de WACH, &c. &c. mais nous les prions de vouloir bien observer que ces termes n'ayant été employés que par ceux qui les ont créés, il auroit fallu, avant de pouvoir se flatter d'en rendre l'intelligence facile, donner l'exposition des méthodes botaniques dans lesquelles ils désignent des familles particulières ; ce qui nous auroit beaucoup éloigné de notre objet. On seroit plus fondé à nous faire ce reproche au sujet des familles naturelles de M. de Jussieu ; mais, nous proposant de donner par la suite une liste de ces familles pour la distribution des plantes de l'HERBIER DE LA FRANCE, on entendra mieux chacun de ces termes, parce qu'il sera présenté dans l'ordre qui lui est assigné, suivant les principes de cette savante méthode.

FLEUR du lis mordoré… Fleur incomplette parce qu'elle n'a pas de calice… Stigmate trilobé *A*.. Style alongé *B*… six Etamines vacillantes *c D*… Six pétales réfléchis *EFGHIK*.

FIG. 1. Plan d'une fleur simple & complette… Rang que doit occuper le calice *A*… Rang que doit occuper la corolle *B*… Rang qu'occupent les étamines *c*… Centre de la fleur destiné au pistil *D*.

2. Fleur hermaphrodite… Etamines alternes avec les pétales… Ovaire ou germe supérieur.

3. Etamine dont l'anthère est alongée & continue.

4. Etamine dont l'anthère est filiforme & continue.

5. Etamine dont l'anthère est arrondie

6. Etamine dont l'anthère est arrondie, sillonnée, & le filet velu.

7. Etamine chargée de poussière prolifique *A B*… Anthère alongée droite *c*… Filet un peu élargi à sa base *D*.

8. Etamine dont l'anthère est cordiforme.

9. Etamine dont l'anthère est réniforme.

10. Etamine dont l'anthère est cordiforme, horizontale, vacillante & solitaire… Filet applati & ailé.

11. Etamine dont le filet porte deux anthères, une de chaque côté… Anthères latérales s'ouvrant longitudinalement.

12. Etamine dont l'anthère est vacillante.

13. Etamine dont les anthères sont binées, didymes ou géminées.

14. Etamine dont l'anthère est vacillante.

15. Etamine dont le filet porte une anthère trinée.

16. Etamine dont le filet géniculé porte une anthère binée ou didyme.

17. Etamine dont l'anthère est anguleuse.

18. Etamine dont l'anthère cornue ou fourchue représente un chevron brisé.

19. Etamine dont l'anthère fourchue représente un acolade.

20. Etamine dont l'anthère est sagittée.

21. Anthères sessiles insérées immédiatement sur la corolle… Corolle anthérifère.

22. Etamine à deux panneaux qui s'ouvrent de bas en haut.

23. Etamine dont l'anthère est plissée en zig-zag.

24. Etamine dont l'anthère simple est contournée.

25. Etamine dont le filet porte deux anthères didymes, plissées en zig-zag & horizontales.

26. Etamine dont le filet ne porte qu'une anthère simple. Cette étamine se trouve dans les fleurs cucurbitacées, avec quatre autres, comme celle de la *fig.* 25.

27. Etamines réunies par un appendice particulier ; elles sont remarquables dans les fleurs de sauge.

28. Cinq étamines réunies en gaîne par leurs anthères.

29. Cinq étamines réunies en un corps par leurs anthères.

30. Etamines sessiles *L*… réunies à leur base, & insérées sur l'ovaire… Ovaire inférieur *M*.

31. Etamines réunies en un corps par la base de leurs filets.

32. Etamines réunies en un corps par leurs filets, & formant une gaîne.

33. Etamines ayant leurs anthères portées sur une colonne.

34. Etamines libres distinctes, insérées sur le style *B*… Poinçon *c*… Ovaires ramassés en tête *A*.

35. Etamines libres distinctes, insérées sur le réceptacle… Stigmate applati *M*.

36. Etamines libres distinctes, insérées sur le réceptacle *c*… (pour qu'un calice soit polyphylle, il faut que plusieurs pièces, comme celle *B*, soient insérées au lieu *A*). Fruit tricapsulaire *D*.

FIG. 37. Corolle monopétale divisée peu profondément en quatre parties, portant huit étamines alternes entre elles, & disposées sur deux rangs. Elle est intérieure au germe, puisqu'elle le renferme en entier.

38. Corolle monopétale … staminifère, ou mieux anthérifère … régulière.

39. Corolle monopétale … staminifère … irrégulière… Quatre étamines dont deux grandes & deux petites.

40. Quatre étamines ; deux petites & deux grandes insérées le long de la corolle, *adnata*.

41. Etamines réunies par leurs filets en trois corps.

42. Anthères conniventes qui semblent réunies, mais qui ne font que rapprochées.

43. Calice staminifère, monophylle, quinquefide.

44. Ovaire sphérique, surmonté d'un style court.. Stigmate orbiculaire.

45. Ovaire alongé… Style court… Stigmate bifurqué *A*.

46. Ovaire surmonté de trois stigmates sessiles, terminés en pointe.

47. Ovaire surmonté de deux stigmates sessiles & plumeux.

48. Ovaire scrotiforme & chagriné.

49. Quatre graines nues au fond d'un calice… Calice monophylle à cinq divisions… Stigmate bifide *H*.

50. Stigmates foliacés, feuillés ou mieux pétaliformes, bifides & dentés.

51. Ovaire ou germe *A* .. Style solitaire *B*..· Stigmate sphérique & Pédiculé *c*.

52. Stigmate sessile … canaliculé … triangulaire … fendu peu profondément en trois parties à son sommet.

53. Calice monophylle supérieur… Corolle supérieure *N*… Ovaire inférieur *A*.

54. Ovaire inférieur. Stigmates trifides, staminiformes, réfléchis *o*.

55. Demi-fleuron neutre.

56. Demi-fleuron hermaphrodite.

57. Anthères réunies en gaîne, comme dans la *fig.* 58 *A*, & *fig.* 28.

58. Fleuron hermaphrodite… Anthères réunies en gaîne ou connées *A*… Stigmate bifide *B* (la réunion de plusieurs fleurons de cette espèce, forme les fleurs composées *flosculeuses*).

59. Style & stigmate du fleuron, *fig.* 58 : il repose sur son ovaire qui devient une semence couronnée… Aigrette simple.

60. Demi-fleuron femelle (la réunion de plusieurs demi-fleurons de cette espèce, forme les fleurs composées *semi-flosculeuses*).

61. Demi fleuron mâle.

62. Faux-fleuron (ce font des fleurons de cette espèce qui composent les fleurs agrégées).

63. Faux-demi fleuron … ou faux-fleuron ligulé.

64. Ovaire ou germe portant un stigmate en plateau, rayonné & sessile.

65. Calice proprement dit *propre ou particulier* & monophylle.

66. Calice proprement dit *commun*, doublé & poliphylle.

67. Fleur liliacée ayant un nectaire qui entoure les étamines…Calice improprement dit : cette espèce de calice porte le nom de spathe *T*.

68. Partie d'un tronc d'arbre, coupé verticalement & horizontalement. Aubier *A*… Ecorce *B*… Au centre on apperçoit la moelle.

69. Pétale supérieur de la fleur papilionnacée, représentée *fig.* 70. On le nomme *etendard*.

70. Corolle papilionnacée. Ailes *A*… Calice monophylle *B*… Etendard *c*… Carène *D*.

71. Un des pétales latéraux de la fleur papilionnacée, représentée *fig.* 70. On les nomme *ailes*.

72. Calice monophylle *R*. Carène *s* ; c'est le pétale inférieur de la fleur papilionnacée, *fig.* 70. Il contient dix étamines réunies en deux corps.

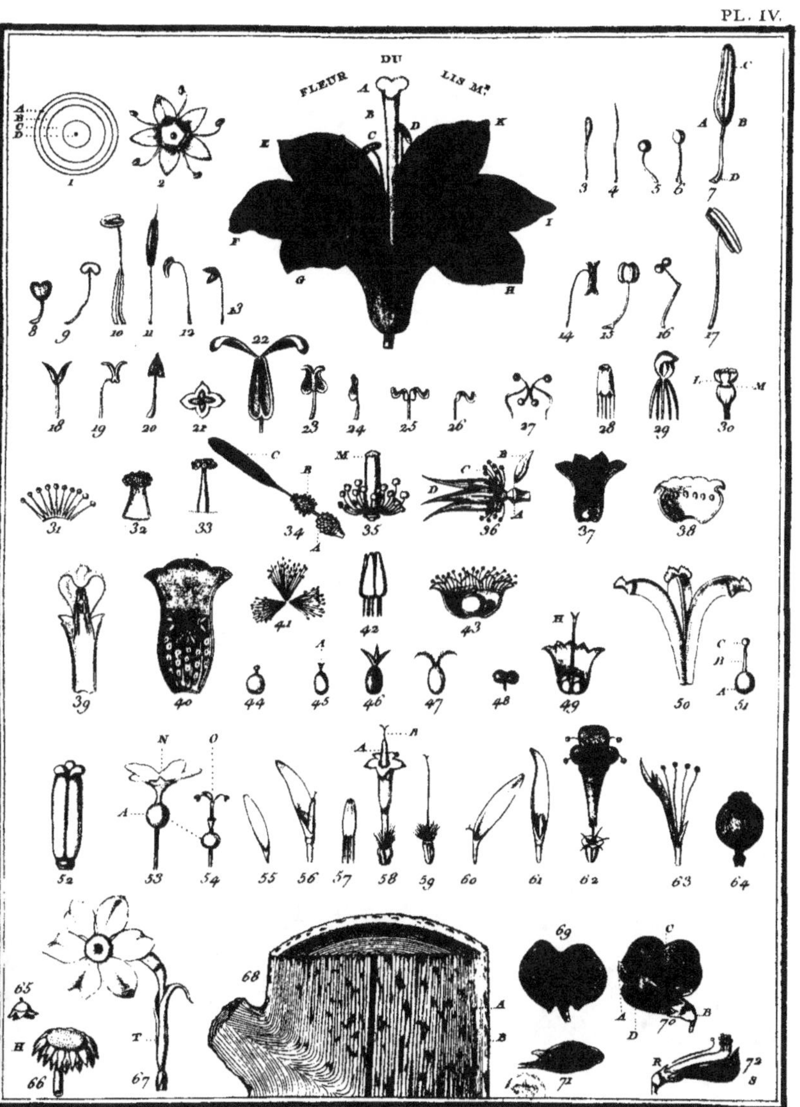

DU
FLEUR LIS M.

EXPLICATION *de la Planche V.*

Fig. 1. Semence nue.... Les femences de cette efpèce , lorfqu'elles font produites par une plante graminée , comme le *froment* , le *feigle* , l'*orge* , fe nomment grains , &c.

2. Sorte de femences que l'on nomme *pepin* , lorfqu'elle a été produite par un fruit pulpeux. Il faut encore que fa tunique propre foit coriace, & qu'elle foit fufceptible d'être enlevée en entier.

3. Semence cunéiforme *a*... arrondie *b*.. cordiforme *c*... réniforme & ponctuée *d*.

4. Germination de l'orge... Semence monocotyledone... Plumule *a*... Radicule *b*... La tunique propre a été enlevée.

5. Germination de la même graine que celle qui eft repréféntée *fig.* 4 , mais plus avancée... Tunique propre *a*.

6. Germination du pois... Graine dicotyledone... La radicule commence à paroître.

7. Germination du haricot.... Graine dicotyledone... La tunique propre *b* eft déchirée, & l'on voit la radicule & la plumule.

8. Germination du cerifier... Graine dicotyledone. On voit un cotyledon *c*, qui porte encore la tunique propre... Plumule *t*.

9. Germination d'une graine dicotyledone, la même que celle de la *fig.* 6, mais plus avancée. On voit fa tunique propre *e*... Sa plumule *f*... Sa radicule *d*.

10. Germination d'une graine dicotyledone, dont la tunique propre a été enlevée. Plumule *g*... Les deux lobes ou cotyledons *h*.

11. Germination du chanvre... Graine dicotyledone. Lobes changés en feuilles féminales *a b*... Plumule *l*... Radicule *m*.

12. Deux femences réunies... ftriées.. crenelées... couronnées par les débris du calice, & furmontées de deux ftyles perfiftans.

13. Semence aigrettée... Aigrette fimple feffile *a*.

14. Semence aigrettée... Aigrette fimple pédiculée *b*.

15. Semence échinée ou hériffée.

16. Semence aigrettée... Aigrette pédiculée & plumeufe *a*.

17. Semence ailée d'un feul côté.

18. Semence membraneufe ailée de deux côtés oppofés *b*... Semence étoilée *a*.

19. Capfule uniloculaire... s'ouvrant en travers.

Fig. 20. Capfule quinqueloculaire.

21. Capfule couronnée.

22. Capfule triloculaire.

23. Coque ou follicule.

24. Différentes efpèces de filique... Dans la première on voit les panneaux *ab* qui fe détachent de deffus la cloifon de bas en haut... Dans la feconde ces mêmes panneaux fe détachent de haut en bas... La filique qui eft au deffous, n'a pas de cloifon, mais feulement deux panneaux... La quatrième eft une filique articulée.

25. Silique applatie ; elle a deux panneaux & une cloifon.

26. Différentes efpèces de filicules. On voit dans la filicule du *thlafpi burfa* , les deux panneaux *vv*, détachés de la cloifon *l*.

27. Gouffes ou légumes... Gouffes gonflées.

28. Gouffes contournées , roulées en dedans , ftriées , échinées , articulées. Calice fimple monophylle *l*.

29. Gouffes articulées.

30. Noyau : on nomme femence couverte la graine qu'il renferme.

31. Fruit à noyau coupé en travers... Noyau *R*.

32. Fruit à noyau dans fon entier... fillonné d'un côté... Péduncule très-long inféré dans un enfoncement.

33. Fruit à noyau... Superficie égale , ayant cependant un enfoncement pour l'infertion du péduncule.

34. Le même fruit que celui repréfenté *fig.* 33 ; il eft coupé en travers : on voit fon noyau *a*, & le même noyau deffiné féparément *b*.

35. Efpèce de fruit à noyau que l'on nomme *noix* : on n'en voit que la moitié.

36. Fruit à pepin, la *pomme* proprement dite : elle a un ombilic formé par les débris du calice perfiftant.

37. Le même fruit que celui repréfenté *fig.* 36 , coupé horizontalement & en travers : on voit à fon centre les loges qui contiennent les pepins.

38. Baies difpofées en grappe *bb*... Baie coupée en travers (elle eft polyfperme *a*).

39. Baie portant fes graines *c* éparfes fur la fuperficie de fa pulpe, & non pas attachées à un péricarpe.

40. Baies ayant un péricarpe continu avec le calice *d*. Les femences font attachées fur ce péricarpe.

41. Cône.

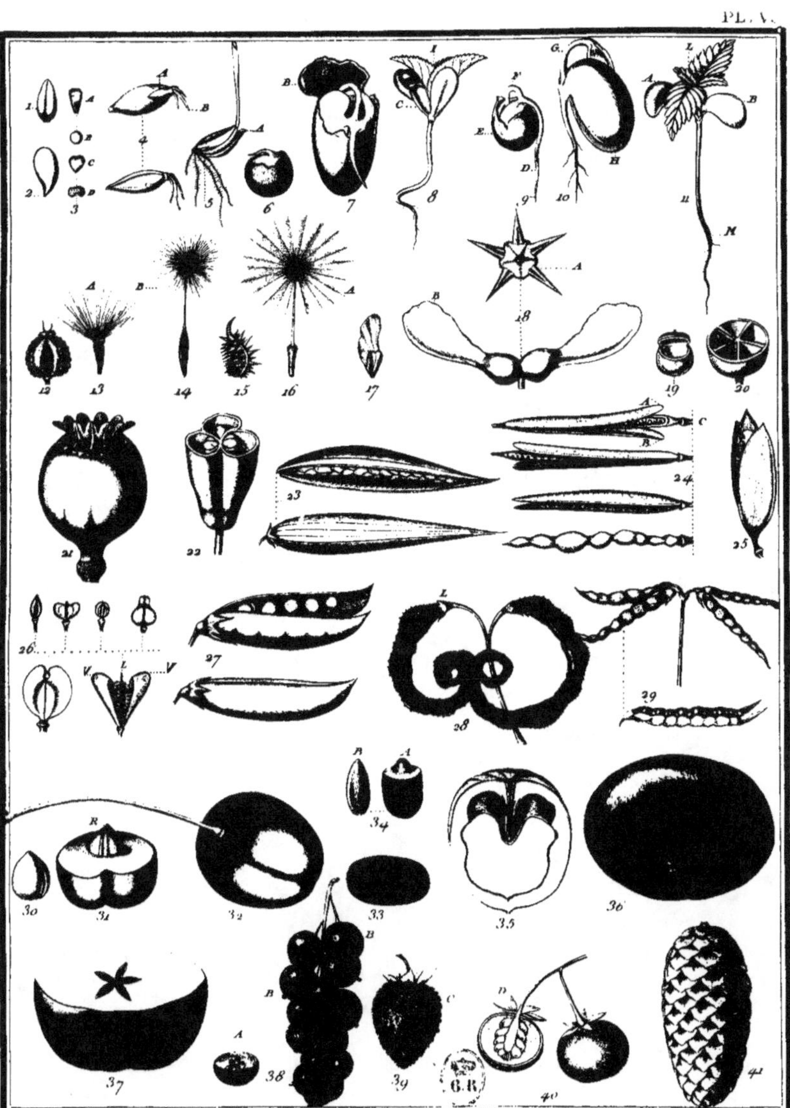

EXPLICATION DES FIGURES *de la Planche VI.*

Organes de la fruc-
tification des fou-
geres.

FIG. A.   Capsule bivalve, obſervée au microſcope ſur une feuille de fougère. Les capſules de cette eſpèce, lorſqu'elles s'ouvrent, laiſſent échapper un grand nombre de petites graines.

B.   Pluſieurs capſules réunies en un petit paquet arrondi, vu à la loupe.

C.   Pluſieurs paquets, comme celui de la *fig. B*, diſpoſés ſur le dos d'une feuille.

D.   Ces mêmes capſules diſpoſées par tas informes.

E.   Pluſieurs petites capſules diſpoſées par lignes.

F.   Diſpoſition de ces lignes ſur le dos d'une feuille de *ſcolopendre*.

G.   Ces mêmes capſules diſpoſées en ourlet ſur le bord d'une feuille.

H.   Pluſieurs capſules diſpoſées en une tête terminale... Tige cannelée & colletée.

I.   Un grand nombre de petites capſules diſpoſées en épi terminal.

Organes de la fruc-
tification des mouſſes.

FIG. K.   Pédicule ſurmonté d'une urne.

L.   Pluſieurs pédicules ſurmontés chacun d'une petite urne recouverte d'une coiffe.

M.   Coiffe qui ſert à recouvrir l'urne : les coiffes des mouſſes ſont de formes très-variées.

N.   Urne ayant un opercule *o*.

O.   Opercule ; différence qu'on en doit faire avec la coiffe *P*.

P.   Si l'urne, *fig. N*, a un opercule *o* ſans coiffe *P*, cette urne eſt celle d'un *lycopode*. Si cette même urne a un opercule *o*, &ʃque cet opercule ſoit encore recouvert d'une coiffe, l'urne *N* eſt celle d'une *mnie* ou d'un *polytrice*.

Q. R.   Bouton en roſette, que quelques Botaniſtes regardent comme les fleurs femelles des mouſſes.

S.   Coiffe courbée en crochet, & prête à ſe détacher de l'urne.

T. t.   Pouſſière ſéminale qui ſort des urnes.

Organes de la fruc-
tification des algues.

FIG. U.   Cupules arrondies & concaves.

V.   Plateau pédiculé, rayé à ſa ſuperficie ; il ſurpaſſe en hauteur des eſpèces de godets, qui ſont probablement néceſſaires à la fécondation.

X.   Cupule cruciée.

Y.   Cupules en trompes ou en cornets.

FIG. 1.   Agaric dont le chapeau eſt continu avec le pédicule... Bords roulés en deſſous *AB*... Pédicule creux.

2.   Agaric renfermé dans un volva complet. Il commence à ſe développer dans la *fig.* 3.

3.   Agaric renfermé dans un volva complet. On voit le volva *A* qui commence à ſe déchirer... Pédicule continu avec le chapeau. On voit ſon collet détaché des feuillets & des bords du chapeau.

4.   Agaric à volva incomplet *B* ; il ne recouvre point le champignon en entier.

5.   Agaric à volva incomplet *N*... à collet impropre *M*... Pédicule bulbeux... continu avec le chapeau.

6.   Agaric ayant un collet propre *R* ſans volva. Chapeau famellé... membraneux à ſes bords... contigu avec le pédicule... Pédicule fiſtuleux *c*... Collet impropre *A*... Collet propre *B*.

7.   Feuillets papilionnacés.

8.   Feuillets décurrens.

9.   Feuillets compoſés de deux lames.

10.   Feuillets compoſés d'une ſeule membrane pliſſée en zig-zag... Ils ſont repréſentés vus au microſcope. On voit la pouſſière qui tombe d'entre les feuillets.

11.   Les mêmes feuillets que ceux de la *fig.* 10, deſſinés de grandeur naturelle.

12.   Pouſſière prolifique des agarics, vue au microſcope. On en voit de deux eſpèces ſur les deux lentilles *A*... Bords roulés en deſſus *H*.

13.   Feuillets élargis & dentés.

14.   Feuillets bifides.

15.   Feuillets ondés ou ondulés.

Organes de la fruc-
tification des cham-
pignons.

16.   Tubes très-fins, alongés, égaux, contigus entre eux, & contigus avec la chair du chapeau.

17.   Tubes ou pores très-fins, égaux, continus avec la chair du chapeau, & continus entre eux.

18.   Chapeau doublé de pores, de tuyaux ou de tubes très fins & réguliers.

19.   Chapeau doublé de pores courts, inégaux en largeur & en profondeur.

20.   Chapeau doublé de fentes tortueuſes & labyrinthiformes.

21.   Chapeau doublé de pores ou de tuyaux extrêmement fins, diſpoſés ſur deux ou pluſieurs rangs, & en partie contigus, en partie continus entre eux & avec la chair.

22.   Chapeau doublé de tubes alvéolés & inégaux en largeur & en profondeur.

23.   Chapeau doublé de pointes.

24.   Veſſe-loup repréſentée dans ſon développement parfait. On regarde la pouſſière qui s'en échappe, comme la pouſſière ſéminale de cette plante.

25.   Veſſe-loup coupée verticalement. Il y en a qui n'ont point d'épaiſſeur à leur baſe, lorſque toute la pouſſière qu'elles renfermoient en eſt ſortie, & d'autres qui reſtent très té-paiſſes.

26.   Cette plante ſingulière, que l'on met au rang des pezizes, & que l'on croit être une variété de la *pezize à lentilles*, mériteroit de former un genre nouveau ; ſon orgaaniſation ſingulière ſemble même l'exiger. Chaque godet *AB* eſt plein d'un mucilage limpide, & recouvert d'une membrane qui ne diſparoiſſent l'un & l'autre que lorſque les graines *w* ſont parvenues à leur degré de maturité... Je me propoſe d'obſerver cette plante, & d'en parler plus amplement dans le DISCOURS SUR LES CHAMPIGNONS.

27.   Clavaier ſous ſon écorce, on trouve dans de petites loges verruqueuſes, une pouſſière aſſez ſemblable à celle des veſſe-loups.

28.   Agaric comeſtible... Eſpèces de bourgeons ou de cayeux *ss*, par leſquels il ſemble que ce champignon ſe reproduit.

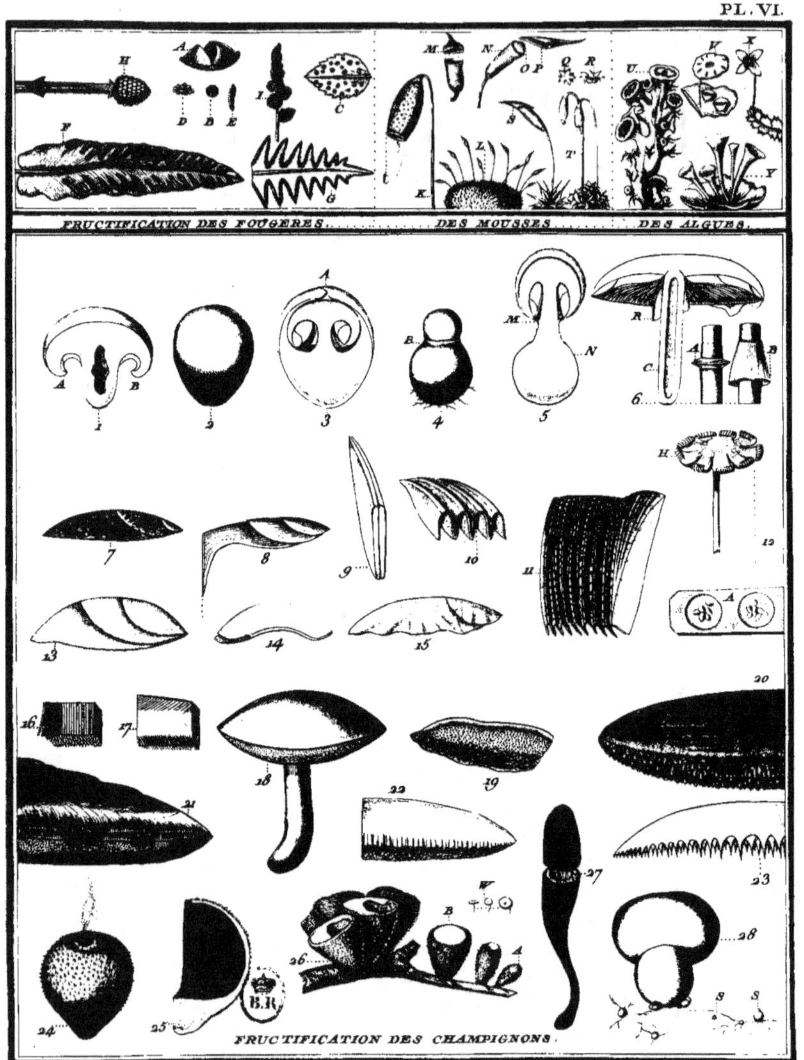

FRUCTIFICATION DES FOUGERES.
DES MOUSSES.
DES ALGUES.
FRUCTIFICATION DES CHAMPIGNONS.

FIG. 1. **B**OUTON à bois ou à feuilles.

2. Bouton à fleurs & à fruits.

3. Bouton mixte, c'est-à-dire, qui doit produire un rameau avec feuilles & fleurs.

4. Sujet préparé pour différentes espèces de greffe... Greffe en fente *A B*... Greffe en fente en la manière de la greffe en écusson *C*... Greffe en coin *E*.

5. Greffe préparée comme il convient pour pratiquer la greffe en fente, comme on le voit, *fig. 4 AB*.

6. Ecusson prêt à être inféré sous l'écorce du sujet, *fig. 7*.

7. Sujet préparé pour recevoir la greffe en écusson *D* & la greffe en coin *E*.

8. 9. Ecussons de différentes formes *FG*, enlevés à l'emporte-pièce.

10. Greffes préparées pour greffer en sifflet.... Celle *fig. I*, a deux yeux...celle *fig. K*, n'a qu'un œil; c'est ainsi qu'on les fend quand elles se trouvent trop larges pour le sujet.

11. Greffe préparée à son extrémité inférieure *H*, pour pratiquer la greffe en coin, comme on le voit *fig. 7 E*.

12. Greffe taillée comme il convient pour pratiquer la greffe en couronne *L*.... Différentes greffes inférées sur le sujet *MNOP*.

13. Greffe par approche.

14. Greffe par entaille.

15. Greffe en flûte ou en sifflet... La greffe *Q* est préparée comme il convient, pour être inférée sur le sujet *R* dépouillé de son écorce.

FIG. 16. Racine bulbeuse. ... La bulbe simple proprement dite... Excroissance charnue *A*, de laquelle partent les fibrilles radicales.

17. Bulbe composée.... Excroissance charnue *B*, de laquelle partent les fibrilles radicales.

18. Racine tubereuse tronquée.

19. Racine tubereuse tronquée & articulée.

20. Racine bulbeuse coupée horizontalement : elle est entièrement composée de tuniques concentriques... Excroissance charnue d'où partent toutes les fibrilles radicales *BI*.

21. Racine tubereuse coupée.

22. Racine palmée.

23. Racine fasciculée, & en partie grumeleuse.

24. Racine entièrement grumeleuse.

25. Racine rameuse.

26. Racine noueuse.

27. Racine chevelue.

28. Racine horizontale...rampante...stolonifère.

29. Racine fusiforme...Collet radical *B*.

30. Racine horizontale...rampante.

31. Racine articulée... horizontale, garnie de tuniques.

32. Bulbe double & scrotiforme.

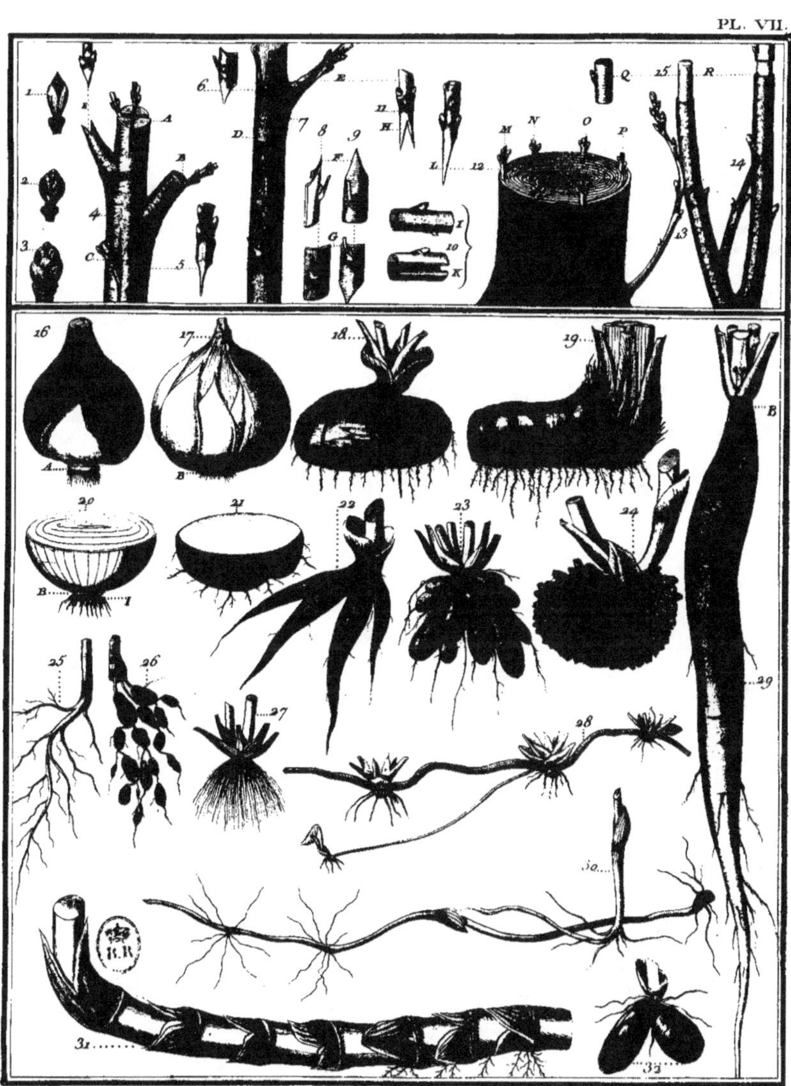

EXPLICATION DES FIGURES *de la Planche VIII.*

Fig. 1. Feuille alongée .... étroite .... linéaire.

2. Feuilles ligulées...épaisses...charnues.

3. Feuille étroite & lancéolée.

4. Feuille fubulée.

5. Feuille oblongue alongée.

6. Feuille ovale renverfée.

7. Feuille ovale ou ovoïde.

8. Feuille elliptique tronquée, très-entière : *fi le fommet étoit comme celui de la fig. 7, elle feroit elliptique ovale.*

9. Feuille ronde ou orbiculaire...entière.

10. Feuille arrondie ou orbiculaire ... échancrée à fa bafe.

11. Feuille réniforme.

12. Feuille lunulée.

13. Feuille triangulaire ou deltoïde... tricufpidée.

14. Feuille fagittée & comme mucronnée.

15. Feuille fagittée en cœur.

16. Feuille haftée ou en fer de pique.

17. Feuille cordiforme fendue peu profondément à fon fommet.

18. Feuille trilobée... Les lobes peuvent être plus ou moins profondémen. échancrés, & plus ou moins marqués.

19. Feuille quadrilobée, ou fi l'on veut trilobée, mais ayant fon lobe fupérieur fendu ou échancré profondément.

20. Feuille quinquelobée... quinquefide.

21. Feuille digitée... ou palmée.

22. Feuille échancrée & comme rongée.

23. Feuille quinquelobée . . . quinquefide . . . digitée... Lobes fupér. parallèles.

24. Feuille multilobée... multifide... palmée ou prefque pinnatifide.

25. Feuille finuée, multilobée... Lobes dentés (*fi les lobes, au lieu d'être divifés par des finus égaux, étoient déchiquetés ou découpés fans ordre, cette feuille feroit laciniée.*)

26. Feuille lyrée... dentée à rebours... Appendices A B.

27. Feuille finuée & dentée ou crenelée.

28. Feuille quinquelobée .... liffe en deffus ... ridée en deffous.

29. Feuille finuée profondément...partagée en cinq lobes, dont les trois A B C font émouffés & même un peu échancrés.

30. Feuille pliffée ... fendue... multilobée ... dentée en fcie.

31. Feuille crépue en fes bords.

32. Feuille ovale alongée ... elliptique... crenelée ou dentée... bullée... Dents obtufes.

33. Feuille arrondie, crenelée ou dentée. Dents obtufes.

34. Feuille arrondie, crenelée ou dentée... Dents aiguës, mais fans être courbées.

35. Feuille obtufe... dentée en fcie & furdentée en fcie.

36. Partie d'une feuille cylindrique... fiftuleufe ou tubulée.

37. Extrémité fupérieure de la feuille cy- lindrique repréfentée *fig. 36* ; elle eft terminée en pointe infenfiblement.

Fig. 38. Feuille ovale dentée finement & régulièrement en fcie.

39. Feuille alongée, étroite, dentée en fcie... Dents rares & élargies.

40. Partie d'une feuille godronnée A... ondée ou ondulée B.

41. Feuille cordiforme, dentée en fcie très-finement.

42. Feuille ovale alongée, dentée en fcie ... mucronnée.

43. Feuille en rondache...ombiliquée... entière ... un peu godronnée.

44. Feuille en rondache... ombiliquée... très-entière.

45. Feuille rhomboïde... Quatre angles à peu près égaux. *Abaiffez les deux angles A B, &vous aurez une feuille deltoïde.*

46. Feuille cunéiforme, échancrée ou fendue peu profondément à fon fommet...Divifions obtufes.

47. Feuille ovale alongée ou cunéiforme renverfée, échancrée à fon fommet... Divifions aiguës.

48. Feuille en doloir.

49. Feuille ponctuée... pétiolée... cordiforme... Sommet obtus.

50. Feuille elliptique, aiguë à fon fommet & maculée.

51. Feuille ovale pointue & trinervée.

52. Feuille ovale & mucronnée.

53. Feuille ovale arrondie ayant cinq nervures principales.

34. Feuille elliptique pointue...rétrécie en un pétiole amplexicaule.

55. Feuille ligulée ... Echinée.

56. Feuille fpatulée... mamelonnée.

57. Feuille charnue...épaiffe...graffe... La partie fupérieure A eft trigone, & deltoïde fur toutes fes faces, & l'inférieure B eft triangulaire, & non pas trigone, parce que fes trois faces, au lieu d'être planes, font creufées. *Cette figure eft idéale.*

58. Feuille panduriforme... échancrée ou finuée fur fes côtés...Sinus obtus.

59. Feuille partagée en cinq lobes... runcinée... finuée.

60. Feuille finuée... Sinus inégaux.

61. Feuille ovale alongée... obtufe... crenelée ou dentée à dents obtufes.

62. Feuille laciniée découpée profondément... Découpures inégales.

63. Feuille runcinée finuée...Lobes horizontaux.

64. Feuille pinnatifide...Appendices L M.

65. Feuille triangulaire, rongée en fes bords...veinée.

66. Feuilles connées...réunies...oppofées... feffiles.

67. Feuille fpatulée ... oreillée ayant deux appendices L M.

68. Feuille perfeuillée...ovale...feffile.

69. Feuilles amplexicaules ou embraffantes... alternes... feffiles.

70. Feuille gladiée B, terminée par une gaîne amplexicaule A.

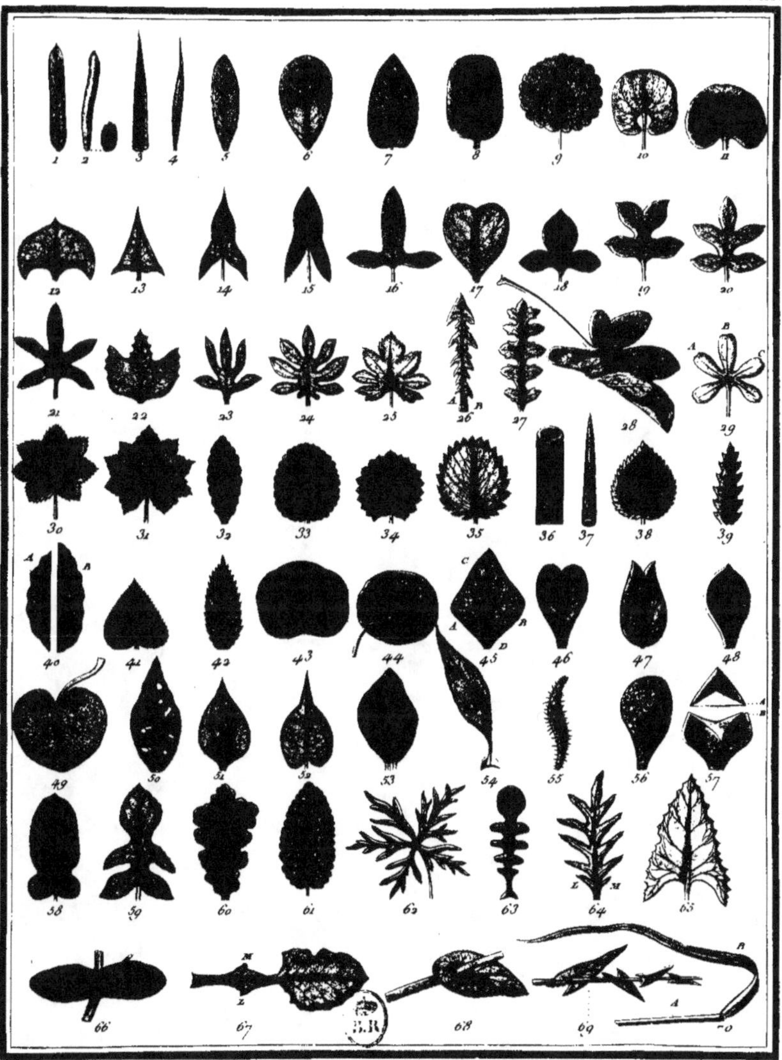

Feuilles compo-jées.

FIG. 1. Feuille géminée. ... Deux folioles inférées à l'extrémité d'un pétiole commun.

2. Feuille ternée ou trinée... Trois folioles inférées à l'extrémité d'un pétiole commun.

3. Feuille quaternée... Quatre folioles inférées à l'extrémité d'un pétiole commun.

4. Feuille quinée... Cinq folioles *ABCDE*, rétrécies en pétioles comme celle *A*, & inférées à l'extrémité d'un pétiole commun.

5. 6. Feuille palmée ou digitée... Ce font les feuilles de cette espèce, que Linnæus appelle *folia digitata*, dans fon *Phil. Bot.* ; mais fouvent il s'écarte de cette règle... Plus de cinq folioles inférées à l'extrémité fupérieure d'un pétiole commun, & difpofées comme les branches d'un éventail. *Il ne faut pas confondre la feuille digitée ou palmée compofée, avec la feuille digitée ou palmée fimple.*

7. Feuille pédiaire. Pétiole commun bifurqué dans le haut, & élargi à fa bafe.

8. Feuille ailée avec une impaire... Folioles oppofées.

9. Feuille ailée avec interruption & une impaire... Folioles oppofées.

10. Feuille ailée avec une impaire... Folioles alternes.

11. Feuille quadrijuguée ailée fans impaire... Folioles oppofées.

12. Feuille ailée fans impaire... Folioles alternes.

13. Feuille vrillée... quinquejuguée... ailée... Folioles oppofées... Pétiole vrillé.

14. Feuille vrillée... ailée... conjuguée... Pétiole vrillé... *Si, au lieu de deux folioles A, il y en avoit encore deux autres difpofées felon la ligne B, la feuille fe nommeroit bijuguée. S'il y en avoit encore deux de plus difpofées felon la ligne C, la feuille fe nommeroit feuille trijuguée, &c.*,

15. Feuille articulée.

16. Feuille ailée... trijuguée... Folioles décurrentes fur le pétiole commun.

Feuilles recom-pofées.

17. Feuille biternée.

18. Feuille deux fois ailée irrégulièrement.

19. Feuille bipinnée ou deux fois ailée régulièrement... deux fois ailée fans impaire. Folioles oppofées... *On remarque toujours dans les feuilles de cette efpèce, fi les folioles font alternes, ou fi elles font oppofées, & s'il y a une impaire ou fi elles font ailées fans impaire*

20. Feuille bipinnée ou deux fois ailée... Folioles finement découpées.

21. Feuille tripinnée ou trois fois ailée... trois fois ailée avec une impaire... Folioles oppofées. *On remarque dans les feuilles de cette efpèce, fi les folioles font alternes, ou fi elles font oppofées, & s'il y a une impaire ou fi elles font ailées fans impaire.*

22. Feuille quadripinnée ou plus de trois fois ailée... Folioles capillaires.

23. Feuille triternée... Folioles ovoïdes difpofées trois par trois fur les troifièmes divifions d'un pétiole commun.

FIG. 1. Tige ftolonifère... Drageons *AB*... Feuilles trifoliées ou en trèfle, & pétiolées *CD*.

2. Fleurs glomérulées... ramaffées en une tête terminale.

3. Epi proprement dit... Fleurs difpofées en épi... Epi interrompu.

4. Epi faux, ou épi chatonnier... Epilets *AB* inférés fur la rape *c*.

5. Feurs verticillées.

6. Tige rampante... Hampes *FF*... Feurs terminales.

7. Fleurs en grappe... Péduncule commun & pendant *R*.

8. Fruits en grappe... Péduncule commun & pendant *R*... Péduncule partiel *s*.

9. Ombelle vraie... Ombelle & collerette univerfelle *A*... Ombelle & collerette partielle *B*.

10. Ombelle fauffe.

11. Fleurs en corymbe ou faftigiées.

12. (*A*) Poils diftinéts, qui ne rendent la fuperficie qu'ils recouvrent, ni rude, ni douce au toucher... (*B*) Poils diftinéts, durs & fragiles, qui rendent hériffée la fuperficie qu'ils recouvrent... (*c*) Poils durs, courts, parallèles, diftinéts, qui rendent barbue la fuperficie qui en eft recouverte... (*D*) Poils longs, diftinéts, terminés infenfiblement en une pointe alongée & un peu courbée, qui rendent la fuperficie ciliée... (*E*) Poils doux, nombreux, rapprochés, peu diftinéts, qui rendent la fuperficie tomenteufe... (*F*) Poils moins doux, moins nombreux & plus entrelacés que ceux de la *fig. E*, ce font eux qui rendent la fuperficie laineufe ou drapée... (*G*) Poils extrêmement doux, qui rendent la fuperficie pubefcente ou duvetée.

13. Tige ailée... Feuilles diftiques.

14. Vrille trifide *F*, axillaire, roulée de gauche à droite *N* (*finiftrorsùm volubilis*).

15. Vrilles oppofées *BB*... Stipules géminées axillaires *A*... Vrille entière *D*... multifide *E*... roulée de droite à gauche *M* (*dextrorsùm volubilis*).

16. Vrille fous-axillaire, bifide *c*.

17. Rameaux axillaires *AA*... Feuilles axillaires *EE*... Rameaux fous-axillaires *FF*... Feuilles fous-axillaires *BB* & *GG*.

18. Direétion & fituation des feuilles... Feuilles oppofées *ABCDEF*... alternes *GH*... roulées en deffus *A*... roulées en deffous *B*... courbées en dedans *c*... courbées en dehors ou renverfées *D*... droites ou afcendantes *E*... ouvertes *F*... horizontales *G*... pendantes *H*.

19. Feuilles verticillées... Feuilles embriquées *M*.

20. Feuilles oppofées *A*... oppofées en croix ou brachiées *B*.

21. Feuilles éparfes.

22. Aiguillons courbés en dedans *ABC*.

23. Aiguillons courbés en dehors *DEF*. La *fig. E* en repréfente un détaché de la tige.

24. Epines... Epine fimple *G*... Epine divifée *H*... Epine compofée *I*.

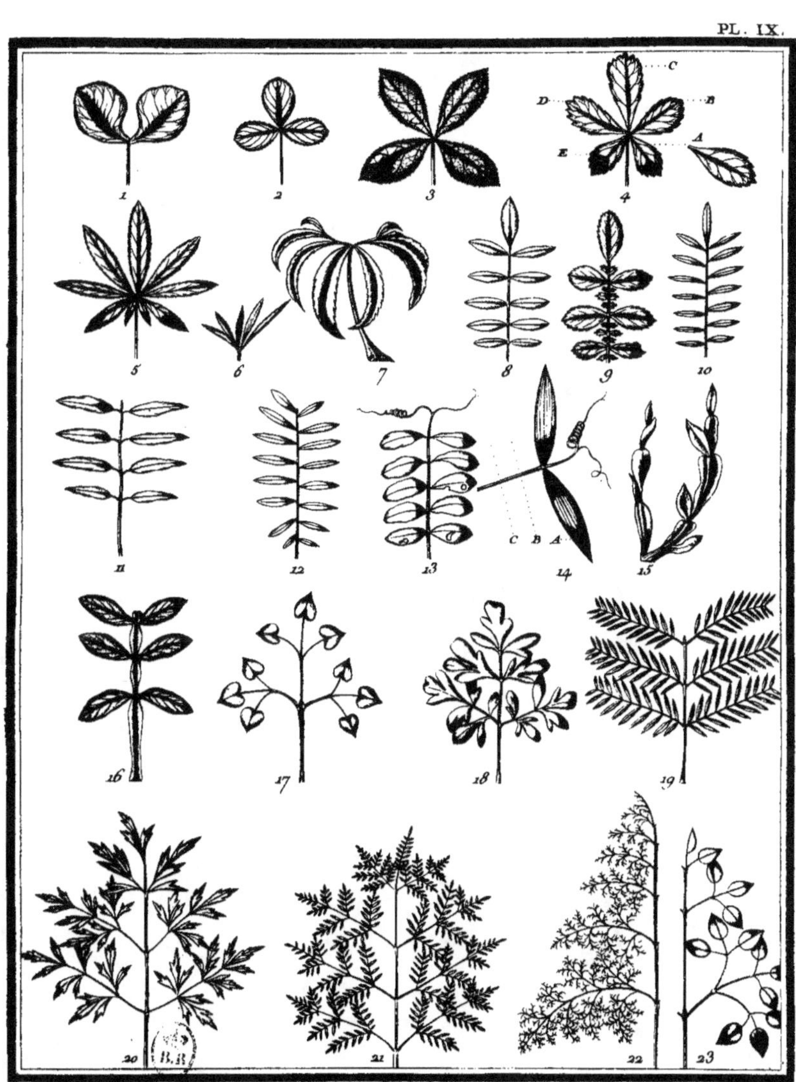

CORRECTIONS ET ADDITIONS.

Page.	ligne.	
2,	6,	*fig.* 6, lifez *fig.* 5.
	8,	plantule, *lifez* plumule.
23,	17,	ftaminifer, *lifez* ftaminifère.
	19,	*pl. I*, *fig.* 18 *B*, lifez *pl. II*, *fig.* 28.
	25,	*pl. II*, *fig.* 28, lifez *pl. I*, *fig.* 18 *B*.
29,	2,	*pl. V*, lifez *pl. VI*.
30,	34,	*vifquofum*, lifez *vifcofum*.
32,	15,	après *operculum*, ajoutez, felon quelques Botaniftes.
36,	28,	régulière ou non, *effacez* ou non.
37,	37,	*fig.* 32, lifez *fig.* 45.
45,	5,	*fquammæ*, lifez *fquamæ*.
49,	30,	*ftaminæ*, lifez *ftamina*.
56,	15,	après fous-axillaires, *ajoutez*, *fubalaria* vel *fubaxillaria*.
	16,	après appelle, *ajoutez*, indifféremment *folia axillaria* vel *fubalaria*.
59,	32,	*delthoidea*, lifez *deltoidea*.
	33,	inférieurs, *lifez* latéraux.
63,	37,	*fig.* 21, lifez *fig.* 1.
68,	5,	après FEUILLES radicales, ajoutez, *folia radicalia* ; celles qui partent immédiatement de la racine : il ne faut pas les confondre avec les feuilles radicantes.
71,	8,	*fpatulata*, lifez *fpathulata*.
78,	18,	*lucidus*, lifez *luridus*.
87,	25,	*fig. c*, lifez *fig. G*.
115,	24,	après *icofandria*, *ajoutez* plus de douze, ou
	27,	après *polyandria*, *ajoutez* plus de douze, ou depuis douze jufq.
126,	33,	*ombella*, lifez *umbella*.
130,	1,	*palatium*, lifez *palatum*.
166,	9,	*vegetale*, lifez *vegetabile*.
180,	10,	*fubalariæ* vel *fubaxillariæ*, lifez *fubalares* vel *fubaxillares*.
186,	31,	*fcabra*, lifez *fcaber*.
189,	36,	*dodrentalis*, lifez *dodrantalis*.

AVIS AU RELIEUR.

Le Relieur aura l'attention de mettre du papier propre entre les épreuves coloriées, avant de les battre. S'il s'étoit fait quelques plis aux épreuves, il pourroit les mouiller à grande eau, & les mettre fécher enfuite entre deux cartons fous preffe.

Il placera la *PLANCHE I* en face de la page 112 ; la *Pl. II* en face de la page 116 ; la *Pl. III* en face de la page 118. Pour ce qui eft des *Pl. IV, V, VI, VII, VIII, IX, X*, il les placera de fuite en face de leur explication, après le Dictionnaire des termes latins.

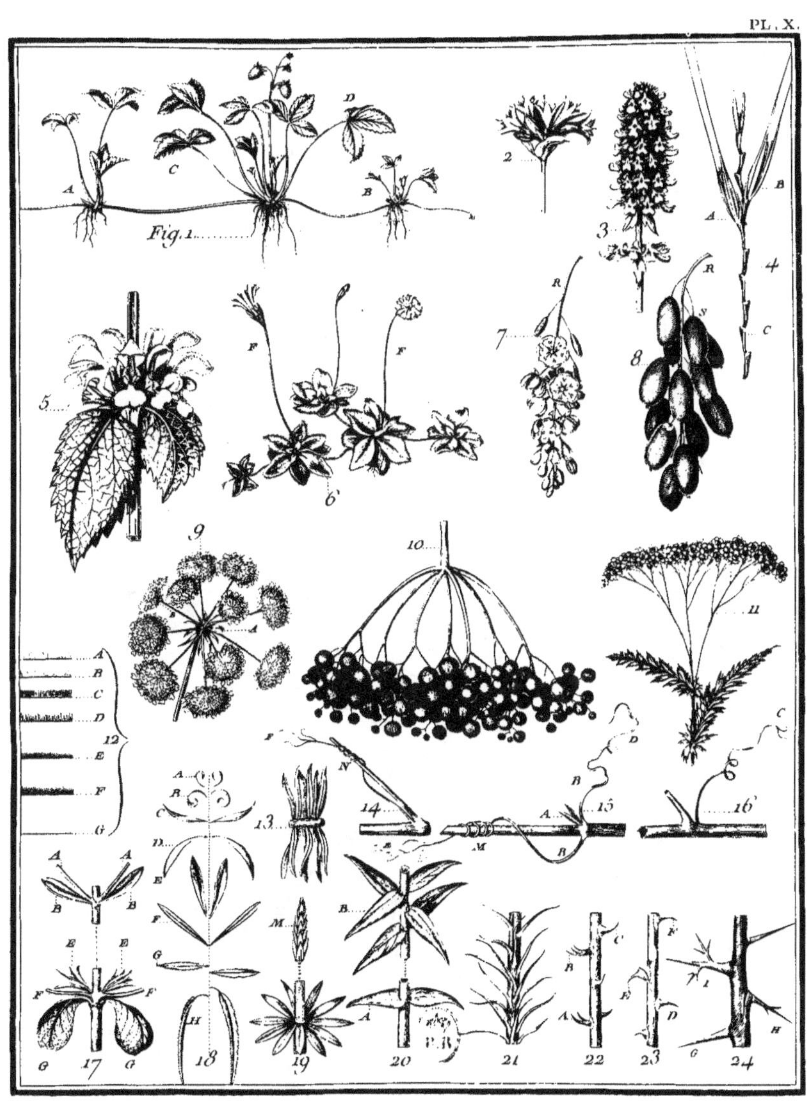

Fig. 1
A C D B
2
3
4
5
6
7
8
9
10
11
12
13
14
15
16
17
18
19
20
21
22
23
24